Werner Helsper · Susann Busse · Merle Hummrich
Rolf-Torsten Kramer (Hrsg.)

Pädagogische Professionalität in Organisationen

Studien zur Schul- und Bildungsforschung
Band 23

Herausgegeben vom
Zentrum für Schul- und Bildungsforschung (ZSB)
der Martin-Luther-Universität Halle-Wittenberg

Werner Helsper · Susann Busse
Merle Hummrich
Rolf-Torsten Kramer (Hrsg.)

Pädagogische Professionalität in Organisationen

Neue Verhältnisbestimmungen am Beispiel der Schule

VS VERLAG FÜR SOZIALWISSENSCHAFTEN

Bibliografische Information Der Deutschen Nationalbibliothek
Die Deutsche Nationalbibliothek verzeichnet diese Publikation in der Deutschen Nationalbibliografie; detaillierte bibliografische Daten sind im Internet über <http://dnb.d-nb.de> abrufbar.

1. Auflage 2008

Lektorat: Stefanie Laux

Der VS Verlag für Sozialwissenschaften ist ein Unternehmen von Springer Science+Business Media.
www.vs-verlag.de

Umschlaggestaltung: KünkelLopka Medienentwicklung, Heidelberg

ISBN 978-3-531-14860-1

Inhalt

Werner Helsper/Susann Busse/Merle Hummrich/Rolf-Torsten Kramer
Einleitung 9

I. Systematische und historische Perspektiven

Hartmut Wenzel
Vom Antagonismus zur Harmonie? Lehrerprofessionalität im Spiegel schulbezogener Organisationstheorien und neuerer Lehrerforschung 25

Bernd Zymek
Die Tektonik des deutschen Bildungssystems. Historische Konfliktlinien und ihre Verschiebung durch den „Bologna-Prozess" 39

II. Sozialwissenschaftliche Ansätze zum Verhältnis von Profession und Organisation

Ulrich Oevermann
Profession contra Organisation? Strukturtheoretische Perspektiven zum Verhältnis von Organisation und Profession in der Schule 55

Michaela Pfadenhauer/Achim Brosziewski
Professionelle in Organisationen – Lehrkräfte in der Schule. Eine wissenssoziologische Perspektive 79

Raf Vanderstraeten
Zwischen Profession und Organisation. Professionsbildung im Erziehungssystem 99

Werner Helsper
Schulkulturen als symbolische Sinnordnungen und ihre Bedeutung für die pädagogische Professionalität 115

III. Die Kommunikation der Entscheidung und die Entscheidung als Kommunikation

Harm Kuper
Entscheiden und Kommunizieren. Eine Skizze zum Wandel schulischer Leitungs- und Partizipationsstrukturen und den Konsequenzen für die Lehrerprofessionalität 149

Sabine Reh
„Reflexivität der Organisation“ und Bekenntnis.
Perspektiven der Lehrerkooperation 163

IV. Konsequenzen organisatorischer Anforderungen für die Schulentwicklung und die Lehrerprofessionalität

Wolfgang Böttcher
Standards.
Konsequenzen der Output-Steuerung für die Lehrerprofessionalität 187

Martin Heinrich/Herbert Altrichter
Schulentwicklung und Profession. Der Einfluss von Initiativen zur Modernisierung der Schule auf die Lehrerprofession 205

V. Zwischen organisatorischen Machbarkeitsvisionen und professionellen Ungewissheiten

Christine Schaefers
Steigerungssemantiken im Organisationsentwicklungsdiskurs.
Neo-institutionalistische Perspektiven auf Konsequenzen für Schule und Lehrerprofessionalität 225

Angelika Paseka
Über Unsicherheiten und schwankende Böden.
Erfahrungen von Berufsanfängern mit der Organisation Schule 245

Michael Göhlich
Schulentwicklung als Machbarkeitsvision. Eine Re-Vision im Horizont professioneller Ungewissheit 263

Verzeichnis der Autoren 277

Einleitung

Werner Helsper/Susann Busse/Merle Hummrich/Rolf-Torsten Kramer

Der vorliegende Band geht auf eine gemeinsam von der Kommission „Professionsforschung und Lehrerbildung" der DGfE und dem „Zentrum für Schul- und Bildungsforschung" (ZSB) veranstaltete Fachtagung im Juni 2004 zurück. Die Tagung, die in der Lutherstadt Wittenberg stattfand, war Bestandteil einer Reihe von 3 Tagungen, die aus der Kommission heraus zu aktuellen Diskussions- und Forschungsschwerpunkten im Themenbereich der Lehrerprofessionalität durchgeführt wurden.[1] Das späte Erscheinen des Bandes ist auf die Säumigkeit einiger Beiträger zurückzuführen, was leider auch dazu führte, dass zwei Beiträge entfallen mussten.

Wir danken zuallererst den Autoren[2] dieses Bandes, die ihre Tagungsvorträge teilweise schon sehr frühzeitig für diesen Band überarbeitet und eingereicht hatten und damit eine ganze Menge Geduld bis zum endgültigen Erscheinen aufbringen mussten. Einige der Beiträge sind deshalb aktualisiert worden. Wir danken auch dem VS-Verlag, namentlich Frau Laux, für die Förderung und Unterstützung bei der Realisierung eines Bandes zur vorliegenden Thematik.

Warum aber überhaupt ein Band zum Zusammenhang von Profession und Organisation, wo es doch eine ganze Reihe neuer Veröffentlichungen zu diesem Thema gibt (vgl. z.B. Pfadenhauer 2003, 2005; Böttcher/Terhart 2004; Göhlich/Hopf/Sausele 2005; Klatetzki/Tacke 2005)? Diese Veröffentlichungen belegen zunächst, dass hier ein „altes" Thema offensichtlich eine neue Bedeutsamkeit in den

1 Die beiden anderen Tagungen fanden an der Johannes-Gutenberg-Universität Mainz und der Johann-Wolfgang-Goethe-Universität Frankfurt statt. Sie wurden von Fritz-Ullrich Kolbe und Frank-Olaf Radtke vorbereitet und organisiert. Die Gesamtkonzeption der drei Tagungen wurde von Fritz-Ullrich Kolbe, Werner Helsper und Fank-Olaf Radtke in Kooperation mit weiteren Mitgliedern der „Kommission Professionsforschung und Lehrerbildung" entwickelt.

2 Wir verwenden hier und für alle Beiträge des Bandes aus Gründen der Vereinheitlichung und der vereinfachten Lesbarkeit jeweils nur die männliche Formulierung, obwohl wir uns über die damit verbundenen geschlechtsspezifischen Verzerrungen im Klaren sind. Wir verbinden mit dieser Regelung jedoch ausdrücklich keine herrschaftsstabilisierenden, sondern ausschließlich pragmatische Absichten. Wir haben dazu auch in Rücksprache mit den einzelnen Autoren redigierend in die hier versammelten Beiträge eingegriffen.

professionstheoretischen Diskursen gewinnt. Die dieser Publikation zugrunde liegende Tagung selbst macht deutlich, dass gerade auch für die Schultheorie und Schulpädagogik Fragen der Relationierung von Professionalität und Organisation zentralthematisch werden. Vor allem zwei Gründe sprechen dafür, eine weitere Veröffentlichung zu dieser Thematik vorzulegen.

Erstens scheint uns die Auseinandersetzung um den Zusammenhang von Profession und Organisation noch längst nicht abgeschlossen zu sein. Zentrale Fragen der Verhältnisbestimmung sind noch nicht hinreichend beantwortet und auch die unterschiedlichen theoretischen Positionen noch nicht zufrieden stellend zueinander vermittelt. Wir haben es hier also theoretisch und empirisch mit einem unabgeschlossenen Themenfeld zu tun, das zusätzlich durch eine Vielfalt der Ansätze und Begriffe – etwa „klassischer", strukturtheoretischer, interaktionistischer, wissenssoziologischer oder systemtheoretischer Professionsbegriffe – gekennzeichnet ist (vgl. Oevermann 1981, 1996 und in diesem Band, Schütze 1996, Stichweh 1996, Vanderstraeten und Kuper in diesem Band, Pfadenhauer 2003 und in diesem Band).

Ein zweiter Grund ist darin zu sehen, dass sich in Bezug auf das pädagogische Handlungsfeld Schule ein Schwerpunkt der Thematisierung des Zusammenhangs von Profession und Organisation abzeichnet. Hier finden sich im Zuge der intensiven Diskussion um Lehrerbildung in den letzten Jahren sowie grundlegender Veränderungen in der Steuerung der Schulorganisation besonders deutliche Neubestimmungen dieses Verhältnisses. Die besondere Bedeutung von Schule für diese Thematik resultiere – so Böttcher und Terhart (2004: 9f.) – aus der „Zangenbewegung" von verschärftem Rechtfertigungsdruck, Ressourcenabbau und erhöhter Steuerungsnotwendigkeit. Schultheorie und Schulpraxis ist deshalb besonders stark auf Organisations- und Professionstheorie bezogen.

Genau in dieser Zuspitzung innerhalb des Diskursfeldes positioniert sich auch der vorliegende Band. Er zielt mit den hier versammelten Beiträgen darauf, den aktuellen Stand der Diskussion zu dokumentieren. Dabei kommen gleichermaßen Autoren zu Wort, die das theoretische Feld ausleuchten, wie auch solche Autoren, die Befunde aus der Schule von der „Anwendungslogik" her präsentieren oder aber solche „Anwendungen" wiederum kritisch in den Blick nehmen.

Betrachtet man die Entwicklung des Themas „Organisation und Profession", dann ist zunächst festzuhalten, dass hier ein Thema der soziologischen Disziplin (später auch der Betriebs- und Wirtschaftswissenschaften) vorliegt, jedoch weniger bzw. erst in jüngerer Zeit ein Thema der Erziehungswissenschaft oder der Schulpädagogik. Von Seiten der Erziehungswissenschaft – so konstatieren es Böttcher und Terhart – ist Organisation lange nur als Randthema in den Blick genommen, Organisation nur als Randbedingung und darin vor allem als Beeinträchtigung und Behinderung des Pädagogischen thematisiert worden (vgl. Böttcher/Terhart 2004: 7). Das zeigt sich etwa in den sechziger und siebziger Jahren des 20. Jahrhunderts in den

Thesen einer „administrativen Verstörung" der Schule (Rumpf 1966), einer „bürokratischen" Überformung und Gängelung der Schule (Fürstenau 1969, Feldhoff 1970), einer Entgegensetzung von Organisation und Interaktion (vgl. Klafki 1977) und bis in die achtziger Jahre als Dominierung des Schulischen durch „bürokratische Rationalität" (Lenhardt 1984). Völlig zu Recht weisen Böttcher und Terhart jedoch darauf hin, dass die Etablierung des Lehrerberufs und der Lehrerausbildung aber ganz maßgeblich über Institutionalisierungsprozesse und die Schaffung organisatorischer Formen vollzogen wurde (vgl. auch Apel u.a.1999).

Dagegen wurde im Rahmen der soziologischen Theorieentwicklung dieser Wechselbezug – wenn auch in unterschiedlichen Schattierungen – früh gesehen, pädagogisches Handeln in der Schule als Handeln in Organisationen thematisiert (so z.B. bei Weber als parallel geführte Entwicklungen eines Rationalisierungsprozesses, vgl. schon Hurrelmann 1974, Böttcher/Terhart 2004). Und in diesem Disziplinfeld findet sich bereits ein Wandel in der Thematisierung, der teilweise als Paradigmenwechsel beschrieben wird (z.B. Wenzel in diesem Band, als Gegenthese vgl. Fuchs 2004). Ausgangspunkt ist dann zumeist das Bürokratiemodell von Max Weber (1985). Bürokratisierung erscheint dabei als ein Aspekt des langfristigen Trends der Rationalisierung (neben z.B. Professionalisierung, Technisierung, Ökonomisierung und Verwissenschaftlichung) (vgl. Fuchs 2004: 209). Merkmale dieser Entwicklung wären dann u.a. eine hierarchische Struktur, eine formalisierte Kommunikation, funktionale Spezialisierung sowie die Trennung von Amt und Person. Ein nächster entscheidender Schritt wird dann durch das Modell des lose gekoppelten Systems markiert, wie es bei K.E. Weick (1976 und 1985) zu finden ist. In einer diametral entgegen gesetzten Deutung wird in diesem Ansatz die Stabilität und Flexibilität (letztlich die Überlebensfähigkeit) von komplexen Systemen durch die Annahme relativ autonomer Subsysteme gesichert, die nicht starr, sondern lose miteinander gekoppelt sind.

Auch im schulpädagogischen und -theoretischen Diskurs wurden diese soziologischen Entwürfe aufgegriffen (vgl. schon Terhart 1986) und mit unterschiedlichen Interventionsmodellen und Steuerungsvorstellungen verknüpft (vgl. z.B. Clement/Wissinger 2004; Wenzel in diesem Band). So war auch hier die Disziplin anfangs v.a. orientiert an einem bürokratietheoretischen Modell der Organisation, was zugleich Bürokratiekritik bedeutete. Organisation wurde hier fast ausschließlich unter dem Aspekt der Verwaltung gefasst, zugespitzt in einer Kritik an der „verwalteten Schule" (Clement/Wissinger 2004: 222). Diese vorherrschende Deutung wurde erst mit der so genannten sozialwissenschaftlichen Wende in den siebziger Jahren des letzten Jahrhunderts relativiert. In diesem Zusammenhang wäre auch die mit einem starken Machbarkeits- und Steuerbarkeitsoptimismus versehene, besonders durch die Organisationssoziologie der Arbeitswissenschaften unterstützte, Expansionsbewegung des pädagogischen Systems zu verorten (vgl. Böttcher/Terhart 2004:

7f.). Heute hat sich der Diskurs zwischen Organisationspessimismus und -optimismus aufgespannt. Es gibt eine große Vielfalt von theoretischen Positionen, die sowohl die Abhängigkeit und Stabilität als auch die Autonomie und die Spielräume des pädagogischen Handelns in Organisationen betonen (ebd.: 9; Rolff 1993, Altrichter/Posch 1996, Helsper u.a. 2001, Schaefers 2002, Fuchs 2004).

Besonders deutlich wird diese Entwicklung am Modernisierungsanspruch der Schule innerhalb des Schulentwicklungsdiskurses, insofern Modernisierung der Schule immer stärker durch eine erweiterte Selbstständigkeit der Einzelschule gewährleistet werden soll (vgl. dazu Brüsemeister 2004; auch Clement/Wissinger 2004). Brüsemeister sieht z.B. im Ansatz von Gouvernance und Wissensmanagement eine Möglichkeit zur Modernisierung von Schule. Schule soll hier zur lernenden Organisation werden und damit eine Zusammenführung und (instrumentelle) Nutzung des individuellen Wissens sicherstellen. Zugleich würde darüber von einem überfordernden Zugriff auf die einzelne Person des Lehrers befreit und die Orientierung des Lehrberufs von der ungünstigen Bezugnahme auf Profession weggeführt hin zur Orientierung an der Organisation – eine spezifische Lesart des Verhältnisses von Organisation und Profession (Brüsemeister 2004: 203).

Die Betonung der Autonomie der Einzelschule im unmittelbaren Zusammenhang mit den partizipativen Spielräumen der professionellen Akteure finden sich aber bereits in den Vorschlägen des Deutschen Bildungsrates (1973). Eine empirische Unterstützung fand diese Position über die Schulformvergleichsuntersuchungen der achtziger Jahre des letzten Jahrhunderts, in der schließlich die großen Unterschiede zwischen Einzelschulen derselben Schulform eher überraschend freigelegt wurden. So hob Fend die einzelne Schule als pädagogische (System- und) Handlungseinheit hervor (Fend 1986), die Schule wurde als spezifische lernfähige, professionelle Organisation entworfen (Bauer 1992; Rolff 1992, 1993). Verschiedene Ansätze betonten, dass die Qualitätsentwicklung auf der Ebene der einzelnen Schule ansetzen muss (z.B. Leschinsky 1992) und Schulen wurden als Orte der Aushandlung von Kompromissen und pädagogischem Konsens thematisiert (z.B. Aurin 1993).

Insgesamt wird in dieser Linie durchaus diverser theoretischer Positionen die Stärkung sowohl der Autonomie der Einzelschule (auf der Ebene der Organisation/Institution) als auch der Lehrer (auf der Ebene der Profession) gefordert (vgl. Clement/Wissinger 2004). In dieser Diskurslinie begründet sich auch ein Wechsel von zentralen Steuerungsversuchen auf der Makroebene durch Schulreformen hin zur Ebene der Einzelschule und der Lehrerhandlungsspielräume. Diese Ansätze sind dabei überwiegend mit der Einsicht verknüpft, dass „die von oben angezielten, konzipierten und in Gang gesetzten Innovationen über die verschiedenen Implementationsebenen vielfach gebrochen und selten so wie intendiert umgesetzt werden“ (Holtappels 1995: 330).

Ohne dass die Betonung der Einzelschule als pädagogischer Handlungseinheit revidiert würde, stehen die letzten Jahre stärker unter dem Vorzeichen eines Umbaus der schulischen Steuerung von der Input- zur Outputperspektive. Dies geht mit der Entwicklung, Einführung und Implementierung von Standards, Vergleichstests sowie nationalen und internationalen Leistungsvergleichuntersuchungen einher. Wie diese Standards allerdings erreicht werden, das soll nun verstärkt in die Hand und die Zuständigkeit der Einzelschule und ihrer Akteure gelegt werden, so dass man von einer widerspruchsvollen Bewegung von „Zentralisierung und Dezentralisierung" sprechen kann (vgl. Böttcher 2002). Diese Entwicklung ist nun wiederum mit den Verhältnisbestimmungen von Organisation und Profession eng verknüpft: Kommt es über die Einführung kompetenzbasierter Standards und Vergleichstest im Gesamtzusammenhang eines Systemmonitoring tatsächlich zu einer Stärkung der Autonomie der Einzelschule als organisatorischer Handlungsinstanz, die sich harmonisch mit einer Stärkung der professionellen Autonomie der pädagogischen Akteure verbindet, weil deren Gestaltungsspielräume und Zuständigkeiten erweitert werden (vgl. etwa Klieme u.a. 2003)? Oder wirken – wie in kritischen Kommentaren vermutet (vgl. als Überblick etwa Terhart 2007) – die neuformulierten Standards im Sinne von Dominanzsetzungen gerade als Beschränkung sowohl für organisatorische als auch professionelle Handlungsspielräume? Oder ist – im Anschluss etwa an neoinstitutionalistische Ansätze – diese Entwicklung lediglich ein neuer Anlass für die einzelne Schule und ihre Akteure, diese neuen Anforderungen so zu redefinieren und umzudeuten, dass sie in die bestehenden schulischen Zusammenhänge eingebaut werden können, bei einem Wechsel der Semantik und Als-ob-Inszenierungen?

Der vorliegende Band greift diese Fragen auf und zielt darauf, den gegenwärtigen Diskurs zu organisations- und professionstheoretischen Positionen und deren Verhältnisbestimmung zusammenzufassen und die Perspektive auf die Schule als einer Organisation zwischen professionellen Ungewissheiten und neuen Machbarkeitsvisionen zu eröffnen. Es geht dabei um weitere Schärfungen der Verhältnisbestimmung von pädagogischem Handeln und organisatorischer Schulstruktur.

Zu den Beiträgen: Im Teil I des Bandes, *Systematische und historische Perspektiven*, geht es in zwei Beiträgen um die Entwicklung des Diskurses zum Verhältnis von Profession und Organisation in Schule und Lehrerbildung.

Hartmut Wenzel zeichnet dazu die Versuche der Verhältnisbestimmungen von Profession in einer bürokratisch organisierten Schule nach. Er geht von der Argumentationsführung Terharts aus, der bereits vor gut 20 Jahren für die Überwindung des Antagonismus von Erziehung und Organisation plädierte, indem er auf die Eigenständigkeit von Organisationen mit ihren unverwechselbaren Subkulturen und den Entwurf des Handelnden als Gestalter und Entscheider verwies. Zur Ausdifferenzierung der These der Überwindung des Antagonismus zieht Wenzel u.a. die

Bürokratiekritik von Rolff (1993) heran, der die Spezifik der Schule gerade dadurch gekennzeichnet sieht, dass hier persönliche Beziehungen vor formal-bürokratischem Agieren rangieren, da die Schule zuallererst Bildungs- und Erziehungssystem ist. Die hier begonnenen Bestrebungen einer neuen Professionalisierungstheorie bezieht Wenzel schließlich auf neuere Debatten. Damit gelingt dem Autor über die Grenzen systemtheoretischer, interaktionistischer und strukturtheoretischer Grenzen hinweg eine Bestimmung professionellen (Lehrer)handelns. Dieses ist nach Wenzel zwar durch geringe Standardisierbarkeit, antinomische Handlungsanforderungen und ein hohes Maß an Ungewissheit gekennzeichnet, hält jedoch gerade dadurch Bedingungen für ein hohes Maß an professioneller Handlungsautonomie bereit, da die Arbeit am Fall Schüler immer nur einzelfallspezifisch geschehen kann.

Was aber sind die organisatorischen Rahmungen, in denen professionelles Handeln stattfindet? Dieser Frage widmet sich *Bernd Zymek* und beleuchtet damit die Frage nach der Ausbildung von Lehrern im historischen Verlauf. Ausgehend von der in Deutschland einzigartigen Verkopplung von Schulsystem, Lehrämtern und Universität, in denen dem Lehrerberuf umfassende Aufgaben zugeordnet waren (Wissensvermittlung, Verwaltung, Erziehung), zeigt er, wie sich im historischen Verlauf zyklisch Krisen des Lehrerberufs reproduzieren. Der relativen Autonomie auf der einen Seite, steht andererseits die Krisenhaftigkeit der Verberuflichung aufgrund organisationsbedingter immer wiederkehrender Chancenlosigkeit entgegen. Mit der Modularisierung der Studiengänge – so Zymeks Prognose – werden sich diese wiederkehrenden Konfliktlinien wandeln, denn die Organisation der Lehrerausbildung in Bachelor-Studiengängen bedeutet eine enttraditionalisierende Entkopplung der Ausbildung von wissenschaftlichen Studiengängen und wird die Auslagerung der Verwaltung und Steuerung zur Folge haben.

Im Teil II, *Sozialwissenschaftliche Ansätze zum Verhältnis von Profession und Organisation*, sind vier Beiträge aus strukturtheoretischer, wissenssoziologischer und systemtheoretischer Perspektive versammelt. Gemeinsam geht es ihnen um eine Neubestimmung dieses Verhältnisses angesichts von Paradoxien bzw. Antinomien des Lehrerberufs, der Ungewissheit und der nur schwach ausgeprägten Standardisierbarkeit pädagogischen Handelns.

Ulrich Oevermann differenziert an dieser Stelle seine Ansätze von 1981 und 1996 aus und erweitert sie. Ausgehend von der Annahme der Professionalisierungsbedürftigkeit des Lehrerberufs analysiert er zunächst die gemeinsame Aufgabe von Professionen als stellvertretende Krisenlösungsinstanz. Was ist aber diese Krise beim Kind, aus der der Pädagoge heraushelfen soll und wie wird dabei das Paradox bearbeitet, dass das Kind zur autonomen Handlungspraxis gebracht werden soll, indem es in einer grundlegenden Asymmetrie von Pädagogen abhängig gemacht wird? Oevermann konzipiert hier ein Arbeitsbündnis, das auf der Grundlage der kindlichen Neugier gründet, welche ihren Ausdruck in der Krise durch Muße findet. Der Lehrer als Wissensvermittler wäre dabei ein professioneller Krisenbewältiger in Bezug auf diese Grundbedingung, wenn nicht – so Oevermann – die gesetzliche Schulpflicht diese Konzeption unterwandern würde. Oevermann unterscheidet hier jedoch die Organisationsförmigkeit von Schule und die Bedingung der gesetzlichen Schulpflicht. Denn während die formale Organisation von Schule konstitutive Bedingung professionalisierten Handelns ist, erodiert und behindern die formale Organisation unter Bedingungen der gesetzlichen Schulpflicht eine Professionalisierung, da sie Schule zum bürokratischen Verwaltungsakt werden lassen und die Arbeitsbündnisse zwischen Lehrer, Schüler und Eltern unterwandern.

Wissenssoziologisch nähern sich nun *Michaela Pfadenhauer* und *Achim Brosziewski* der Frage nach der Komplementarität von Professionellen in Organisationen, Lehrkräften in der Schule. Im Unterschied zum frühen Oevermannschen Professionalisierungsansatz verstehen sie den Professionellen nicht als Helfer bei lebenspraktischen Problemen aufgrund wissenschaftlicher Erkenntnis und Analyse, sondern als „Lösungsverwalter", der den Fall so umdeutet, dass er lösungsadäquat ist bzw. die diffuse Problematik, die ein Klient oder Patient an den Professionellen heranträgt in ein spezifisches und damit professionell zu bearbeitendes Problem umwandelt. Die Autoren grenzen sich in diesem Zusammenhang dezidiert von dem Antagonismus von Profession und Organisation ab. Die Organisation (der Schule) sei vielmehr die notwendige Bedingung, damit die (Lehrer-) Profession mit ihren Fällen (den Schülern) in Kontakt treten kann. Die innerhalb des so entstehenden Kommunikationsnetzwerkes Schule auftauchenden Spannungen zwischen Handlungsebene, Institutions- und Organisationsebene, implizieren sowohl Professionalisierungschancen, als auch -risiken, die wiederum zugänglich für empirische Reflexion sind.

Die systemtheoretische Perspektive wird hier vertreten durch *Raf Vanderstraeten*, der die grundlegende Bestimmung professionellen Handelns als ‚people-changing'-Arbeit fasst und diesen Begriff für schulpädagogische Profession und Organisation wendet. Vanderstraeten nimmt dabei u.a. die Besonderheit der Lehrer-Schüler-Beziehung unter Bedingungen der organisatorischen Rahmung Schule unter die Lupe. Diese besteht darin, dass die Profession des Lehrers sich nur in der Organisation Schule – nicht etwa im privaten Raum (als „freier Lehrer") – ausformen kann, dass die Beziehung zwischen Schüler und Lehrer nicht dauerhaft exklusiv sein kann, der Schüler jedoch ständig einer allgemeinen Aufmerksamkeit unterliegt. Im Unterschied zu Personen, die freiwillig professionellen Rat einholen (bei Ärzten, Anwälten oder Therapeuten), sind Schüler hier nicht aus freier Entscheidung anwesend. Folglich kann die Selbsteinsicht in die Hilfsbedürftigkeit (Erziehung) als Schüler hier nicht als Quelle der Motivation fungieren. Damit kann der Autor folgern, dass der organisatorische Rahmen der Schule die Beziehung zwischen Professionellem und Schüler erst möglich macht, darüber zugleich aber auch Erziehung als Profession eine Begrenzung erfährt.

Im Beitrag von *Werner Helsper* wird das Verhältnis von pädagogischer Professionalität und schulischer Organisation aus der strukturtheoretischen Perspektive der Schulkultur als einer symbolischen Sinnordnung entwickelt. Der Beitrag steht damit im Kontext umfassender kulturtheoretischer Neubestimmungen (vgl. etwa Reckwitz 2000, 2003). In einer Vermittlung von Akteurs- und Strukturperspektive werden Schulkulturen als spezifische pädagogische Sinnordungen begriffen, die durch das Handeln der schulischen Akteure in Auseinandersetzung mit übergreifenden Strukturprinzipien des Bildungssystems generiert werden. Die jeweilige schulkulturelle Sinnordnung fungiert dann als einzelschulspezifischer Möglichkeits- und Begrenzungsraum für die Entfaltung pädagogischer Professionalität bzw. auch für Deprofessionalisierungsprozesse. Diese Position wird anhand exemplarischer empirischer Beispiele konkretisiert und in einem Strukturmodell der Relationierung von Schulkultur und pädagogischer Professionalität in acht Strukturvarianten ausdifferenziert.

Im dritten Teil, *Kommunikation der Entscheidung und der Entscheidung als Kommunikation*, geht es um Leitungs-, Partizipations- und Kooperationsfunktionen an der Schule. Diesem Bereich widmen sich zwei Beiträge.

Harm Kuper untersucht entlang des Diskurses um „Qualitätsmanagement", der zunehmend auch für Schulen beansprucht wird, die im Rahmen des damit einhergehenden Veränderungsdrucks stattfindende Entscheidungsprozesse. Kuper deklariert die gegenwärtige Schule als bürokratische Organisation, in der die Kommunikation der Entscheidungen verhindert werde, da Entscheidungen entweder dem Routineprinzip der Organisation zum Opfer fallen oder die in den professionellen Interaktionen stattfindenden Entscheidungen durch die sie überformende Bürokratie unterwandert werden. Kupers Entwurf einer Schule, in der Entscheidungen getroffen werden können, sieht vor, die dezentralen Entscheidungsstrukturen zu durchbrechen, indem in kollegialer Zusammenarbeit individuelle durch kollektive Verantwortung ersetzt wird. Damit gäbe der einzelne Lehrer zwar Autonomie ab, bei gelingender Ausbalancierung der individuellen und partizipativen Entscheidungsgrundlagen erfolgt jedoch auch eine Entlastung der individuellen Verantwortung. Diese Analyse formuliert Kuper mit Blick auf eine Stärkung der Lehrerprofessionalität und die Entscheidungsebenen der Schule weiter aus.

Auch der Beitrag von *Sabine Reh* richtet seinen Fokus explizit auf den schulischen Kontext und fragt nach Perspektiven der Professionalisierung (v.a. verstanden als Zunahme der Reflexionsfähigkeit). Organisation kommt dabei als jeweilige Kommunikations- und Kooperationsstruktur in den Blick, die Reflexionsfähigkeit ermöglicht oder behindert. Nach einer Aufarbeitung des Forschungsstandes führt der Beitrag im Hauptteil in erste Ergebnisse und Interpretationen eines qualitativen

Forschungsprojektes ein, das am Beispiel der Teamarbeit an zwei Schulen (einer Berufsschule und einer Grundschule) exemplarisch den Zusammenhang von Kooperation und Reflexivität herausarbeitet. In einem ersten vorläufigen Entwurf unterscheidet Reh die drei Typen des Teams „als Aufrechterhaltung von Kollegialität“, „als Intimität eines eingespielten Paares“ und als „Steigerung der Reflexivität“. Deutlich wird aber auch, dass das jeweils Eigene des professionellen Handelns und auch Perspektiverweiterungen eher seltener anzutreffen sind und der Typus der „Steigerung“ eher die Ausnahme als die Regel markiert. Insgesamt seien aber diese Ableitungen noch sehr vorläufig und erst noch auf eine breitere empirische Basis zu stellen.

In Teil IV zu *Konsequenzen organisatorischer Anforderungen für die Schulentwicklung und die Lehrerprofessionalität* widmen sich zwei Beiträge dem Verhältnis von Profession und Organisation am Beispiel von aktuellen Schulentwicklungsinitiativen.

Die Notwendigkeit der professionellen Ausgestaltung von Schule als Ausgangspunkt findet sich auch im Beitrag von *Wolfgang Böttcher*, der nach den Konsequenzen der Umstellung auf die so genannte Outputsteuerung fragt. Insbesondere werden dabei die Standardisierung und die Kompetenzen des lehrenden Personals in den Blick genommen. Während der Beitrag insgesamt von der Sinnhaftigkeit der Standardisierung ausgeht, wird doch gerade angesichts der Mängel in theoretisch-konzeptionellen und (bildungs-)politischen Überlegungen nachgehakt, ob damit zur Professionalisierung der Lehrerschaft beigetragen wird. Böttcher fordert in Kritik der bestehenden Verwendung von Standards den Begriff der „starken Standards“, die präzise und klar formuliert sind und knappe, realistische und doch anspruchsvolle Ziele formulieren. Davon weit entfernt werden im Beitrag als Fazit allerdings eher „missglückte Standards“ im misslingenden Umstellungsprozess (Change) bilanziert.

Im nächstfolgenden Beitrag interessieren ebenfalls die Tendenzen zur Standardisierung und „autonomer“ Einzelschulentwicklung als Bestandteil der Schulentwicklung insgesamt. *Martin Heinrich* und *Herbert Altrichter* hinterfragen, ob und in welcher Form mit diesen Tendenzen ein traditionelles Berufsverständnis unter Druck gerät und inwiefern sich alternative Formen der Schulentwicklung andeuten. Generell vermuten die Autoren jedoch, dass sich das Berufsverständnis vom Lehrer als aktiven Gestalter hin zum Lehrer als „abhängiger Variable“ wandelt. Diese Thesen werden im Beitrag zunächst im Durchgang durch den Stand der Forschung sowie durch die Analyse von Schulentwicklungsprozessen in österreichischen berufsbildenden Schulen erhärtet. Dass dabei durchaus konfligierende Elemente einer neuen Professionsbestimmung im Spiel sind – etwa eine verstärkte Konkurrenz- aber auch Kooperationsorientierung – verdeutlichen die Autoren an empirischen Beispielen aus dem Prozess der Bildung von Schulnetzwerken in Österreich. Das dort konstatierte Ausweichen der Lehrer vor Steuerungsbemühungen durch Kontrolle könnte dabei – als Zwischenstadium mit Nebenfolgen gedeutet – langfristig über ein neues Berufsverständnis doch noch zur Implementierung von Kontrollaspekten führen. Solche „transintentionalen Nebeneffekte“ wären aber erst genauer empirisch aufzuspüren.

Auch in Teil V: *Zwischen organisatorischen Machbarkeitsvisionen und professionellen Ungewissheiten*, werden die Überlegungen zur Steuerbarkeit der Organisation Schule modernisierungstheoretisch eingebettet. Die drei Beiträge dieses Teils fragen aber vor allem nach den strukturellen Hindernissen und deren Bearbeitung in (neuen) Steuerbarkeitsentwürfen.

Christine Schaefers stellt die Überlegungen ihres Beitrages in den Horizont eines Modernisierungsdrucks, dem Schule ausgesetzt ist, und fokussiert auf nicht intendierte Nebenfolgen von Schulentwicklungsinitiativen. Sie setzt sich dabei mit dem Ansatz der Organisationsentwicklung auseinander, der ja besonders deutliche Autonomie- und Professionalisierungspotentiale verspricht. Der Beitrag fragt in einer neo-institutionellen Perspektive nach, ob die Versprechungen einer Schule als „lernende Organisation“ tatsächlich eingelöst sind. Nach einem Überblick über zentrale theoretische Argumentationen dieses Zugangs, für den die analytische Differenz einer ‚action'-Ebene und einer ‚talk'-Ebene besonders aufschlussreich ist, wird diese Frage konkret am Beispiel der Schulprogrammarbeit bearbeitet. Zum Testfall wird ein im Zusammenhang mit Schulprogrammarbeit propagiertes verändertes Lehrereinstellungsverfahren, in dem die Autonomie der Einzelschule gestärkt sein soll. Die auf den ersten Blick widersprüchlichen Befunde werden nun im Horizont des Neo-Institutionalismus verständlich. Die hohen Zustimmungswerte zur Schulprogrammarbeit verweisen so auch gerade bei fehlenden Umsetzungseffekten in Richtung Autonomie und Professionalisierung auf die Differenz der ‚talk'- und der ‚action'-Ebene. Anders als im vorhergehenden Beitrag ist das Fazit der Autorin deutlich skeptischer. Obwohl mimetische Prozesse nicht ausgeschlossen werden, scheinen in dieser Perspektive reflexive Anstöße systematisch verhindert.

Angelika Paseka bringt mit ihrem Beitrag etwas Licht in diese latenten Mechanismen und Brechungswinkel zwischen Organisation und Profession, die in den Beiträgen zuvor angesprochen sind. Ihr Thema sind die Abstimmungsprozesse zwischen Organisation und Profession in den Berufseinstiegsprozessen von Lehrern, die vor allem die Unsicherheiten in ihrem beruflichen Handeln bewältigen müssen. Im Zentrum der Ausführungen steht dabei eine qualitative Interviewstudie, die – quasi im kleinen Längsschnitt – Berufseinsteiger zum Ende ihrer Ausbildung und am Ende ihres ersten Berufsjahres befragt. Mit diesem Zugang wird verdeutlicht, dass diese Abstimmungsprozesse in heterogenen Kampffeldern in der Schule stattfinden, eingebettet sind in symbolische und ritualisierte Alltagspraktiken und je nach spezifischer Konstellation unterschiedlich erlitten oder genutzt werden können. Als Fazit wird von einem dialektischen Verhältnis zwischen Profession und Organisation ausgegangen, das individuelle Belastungen oder Freisetzungen enthalten kann und generell – wie für den Berufseinstieg verdeutlicht – durch eine begleitende Reflexion zu unterstützen wäre.

Der Schlussbeitrag des Bandes von *Michael Göhlich* verstärkt die zuvor eröffnete Perspektive noch einmal. Der Autor verankert das Wechselverhältnis von Organisation und Profession schulkulturell und verweist gegen die Machbarkeitsvisionen des Institutionellen Schulentwicklungs-Prozesses (ISP) auf mimetische Prozesse als alternative Orientierung in Schulentwicklungsprozessen. Mit der grundlegenden These der Überführung „alter" Machbarkeitsvisionen weg vom Individuum hin zur Gestaltung der schulischen Institution, wird dem hegemonial dominierenden Modell des Institutionellen Schulentwicklungs-Prozesses (ISP) ein (eigener) Schulkultur-Ansatz als Alternative gegenüber gestellt, der aufgrund seiner nicht-intentionalen Handlungstheorie und seiner habituellen Bezüge weniger in der Gefahr steht, Machbarkeitsphantasien zu generieren. Gewissermaßen als naturwüchsige Kraft kann es der Institution hier von selbst gelingen, neue schulkulturelle Formen durch modifizierte (Wieder-)Aufführungen von Handlungen hervorzubringen. Es ist demnach das Wechselspiel von Mimesis und reflexivem Diskurs – in deutlicher Nähe zu Reh's organisationaler Reflexivität –, dass als zentrale Kraft der Schulentwicklung ausgewiesen wird.

Literatur

Altrichter, H./Posch, P. (Hrsg.) (1996): Mikropolitik der Schulentwicklung. Innsbruck/Wien.

Apel, H. J./Horn, K.-P./Lundgreen, P./Sandfuchs, U. (Hrsg.) (1999): Professionalisierung pädagogischer Berufe im historischen Prozess. Bad Heilbrunn.

Aurin, K. (Hrsg) (1993): Auffassung von Schule und pädagogischer Konsens. Stuttgart.

Bauer, K. O. (1992): Von der mechanischen zur professionellen Organisation der Schule. In: Zeitschrift für Sozialisationsforschung und Erziehungssoziologie, Jg. 9, H. 4, S. 325-340.

Böttcher, W. (2002): Kann eine ökonomische auch eine pädagogische Schule sein? Weinheim/München.

Böttcher, W./Terhart, E. (Hrsg.) (2004): Organisationstheorie in pädagogischen Feldern. Analyse und Ausgestaltung. Wiesbaden.

Brüsemeister, T. (2004): Neue Governance und Wissensmanagement: Elemente zur Überführung der schulischen Profession in Organisation. In: Böttcher, W./Terhart, E. (Hrsg.): Organisationstheorie in pädagogischen Feldern. Analyse und Ausgestaltung. Wiesbaden: 191-205.

Clement, U./Wissinger, J. (2004): Implementation von Eigenverantwortung an beruflichen Schulen in Baden-Württemberg: Auftrag und Realisierung. In: Böttcher, W./Terhart, E.

(Hrsg.): Organisationstheorie in pädagogischen Feldern. Analyse und Ausgestaltung. Wiesbaden: 221-234.
Deutscher Bildungsrat (1973): Empfehlungen der Bildungskommission. Verstärkte Selbständigkeit der Schule und Partizipation der Lehrer, Schüler und Eltern. Stuttgart.
Fend, H. (1986): „Gute Schulen – schlechte Schulen“: Die einzelne Schule als pädagogische Handlungseinheit. In: Die Deutsche Schule, Jg. 78, H. 3, 275-293.
Feldhoff, J. (1970): Probleme einer organisationssoziologischen Analyse der Schule. In: Recht der Jugend und des Bildungswesens, H. 10, 289-296.
Fürstenau, P. (1969): Neuere Entwicklungen der Bürokratieforschung und das Schulwesen. In: Fürstenau, P./Furck, C.L. (Hrsg.): Zur Theorie der Schule. Weinheim/Basel: 47-66.
Fuchs, H.-W. (2004): Schulentwicklung und Organisationstheorie: Welche Erklärungskraft besitzt die Bürokratietheorie heute? In: Böttcher, W./Terhart, E. (Hrsg.): Organisationstheorie in pädagogischen Feldern. Analyse und Ausgestaltung. Wiesbaden: 206-220.
Göhlich, M./Hopf, C./Sausele, I. (Hrsg.) (2005): Pädagogische Organisationsforschung. Wiesbaden.
Helsper, W./Böhme, J./Kramer, R. T./Lingkost, A. (2001): Schulkultur und Schulmythos. Rekonstruktionen zur Schulkultur I. Opladen.
Holtappels, H.G. (1995): Innere Schulentwicklung. Innovationsprozesse und Organisationsentwicklung. In: Rolff, H.-G. (Hrsg.): Zukunftsfelder von Schulforschung. Weinheim: 327-354.
Hurrelmann, K. (Hrsg.) (1974): Soziologie der Erziehung. Weinheim/Basel.
Klafki, W. (1977): Organisation und Interaktion in pädagogischen Feldern – Thesen und Argumentationsansätze zum Thema und zur Terminologie. In: Blankertz, H. (Hrsg.): Interaktion und Organisation in pädagogischen Feldern. Bericht über den 5. Kongreß der Deutschen Gesellschaft für Erziehungswissenschaft vom 29.-31-3. 1976 in der Gesamthochschule Duisburg. Zeitschrift für Pädagogik. 13. Beiheft. Weinheim/Basel: 11-39.
Klatetzki, T./Tacke, V. (Hrsg.): (2005): Organisation und Profession. Wiesbaden.
Klieme, E. u.a. (2003): Zur Entwicklung nationaler Bildungsstandards. Eine Expertise. Frankfurt a.M.
Lenhardt, G. (1984): Schule und bürokratische Rationalität. Franfurt a.M.
Leschinsky, A. (1992): Dezentralisierung im Schulsystem der Bundesrepublik Deutschland. In: Arbeitsgruppe Entwicklung des Bildungswesens der Deutschen Gesellschaft für Erziehungswissenschaft: Strukturprobleme, Disparitäten, Grundbildung in der Sekundarstufe I. Weinheim: 21-40.
Oevermann, U. (1981): Professionalisierung der Pädagogik – Professionalisierbarkeit pädagogischen Handelns. Transkription des Vortrages im Institut für Sozialpädagogik und Erwachsenenbildung der Freien Universität Berlin.
Oevermann, U. (1996): Theoretische Skizze einer revidierten Theorie professionalisierten Handelns. In: Combe, A./Helsper, W. (Hrsg.): Pädagogische Professionalität. Untersuchungen zum Typus pädagogischen Handelns. Frankfurt a.M.: 70-182.
Pfadenhauer, M. (2003): Professionalität: eine wissenssoziologische Rekonstruktion institutionalisierter Kompetenzdarstellungskompetenz. Opladen.
Pfadenhauer, M. (Hrsg.) (2005): Professionelles Handeln. Wiesbaden.

Reckwitz, A. (2000): Die Transformation der Kulturtheorien. Zur Entwicklung eines Theorieprogramms. Weilerswist.

Reckwitz, A. (2003): Grundelemente einer Theorie sozialer Praktiken. Eine sozialtheoretische Perspektive. In: Zeitschrift für Soziologie, Jg. 32, H. 4, 282-301.

Rolff, H.-G. (1992): Die Schule als besondere soziale Organisation – Eine komparative Analyse. In: Zeitschrift für Sozialisationsforschung und Erziehungssoziologie, Jg. 12, H. 4, 306-324.

Rolff, H.-G. (1993): Wandel durch Selbstorganisation. Weinheim/München.

Rumpf, H. (1966): Die Misere der höheren Schule. Neuwied/Berlin.

Schaefers, C. (2002): Der soziologische Neo-Institutionalismus. Eine organisationstheoretische Analyse- und Forschungsperspektive auf schulische Organisationen. In: Zeitschrift für Pädagogik, Jg. 48, H. 6, 835-856.

Schütze, F. (1996): Organisationszwänge und hoheitsstaatliche Rahmenbedingungen im Sozialwesen. Ihre Auswirkungen auf die Paradoxien des professionellen Handelns. In: Combe, A./Helsper, W. (Hrsg.): Pädagogische Professionalität. Frankfurt a. M., S. 183-276.

Stichweh, R. (1996): Professionen in einer funktional differenzierten Gesellschaft. In: Combe, A./Helsper, W. (Hrsg.): Pädagogische Professionalität. Frankfurt a. M., S. 49-70.

Terhart, E. (1986): Organisation und Erziehung. Neue Zugänge zu einem alten Thema. In: Zeitschrift für Pädagogik 32, H. 2, S. 205-225.

Terhart, E. (2007): Standards in der Lehrerbildung – eine Einführung. In: Unterrichtswissenschaft, Jg. 35, H. 1, 2-15.

Weber, M. (1985): Wirtschaft und Gesellschaft. 5. Aufl. Tübingen.

Weick, K.E. (1976): Educational Organisations as Loosely Coupled Systems. In: Administrative Science Quarterly, vol. 21, no. 1, 1-19.

Weick, K.E. (1985): Der Prozeß des Organisierens. Frankfurt a.M.

I.

Systematische und historische Perspektiven

Vom Antagonismus zur Harmonie? Lehrerprofessionalität im Spiegel schulbezogener Organisationstheorien und neuerer Lehrerforschung

Hartmut Wenzel

Ewald Terhart hat mit seinem Aufsatz „Organisation und Erziehung. Neue Zugangsweisen zu einem alten Dilemma“ (ZfPäd 2/1986) vor etwa zwanzig Jahren einen Anstoß dazu gegeben, neu über das lange Zeit als Antagonismus behandelte Verhältnis von Organisation und Erziehung nachzudenken. Die damals aus organisationstheoretischer Perspektive angestoßene Diskussion wurde seither intensiv weitergeführt. In neueren schulischen Organisationstheorien wird die Schule nicht länger idealtypisch als eine bürokratische Organisation (etwa im Sinne des Modells von Max Weber) verstanden. Sie wird vielmehr etwa bei Fend (1986) als „pädagogische Handlungseinheit“ konzipiert – wenn auch anfangs noch programmatisch –, in der die Verantwortlichen durch ihr Handeln die Institution erst mit Leben erfüllen. Es ist in diesem Zusammenhang zu überprüfen, inwieweit vor dem Hintergrund neuerer Organisationstheorien tatsächlich die Lehrer als Professionelle und der Lehrerberuf als Profession zu bezeichnen sind. Um die Entwicklung aufzuzeigen, möchte ich die Terhartsche Problemkennzeichnung von 1986 zum Ausgangspunkt nehmen und daran anschließend einige Entwicklungslinien schulischer Organisationstheorien sowie der historischen Bildungsforschung und der empirischen Lehrerforschung ansprechen, die heute für eine veränderten Einschätzung angeführt werden.

1 Die Ausgangsargumentation

Was war die Argumentationslinie Terharts im Jahre 1986? Er führte aus, dass von einem personalistischen Erziehungs- und Erzieherverständnis aus die pädagogische Reflexion über die Organisiertheit des Erziehungs- und Unterrichtsprozesses in modernen Gesellschaften unausweichlich zu einem ungelösten, ja, unlösbaren und schließlich zu einem ignorierten Problem geraten musste. So befand sich die Lehrerschaft im historischen Prozess der Verberuflichung des Lehrens in einer widersprüchlichen Lage: Zum einen erfuhr sie im 19. und 20. Jahrhundert einen kollektiven Statusgewinn in dem Maße, wie das Schulwesen sich unter staatlicher Regie ausbreitete, zunehmend flächendeckend und verpflichtend eingeführt wurde und Schritt für Schritt klarere Regeln für den Einstieg in den Beruf eingefordert und kodifiziert wurden (Beamtenstatus). Zum anderen wurde die wachsende Integration der Lehrerarbeit in „den Staat", also in die staatlich verantwortete Pflichtschule, insbesondere von pädagogisch enthusiasmierten und engagierten Standesvertretern als Hemmschuh und Beeinträchtigung bei der Erfüllung der pädagogisch-menschenbildnerischen Aufgaben angesehen. Diese ambivalente Haltung – man verdankt der Großorganisation Staatsschule Absicherung und Prestige, sieht in ihr aber zugleich eine Behinderung bei der praktischen Realisation des Berufsethos – führte schließlich zu einem gespaltenen Bewusstsein: Die großen Worte der Pädagogik blieben der Theorie und den Festansprachen vorbehalten – pflichtgemäße und peinlich genaue Erfüllung der kodifizierten Pflichten bestimmten den laufenden Alltag des Unterrichtsbeamten, der gegebenenfalls auch pädagogische Skrupel zurückstellte und sich mehr oder weniger bewusst für staatliche Interessen instrumentalisieren ließ.

Ich will diese Entwicklung einmal etwas zugespitzt und paradox formulieren: auf dem Weg der Verberuflichung der Lehrerschaft hin zu einer Profession vergleichbar mit anderen musste die Professionalität auf der Strecke bleiben.

Terhart wies in seinem Aufsatz zu Organisation und Erziehung darauf hin, dass in der Diskussion der 1960er Jahre der Gegensatz von Schule als Erziehungsstätte und Schule als Bürokratie, auf den ja schon Bernfeld in den 1920er Jahren pointiert hingewiesen hatte, mit Mitteln der (Organisations-)Soziologie noch einmal herausgearbeitet wurde. Damals wurde in Aufarbeitung der zunehmend schärfer kritisierten institutionellen Defizite im pädagogischen und didaktischen Denken innerhalb der geisteswissenschaftlichen Tradition das Dilemma der Schule „zwischen" Erziehung und Verwaltung, „zwischen" Erziehertum und Beamtenpflicht deutlich beschrieben. Der pädagogische Zweck einer organisierten Unterrichtung und Erziehung der Schüler schien dabei in eine soziale Form (Organisation, Bürokratie) gegossen zu sein, welche dem Zweck entgegenstand. Als Folge konstatierte etwa Rumpf (1966) eine „administrative Verstörung" der Schule, und schließlich war es nur konsequent, wenn einige Kritiker den para-pädagogischen, also vor-pädagogischen Charakter der Schule als Institution feststellten (vgl. Fischer 1978). Festzuhalten ist hier, dass die diesbezüglichen Analysen noch weitgehend ohne eine empirische Untersetzung geführt wurden und damit auch die Ebene des konkreten pädagogischen Handelns, das Wahrnehmen und gegebenenfalls Nutzen von Spielräumen durch die Lehrer, ihre subjektive Sicht nicht näher untersucht wurden.

Die Ende der 1960er Jahre verstärkt einsetzende Bürokratiekritik benutzte noch zumeist das Webersche Modell einer idealtypischen bürokratischen Organisation als negative Folie, belegte aber zunehmend, dass dieses Modell zur Beschreibung der schulischen Realität und der Lehrertätigkeit nur begrenzt tauglich war.

Terhart spitzte diese Argumentation mit Verweis auf den viel beachteten Aufsatz von Peter Fürstenau (1967) über „neuere Bürokratieforschung und das Schulwesen", in dem dieser den in der Nachkriegszeit in den USA entwickelten human-relations-Ansatz vorstellt, weiter zu. Dieser organisationstheoretische Ansatz wurde unter Berücksichtigung der theoretischen Grundlagen von Kurt Lewin in Auseinandersetzung mit dem zuvor dominanten Taylorismus entwickelt. Er führte zu einem neuartigen Modell der Beschreibung von Organisationen als sozialen Systemen, sowie zum Ansatz der Organisationsentwicklung. Fürstenau hat das human-relations-Modell damals nicht nur für die deutsche Diskussion zusammengefasst, sondern hieraus auch Konsequenzen für die Reform der Schulorganisation sowie insbesondere für die Veränderung der Stellung des Lehrers in der Schule gezogen, Konsequenzen, die in die Empfehlungen des Deutschen Bildungsrates zur „Verstärkte[n] Selbständigkeit der Schule und der Partizipation der Lehrer, Schüler und Eltern" (1973) eingeflossen sind. Diese Konsequenzen sind damals allerdings bildungspolitisch nicht mehr konsequent auf den Weg ihrer Realisierung gebracht worden. Der Deutsche Bildungsrat wurde ja bedauerlicherweise aufgelöst. Heute allerdings sind die damaligen Forderungen mit dem Rückenwind durch Ideen des „new public management" bereits vielfach in neuere Schulgesetze eingeflossen. Auch die umfangreiche Diskussion um Schulautonomie und Schulprogrammarbeit der letzten zehn Jahre belegt diese Veränderung (vgl. Wenzel 2004).

In den Diskussionen der 1970er und 1980er Jahre wurde auf der Modellebene dem Idealtypus der bürokratischen Organisation das der Institution entgegengestellt, die aus dem gemeinsamen Handeln der Organisationsmitglieder erst entsteht. Das Institutionen-Modell, das diesem organisationstheoretischen Denken entsprang, wurde zunehmend als wünschenswertes Gegenmodell zum Weberschen Bürokratiemodell angesehen. Es regte dazu an, Spielräume im schulischen Alltag zu sehen, zu nutzen und zu erweitern und so jene Abweichungen von den Vorschriften als funktional zu erkennen, die die strengen bürokratischen Regeln unterlaufen. Das auf dem human-relations-Modell basierende Organisationsverständnis schien für die Beschreibung und Ermöglichung pädagogischer Prozesse in ihrer Spezifik besser geeignet. Es war allerdings auch ein theoretisches Modell, das nicht aufgrund empirischer Grundlagen entwickelt wurde. Krüger/Lersch (1982) z.B. haben, wie es oft in der damaligen Diskussion geschah, diese beiden Modelle kontrastiert und dabei zugleich darauf hingewiesen, dass beide idealtypischen Modelle letztlich jeweils nur begrenzt tauglich waren, die organisatorische Realität in den Schulen zu erfassen. Gefordert wurde ein Mischmodell.

Die Erwartungen an die Organisationssoziologie, den Antagonismus zwischen Organisation und Erziehung auflösen zu helfen, wurden enttäuscht. Terhart kritisierte die damalige kontrastive Gegenüberstellung dieser beiden idealtypischen Modelle: „Die Arbeit am Bau theoretischer Modelle kommt den empirischen Erscheinungen nicht nach bzw. kann sie nur als „Widersprüche“ oder als „Rollenkonflikte“ notdürftig mit Etiketten versehen, da sie durch die dichotome Aufbereitung der Problematik einer Selbstfixierung unterliegt“ (Terhart 1986: 210). Der Bezug auf die soziologische Organisationstheorie und -forschung konnte die ebenso personenzentrierte wie institutionenblinde Denkweise klassischer Pädagogik, die in der Gegenüberstellung von Organisation und Person bzw. Erziehung mündete, nicht überwinden. Die beiden von der Organisationssoziologie entwickelten Modelle, einerseits ein zielorientiert-rationalistisches andererseits ein kommunikativ-interaktionsbezogenes, standen sich gewissermaßen unversöhnlich gegenüber, sie entsprachen unterschiedlichen soziologischen Paradigmen.

Wiederum zugespitzt könnte man formulieren: Im human-relations-Modell wird idealtypisch ein organisationstheoretisches Modell formuliert, das die Hoffnung nährt, den früheren Antagonismus zwischen Organisation und Erziehung überwinden zu helfen. Terhart interpretierte und kritisierte die damalige Diskussion als sterile Modellkontrastierung, die jeweils erst noch mit Bezügen zur Realität empirisch zu untersetzen sei.

Für unser Thema ist festzuhalten, dass mit einem veränderten Organisationsmodell der Schule ein völlig anderes berufliches Anforderungsprofil für Lehrer nahe gelegt wird, Spielräume für professionelles Handeln sichtbar werden und sich damit auch der Blick auf die Stellung der Handelnden in der Schule grundlegend verändert. Im Organisationsmodell der human-relations-Bewegung haben die Handelnden Gestaltungs- und Entscheidungsverantwortung. Daher benötigen sie hohe berufliche Kompetenz und genügend Autonomie, um auch tatsächlich fallspezifisch vorgehen zu können. Aufgrund der veränderten Sicht auf die Lehrertätigkeit im neuen organisationstheoretischen Modell wird ein anderes Verständnis von Professionalität nahe gelegt als im Bürokratiemodell. Ob damit jedoch auch die Realität erfasst wird, muss der empirischen Überprüfung anheim gestellt werden.

Hinsichtlich der Stellung der Handelnden im neuen Modell ist festzuhalten, dass sie nicht mehr die unterste Ebene in einem hierarchischen System der Über- und Unterordnung sind, sondern vielmehr wesentliche Gestalter und Entscheidungsträger.

2 Neue Reflexionsanstöße

Einen weiterführenden Anstoß für die Präzisierung einer erklärungsträchtigen schulischen Organisationstheorie sah Terhart im Ansatz des loose coupling, der in den 1970er Jahren aus der Betrachtung von Bildungsinstitutionen (Schulen und Universitäten) hervorgegangen ist. Bildungsinstitutionen können demnach als nur lose verknüpfte Systeme bezeichnet werden, die sich durch eine beträchtliche Selbstständigkeit ihrer Einzelelemente bei gleichzeitig dennoch vorhandener Verbindung auszeichnen. Dies führt einerseits zu erheblichen Problemen in der Steuerbarkeit und Berechenbarkeit, wie sie in Bildungsinstitutionen zu erleben sind, andererseits aber zu einer hohen Flexibilität bei der Einstellung auf Veränderungen in der Umwelt – dies wiederum kann sich durchaus positiv auswirken. Diese veränderte Betrachtungsweise kann auch erklären, dass Einwirkungen auf oder auch Änderungen in einem Subsystem nicht unbedingt das Gesamtsystem erreichen. Die Kritik der loose-coupling-Theoretiker an früheren Ansätzen der Organisationstheorie richtete sich vor allem dagegen, dass Organisationen in diesen ausschließlich als rationale Systeme betrachtet werden. Insbesondere wurden durch die Kritik aus der Perspektive des loose-coupling-Ansatzes solche Elemente wie hierarchische Entscheidungsstruktur, Weisungsgebundenheit und zielgerichtete Regulation der Organisationstätigkeiten in ihrer Gültigkeit für die Analyse von Erziehungsinstitutionen mit ihrem spezifischen Bildungsauftrag bestritten.

Diese neue kritische organisationstheoretische Sichtweise – sie wurde auch in der schulpädagogischen Diskussion in Deutschland bestätigt, etwa durch Baumert (1980) in seiner These von den Grenzen der Steuerbarkeit von Unterricht und Erziehung durch generelle Regeln – wurde innerhalb der soziologischen Organisationstheorie weitergeführt (vgl. Weick 1985). Türk (1989) fasste die neue Sicht auf Organisationen zusammen und stellte fest: Organisationen sind nicht nur als formale Systeme zu begreifen, sondern als lebensweltlich begründete Handlungszusammenhänge mit eigenen unverwechselbaren Kulturen und Subkulturen. Hinzu kommt, dass Organisationen nicht oder nur begrenzt stabil sind. Tatsächlich sind sie permanent in Bewegung: Organisationen verändern sich sozusagen durch Adaption, indem Anforderungen wechseln, Aufgaben sich neu formieren, Autoritäten sich etablieren bzw. in Frage gestellt werden. Sie verändern sich auch dadurch, dass permanente Lernprozesse des Personals stattfinden: Jeder hat jeden Tag die Chance, durch Erfahrungen des vorangegangenen Tages klüger zu werden. Dementsprechend gewinnt der Faktor Zeit Bedeutung: Das Alter der Organisation insgesamt, das Dienst- und Lebensalter der Akteure, ihre Interaktions- und Arbeitsgeschichte, die Kooperations- und Kulturgeschichte.

In der weiteren Diskussion wurden die Ergebnisse der Schulvergleichs- und Schulqualitätsforschung, die die große Unterschiedlichkeit in der Schullandschaft herausstellten, als Beleg für die Richtigkeit dieses Ansatzes und damit die individuelle Gestaltbarkeit der Schule durch die in ihr Handelnden gelesen. Hier wurde herausgefunden, dass sich Schulen auch unter ähnlichen schulrechtlichen und sozialökologischen Rahmenbedingungen sehr stark unterscheiden können. Es bestehen offensichtlich Gestaltungsmöglichkeiten in den einzelnen Schulen durch die innerschulischen Akteure. Dies stützt die organisationstheoretische Annahme der loose-coupling-Theoretiker, dass jede Schule innerhalb der gesetzlichen Rahmenbedingungen und trotz der durch die administrativen Regelungen erzeugten allgemeinen Tiefenstruktur ihr Alltagsleben und damit ihre spezifische Kultur durch die Art und Weise bestimmt bzw. bestimmen kann, wie sie bzw. genauer: das Kollegium in Kooperation untereinander und mit anderen Akteuren die Aufgaben der Unterrichtung, Beurteilung, Erziehung und Bildung bewältigt und gestaltet. Es kommt also wesentlich darauf an (vgl. Mortimore 1997), wie die einzelne Schule (als soziales System) mit ihrer „Mitgift", mit dem, was ihr an Ressourcen gegeben ist, umgeht, diese einsetzt und nutzt.

Die neuere Organisationstheorie sowie umfangreiche Ergebnisse der empirischen Schulforschung veranlassten nicht nur dazu, differenzierter den unterscheidenden Merkmalen in der Qualität einzelner Schulen und deren Ursachen nachzugehen, sondern auch mehr Handlungs- und Gestaltungsspielraum auf der Ebene der einzelnen Schule zu fordern (Entbürokratisierung) und zunehmend auch gesetzlich zu verankern. Dieser Veränderungsprozess kann durchaus als ein Paradigmenwechsel angesehen werden (vgl. hierzu Wenzel 2004), der in Verbindung mit dem der Sozialpsychologie entstammenden Ansatz der Organisationsentwicklung zu Konzepten kollegialer Schulentwicklung führte (vgl. Dalin/Rolff 1990; Wenzel u.a. 1990).

Konzepte schulischer Organisationsentwicklung machen von ihrem Anspruch her ernst mit der Forderung, Betroffene zu Mitgestaltenden, zu Trägern schulischer Entwicklung werden zu lassen. Ihnen wird Verantwortung für die innerschulische Entwicklung anvertraut – natürlich im gesetzlich gegebenen Rahmen. Das jeweilige Kollegium wird der Idee nach zum Motor der Entwicklung, unterstützt durch Entwicklungsmoderatoren und Fortbildung.

Entsteht hieraus nun tatsächlich in der Realität ein neues Modell von Schule als „pädagogischer Handlungseinheit"? Gruschka und Heinrich (2002) weisen in diesem Zusammenhang auf ein Dilemma hin, das dann entsteht, wenn die auf Freiwilligkeit beruhenden Beispiele schulischer Organisationsentwicklung etwa in der Form der Schulprogrammarbeit flächendeckend verpflichtend eingeführt werden und damit zur paradoxen Form „verordneter Autonomie" führen. Sie verweisen zugleich darauf, dass das derzeit wohl umfassendste Schulreformmodell, die Schulprogrammarbeit, bisher noch kaum schultheoretisch aufgearbeitet und daher durchaus Skepsis angebracht ist, vorschnell von einer Harmonie hinsichtlich des früheren Antagonismus zu sprechen.

Diese Skepsis wird derzeit bestärkt durch die neuen Ansätze der Qualitätsentwicklung auf der Basis bundesweiter Bildungsstandards und der damit einhergehenden neuen staatlichen Steuerungsinstrumentarien. Daher ist danach zu fragen, inwieweit die aus organisationstheoretischen Überlegungen heraus abgeleiteten Ansätze kollegialer Schulentwicklung tatsächlich auch andere Rahmenbedingungen für professionelles Handeln in der Schule bedeuten.

3 Zur Spezifik der Schule als Bildungs- und Erziehungseinrichtung

Im Zusammenhang mit der Bürokratiekritik und den neueren organisationstheoretischen Ansätzen wurde differenzierend auf die Besonderheiten der Schule als Bildungs- und Erziehungseinrichtung verwiesen. Rolff (1993) führte z.B. sechs grundlegende, spannungsreiche Besonderheiten der Schule als Organisation an:

3.1 Bildungsauftrag – Vermittlung von Inhalten

Das Besondere der Schule liegt zuvörderst im Bildungsauftrag begründet, der in erster Linie über Inhalte erfüllt werden soll. Der Bildungsauftrag prägt ganz wesentlich die Ablauforganisation der Schule und damit die Schulkultur. Dabei ist die Vermittlung von Inhalten mehr als bloße Informationsweitergabe. Es kommt auf den Bildungsgehalt der Inhalte an, der letztlich erst durch eine interne Auseinandersetzung des Lernenden mit ihnen zur Entfaltung gelangt.

3.2 Der pädagogische Bezug – begrenzte Technologisierbarkeit

Schulen bestehen aus Mitgliedern. Diese Feststellung ist nicht nur trivial, sondern gerade für Schulen bedeutsam. Dabei lassen sich unter den Mitgliedern entscheidende Unterschiede feststellen. So etwa zwischen den Lehrern, sozusagen den Vollmitgliedern einerseits, und den Schülern und Eltern andererseits. Dabei hat eigentlich die Schule als Organisation ihren einzigen Grund in der Aufnahme der Schüler. Das besondere Verhältnis von Heranwachsenden zu den Erwachsenen ist als erzieherisches Verhältnis, als „pädagogischer Bezug" (Nohl), für die Schule geradezu konstitutiv. Wenn die traditionelle, geisteswissenschaftliche Bestimmung des pädagogischen Bezugs auch kritikwürdig ist, u.a. weil sie sich eher an einer erzieherischen Dyade denn an Gruppensituationen in der Schulklasse orientiert, den Dialog über- und die Asymmetrie unterbetont, so enthält sie doch das Besondere des pädagogischen Handelns.

Erziehungsprozesse lassen sich nur zum Teil zweckrational organisieren und nur begrenzt technologisieren. Sie beruhen auf persönlicher Begegnung. Technologien im Sinne von den Zielen fest zugeordneten Mitteln sind in der Schule häufig fehl am Platz. An deren Stelle treten je individuelle Orientierungen am Menschen und an dessen Befindlichkeit.

Bildungsprozesse gehen durch das Bewusstsein und sie sind ohne Eigenanteil des Aufwachsenden nicht möglich. Schüler müssen sich Inhalte aktiv aneignen, d.h. sie in ihre vorhandenen Strukturen integrieren bzw. weiterentwickeln, die Bedeutungen erschließen und den Sinn interpretieren, Erfahrungen kodieren und Zusammenhänge konstruieren. Nicht alle pädagogischen Akte lassen sich technologisieren, vermutlich gerade die anspruchvollsten am wenigsten. Fazit: die Technologisierbarkeit von Bildungsprozessen ist begrenzt.

3.3 Die Schüler stehen im Mittelpunkt – Fallverstehen als Grundlage pädagogischen Handelns

Zwar verweist das Verständnis des „pädagogischen Bezugs" zu Recht auf das personenbezogene Wechselverhältnis zwischen Erzieher und Zögling, aber es handelt sich nicht um ein gleichberechtigtes Verhältnis. Vielmehr stehen mit der Zielorientierung pädagogischen Handelns der Schüler und seine Entwicklung im Mittelpunkt. Allerdings kann der Lehrer – selbst wenn er es wollte – seine Person nicht aus dem pädagogischen Prozess heraushalten und sich auf die Wissens- und Erkenntnisvermittlung beschränken. Jeder Erzieher ist immer auch Modell, Vorbild oder negativ besetzte Symbolfigur, konfrontiert mit oder herausgefordert durch persönliche Zuwendung. Daraus entsteht eine Verpflichtung, jeden einzelnen Schüler, jede Schülerin als Person pädagogisch zu betreuen. Ein „Fallverstehen" – so argumentiert die neuere Handlungstheorie – ist dafür Voraussetzung. Lehrende sind aufgerufen, den einzelnen Fall als besonderen zu verstehen und Situationen auch mit und für die Heranwachsenden stellvertretend zu deuten, was nur in Interaktion mit ihnen möglich ist und diagnostische Erfahrungen und wissenschaftliches Wissen voraussetzt.

3.4 Lehrer als unvollendete Professionelle – gebrochene Kontrolle

Prozesse der stellvertretenden Deutung und das damit verknüpfte Fallverstehen gehören nach Oevermann (z.B. 1981 und 1996) zu den wesentlichen Merkmalen professioneller Berufe. Danach liegt professionelles Handeln dann vor, wenn im Beruf jenseits technisch-rationaler Anwendungen von Wissen Entscheidungen zu treffen sind, die für die Lebenspraxis bestimmter Anderer bedeutsam sind. „Stellvertretende Deutung" wird in einem Prozess der Verständigung praktiziert, der sich aufgrund seiner Eigenart einer Standardisierung entzieht. Daher gilt auch für den Lehrerberuf, dass administrative Kontrolle und externe Evaluation nur begrenzt möglich sind. Aus dieser Konstellation ergibt sich die Notwendigkeit einer beruflichen Autonomie. Diese ist jedoch durch den vorhandenen Beamtenstatus begrenzt. Oevermann sieht darin einen Ausdruck unvollendeter Professionalisierung des Lehrerberufs. Gerade die anspruchsvollen Bildungsziele entziehen sich aber insbesondere wegen ihrer Langfristigkeit einer eindeutigen Erfolgskontrolle. Diese Grenzen der Kontrollierbarkeit verschaffen daher den Lehrern den Vorzug einer strukturell erforderlichen Autonomie.

Die eigentliche Arbeit des Unterrichtens, Erziehens, Beurteilens, Beratens und Innovierens leisten die Lehrer im Klassenzimmer. Diese Arbeit ist dort weder vollständig reglementierbar noch annähernd standardisierbar. Der Preis für diese strukturelle Autonomie ist jedoch Erfolgsunsicherheit und -ungewissheit. Hieraus ergibt sich die Forderung oder gar Notwendigkeit für eine verstärkte kollegiale Kooperation.

3.5 Arbeitsteilung – gefügeartige Kooperation

Aus der Perspektive der Organisationssoziologie besteht ein herausragendes Merkmal der Rolle des Lehrers darin, dass er in seiner Unterrichtstätigkeit letztlich Einzelarbeiter ist. Insofern wird von einer „zellularen" Grundstruktur der Schule gesprochen. Die Lehrertätigkeit in der bürokratisch organisierten Schule ist zwar kooperativ, allerdings besteht eine „gefügeartige Kooperation".

Die Aufteilung der Lehrertätigkeit in „Einzelzellen" bringt die Gefahr mit sich, dass jeder Lehrer sein Fachgebiet den Schülern vermittelt, „als ob es ein Ziel in sich selbst wäre, obgleich es nur Mittel zum Ziel ist, auf das es immer bezogen bleiben sollte" (Durkheim 1972: 99) nämlich auf Persönlichkeits- und Bildungsentwicklung der Schüler. Soll der übergeordnete Sinnzusammenhang der Bildung eingelöst werden, ist ein gewisses Ausmaß „teamartiger Kooperation" erforderlich.

3.6 Erziehung als Selbsterziehung – Reflexivität der Ziele

Die größte Besonderheit der Schule besteht in ihrem Organisationszweck, also in den Erziehungs- und Bildungszielen, die letztlich die Eigenständigkeit oder Mündigkeit ihrer Klienten anzielen: Erziehung zur Selbsterziehung. Diese Ziele unterscheiden sich grundsätzlich von denen nichtpädagogischer Organisationen; sie sind reflexiv, in sich widersprüchlich und unbegrenzbar. „Mündigkeit" etwa ist zwar im Kontext der verfassungsrechtlichen Grundlagen unserer Gesellschaft ein unverzichtbares Ziel, es lässt sich aber nicht auf vorgeplantem Weg und systematisch vermitteln, es erfordert Reflexivität und Entscheidung des Zöglings selbst. Das gleiche gilt für pädagogisches Handeln. Auch dieses lässt sich bezogen auf die übergeordnete Zieldimension nicht verordnen.

In seinen Erläuterungen geht Rolff (1993) auf eine Reihe von Veränderungen ein, die aus neueren organisationstheoretischen Überlegungen resultieren, er bleibt aber mit Oevermann dabei, dass aufgrund des Beamtenstatus es dem Lehrer an Autonomie mangele und er daher nicht oder noch nicht als Professioneller zu bezeichnen ist.

Für unseren Zusammenhang ist festzuhalten, dass innerhalb des veränderten organisationstheoretischen Denkens den Handelnden eine völlig andere Bedeutung zugemessen wird als in einer idealtypischen Bürokratie und damit Raum entstanden ist für die Entwicklung eines veränderten Professionsverständnisses sowie für ein neues Verständnis von Professionalität. Erforderlich hierfür ist allerdings, dass der neue organisationstheoretische Rahmen auch eine empirische Sättigung erfährt.

4 Zur neueren Professionalisierungsdebatte

Seit Anfang der 1990er Jahre ist es in den Erziehungswissenschaften zu einer neuen Professionalisierungsdebatte gekommen. Gehrmann (2003) zeichnet in seinem Buch „der professionelle Lehrer" verdienstvollerweise die Professions-, Professionalisierungs- und Professionalitätsdebatte facettenreich nach und führt sie selbst durch eigene Untersuchungen weiter.

Er bezieht als erstes einen Entwicklungs- und Forschungsstrang in seine Begründungsmuster für professionelle Lehrer ein, der in der schulpädagogischen Diskussion eher vernachlässigt wurde und zwar den bildungshistorischen. Hier hat insbesondere Tenorth (1999) über die Jahre hin Forschungen zur Geschichte des Lehrerberufs und seiner Organisationen angeregt und von dieser Seite her einen bedeutsamen Beitrag zum Professionalisierungsdiskurs geleistet. Anschließend an anglo-amerikanische professionstheoretische Diskussionskontexte geht auch er bis Mitte der 1980er Jahre davon aus, dass Lehrer gemessen an den berufssoziologischen Kriterien eindeutig nur Semiprofessionals seien. Im weiteren bildungshistorischen Forschungsprozess ändert er aber seine Einschätzung. Aus Lehrern als Semi-Professionals werden für ihn Lehrer als Professionelle und der Lehrerberuf zur Profession.

So führt er aus: „Profession und Professionalisierung (scheinen) auch für pädagogische Arbeit durchaus angemessen" (Tenorth 1999: 437), weil der Beruf „nach Status und Prozess über Konstruktionsleistungen der Berufsinhaber, der Profession, und über das in dieser Konstruktion erzeugte Wissen – von der Berufsaufgabe und vom Berufsvollzug und seinen Kriterien – her bestimmt" ist (ebd.).

Die Etablierung des Lehrerberufs als Profession folgerte er dabei, systemtheoretisch gesprochen, aus der Funktionsbestimmung institutionell organisierter Erziehung überhaupt. Danach ist „die Erziehung eine gesellschaftlich verselbstständigte Praxis (...), und zwar – in der Moderne – dasjenige gesellschaftliche System, in dem bei allen Wechseln der Generationen generell und gesellschaftlich für unverzichtbar erachtete Prämissen für Kommunikation je subjektiv, als ‚Habitus', universalisiert werden, die sich ohne Ausdifferenzierung von Erziehungstätigkeit nicht universalisieren lassen" (Tenorth 1989: 813).

Für diese Prämisse konstituieren sich nach Tenorth Ausbildungsgänge, Prüfungen, Berufsorganisationen, interne Diskurse, eine eigene Bildungsphilosophie und letztlich eine eigene Erziehungs-Wissenschaft, die sich intern spezialisiert. Die historische Bildungsforschung liest also die Entwicklungen zum heutigen Lehrerberuf als eine professionelle Erfolgsgeschichte. In der historischen Bildungsforschung zählen die Tenorthschen Professions- und Professionalisierungsgedanken mittlerweile zu den gesicherten Befunden.

Einen zweiten Entwicklungsstrang zeichnet Gehrmann anhand der Veröffentlichungen von Terhart zur Lehrerforschung nach. Auch Terhart ging lange von den Lehrern als Semi-Professionals aus. Die Beschäftigung mit der historischen Entwicklung des Berufsstandes selbst und darüber hinaus mit der Realität der individuellen Ausgestaltung der Berufstätigkeit lässt auch ihn letztlich von Professionalität im Lehrerberuf bzw. von Lehrerprofessionalität sprechen (vgl. Terhart 1990: 165; 1995: 225; Terhart u.a. 1985). Disziplingeschichtlich begründet Terhart eine neue *empirische Lehrerforschung* mit, die die neue Einschätzung unterstützt.

Terhart bestimmt in neueren Veröffentlichungen sein Verständnis von Lehrerprofessionalität vom Kern der beruflichen Tätigkeit bzw. von der empirisch fassbaren Realität des Berufes selbst und nicht mehr von einer normativ aufgeladenen Erziehungswirklichkeit bzw. Berufssoziologie, der genau diese Perspektive eher äußerlich geblieben war. Insbesondere mit dem Verweis auf Ergebnisse der Entwicklungspsychologie, die immer stärker darauf aufmerksam machten, dass der berufliche Entwicklungsprozess selbst nicht als statischer zu denken sei, sondern nur vor dem Hintergrund seines Verlaufes zu interpretieren ist, gewann Terhart sein Paradigma zur Betrachtung des Lehrerberufes. Danach ändern sich Einstellungen und habituelle Ausformungen der Berufstätigkeit in der Zeit und verweisen auf ihre Wandelbarkeit im Individuum. Aus der Darstellung eines passiven Rolleninhabers der Berufssoziologie der 1960er Jahre mendelt sich so ein Subjektmodell heraus, das „Raum läßt für Aktivität und Konstruktivität der handelnden Akteure" (Terhart 1990: 250). Entwicklung wird damit zum Schlüsselbegriff beruflicher Lehrersozialisation, *„Lehrer-Werden und Lehrer-Bleiben"* zum lebenslangen Prozess (ebd.: 247).

Die Freiheitsspielräume für seine Tätigkeit gewinnt der Lehrer also nicht nur durch die Unverfügbarkeit der Organisation bzw. der Gesellschaft auf genau die

Beziehung zwischen Erzieher und Zögling, sondern auch durch die Verfügbarkeit des Individuums über seine Biographie und damit auch *Berufsbiographie,* die sich in der täglichen Konfrontation mit Erziehungstatsachen wandelt. Dieser individuelle Entwicklungsprozess vollzieht sich dabei nicht selbstverständlich so, wie sich die Erziehungstatsachen dem einzelnen Lehrer im täglichen Vollzug stellen. Mit dieser eingewurzelten beruflichen Autonomie findet der Lehrerberuf Anschluss an traditionelle Professionen, zu deren Berechtigung, deren Fachwissen und deren Gemeinwohlorientierung er längst aufgerückt war.

Die erziehungswissenschaftliche Transformation berufssoziologischer Definitionen für Beruf, Professionalisierung und Profession erbringt also, so Gehrmann, in ihrer Variante einer historisch angeleiteten und theoretisch fundierten empirischen Rekonstruktion – sei es durch die historische Bildungsforschung, sei es durch den empirischen Teil der Schulpädagogik bzw. Lehrerforschung – einen nachdrücklichen Zugewinn für die Beschreibung des Lehrerberufs als Profession. Galt den Berufssoziologen das staatlich legitimierte, institutionell geformte und individuell vollzogene Unterrichten der nachwachsenden Generation eher als *semi-professionell,* als Tätigkeit mit begrenzten Dispositionsspielräumen, gewinnt die erziehungswissenschaftliche Analyse von Geschichte und Gegenwart des Berufs selbst ihr Proprium aus der Darstellung der Berufsgenossen als Professionelle. Die langjährige Ausbildung, die Prüfungen, die gegründeten Berufsorganisationen, die damit verbundenen internen Diskurse, eine eigene Bildungsphilosophie und eine eigene Bezugswissenschaft zeigen die *professionelle Erfolgsgeschichte* einer zunächst als Hungerleider-Tätigkeit apostrophierten Beschäftigung (vgl. Gehrmann 2003: 39).

Die professionelle Autonomie von Lehrern bestimmt sich letztlich aus dreierlei Richtung: aus der historischen Verstetigung der Aufgabe, aus der Unverfügbarkeit der Interaktion zwischen Erzieher und Zögling auch in Organisationen und aus der Konstruktivität der Berufsbiographie durch die Berufsgenossen selbst.

Der Rekurs auf Geschichte und Gegenwart der Professionstheorie und -empirie konnte insgesamt zeigen – so Gehrmann –, dass die vermeintlich in den Lehrerberuf eingewurzelte Heteronomie der Berufsauslegung und des Berufsvollzuges mehr den Charme eines Untoten besitzt, der nicht sterben will, als dass sie mit dauerhaft messbarer Berufsrealität zu tun hat. Berufliche Autonomie ist vor diesem Hintergrund keine Chimäre mehr, sondern sichtbarer Ausdruck eines Professionalisierungsprozesses. Im Zeitraum von zweihundert Jahren wird damit auch belegt, wie neben die Kirche das Schulhaus gestellt worden ist und die darin tätigen Lehrer eine eigene Profession ausbildeten.

Die Pluralität professioneller Autonomie birgt empirisch individuelle Optionen, ohne in ihnen aufzugehen und ist so rückgebunden an eine Profession, deren intentionale Kerne letztlich nicht durch Theorie konstituiert werden, sondern durch Menschen, die das tun, was sie für ihre Aufgabe halten.

5 Schlussbemerkung

Verfolgt man diese Diskussionslinien, so gibt es gute Argumente dafür, den früher konstatierten Antagonismus zwischen Organisation und Erziehung in Frage zu stellen und damit dem Berufsstand der Lehrer heute seinen Status als Profession nicht mehr abzusprechen. Sperrig bleibt allemal die Einbindung der Lehrertätigkeit in politisch verantwortete institutionelle Rahmengebungen, die die individuelle Autonomie – heute im Gewand neuerer Steuerungsmodelle – begrenzen.

Literatur

Baumert, J. (1980): Aspekte der Schulorganisation und Schulverwaltung. In: Projektgruppe Bildungsbericht (Hrsg.): Bildung in der Bundesrepublik Deutschland. Daten und Analysen. Bd. 1. Reinbek b.H.: 589-748.

Dalin, P./Rolff, H.-G. (1990): Institutionelles Schulentwicklungsprogramm. Soest.

Deutscher Bildungsrat (1973): Verstärkte Selbständigkeit der Schule und Partizipation der Lehrer, Schüler und Eltern. Bonn.

Durkheim, E. (1972): Erziehung und Soziologie. Düsseldorf.

Fend, H. (1986): „Gute Schule – schlechte Schule". Die einzelne Schule als pädagogische Handlungseinheit. In: Die Deutsche Schule, Jg. 78, H. 3, 275-293.

Fischer, W. (1978): Schule als parapädagogische Organisation. Kastellaun.

Fürstenau, P. (1967): Neuere Entwicklungen der Bürokratieforschung und das Schulwesen. In: Neue Sammlung 7, 11-25.

Gehrmann, A. (2003): Der professionelle Lehrer. Wiesbaden.

Gruschka, A./Heinrich, M. (2002): Innere Schulreform durch Krisenintervention? Projektantrag an die DFG. Frankfurt a.M.

Krüger, H.-H./Lersch, R. (1982): Erfahrung und Lernen. Bad Heilbrunn/Obb.

Mortimore, P. (1997): Auf der Suche nach neuen Ressourcen. Die Forschung zur Wirksamkeit von Schule (School effectiveness). In: Böttcher, W. u.a. (Hrsg.): Wege zu einer neuen Bildungsökonomie. Pädagogik und Ökonomie auf der Suche nach Ressourcen und Finanzierungskonzepten. Weinheim/München: 171-192.

Oevermann, U. (1981): Mitschrift des Vortrags „Professionalisierung der Pädagogik" im Institut für Sozialpädagogik und Erwachsenenbildung der Freien Universität Berlin.

Oevermann, U. (1996): Theoretische Skizze einer revidierten Theorie professionalisierten Handelns. In: Combe, A./Helsper, W. (Hrsg.): Pädagogische Professionalität. Frankfurt a.M.: 70-182.

Rolff, H.-G. (1993): Wandel durch Selbstorganisation. Theoretische Grundlagen und praktische Hinweise für eine bessere Schule. Weinheim/München.

Rumpf, H. (1966): Die administrative Verstörung der Schule. Drei Kapitel über den verbeamteten Erzieher. Essen.

Tenorth, H.-E. (1989): Professionstheorie für die Pädagogik? In: Zeitschrift für Pädagogik, Jg. 35, H. 5, 809-824.

Tenorth, H.-E. (1999): Der Beitrag der Erziehungswissenschaft zur Professionalisierung pädagogischer Berufe. In: Apel, H.J. u.a.. (Hrsg.): Professionalisierung pädagogischer Berufe im Historischen Prozess. Bad Heilbrunn/Obb.: 429-461.

Terhart, E. (1986): Organisation und Erziehung. Neue Zugangsweisen zu einem alten Dilemma. In: Zeitschrift für Pädagogik, Jg. 32, 205-223.

Terhart, E. (1990): Professionen in Organisationen: Institutionelle Bedingungen der Entwicklung von Professionswissen. In: Alisch, L.-M. u.a. (Hrsg.): Professionswissen und Professionalisierung. Braunschweig: 151-170.

Terhart, E. (1995): Lehrprofessionalität. In: Rolff, H.-G. (Hrsg.): Zukunftsfelder der Schulforschung. Weinheim: 225-266.

Terhart, E. u.a. (1985): Berufsbiographien von Lehrern und Lehrerinnen. Frankfurt a.M.

Türk, K. (1989): Neuere Entwicklungen in der Organisationsforschung: Ein Trend Report. Stuttgart

Weick, K.E. (1985): Der Prozess des Organisierens. Frankfurt a.M.

Wenzel, H. (2004): Studien zur Organisations- und Schulkulturentwicklung. In: Helsper, W./Böhme, J. (Hrsg.): Handbuch der Schulforschung. Wiesbaden: 391-415.

Wenzel, H. u.a. (Hrsg.) (1990): Schulinterne Lehrerfortbildung. Ihr Beitrag zu schulischer Selbstentwicklung. Weinheim/Basel.

Die Tektonik des deutschen Bildungssystems Historische Konfliktlinien und ihre Verschiebung durch den „Bologna-Prozess“

Bernd Zymek

Es gehört zu den Begleiterscheinungen von Erdbeben, dass ihnen minimale Verschiebungen innerhalb der Tektonik der Erdkruste zugrunde liegen, die im Alltag nicht wahrgenommen werden können, deren genaue Lage unterhalb der Erdoberfläche aber schon vor längerer Zeit von der wissenschaftlichen Forschung identifiziert wurde und zum Allgemeinwissen gehören sollte. Geologen kennen heute die gefährlichen Nahtstellen der Erdkruste, an denen auf Grund ihrer Forschungen eine besondere Erdbebengefahr besteht, ihre Seismographen verfolgen laufend die kleinsten Bewegungen, manchmal kündigen sich gefährliche Spannungen an, aber der genaue Zeitpunkt und Ort von Beben, die den Boden erschüttern, auf dem Menschen ihre Existenz gebaut haben, ist nicht voraussagbar. Auch wenn der Vergleich nicht überstrapaziert werden sollte, so gibt es doch gute Argumente, die Geschichtswissenschaft als die Geologie der Gesellschaftswissenschaften zu begreifen, als die Wissenschaft, die die Strukturen aufzudecken versucht, die den historischen Hintergrund der kulturellen Systeme und damit der Handlungsspielräume der Menschen bilden, ohne dass dies ihnen im Alltag und bei einer oberflächlichen Sicht der Dinge bewusst wäre. Zu den kulturellen Systemen, die sich im Verlauf der Geschichte institutionell „verfestigt“ haben, mit anderen institutionellen Strukturen verzahnt sind und die Handlungsperspektiven der damit verbundenen Menschen prägen, gehören in modernen Gesellschaften auch die nationalen Bildungssysteme. Ihre Wahrnehmung und Thematisierung, zum Beispiel in pädagogischen und bildungspolitischen Debatten, geschieht allerdings – um im Bilde zu bleiben – nur zu oft als Diskussion von Oberflächenphänomenen, ohne Beachtung der historischen Strukturen und Zusammenhänge, die die aktuellen Institutionen tragen und ihr Funktionieren voraussetzen.

Die politischen Beschlüsse und kontroversen Debatten, die in Deutschland den Prozess der Umsetzung der „Gemeinsamen Erklärung der Europäischen Bildungsminister“ vom 19. Juni 1999 in Bologna begleiten, sind ein Musterbeispiel dafür, wie ein auf die Oberflächenstrukturen konzentrierter Reformdiskurs zur Negierung von Signalen, zur Fehleinschätzung ihrer Folgen, zu bösen Überraschungen, panischen Reaktionen und unangemessenen Erklärungsmustern verleitet: Bei den Politikern, die diesen Prozess angestoßen hatten, wurde der (naive oder irreführende) Eindruck verbreitet, als handele es sich bei der Reform um die „Harmonisierung" rein formaler Oberflächenstrukturen, die aber die kulturelle Vielfalt Europas sowie die Zuständigkeit und inhaltliche Gestaltungsfreiheit der verschiedenen nationalen Regierungen auf dem Gebiet der Bildungspolitik nicht berühre und einschränke. Von den Kritikern des Prozesses, die sich neuerdings in Deutschland mit dramatischen Aufrufen zu Wort melden, wurden die ersten Beschlüsse zunächst gar nicht wahrgenommen bzw. ernst genommen, so sehr war man in dem Glauben von der Selbstverständlichkeit und Stabilität der nationalen Strukturen befangen. Als der Bologna-Prozess dann Schritt für Schritt umgesetzt wurde und faktisch unumkehrbar war, wurde von diesen Kritikern der Eindruck suggeriert, als würde eine Idylle funktionierender nationaler Bildungssysteme von externen Mächten wie der EU oder „dem Prozess der Globalisierung" mutwillig zerstört.

Der folgende Beitrag wendet sich gegen beide Sichtweisen und Argumentationsstrategien. Er will das – in der historischen Bildungsforschung selbstverständliche, aber in den bildungspolitischen Kontroversen der Gegenwart hartnäckig verdrängte – Wissen darüber in Erinnerung rufen, dass

(1.) die moderne deutsche Bildungsgeschichte seit zwei Jahrhunderten von einer – nur hier so vorzufindenden – Verkopplung von Universitätssystem, Lehrämtern und Schulsystem geprägt war, dass (2.) die institutionelle und personelle Ausdifferenzierung des Wissenschaftssystems eng mit dem gymnasialen Fächerkanon und (3.) mit der besonderen Stellung des höherem Lehramts in Deutschland verbunden war. Er muss aber auch (4.) daran erinnern, dass diese spezifisch deutsche Konstruktion im 19. und 20. Jahrhundert zu zyklisch wiederkehrenden Krisen im Verhältnis von Bildungs- und Beschäftigungssystem geführt hat, in deren Zusammenhang von den in ihren Berufsperspektiven enttäuschten Generationen das deutsche Bildungs- und Berufslaufbahnsystem, seine Institutionen und ihr Verständnis von Bildung, Wissenschaft und Beruf radikal in Frage gestellt wurden und dass (5.) im Zusammenhang der dramatischen Expansion der Bildungssysteme Europas nach dem zweiten Weltkrieg die traditionellen Institutionen des deutschen Bildungssystems zwar formell verteidigt wurden, aber hinter der Oberfläche der amtlichen Bezeichnungen einem tief greifenden strukturellen und funktionalen Wandel unterlagen. Vor diesem historischen Hintergrund soll abschließend erläutert werden, warum (6.) die Umsetzung des Bologna-Prozesses in Deutschland – einerseits – durch viele Entwicklungen vorbereitet ist, aber – andererseits – viel weiterreichende Konsequenzen für alle Beteiligten und Betroffenen mit sich bringen wird, als dies heute in den öffentlichen Diskussionen thematisiert und realisiert wird.

1 Die Tektonik des deutschen Bildungssystems

Die Reform der deutschen Universitäten und der Gymnasien – die Ende des 18. Jahrhunderts vorbereitet, aber in der so genannten „Reformära“ Anfang des 19. Jahrhunderts ausgestaltet wurde – institutionalisierten einen eng vernetzten Zusammenhang, der bis heute die deutsche Bildungs- und Sozialgeschichte prägt:

Das allgemein bildende Grundstudium an der „Artistenfakultät“, wie es für die traditionelle europäische Universität charakteristisch gewesen war, wurde an den reformierten deutschen Universitäten abgeschafft und neben der theologischen, der juristischen und der medizinischen Fakultät die neue grundständige (!) philosophische Fakultät eingeführt, die dann zur „Berufsfakultät“ eines aufgewerteten Gymnasiallehrerstandes wurde (vgl. z.B. McLelland 1980; Rüegg 2004).

Der Status der philosophischen Fakultät und der in ihr vertretenen Wissenschaftsdisziplinen und Professoren, der Berufsstatus ihrer Absolventen und ihres Berufsfeldes waren von nun an ein rechtlich verkoppelter Zusammenhang: Aus der Masse der traditionellen Lateinschulen wurde eine – zunächst noch kleine – Gruppe von entwickelten Anstalten als die neuen Gymnasien herausgehoben, deren Status als „höhere Schule“ in erster Linie davon abhängig gemacht wurden, dass an ihnen in den so genannten „wissenschaftlichen Fächern“ (Sprachen, Mathematik) und insbesondere in den Oberstufenklassen ein gewisser Prozentsatz „Oberlehrer“ zu unterrichteten hatte, die ein Studium an der philosophischen Fakultät und ein „Examen pro facultate docendi“ absolviert hatten (vgl. Jeismann 1996, II: 273ff.).

Nur an so ausgestatteten und amtlich anerkannten Gymnasien konnte die Berechtigung zum „einjährig-freiwilligen Militärdienst“, zum Hochschulstudium mit Staatsexamen und zum Eintritt in die verschiedenen Berufslaufbahnen des Staatsdienstes erworben werden (vgl. Müller/Zymek 1987: 21ff.).

Auch an der philosophischen Fakultät wurde das neue deutsche Universitätsprinzip der Verbindung von Forschung und Lehre eingeführt.

Inhaltlich und strukturell bedeutete dieser neue Zusammenhang von philosophischer Fakultät und dem aus ihren Absolventen rekrutierten Oberlehrerstand die Trennung von geistlichem Amt und höherem Lehramt und damit den entscheidenden Schritt zur Professionalisierung des Lehrerberufs in Deutschland.

2 Wissenschaftssystem und gymnasialer Lehrplan

Die Ausdifferenzierungsprozesse der philosophischen Fakultät, der Geistes- und Naturwissenschaften und des Lehrplans der Gymnasien waren im Verlauf der Universitäts- und Schulgeschichte des 19. und 20. Jahrhunderts eng miteinander verschränkt:

Hier wie dort dominierten lange die klassischen Philologen. Die Initiativen und Argumente z.B. für spezielle Professuren für die modernen Sprachen bekamen politisches Gewicht und Realisierungschancen, als – in der Mitte des 19. Jahrhunderts – aus dem Feld der höheren Schulen und der Gymnasialvertreter z.B. ein spezialisiertes neuphilologisches Studium für akademisch gebildete Fachlehrer der höheren Schulen gefordert wurde (Christmann 1985). Ähnlich verlief der Prozess der Ausdifferenzierung in den Naturwissenschaften, die ja zunächst auch noch in die philosophische Fakultäten integriert gewesen waren und erst in der zweiten Hälfte des 19. Jahrhunderts in eigenen Fakultäten organisiert wurden (vgl. z.B. Jarausch 1983).

Dieser Prozess wurde an den verschiedenen deutschen Universitäten unterschiedlich schnell durchgesetzt. Dass er aber in Deutschland ein genereller universitäts- und wissenschaftsgeschichtlicher Trend werden konnte und schließlich im 20. Jahrhundert an allen Universitäten ein breit ausdifferenziertes Spektrum von Wissenschaften mit spezifischen Professuren vertreten war, ist nicht etwa selbstverständlich, sondern ein Ergebnis der Verkopplung von philosophischer Fakultät und höherem Lehramt. Wäre es nur um spezialisierte wissenschaftliche Forschung und wissenschaftliche Nachwuchsförderung gegangen, hätte dieser Prozess auf wenige Universitätsstandorte beschränkt bleiben können. Da aber die Ausbildung von Gymnasiallehrern die strukturell und quantitativ dominierende Aufgabe der philosophischen Fakultäten und ihrer Nachfolgeinstitutionen war, musste der Prozess der fachlichen Verselbständigung und Ausdifferenzierung tendenziell an allen Universitäten vollzogen werden. Die Etablierung neuer Wissenschaftsdisziplinen erfolgte also in Deutschland – wegen der Verkopplung mit dem höheren Lehramt! – nicht nur als Prozess der Verselbständigung und der Statuserhöhung von wissenschaftlichen Disziplinen, sondern auch als quantitativer Ausbauprozess. Damit war ein breiteres Feld von Karriereperspektiven für den wissenschaftlichen Nachwuchs verbunden und tendenziell auch die Entwicklung zu einer internen Ausdifferenzierung und Entfaltung der Fächer eröffnet (vgl. z.B. Zymek 2000).

3 Höhere und niedere, wissenschaftliche und volkstümliche Bildung

Das durch seine wissenschaftliche Ausbildung und seinen Berufsstatus herausgehobene und mit den anderen Laufbahnen des „höheren Dienstes“ (z.B. Regierungsrat, Richter) verkoppelte „höhere Lehramt“ bedeutete zunächst eine folgenreiche Aufspaltung des Schulsystems, das alle seine Dimensionen betraf:

Schuladministrativ war damit die Unterscheidung zwischen dem „System der höheren Lehranstalten“ einerseits und dem „niederen Schulwesen“ andererseits verbunden; zu letzterem zählten nicht nur die – später so genannten – Volksschulen, sondern auch alle anderen Schulen, die nicht als höhere Lehranstalten anerkannt werden konnten bzw. wollten, zum Beispiel bis 1908 alle Mädchenschulen (Zymek/Neghabian 2005). Die beiden Schulsystemteile werden in Deutschland traditionell (und bis heute!) von unterschiedlichen Schulaufsichtsbehörden kontrolliert, die höheren Lehranstalten (z.B. in Preußen) von den Provinzialschulbehörden (später den Bezirksregierungen), die Schulen des niederen Schulwesens von den Orts- bzw. Kreisbehörden.

Professionspolitisch war damit die Unterscheidung zwischen den „akademisch" (d.h. an Universitäten) und den „seminaristisch" (d.h. an Lehrerseminaren) ausgebildeten Lehrern und ein ehemals bedeutendes Status- und Besoldungsgefälle zwischen den verschiedenen Lehrämtern etabliert.

Curricular war damit die Unterscheidung verbunden zwischen – einerseits – den „wissenschaftlichen" Fächern (z.B. die Sprachen, die Mathematik) und einer „wissenschaftlichen" Bildung, die an Universitäten vermittelt wurde und an höheren Lehranstalten stattfand und – andererseits – „technischen Fächern" (Sport, Kunsterziehung, Hauswirtschaft usw.) und einer „volkstümlichen" Bildung, die in Lehrerseminaren vermittelt wurde und an den Schulen des niederen Schulwesen stattfand.

Dieser vielfältig begründete Statusunterschied prägte schließlich auch die Wissenschaftsgeschichte der Erziehungswissenschaft in Deutschland: Sie gründet einerseits auf einer Tradition, die (wissenschaftlich, bildungstheoretisch und didaktisch) in der philosophischen Fakultät verankert ist, in Professuren für Philosophie, die auch philosophische und historische Grundsatzfragen der Erziehung behandelten und grundsätzlich die pädagogische Position einer Erziehung durch die Begegnung durch „Kulturgehalte" vertraten und andererseits die an den Lehrerseminaren vertretene Pädagogik, die den Stellenwert von Didaktik und Methodik betonte (Sauer 1987).

Dieses – oft kritisierte – Statusgefälle zwischen Fächern, Studiengängen und Lehrämtern erwies sich in der deutschen Bildungs- und Sozialgeschichte des 19. und 20. Jahrhunderts als Moment, das nachhaltige Aufstiegsaspirationen und Prozesse der „Verwissenschaftlichung" (nicht nur in den Berufsfeldern der Lehrer!) speiste und schließlich in den 60er und 70er Jahren des 20. Jahrhunderts zur Nivellierung des Gegensatzes von höheren und niederen Schulen, akademisch und seminaristisch gebildeten Lehrern, wissenschaftlicher und volkstümlicher Bildung führte (vgl. z.B. Deutscher Ausschuss für das Erziehungs- und Bildungswesen 1964/1966: 368ff.).

4 Die zyklische wiederkehrende Krisenanfälligkeit des deutschen Bildungs- und Berufslaufbahnsystems

Die strukturelle und quantitative Verkopplung der meisten Wissenschaftsdisziplinen der (traditionellen) philosophischen (und dann auch der naturwissenschaftlichen) Fakultäten mit entsprechenden Berufskarrieren des Laufbahnsystems des öffentlichen Dienstes enthielt eine im System angelegte Krisenanfälligkeit:

Die Kopplung einer Tätigkeit im höheren Schuldienst an ein akademisches Fachstudium und die Abschlussberechtigung des Staatsexamens, das staatliche Schulmonopol, der Beamtenstatus der Lehrer und die damit verbundene jahrzehntelange Anstellungsgarantie führten dazu, dass die Bildungs- und Sozialgeschichte Deutschlands im 19. und 20. Jahrhundert von zyklisch wiederkehrenden „Qualifikationskrisen“ geprägt war. Auf Jahre, in denen fast alle Lehramtskandidaten, wenn sie es wollten, in den Schuldienst übernommen wurden und dann für viele Jahre die entsprechenden Stellen besetzten, folgten jeweils Phasen, in denen dann – auch sehr gute – Absolventen keine Chancen auf Anstellung in den angestrebten Karrierefeldern hatten, da nach den jeweiligen Ausbau- und Anstellungsphasen im höheren Schulsystem zunächst kein Ersatz- und kaum Ergänzungsbedarf mehr bestand (Titze/Nath/Müller-Benedikt 1985; Titze 1990). In der deutschen Konstruktion der Verkopplung von Schulsystem, Hochschulsystem und Berufslaufbahnsystem des öffentlichen Dienstes ist also die Auslese ganzer Generationen von Absolventen angelegt, deren „historisches Schicksal“ es war, im „historisch falschen“ Zyklus der Systemreproduktion geboren zu sein und studiert zu haben.

Historische Phasen, in denen die ausbildungsspezifischen Berufsperspektiven der Hochschulabsolventen blockiert waren und sie sich deshalb in ihren Perspektiven enttäuscht sahen, waren regelmäßig von einer radikalen Kritik am Wissenschaftsverständnis der Universitäten und am Bildungsverständnis der Schulen begleitet, nicht selten auch von einer radikalen Kultur- und Gesellschaftskritik (vgl. Zymek 1985).

Diese auch in anderen Laufbahnen des öffentlichen Dienstes zyklisch wiederkehrenden Krisen im Verhältnis von Bildungs- und Beschäftigungssystem wirkten sich vor allem für die Studierenden der Fächer dramatisch aus, in denen ein hoher Professionalisierungsgrad erreicht war und kaum Ersatzkarrieren zum Staatsdienst offen standen. Im Gegensatz zu den Juristen, denen traditionell ein breites Spektrum von Berufsperspektiven auch außerhalb der Karrieren im Staatsdienst offen stand, waren für Absolventen der Lehramtsstudiengänge die Perspektiven außerhalb des Schuldienstes in Deutschland immer schwierig. Anders als etwa in den angelsächsischen Ländern galt hier bisher ein Studium dieser Fächer nicht als allgemein bildendes Grundstudium, das von den Abnehmern im Beschäftigungssystem als geeignete Qualifikation für eine Anstellung und Einarbeitung in einem breiten Spektrum von

Tätigkeiten im Dienstleistungssektor angesehen und eingeschätzt wird, sondern als fachlich und beruflich profilierte Ausbildung für eine Lehramtstätigkeit, die ihre Einstellungschancen in anderen Berufsfeldern schmälerte (Havers/Parmentier/Stooss 1983).

5 Der verdeckte Strukturwandel des deutschen Bildungssystems

Die empirische Basis dieser strukturellen Konstellation – die gegenseitige Abstützung vieler Wissenschaftsdisziplinen durch den Fächerkanon und die Fachlehrern an Gymnasien – wurde in den letzten zwei Jahrzehnten durch zwei Entwicklungen ausgehöhlt (zu anderen Dimensionen vgl. Zymek 2004):

Seit Ende der 70er Jahre war die Perspektive einer ausbildungsadäquaten Anstellung und Tätigkeit an Gymnasien insbesondere für die Generation von Studierenden verschlossen, die zu den stark besetzten, zwischen 1955 und 1965 geborenen Jahrgänge gehören und die von der Dynamik der historisch beispiellosen Bildungsexpansion seit Ende der 50er Jahre erfasst wurden. Nicht zuletzt um diese starken Jahrgänge angemessen beschulen zu können, war in den 60er und 70er Jahren fast jeder Lehramtsstudierende, der sein Examen bestand und es wollte, in den Schuldienst übernommen worden. Die danach blockierte Lehramtsperspektive veränderte die stark expandierende Studentenschaft. Ein relevanter Teil, in einigen Fächern die Mehrheit, strebte nicht mehr das Staatsexamen sondern den Magister-Abschluss an; die damit verbundenen Berufsperspektiven sind fachlich und hierarchisch diffus; wie auch in anderen Geistes- und Sozialwissenschaften verlässt ein hoher Prozentsatz der Studierenden die Universität ohne Abschluss. Damit wurde das Studium für einen zunehmenden Prozentsatz der Studenten faktisch – d.h. im Hinblick auf seine berufliche Einsetzbarkeit – zu einer „polyvalenten" Ausbildungsphase (vgl. dazu beispielhaft für die Germanistik Zymek 2000).

Zur gleichen Zeit wurde im Prozess der europäischen Einigung eine andere Säule des traditionellen deutschen Systemzusammenhangs von Bildungs- und Beschäftigungssystem abgetragen: Die europäische Richtlinie über die gegenseitige Anerkennung von mindestens dreijährigen Hochschulstudiengängen von 1989 bedeutete nicht nur die Abschaffung des deutschen Berechtigungswesens, denn von nun an waren sehr verschiedene ausländische Studiengänge und Abschlüsse den deutschen gleichwertig, sondern auch dass das grundständig angelegte und in der Regel mindestens vierjährige deutsche Hochschulstudium zum historisch überholten Luxus erklärt wurde (Europäische Gemeinschaft 1989). Damit war der entscheidende bildungshistorische Schritt zu einer Sequenzialisierung der europäischen Hochschullandschaft nach angelsächsischem Muster und zur Aufgabe des deutschen Modells der Universität getan. Die Modularisierung und Kreditierung von Studienelementen ist nun der nächste Schritt in diese Richtung zu einem europäischen Hochschulsystem.

6 Konsequenzen der sequenzialisierten Studienstruktur

Die nun auch in Deutschland eingeleitete Sequenzialisierung des Studiums in eine erste Bachelor-Phase und eine zweite Master-Phase wird das Studium, die Studierenden, die Hochschulinstitute und die Dozenten notwendigerweise in zwei unterschiedliche Gruppen aufteilen – und den Charakter aller Wissenschaften in Deutschland verändern:

Die geplante – an einigen deutschen Universitäten inzwischen auch schon eingeführte – gestufte Hochschulstruktur sieht vor, dass die Mehrheit der Studierenden künftig nur ein dreijähriges Studium absolviert, mit dem Bachelor-Grad abschließt, der nicht mehr berufsspezifisch, sondern ausdrücklich als „polyvalent" konzipiert sein soll und damit in ein unspezifiziertes Spektrum von Tätigkeitsfeldern des Beschäftigungssystems eintritt. Wie groß der Anteil der Studierenden sein wird, die nach dem BA-Studium noch weiter studieren (wollen und können) und auch noch den Magister-Grad erwerben, ist umstritten und heute noch nicht absehbar. Entscheidend wird sein, ob für die erste und die zweite Studienstufe keine oder abgestuft hohe Studiengebühren oder fachspezifische Zulassungsquoten für das Magister-Studium an bestimmten Hochschulen und in bestimmten Programmen eingeführt werden, ob künftig an allen Hochschulen in allen Fächern beide Studienstufen angeboten werden und wie sich die Arbeitsmarktchancen für Hochschulabsolventen mit Bachelor-Abschluss entwickeln.

Auf jeden Fall wird das – von allen zu absolvierende – Studium in der neuen dreijährigen Bachelor-Phase künftig nicht mehr einer auf mehrere Studienjahre ausgelegten Fachsystematik folgen können, sondern in modularisierte und standardisierte, zum Teil auch frei wählbare Studieneinheiten aufgegliedert sein. Die Struktur und die Verankerung dieser neuen ersten Studienphase im Gesamtsystem wird notwendigerweise zur Folge haben, dass auch den Fachstudienanteilen künftig ein eher allgemein bildender Charakter zukommen wird, vergleichbar dem Stellenwert der Leistungskurse auf der gymnasialen Oberstufe, die ja eine allgemeine Hochschulreife vermitteln und formell die Studienfachwahl nicht präjudizieren.

Es ist absehbar, dass die standardisierten und modularisierten Lehreinheiten auf dieser Studienstufe – ganz oder zum größten Teil – von einer Gruppe von Dozenten angeboten werden (können), denen nicht mehr die – zur deutschen Universitätstradition gehörende – lange und aufwendige Prozedur von Dissertation und Habilitation, Forschungen und Veröffentlichungen abverlangt wird. Auch diese Entwicklung ist historisch und politisch vorbereitet: Während noch in den 50er und 60er Jahren selbständige Lehre an Universitäten nur von Professoren bzw. Privatdozenten zulässig war, wurden seit den 70er Jahren in einer zunehmenden Zahl von Fächern die akademischen Lehrveranstaltungen für die explodierende Zahl der Studierenden zu einem immer größeren Anteil dem so genannten „akademischen Mittelbau" (Assistenten, akademische Räte, Studienräte im Hochschuldienst) übertragen. Der Ausbildungs-, Besoldungs- und korporationsrechtliche Status sowie das Berufsprofil dieser Gruppe (hohes Lehrdeputat, keine Ausstattung, keine Forschung) gibt das Modell ab für eine neue Statusgruppe von Professoren, die Lehre überwiegend im Bachelorstudium anbieten wird.

Zwischen dieser Bachelor-Stufe und dem mit der Master-Stufe beginnenden Graduierten-Studium wird künftig eine für alle entscheidende und unterscheidende Trennlinie verlaufen: Für die verschiedenen Wissenschaften, die verschiedenen Hochschulen, deren Professoren wie auch die Studierenden wird es künftig darauf ankommen, ob und welche Fachstudien mit welchem Charakter an den verschiedenen Hochschulen auch auf der Magister-Stufe angeboten werden, ob und wie viele berufsqualifizierende MA-Programme angeboten werden (z.B. Lehramtsstudiengänge), ob die Wissenschaftsdisziplin und das Institut am jeweiligen Hochschulstandort eine Ausbaustufe und ein Fachprofil durchsetzen und behaupten können, die die Anwerbung und Besoldung auch von – durch Forschungen profilierte – Professoren in diesen Fächern erlaubt, die wiederum diesem Fach an dieser Hochschule ein Ansehen im akademischen Feld und bei den Abnehmern im Beschäftigungssystem verleihen, dass sie Studierende auf der Magister-Stufe oder gar Doktoranden und auch weitere Forschungsmittel anziehen können. Ein vertieftes Fachstudium, das von forschenden Professoren durchgeführt wird, dürfte es in Zukunft auch in Deutschland nur im Magister- und Graduiertenstudium geben und damit nur an den Universitäten und Fachbereichen, die solche Studienprogramme im Rahmen der Strukturplanung des Landes und der Universität durchsetzen bzw. verteidigen können. Absehbar ist eine Flurbereinigung der deutschen Hochschullandschaft in (a) Hochschulen und Fachbereiche, die mittelfristig nur noch ein Bachelor-Studium anbieten, (b) Hochschulen und Fachbereiche, die auch Graduiertenstudiengänge anbieten, die auf den Eintritt in spezifische Berufsfelder vorbereiten und (c) Hochschulen und Fachbereiche, in denen auch Forschung und die Qualifizierung des akademischen Nachwuchses stattfindet.

Und wieder wird die Verankerung und Ausgestaltung des Lehramtsstudiums an Gymnasien in diesen neuen Strukturen für die künftige regionale Verbreitung, Unabhängigkeit und Ausdifferenzierung vieler Wissenschaften von entscheidender Bedeutung sein: Es ist noch nirgendwo endgültig (!) entschieden – und davon wird viel abhängen – ob auch für die künftigen Gymnasiallehrer (bzw. die Lehrer auf der Sekundarstufe II des Schulsystems) ein Bachelor-Abschluss als Einstellungsvoraussetzung ausreichen oder ob für sie auch in Zukunft ein Magister-Grad gefordert werden wird, ob die Lehrerausbildung neben den Fachstudien auch erziehungswissenschaftliche Studienanteile in der ersten Phase vorsehen oder eine Stufung der Lehrerausbildung derart eingeführt werden wird, dass auf eine erste – mit dem BA abgeschlossene – fachwissenschaftliche Ausbildung – nur für die Gruppe der zum Lehramt entschiedenen oder dafür entsprechend dem Bedarf ausgelesenen – Studierenden eine zweite – mit dem MA abschließende – erziehungswissenschaftliche Phase folgt, die vielleicht sogar Elemente des bisherigen Referendariats einschließend könnte (school of education). Da alle mindestens dreijährigen Hochschulstudien anderer EU-Mitgliedstaaten längeren deutschen Studien rechtlich längst gleichgestellt sind, dürfte es langfristig schwer sein, eine längere – Fachstudien auf der MA-Stufe einschließende – Gymnasiallehrerausbildung in Deutschland zu verteidigen. Von der Ausgestaltung dieser künftigen Strukturen an jeder einzelnen Hochschule wird es abhängen, ob traditionelle wissenschaftliche Fächer an vielen Hochschulen nur noch durch Module eines kulturwissenschaftlichen Studienangebots der ersten Studienstufe oder auch noch an einigen (welchen?) Standorten als ausdifferenziertes Fach mit Studenten im Magister-Studium, Doktoranden und mehreren – auch als Forscher ausgewiesenen und tätigen – Professoren vertreten sein werden.

Dabei geht es nicht um die heutige Generation von Professoren und Studierenden, denen ihre Ausbildung und ihr Status ja nicht mehr genommen werden kann, sondern um die nächsten – im Rahmen der neuen Strukturen ausgebildeten und angestellten – Generationen von Professoren, Studierenden und Lehrern:

Die neue W-Besoldungsstruktur und die Bestimmungen neuer Landeshochschulgesetze sehen eine deutliche Degradierung des ökonomischen, dienstrechtlichen und korporationsrechtlichen Status der großen Mehrheit der Professoren vor. Nur für eine kleine Zahl von Professoren sind noch die Mittel für Ausstattung und Forschungsmöglichkeiten sowie die Mitbestimmungsmöglichkeiten vorgesehen, die der traditionelle Professorenstatus in Deutschland einschloss. Diese Annäherung des Status der Mehrheit der künftigen deutschen Professoren an den (bisherigen! vgl. 7) Status der Gymnasiallehrer entspricht der neuen Stellung ihres Haupttätigkeitsfeldes, dem BA-Studium, im hierarchischen Gefüge des Gesamtsystems.

7 Die Verschiebung der Tektonik des Schul- und Hochschulsystems und des Lehrberufs

Diese Entwicklungen im Hochschulsystem werden begleitet von ergänzenden Reformprozessen im Schulsystem:

In fast allen Bundesländern ist die Verkürzung des Kursus bis zum Abitur auf 12 Jahre durchgeführt, eingeleitet oder beschlossen. Damit wird die gesamte Tektonik des deutschen Bildungssystems dem unserer Nachbarländer angeglichen. Die

Verkürzung des Sekundarschulkursus ist die strukturlogische Ergänzung zur Einführung einer neuen BA-Studienstufe, die Elemente der traditionellen deutschen gymnasialen Oberstufe und eines allgemein bildenden Grundstudiums umfasst.

Auch die Einführung von (nationalen und länderspezifischen) Bildungsstandards und regelmäßigen standardisierten „Lernstandserhebungen" auf den verschiedenen Stufen des Schulsystems, wie sie in unseren Nachbarländern schon seit Jahren durchgeführt werden, ist nun auch in Deutschland beschlossene Sache (vgl. Avenarius u.a. 2003: 167ff.). Damit ändert sich nicht nur die „Steuerung" der Schulentwicklung in Deutschland, sondern konsequenter Weise auch der Charakter des Lehrberufs. Der hohe Ausbildungs- und Berufsstatus des deutschen Lehrers, insbesondere des Gymnasiallehrers, war ja vor allem dadurch begründet, dass er in einer Person fachlich und methodisch allein verantwortlicher Lehrer und zugleich Prüfungsbeamter war, dass seine wissenschaftliche Ausbildung und dieser Berufsstatus eine Schulformen definierende Qualität hatte. Wenn die schulische Arbeit künftig regelmäßig durch extern ausgearbeitete, vorgegebene und evaluierte Experten „gesteuert" wird, ist es nur strukturadäquat, dass auch der Lehrberuf ausdifferenziert wird: in Experten die Schulen „managen", die Lernziele vorgeben und evaluieren und eine breite Mehrheit von Lehrern, die derart eng geführt und kontrolliert, nicht mehr eine Ausbildung und einen Berufsstatus haben müssen, wie es die traditionellen deutschen Strukturen erforderten und vorsahen.

Es gehört zu den Widersprüchen des historischen Prozesses, dass eine solche – strukturlogisch nahe liegende – Degradierung auch des Status der Mehrheit der Sekundarschullehrer (die in den ostdeutschen Bundesländern während der letzten Jahre schon vollzogen wurde), in den westdeutschen Bundesländern heute noch nicht durchgesetzt werden kann, da hier die heutige Generation von Lehramtskandidaten und Studierenden durch eine spezifische historische Konstellation begünstigt ist: In diesen und den nächsten Jahren scheidet die Generation von Lehrern aus, die in den 60er und 70er Jahren die Stellen im expandierenden Schulsystem besetzte und nun – konzentriert auf wenige Jahre – einen so erheblichen Ersatzbedarf im Lehrberuf zur Folge hat, dass die Landesregierungen bei einer deutlichen Statusabsenkung des Lehrberufs befürchten müssen, keine ausreichende Zahl an Nachwuchslehrern und Berufsumsteigern anwerben zu können.

8 Folgen für die Erziehungswissenschaft in Deutschland

Es versteht sich, dass auch die deutsche Erziehungswissenschaft in ihren Strukturen und inhaltlichen Schwerpunkten einem Anpassungsdruck an diese veränderten Strukturen im Schul- und Hochschulsystem ausgesetzt sein wird – und das heißt, dass sie in den folgenden Jahren konfliktreich mitentscheiden oder erleiden muss, welche der alten und neuen Aufgabenfelder noch von der Erziehungswissenschaft in Deutschland professionell und wissenschaftlich bearbeitet werden. Dabei geht es vor allem um folgende Fragen:

- In welchen Studiengängen, in welchen Modulen und mit welchen Themen werden die Erziehungswissenschaft, ihre Fachvertreter und ihre bisherigen Studienangebote in der ersten BA-Phase verankert sein?
- An welchen Hochschulen und in welcher Form wird die Erziehungswissenschaft (noch) auf der MA-, bzw. Graduiertenstufe vertreten sein: Wird die Lehrerausbildung als MA-Studium noch überall Teil der Universität sein oder in schools of education ausgelagert werden? Wird diese Ausbildung vor allem von Hochschulangehörigen und Erziehungswissenschaftlern oder mehr und mehr von Lehrern, Fachleitern und Schulverwaltungsbeamten ohne erziehungswissenschaftliche Qualifikation durchgeführt? Welche berufsqualifizierenden MA-Programme werden an welchen Hochschulen und Fachbereichen von Erziehungswissenschaftlern neben den Lehramtsstudiengängen in Strukturentwicklungsplänen verankert, gegenüber den Hochschulleitungen durchgesetzt und durch eine ausreichende Klientel der Studierenden gehalten werden können (Sozialpädagogik, Weiterbildung, Bildungsmanagement, Pädagogik der frühen Kindheit, Medienpädagogik usw.)?
- Welche der traditionsreichen und welche der – in den letzten Jahrzehnten neu ausdifferenzierten – Teilgebiete der Erziehungswissenschaft werden – an welchen Universitäten und in welchen Fachbereichen – nicht nur als Beiträge zu Studienmodulen auf der BA- und MA-Ebene, sondern auch als Forschungsschwerpunkte und Studienangebote im Rahmen eines Graduiertenstudiums (MA- und PhD) – vertreten sein? Oder wird die wissenschaftliche Bearbeitung von z.T. traditionsreichen Themen der deutschen Erziehungswissenschaft – z.B. die philosophische, historische, soziologische, ökonomische Dimension von Bildungsprozessen – in Zukunft von anderen Wissenschaften oder interdisziplinären Master-Programmen übernommen werden? Werden Erziehungswissenschaftler daran noch beteiligt sein?
- Wird die Erziehungswissenschaft an der Entwicklung von Lernstandards und an der Evaluation der Schulentwicklung beteiligt sein oder übernehmen diese expansiven (und einträglichen) Felder andere Wissenschaftsdisziplinen wie etwa die Psychologie und die Betriebswirtschaftslehre? Bilden die Erziehungswissenschaft oder andere Wissenschaften oder nicht-akademische Institutionen die neue Gruppe der Bildungsmanager aus?
- Woher wird der wissenschaftliche Nachwuchs der Erziehungswissenschaft kommen? Wo wird es noch Strukturen der deutschen Erziehungswissenschaft geben, die dies durch Graduiertenprogramme und damit verbundene For-

schungsaktivitäten leisten können, die befähigten und entsprechend motivierten Studierenden realistische akademische Qualifikationsperspektiven bieten können? Oder wird der akademische Nachwuchs (noch mehr als bisher) aus anderen Disziplinen oder der Schulpraxis kommen?

Die Herausbildung der neuen institutionellen und professionellen Strukturen wird an jeder Hochschule ein langwieriger und umkämpfter Prozess sein – und jede Lösung notwendiger Weise ambivalent. Die Interessenstandpunkte der an diesen Konflikten und Aushandlungsprozessen beteiligten Generationen, Fachgebiete, „Anbieter“ und „Kunden“ sind notwendigerweise unterschiedlich. Deshalb verzichtet dieser Beitrag auf eine Botschaft, die vorgibt eine allgemein-gültige zu sein und bietet stattdessen nur eine Analyse der Tektonik des historischen Bodens und des Feldes, auf dem die inhaltlichen und strategischen Konflikte um seine Transformation auszutragen sein werden. Vielleicht trägt er dazu bei, dass alle Beteiligten die langfristigen Folgen ihrer Strategien besser abschätzen können.

Literatur

Avenarius, H. u.a. (2003): Bildungsbericht für Deutschland. Erste Befunde. (Im Auftrag der ständigen Kultusministerkonferenz der Länder der Bundesrepublik Deutschland erstellt). Opladen.

Christmann, H.H. (1985): Romanistik und Anglistik an den deutschen Universitäten im 19. Jahrhundert. Ihre Herausbildung als Fächer und ihr Verhältnis zu Germanistik und klassischer Philologie. (Akademie der Wissenschaften und der Literatur. Abhandlungen der geistes- und sozialwissenschaftlichen Klasse 1, Mainz)

Deutscher Ausschuss für das Erziehungs- und Bildungswesen (Hrsg.) (1966): Empfehlungen und Gutachten des Deutschen Ausschusses für das Erziehungs- und Bildungswesen 1953–1965. Gesamtausgabe, Stuttgart.

Europäische Gemeinschaft (1989): Richtlinie des Rates vom 21. Dezember 1988 über eine allgemeine Anerkennung von Hochschuldiplomen, die eine mindestens dreijährige Berufsausbildung abschließen. In: Amtsblatt der Europäischen Gemeinschaft 32, L 19, WS, 16-32.

Havers, N./Parmentier, K./Stooss, F. (1983): Alternative Einsatzfelder für Lehrer? Eine Bestandsaufnahme zur aktuellen Diskussion. Beitr. AB 73. Nürnberg.

Jarausch, K.H. (Hrsg.) (1983): The Transformation of Higher Learning 1860-1930. Stuttgart/Chicago.

Jeisman, K.-E. (1996): das preußische Gymnasium in Staat und Gesellschaft. Bd. 1: Die Entstehung des Gymnasiums als Schule des Staates und der Gebildeten 1878-1817; Bd. 2: Höhere Bildung zwischen Reform und Reaktion 1817-1859, Stuttgart (2. Auflage).

McLelland, C. (1980): State, Society, and University in Germany, 1700 1914. Cambridge

Müller, D./Zymek, B. (1987): Sozialgeschichte und Statistik des Schulsystems in den Staaten des deutschen Reiches, 1800-1945. Datenhandbuch zur deutschen Bildungsgeschichte Band II, 1, Göttingen.

Rüegg, W. (Hrsg.) (2004): Geschichte der Universität in Europa. Bd. 3: Vom 19. Jahrhundert zum 2. Weltkrieg (1800-1985).

Sauer, M. (1987): Volksschullehrerbildung in Preußen. Die Seminare und Präparandenanstalten vom 18. Jahrhundert bis zur Weimarer Republik. Köln/Wien.

Titze, H. (1990): Der Akademikerzyklus. Historische Untersuchungen über die Wiederkehr von Überfüllung und Mangel in akademischen Karrieren. Göttingen.

Titze, H./Nath, A./Müller-Benedikt, V. (1985): Der Lehrerzyklus. Zur Wiederkehr von Überfüllung und Mangel im höheren Lehramt in Preußen. In: Zeitschrift für Pädagogik 31, 97-126.

Zymek, B. (1985): Jugendgenerationen zwischen bürokratischem Bildungssystem und charismatischen Erneuerungsbewegungen. In: Bildung und Erziehung 38, 183-199.

Zymek, B. (2000): Historisch beispiellos einflussreich? Schul- und hochschulstrukturelle Eckdaten einer Wissenschaftsgeschichte der Germanistik in der Bundesrepublik Deutschland während der siebziger Jahre. In: Vietta, S./Kemper, D. (Hrsg.): Germanistik der 70er Jahre, Zwischen Innovation und Ideologie, München: 101-123.

Zymek, B. (2004): Vom Bürger zum Kunden. Der Strukturwandel des deutschen Bildungssystems und der demokratischen Kultur in Deutschland. In: Schweizerische Zeitschrift für Bildungswissenschaften, Jg. 26, H. 1, 121-138.

Zymek, B./Neghabian, G. (2005): Sozialgeschichte und Statistik des Mädchenschulwesens in den Staaten des Deutschen Reichs. Datenhandbuch zur deutschen Bildungsgeschichte, Bd. II, 3, Göttingen.

II.

Sozialwissenschaftliche Ansätze zum Verhältnis von Profession und Organisation

Profession contra Organisation? Strukturtheoretische Perspektiven zum Verhältnis von Organisation und Profession in der Schule[1]

Ulrich Oevermann

Das Modell oder das Konzept der Professionalisierung ist ja bereits seit längerem in der pädagogischen Debatte thematisch. Entsprechend wird im Zuge von Schulentwicklungsplanung und Schulprogrammatik das in der Professionstheorie bekannte Thema wieder aufgeworfen, inwieweit in formalen Organisationen die Professionalisierung beruflicher Tätigkeit nicht nur problematisch ist, sondern – eine Annahme, die zuweilen systemtheoretisch unterstützt wird – durch effiziente Zweckprogrammierung die Leistung von Profession und Professionalisierung ersetzt werden könne. Diese Argumentationslinie kann man auch unter den allgemeinen Titel bringen „Zweckprogrammierung anstatt Professionalisierung" und Professionen dann tendenziell den alteuropäischen Traditionen zurechnen, als etwas, was sich angeblich überlebt hat.

Das Thema, wie es sich heute darstellt, also: das Thema der Spannung zwischen der Logik des professionellen Handelns und der Logik der Organisation wird ja seit dem berühmten Aufsatz von Wilenski (1964) – „The professionalisation of everyone?" – diskutiert. Das hier von Wilenski vertretene Professionalisierungsmodell ist in meinem Sinne jedoch noch nicht richtig ausformuliert, und es wird sich heute (paradoxerweise oder vielleicht Sie verwundernd) zeigen, dass für das Professionalisierungskonzept, das wir in Frankfurt versucht haben zu entwickeln, diese Spannung gar nicht in dem Maße gilt, wie sie Wilenski feststellt.

Bevor nun aber dieses gewichtige Problem angewandt auf die Schule in Angriff genommen wird, muss man erst einmal einen angemessenen Begriff von der Professionalisierungsbedürftigkeit pädagogischer Praxis haben. Daran mangelt es nach wie vor erheblich.

Ich möchte hier ganz kurz an die revidierte Professionalisierungstheorie erinnern. Ich weiß nicht, in welchem Maße ich die Position, die wir in unserem Frank-

1 Der Autor dankt Merle Hummrich und Rolf-Torsten Kramer für die Herstellung des Transkripts und Renate Valtin für außerordentlich wertvolle sachliche und sprachliche Korrekturen.

furter Forschungsschwerpunkt dazu entwickelt haben – wir machen dazu ja seit 6 Jahren ein Projekt –, als bekannt voraussetzen darf. Aber selbst dort, wo diese Position zitiert wird, ist sie sehr häufig missverstanden worden. Schon längst sind wir über die alte simple Bestimmung von der stellvertretenden Deutung hinaus, die einmal eine Rolle gespielt hat – eigentlich ohne unser Verschulden, muss ich dazu sagen. Aber auch die Position, die ich im Sammelband von Combe/Helsper (1996) zu bestimmen versucht habe (vgl. Oevermann 1996), hat sich in wesentlichen Punkten erweitert und weiter ausdifferenziert[2].

1 Grundlagen der revidierten Professionalisierungstheorie

Die wichtigsten Punkte stelle ich hier noch einmal heraus. Es handelt sich dabei um jene, die in der Rezeption gewöhnlich unter den Tisch fallen.

Die *Ableitungsbasis* ist eine ganz einfache. Wir sind von der klassischen Version der Professionentheorie ausgegangen, die sich im Wesentlichen mit den Namen Hughes, Parsons und Marshall verbindet und in der die üblichen Merkmale der institutionellen Erscheinungsweise von Professionen – also Autonomie, expliziter Bezug auf gesellschaftszentrale Werte, priveligiertes Einkommen, akademische Bildung – genannt werden. Dann gibt es seit Ende der 60er Jahre im Zuge der Marx-Renaissance global die Gegenposition einer interessentheoretisch gewendeten Professionentheorie, die sich im Wesentlichen mit den Namen Freidson und Larson verbindet, die alle diese Privilegien sozusagen für den Ausfluss eines Statusmonopolgeschäftes halten und dementsprechend die klassische Professionentheorie für nichts anderes als die Ausprägung einer Ideologie dieser Statusmonopolisierung. Diese Flanke der Kritik hat die klassische Professionentheorie nie schließen können, weil sie nicht genügend darauf geachtet hat, diese institutionellen Erscheinungsweisen von dem typischen Handlungsproblem her, das Professionen haben, zu erklären und zu begründen. Es fehlte immer die Rekonstruktion der typischen *Handlungslogik* der Professionen in Reaktion auf *das typische Handlungsproblem*. Es gibt da zwar das berühmte Kapitel 10 in „Social System" von Parsons (1951), worin er außerordentlich differenziert und intuitiv sehr wach die Arbeitsweise der Mediziner und die Ausprägung des Arzt-Patient-Verhältnis schildert, aber das bleibt im Deskriptiven stecken und hat nie als Basis für eine Ableitung gedient[3].

Wenn man nun von diesem typischen Handlungsproblem ausgeht, dann stößt man auf das, was wir *stellvertretende Krisenbewältigung* genannt haben. Dabei

2 Wernet hat in seiner Habilitation ja eine andere Position bezogen, dabei aber unsere Beiträge nach 1996 nicht berücksichtigt (vgl. Wernet 2003).

3 Parsons hatte aufgrund seiner Alkoholprobleme eine lange Psychoanalyse hinter sich und kannte von daher das Arzt-Patient-Verhältnis aus eigener Erfahrung sehr genau.

spielt für uns das Begriffspaar von Krise und Routine eine zentrale Rolle – darauf kommt man automatisch, wenn man Sequenzanalyse betreibt – und daraus ergibt sich eine Position, in der sozusagen die Sozialwissenschaften sich von der umgangssprachlichen Sichtweise auf denselben Gegenstand genau dadurch herausheben, dass für sie die Krise der Normalfall ist und die Routine der Grenzfall, sofern man unter Krise ganz einfach das je Überraschende und Unerwartete versteht, das sich aus der Zukunftsoffenheit des Ablaufs von Praxis und der damit verbundenen Ungewissheit ergibt, und sofern man dabei von dem Manifest-Werden dieser Krise unter der Bedingung subjektiver Bewusstwerdung oder objektivem Scheitern von Erwartungen die aus der strukturanalytischen Perspektive des unbeteiligten Analytikers benennbaren objektiven Möglichkeiten des Verlassens oder des Zusammenbruchs von Routinen als Latenz von Krisen unterscheidet. Dies muss lebensbedingt für die Praxis genau umgekehrt sein. In ihr müssen die Routine als – erstrebenswerter – Normalfall und die Krise als – zu vermeidender – Grenzfall gelten. Man kann von daher dazu kommen, dass man Sozialwissenschaften erst richtig betreibt, wenn man die Krise zum Normalfall erklärt. Das ist keine ethische oder normative Entscheidung, sondern eine analytische Notwendigkeit, wenn man versucht, die richtige Methode zur Erschließung der sozialen Realität zu bilden. Dann muss man nämlich an jeder Stelle des beobachtbaren Handelns gedankenexperimentell die Offenheit der zukünftigen Entwicklung konstruieren können und diese ist eben krisenhaft.

Wenn man auf diese Weise nach *Krise und Routine* unterscheidet, dann kann man gewissermaßen die gesellschaftlichen Bereiche auch danach aufteilen. Dann ist natürlich das, was Max Weber Bürokratie genannt hat, der klassische Bereich der Routine und der klassische Bereich der Krise wäre das, was bei Weber das Gegenlager zur Bürokratie ist – also das Gegenlager zum Fachmenschentum ohne Geist und zum Genussmenschentum ohne Herz. Das sind dann eben die Geistesaristokraten, wie er sie manchmal nennt, und dazu zählen vor allen Dingen Unternehmer, Politiker und Intellektuelle auf der einen Seite und – jetzt muss man unterscheiden – Wissenschaftler und Künstler auf der anderen Seite.

Warum sind diese voneinander unterschieden? Wissenschaft und Kunst sind nicht personal charismatisierungsbedürftig, damit Krisen stellvertretend für eine gesellschaftliche Praxis bewältigt werden können, sondern bei ihnen ist sozusagen das Handlungssystem als solches charismatisierungsbedürftig, eben als professionalisiertes. Deswegen bilden sie im Unterschied zum Bereich von Politikern, Intellektuellen und Unternehmern eine widersprüchliche Einheit von rollenförmigem Handeln und Handeln in der Position des ganzen Menschen. Das gilt eben für Politiker, Unternehmer und Intellektuelle in dieser Weise nicht, weil sie nicht qua Expertise in spezifischen Rollen handeln, sondern qua herrschaftlicher, wirtschaftlicher oder argumentativer Macht in ihrer Tätigkeit und sozialen Positionierung die Totalität einer kollektiven Praxis stellvertretend ausüben, die in der Bindung an die Totalität ihrer Person als solche charismatisierungsbedürftig ist. Dabei sind Intellektuelle noch mal eine interessantere Mischung, weil sie sowohl am politischen als auch am Wissenschaftssystem partizipieren und deswegen eine unhaltbare fragile Einheit darstellen[4].

Also, die Professionen fallen sozusagen als Ganze auf die Krisenseite, aber sie sind rollenförmig. Für sie ist das Gemeinsame, dass sie stellvertretend Krisen bewältigen. Wie ist das abgeleitet? Professionen müssen bewährtes Wissen zur Lösung von Problemen anwenden. Nun kann man Wissen in zwei grundsätzlich verschiedenen Modi anwenden. Man kann es ingenieurial anwenden, also sozusagen deduktiv nomologisch, indem konkrete praktisch verwertbare Problemlösungen abgeleitet werden oder indem man Erfindungen macht, die man nachträglich in der Terminologie theoretischen Wissens begründet. Man kann aber auch Wissen interventionspraktisch anwenden, indem man es gewissermaßen an die Einsicht eines Klienten appellierend, klärend, beratend, therapierend oder sonst wie umsetzt.

2 Bestimmungen zum Professionalisierungsmodell

1. Die erste Bestimmung ist: *Professionen wenden Wissen interventionspraktisch an* und nicht nur ingenieurial. Das heißt im Übrigen nicht, dass Professionen nicht auch eine ingenieuriale Komponente in ihrer Anwendung enthalten. Das ist auch missverstanden worden, als ob das eine dichotome Aufteilung – entweder ingenieurial oder interventionspraktisch – wäre. Die interventionspraktische Wissensanwendung setzt eine ingenieuriale immer schon voraus.
2. Wenn man das so bestimmt hat, dann folgt die zweite Bestimmung, dann hat man sozusagen einen *Klientenbezug*, und der kann sehr abstrakt sein. Nun zeigt sich bei genauerer Untersuchung, dass in dieser interventionspraktischen Komponente gewissermaßen zwei miteinander in Spannung stehende und nicht verträgliche Komponenten enthalten sind. Nämlich einmal die Aneignungs- und Begründungswirkung von wissenschaftlich bewährtem, methodisiertem Wis-

4 Deswegen kann man auch Intellektueller nicht studieren und kein Zertifikat dafür bekommen. Ein „Zertifikat" bekommen Sie als Intellektueller neuerdings, wenn Sie Medienintellektueller sind, durch das Fernsehen. Dann sind Sie nämlich – wenn Sie so ein Sloterdijk sind – für alles zuständig und treten auch ständig auf. Demgegenüber muss der normale Intellektuelle mit jedem Auftritt und jeder Rede sich selbst in der Öffentlichkeit von neuem charismatisieren und Gefolgschaft herstellen. Er exponiert sich immer und setzt sich damit der Gefahr aus, ausgepfiffen zu werden. Der Medienintellektuelle kann gar nicht ausgepfiffen werden, weil die Leute, die im Studio herumsitzen, als Staffage von vornherein dazu bestellt worden sind und mit vorgehaltenen Schildern zu ihren akklamativen Reaktionen ja auch explizit aufgefordert werden. Eine charismatische Situation kann es da also von vornherein gar nicht geben, u.a. weil keine wirklich öffentliche und damit auch offene Situation gegeben ist.

sen. Dieses Wissen muss standardisiert sein. Hinter der ganzen Professionalisierungstheorie steht also implizit auch eine Wissenstheorie, die wir inzwischen ausformuliert haben (vgl. Oevermann 2006). Diese geht nicht mehr davon aus, dass Wissen – etwa wie das bei den meisten Philosophen gefasst ist – ein subjektiv zuschreibbarer mentaler Zustand sei, sondern Wissen bestimmen wir sprechakttheoretisch als das Ensemble aller propositionalen Gehalte, die in Sprechakten des Behauptens eingebettet sind, und zwar so, dass man von dem konkreten Subjekt dieses Behauptens dieses Sprechaktes abstrahieren und die propositionalen Gehalte ablösen kann. Das heißt, Wissen ist gewissermaßen Routine par excellence.[5]

Das ist die eine Seite, die standardisierte Komponente, die auf bewährtem Wissen basiert und das muss man sich natürlich angeeignet haben, wenn man professionell handeln will. Bei der anderen Komponente handelt es sich nun erst um die nicht standardisierbare, nämlich im engeren Sinne die interventionspraktische. Diese besteht darin, dass man, um dieses Wissen anwenden zu können, jeweils die konkrete historische Lage und Situation des Klienten, worin auch immer diese besteht, rekonstruieren muss und das Problem, das dieser Klient hat, durch die Rekonstruktion hindurch so bestimmen kann, dass man es dann dem standardisierten Wissen subsumieren kann.

3. Nun haben wir drei Foci unterschieden, von denen hier nur der eine interessiert, nämlich erstens die *Herstellung, Aufrechterhaltung und Gewährleistung*

5 Im Übrigen kann man auch zwischen Lernen und Bildung eine große Differenz machen, die jedoch meines Erachtens nach in der gegenwärtigen Pädagogik nicht genügend gemacht wird. Lernen ist nichts Anderes als eine Routineveranstaltung, worin nämlich standardisiertes Wissen als solches angeeignet wird. Wohingegen Bildung immer Krisenlösung ist und damit das Gegenteil von Routine. Deswegen verrät der Begriff des lebenslangen Lernens unter der Hand diese Differenz, weil es lebenslange Bildung nicht geben kann. Bildung muss irgendwann, möglichst bald, ihren Zielpunkt erreicht haben, sozusagen ein Plateau, von wo man die Ergebnisse der Bildung produktiv im Leben anwenden muss. Lebenslanges Lernen ist in diesem Sinne eine Nebenveranstaltung, wird also in dem Maße nötig, wie es permanent technologische Neuerungen gibt und man mithalten können muss. Aber das hat mit Bildung nichts zu tun. Bildung ist etwas ganz anderes – ist umfassender. Lernen ist natürlich ein notwendiger Bestandteil von Bildung, aber Bildung ist sehr viel mehr als Lernen. Die Lehrer müssten keine Professionellen sein und nicht professionalisiert, wenn sie gewissermaßen Agenturen des Lernermöglichens wären. Dazu muss man nicht professionalisiert sein. Das kann man auch daran sehen, dass es lernende Maschinen geben kann und gibt, aber es wird nie Maschinen geben, die einen Bildungsprozess durchlaufen können. Dann müssten nämlich diese Maschinen sich kumulativ mit Subjektivität ausstatten können. Und nur wenn man mit Subjektivität ausgestattet ist, kann man auch Krisen bewältigen, weiß man überhaupt, was Krisen sind und kann man überhaupt von Krisen ereilt werden. Denn, was Subjektivität ist und was sozusagen eine Lebenspraxis ist, das konstituiert sich genau dadurch, dass man in der Lage ist, autonom Krisen zu bewältigen. Dazu muss man diese Krisen aber überhaupt erst einmal haben. Tiere etwa haben keine Krisen, sondern nur Stress. Anthropologisch gesehen – so könnte man es allgemein ausdrücken – fängt die Kultur dort an, wo aus Stress die Krise wird.

der somatopsychosozialen Integrität. Das ist der ganze Bereich Gesundheit und Erziehung: Therapie und Pädagogik, aber auch Architektur gehören dazu.[6] Dann gibt es den zweiten Fokus, den nennen wir die *Rechtspflege*. Das ist die *Herstellung, Aufrechterhaltung, Gewährleistung und Wiederherstellung von Gerechtigkeit*.[7] Der dritte Focus betrifft die *Erzeugung, Aufrechterhaltung und Wiederherstellung der Geltung von Wissen und Erkenntnis und damit die Bewältigung von Geltungskrisen*. Uns interessiert z.B. ganz wesentlich, wenn Wissen in eine Krise gerät, was dann passiert und was man dann machen muss. Dann muss man nämlich diese propositionalen Gehalte, die standardisiert sind und die sozusagen Wissen ausmachen, wieder zurückgeben an ein konkretes krisenbewältigendes Erfahrungssubjekt. Und dieses Subjekt muss dann in einem Modus von Überzeugung und Glauben arbeiten, um diese Geltungskrisen von Wissen bearbeiten zu können. Überzeugung und Glauben sind Formen der Bearbeitung von propositionalen Gehalten auf der Krisenseite und nicht auf der Routineseite. Der Vorteil dieser Konstruktion ist, dass man auf diese Weise Wissen so konzipieren kann, dass es etwas ist, das man wie ein Objekt oder einen Gegenstand bearbeiten kann. Wir nennen das, also die Weisen der Bearbeitung dieses Wissens auch in der Lösung von Geltungskrisen, Wissenskulturen.[8]

3 Standardisierte und nicht-standardisierbare Komponenten professionalisierter Praxis

Ich beschäftige mich von jetzt ab nur noch mit dem ersten Bereich, nämlich der somatopsychosozialen Integrität – und dazu gehört auch die Pädagogik und das pädagogische Handeln.

Ein einfaches Wort noch zur Nichtstandardisierbarkeit. Das ist ja eine schwierige Bestimmung, weil man sich damit methodisch leicht den Vorwurf einhandeln kann, dass man sich gegen Kritik immunisiert (nichtstandardisierbar). So behaupten

6 Der Architekt gehört zum selben Fokus. Er muss nämlich stellvertretend die Krise desjenigen bewältigen, der sesshaft werden will. Das ist eine sehr folgenreiche Entscheidung, weil sie ein Innen-Außen-Verhältnis und eine Privatheits-Öffentlichkeits-Spannung konstituiert, die der Privatmann nicht mehr leisten kann und die einer ästhetischen Lösung bedarf. Diese Komponente der stellvertretenden Krisenbewältigung ist dasjenige, was hinzutreten muss, wenn aus einem Bauingenieur ein Architekt wird.

7 Interessanterweise gehören nach unserer Untersuchung die Stadtplaner zu diesem Fokus, obwohl sie den Architekten sehr verwandt sind, weil es bei ihnen im Mittelpunkt um die Gewährleistung von Gerechtigkeit bei der Lösung von auch privat relevanten Bauproblemen geht.

8 Also diese berühmte virtuelle Realität und digitale Gesellschaft – oder Digitalisierung der Gesellschaft und was da alles für Schlagworte mehr sind – wären allenfalls ein Kandidat für die Bezeichnung einer Wissenskultur.

ja alle Prädikate, die mit den Suffixen ‚bar' oder ‚bedürftig' versehen sind, eine Potenzialität, die empirisch schwer zu widerlegen ist. Im Umkehrschluss kann man sagen, dass alle Theorien, die ohne diese Prädikate arbeiten, wiederum in der Gefahr der Dogmatisierung stehen, weil sie sich gewissermaßen zum Empirismus verurteilen und immer nur abfotografieren können, was der Fall ist, ohne aber zur Erschließung zu kommen. Erschließen kann man nämlich nur, wenn man gedankenexperimentell die Möglichkeit des Andersseins bezogen auf ein erfahrbares Objekt konstruiert hat. Und entsprechend muss man auch die Professionalisierungsbedürftigkeit gedankenexperimentell erst einmal konstruieren, damit man sie als Möglichkeit – als Folie sozusagen – hinter die empirisch beobachtbare, sichtbare Erscheinung legen kann, um eben diese Erscheinung überhaupt bestimmen zu können. Also nichtstandardisierbar und nichtstandardisiert müssen deswegen unterschieden werden, weil es natürlich in sich dogmatisch wäre zu behaupten, alles was momentan als nichtstandardisiert festzustellen sei, sei identisch mit nichtstandardisierbar. Das wäre unsinnig. Genauso unsinnig wäre es aber auch umgekehrt zu sagen, alles, was als nichtstandardisierbar feststellbar ist, wäre etwas, was dereinst standardisiert sein könnte.

Und warum sind nun – auch in der Pädagogik – die interventionspraktischen Anteile nicht standardisierbar? Aus drei Gründen. Erstens: In diesem Funktionskreis der Erzeugung, Aufrechterhaltung und Wiederherstellung somatopsychosozialer Integrität muss man eine Diagnose stellen. Diese Diagnose, wenn es sich um eine Lebenspraxis handelt, kann nie nach dem TÜV-Modell gemacht werden, indem man gewissermaßen diese Lebenspraxis durch eine Mängelfeststellungsfahrstraße schickt und dann durch Subsumtion, also durch Messen im Sinne von Herstellen empirischer Relationssysteme und Zuordnung numerischer Relationssysteme, einen Mängelbescheid aushändigt und dann damit in die Reparaturwerkstatt schickt. Sondern diese Diagnose kann immer nur in der Rekonstruktion der Motivierung eines Mangels bestehen. Deswegen ist nach unserem Dafürhalten Krankheit auch nicht das Gegenteil von Gesundheit, sondern das Maß an Gesundheit, das ein konkretes Leben angesichts seiner Traumatisierungsgeschichte maximal erreichen konnte und erreicht hat. Das ist eine ganz andere Definition als die klassifikatorische Definition von Krankheit, die dann immer nur das Gegenteil von Gesundheit ist. Das lässt sich auf den Begriff „Ungebildet" genauso anwenden. Ungebildet ist nicht einfach klassifikatorisch das Gegenteil von Gebildet, sondern ist jeweils das Maß an Bildung, das ein konkretes Leben angesichts seiner Anregungsgeschichte maximal erreichen konnte. Und der Begriff der Bildung ist natürlich auf die Bildungsphase der embryonalen Entwicklung in der Schwangerschaft auszudehnen, weil das natürlich eine Bildungsgeschichte und eine Krisenbewältigungsgeschichte par excellence sind. Von daher kann niemand ungebildet sein, wenn er geboren ist. Er hat dann schon einen langen Bildungsprozess hinter sich, wenn man den Bildungsbegriff analytisch und nicht normativ verwendet.[9]

Die Nichtstandardisierbarkeit folgt erstens aus der Diagnose, die eine Rekonstruktion der Einzigartigkeit der historischen Konkretheit des Bildungsprozesses einer Lebenspraxis voraussetzt. Der zweite Punkt ist, dass die Problemlösung nach dem Muster einer Therapie zu begründen ist. Diese wird zunächst einmal, wenn die Diagnose erfolgt ist, im Kontext standardisierten Wissens abgeleitet, indem die Diagnose unter eine Theorie subsumiert wird. Dadurch kann man die Therapie ableiten, aber man kann sie nur in eine Behandlung praktisch umwenden unter der Voraussetzung, dass man zuvor dieses allgemeine Programm, das abgeleitet ist, wiederum in den Kontext der konkreten Lebensgeschichte rückübersetzt hat. Und das dritte Moment ist das Entscheidende, was die Nichtstandardisierbarkeit erzwingt. Und das ist das schwierige Problem, wie man dem strukturellen Paradox begegnet, dass man in dem Maße, indem man erfolgreich als professioneller Experte einer Lebenspraxis – die ihre Krise nicht mehr autonom bewältigen konnte (wie das bei einer Krankheit der Fall ist) und also diese Krisenlösung an einen Experten delegieren musste – stellvertretend zur Krisenlösung verhilft, diese Autonomie nicht zugleich wieder beeinträchtigt. Wie bekommt man das hin, dass, wenn man diese expertenhafte Hilfe erfolgreich gewährt und damit einen Beitrag zur Wiederherstellung der Autonomie geleistet hat, diese Autonomie nicht auf der anderen Seite durch

9 An dieser Stelle darf ich eine kleine Nebenbemerkung zur Erläuterung machen: Man stellt dann nämlich fest, dass sich alle diese Begriffe, die sich um das Konzept und den Begriff der Lebenspraxis gruppieren, methodologisch gesehen eine Eigentümlichkeit aufweisen. Das wären solche Begriffe wie: sich bilden, sich bewähren, sich individuieren, sich autonomisieren. Alle diese Begriffe muss man zwingend deskriptiv analytisch und normativ zugleich verwenden. Deskriptiv analytisch muss man sie verwenden zur Bezeichnung des Strukturproblems, vor das jedes Leben in der Gattung Mensch gestellt ist – ob es will oder nicht. Und dieses Problem kann es mehr oder weniger gut lösen. Im Übrigen nie zu hundert Prozent. Um dann sozusagen den Grad der Lösung, den ein Leben dafür entwickelt hat, bezeichnen zu können, braucht man im normativen Sinne die selben Begriffe noch einmal. Man kann nicht, um den Grad der Individuiertheit zu bestimmen, die negative Ausprägung als Bezeichnung wählen. Das schließt sich logisch deswegen aus, weil die Konstitution des Prozesses immer schon – wenn man so will – das materiale Ideal des Gelingens in der Vorwegnahme voraussetzt. Sonst hätte man das Problem gar nicht erkannt – so wie es keinen Sinn macht, das Licht mit dem Fehlen der Dunkelheit zu erklären, wohingegen die Dunkelheit durchaus als durch das Fehlen von Licht bedingt ausgelegt werden kann. Jeder weiß schon intuitiv, woraufhin man sich bewähren muss. Jedes Mal, wenn man dann glaubt, man hätte schon ein Stück Bewährung hinter sich, dann eröffnet sich sofort die Sicht auf das noch fehlende Stück, und das hört nie auf. Warum? Weil das größte Bewährungsproblem immer noch bevor steht. Und das ist die letzte Minute des Bewusstseins im Sterben. Wie man sich da verhält, das weiß kein Mensch vorher. Da kann man gründlich versagen und das ist besonders tragisch. Wir leiten daraus die *Nichtstillstellbarkeit der Bewährungsdynamik* ab. Diese Eigentümlichkeit überträgt sich sozusagen auf alle diese Sphären, dass die Begriffe deskriptiv analytisch und normativ verwendet werden müssen.

Erzeugung einer neuen Abhängigkeit schwer beeinträchtigt wird, indem man den Klienten als Hilfsbedürftigen von sich abhängig gemacht hat? Dies ist ja das pädagogische Grundparadox. Wie kann ich also einen Schüler zur Autonomie erziehen, wenn ich ihn gleichzeitig in der pädagogischen autoritären Asymmetrie von mir abhängig gemacht habe? Ich muss ihm ja Noten geben und anderes. Wie ist das bewältigbar?

4 Arbeitsbündnis und stellvertretende Krisenbewältigung als Strukturkerne professionalisierter Praxis

Dieses Dilemma lässt sich nur auflösen, indem man Hilfe nur so gewährt, dass dabei das Maximum an Selbsthilfe zugleich geweckt wird. Dazu bedarf es dessen, was wir in der Übernahme eines Begriffes aus der Psychoanalyse „Arbeitsbündnis" benannt haben. Die anderen Ableitungsschritte sind bekannt. Für das Arbeitsbündnis in der Medizin ist nun der Leidensdruck ganz entscheidend, weil er sichert, dass dieses Maximum an Selbsthilfe auch abgerufen wird. Denn im Leidensdruck erkennt jemand mit seinen noch verbliebenen gesunden Anteilen an, dass er kranke Anteile hat, die behandelt werden müssen. Entsprechend ist der Gang zum Arzt der erste Schritt zur Selbstheilung. Und man ist auch Patient erst, wenn man zum Arzt geht – vorher nicht.[10]

Die größten Schwierigkeiten habe ich mit diesem Modell der stellvertretenden Krisenbewältigung in der Pädagogik, weil sie darin nicht gern gesehen bzw. ihre Notwendigkeit verleugnet wird. Auch die therapeutische Komponente im pädagogischen Handeln wird abgewehrt, die mit dem Modell der stellvertretenden Krisenbewältigung zusammenhängt. Da muss man nun sagen: Es gibt nichts krisenhafteres als die Ontogenese und den Bildungsprozess. Wenn man sich mal fragt, wo im Funktionskreis von Kultur systematisch Neues erzeugt wird, dann kommt man als erstes auf die Sozialisation.

Das gilt nicht nur auf der biologischen Ebene durch die Rekombination von Genen, sondern das gilt vor allen Dingen auf der sozialkulturellen Ebene durch die Rekombination von Milieus. Denn das sozialisatorische Milieu liegt ja immer schon fest, wenn ein Paar sich gebildet hat. Lange bevor das neue Leben gezeugt worden ist, ist die soziale Identität dieses demnächst zu zeugenden Lebens ja schon festgelegt durch die Rekombination von Milieus. Dann wird sozusagen nach Maßgabe dieser Parameter ständig in eine offene Zukunft hinein Neues erzeugt. Das ist nun in

10 Der Volksmund denkt, wenn man Patient geworden ist, ist man erst krank geworden. Das ist soziologisch gesehen falsch, weil mit dem Patientwerden schon ein erster Schritt zur Heilung vollzogen ist. Es ist also genau umgekehrt. Das hängt genau mit der Umkehrung des Blickwinkels auf Krise zusammen, weil damit die Krise schon ein Stück weit bewältigt worden ist.

höchstem Maße krisenhaft. Das ist so krisenhaft, dass wir sagen, wenn die erste große Ablösungskrise des Bildungsprozesses erfolgreich erledigt ist, nämlich die Geburt, dass dann ins Leibgedächtnis so etwas eingeschrieben worden ist wie die erfolgreiche Krisenbewältigung, nämlich etwas, das wir strukturellen Optimismus nennen, der nach der Habitusformel verläuft: Im Zweifelsfall geht es gut. Das weiß man dann, wenn man glücklich geboren ist. Und man weiß per Leibgedächtnis, dass es vielfach hätte schief gehen können.[11]

Das Arbeitsbündnis ist also das Entscheidende für pädagogisches Handeln. Wir haben lange nach einem pädagogischen Äquivalent zum Leidensdruck in der stellvertretenden Krisenbewältigung des medizinischen Handelns gesucht und es in der *‚kindlichen Neugier'* gefunden. Das ist das Äquivalent zum Leidensdruck. Diese Neugierde stiftet das Arbeitsbündnis. Sie ist für Kinder konstitutiv, denn ohne Neugierde kann man sich nicht entwickeln. Kinder sind ‚von Beruf aus' neugierig, denn das ist der primäre Modus, in dem man sich die Welt aneignet.

Wir haben in unseren Forschungen drei verschiedene Typen von Krisen unterscheiden müssen. Einmal die *traumatisierende Krise*. Die passiert Kindern auch häufig, aber die ist nicht der Generalmodus ihrer Krise. Dann die *Entscheidungskrise*, das, worauf eigentlich das Wort Krise im Griechischen zurück geht. Entscheidung und Krise sind im Griechischen identisch – eine Tautologie sozusagen, ein Pleonasmus, ein weißer Schimmel. Aber wir gebrauchen den Krisenbegriff erweitert. Der Entscheidungskrise ist nun die religiöse Erfahrung zugeordnet, der traumatisierenden Krise die Natur- und Leiberfahrung. Erfahrung konstituiert sich damit nur in der Krise. Und Entscheidungskrise ist etwas, was die Kinder noch nicht so wahnsinnig tangiert. Das beginnt in der ödipalen Krise so allmählich zuzunehmen.

11 Wir, d.h. vor allem Brigitte Schlick, haben mit dieser Prämisse jetzt ein paar Interviews mit extremen ‚Frühchen' geführt, mit der Hypothese, dass diesen jetzt Erwachsenen ein großes Stück für die Erreichung dieses strukturellen Optimismus abhanden gekommen ist. Das hat sich auch bestätigt in den bisherigen Interviews, denn die sind mit ihrer Geburt gewissermaßen dem Tod von der Schippe gesprungen. Das wissen sie und entsprechend haben sie die unbewusste Phantasie, ihre Mütter hätten sie umbringen wollen. Nun kann man zwar anmerken, dass diese ‚Frühchen' ja nicht gestorben sind. Aber im Unterschied zu anderen Geburten ist es bei denen gerade deshalb nicht gut gegangen, insofern sie eine extreme Krise haben mit der Geburt, die noch anhält. Wenn man da als ‚Frühchen' überleben muss, hat man schwer zu kämpfen und da geht es einem ganz anders, als wenn man die normale Strecke hinter sich gebracht hat. Das ist der Unterschied. In einem Interview hat uns ein Geburtsspezialist, ein pränataler Mediziner – das fand ich sehr eindrucksvoll – gesagt, es kann einem im Leben nichts Schlimmeres passieren, als zu früh geboren zu werden. Daran kann man im Übrigen sehen, wie man professionalisiert mit dem Scheitern umgehen kann. Dieser Arzt macht den Beruf nämlich trotz dieser Einsicht. Ein Lehrer wäre bei dieser Einsicht, wenn er eine Klasse von Leuten vor sich hätte, mit denen nichts zu machen wäre, viel weniger optimistisch. Er würde dies zwar viel ausgeprägter als ein Arzt wissen, aber dieses Wissen, so scheint mir, wird permanent verdrängt. Das Scheitern darf nicht anerkannt werden. Das gehört sozusagen zur Nichtprofessionalisiertheit der Lehrer.

In der Latenzphase ist das aber schon wieder weitgehend zurückgestellt. Das ist nicht das, was das Leben von Kindern beherrscht. Das Leben von Kindern wird beherrscht durch einen dritten Typus von Krise und das ist die *Krise, die durch Muße erzeugt wird.* Muße liegt der Wahrnehmung von Dingen um ihrer selbst willen zugrunde.

Ich will das an einem einfachen Beispiel veranschaulichen. Man kann vor der grünen Ampel stehen bzw. die Ampel schaltet auf grün und dann ist man aufgefordert, möglichst schnell weiter zu fahren. Das ist die Wahrnehmung einer Farbe, eingebettet in ein zielorientiertes, zweckorientiertes Handeln. Man kann aber auch vor diesem Grün plötzlich fasziniert stehen bleiben wie vor einem Gemälde von Barnett Newman oder einem ‚radical painting' und sich für dieses Grün interessieren. Dann würde man sich im Straßenverkehr vollkommen unmöglich machen. Und wenn dann die Leute halbwegs nachdenken, die hinter einem wütend hupen, dann würden die sagen: wenn Sie sich für dieses Grün interessieren, dann gehen Sie doch bitte ins Museum. Und was tut man in einem Museum? In einem Museum betrachtet man Dinge, die dort aufgehängt sind, um ihrer selbst willen und nicht, um sich einen Rat zu holen, z.B. welche Vorhänge man kaufen soll o.ä. Das kann zwar auch damit verbunden sein, aber ist nicht der Hauptzweck eines Museums. Diese Bestimmung von Museum, die ich jetzt hier gegeben habe, die kennt jeder intuitiv, ohne dass sie je in der soziologischen Literatur – nicht einmal in der Bourdieu´schen Museumsuntersuchung (1987) – explizit gemacht worden ist. Das ist aber ganz wichtig. Daran kann man sich klar machen, dass unter der Bedingung von Kultur Wahrnehmen auch ein vollgültiges, selbstgenügsames Handeln werden kann. Dann nimmt man Dinge um ihrer selbst willen wahr. Und wenn man Dinge um ihrer selbst willen betrachtet, dann wächst die Wahrscheinlichkeit, dass man an ihnen Seiten sehen kann, die man vorher noch nie gesehen hat – dass also Krisen erzeugt werden, sehr schnell und exponentiell zunehmend.

Wenn man einmal auf Kinder achtet, z.B. auf dem Spielplatz, dann unterbrechen sie ständig irgendwann einmal ihren Handlungsfluss, weil sie irgendetwas gesehen haben. Und dann gucken sie fasziniert weiter und beobachten das, was dort passiert. Ich bringe das Beispiel, weil mir das sehr einprägsam war, von meiner kleineren Tochter, die sich für Insekten interessierte. Sie hat einmal eine Ameise gesehen, die aus dem Rasen kam, über einen Stein lief und wieder hinein in den Rasen. Und dann hat sie ganz schnell – das fand ich sehr eindrucksvoll – diese A-meise genommen, bevor sie in den Rasen hineinlief, und hat sie wieder an den Ausgangspunkt des Weges über den Stein zurückgesetzt. Was wollte sie erreichen? Sie wollte Wahrnehmungszeit gewinnen und sich anschauen, wie dieses Tier seine sechs Beine koordiniert und es so schnell schafft, wo es seine Beißwerkzeuge hat und wo die Augen sitzen und weiß der Teufel, was man daran alles interessant finden kann. Lauter Fragen, die sich plötzlich stellen. Und das ist nichts anderes als

Krisenerzeugung und Krisenbewältigung im Forschen –im Fokus Geltungsüberprüfung macht man nämlich nichts anderes als Krisen zu simulieren.

5 Pädagogisches Arbeitsbündnis und das Problem der gesetzlichen Schulpflicht

Also Neugierde stiftet das Arbeitsbündnis, denn wenn ein Kind neugierig ist, dann erkennt es strukturell mit seinen schon wissenden Teilen an, was es noch nicht weiß, aber wissen sollte und wissen möchte. Und damit bindet es sich potenziell an jemanden, von dem es annehmen darf, dass sie oder er ihm dieses Wissen vermitteln kann und vermitteln will. Und nun kommt die Ableitung weiter: Wir haben uns immer gefragt, warum ist das pädagogische Handeln eigentlich nicht professionalisiert, obwohl es professionalisierungsbedürftig ist – das sollte inzwischen klar sein, vom Argument her jedenfalls, weil eine Krise stellvertretend bewältigt werden muss. Aber es ist nicht professionalisiert. Warum nicht? Nirgendwo, auch nicht in Finnland. Weil es nicht professionalisiert sein kann bzw. sich nicht professionalisieren kann, solange die gesetzliche Schulpflicht existiert. Die gesetzliche Schulpflicht bedeutet, dass dem Kind die Neugierde als Hauptmotiv dafür, in der Schule zu sein, aberkannt wird. Die gesetzliche Schulpflicht besagt, du wärst nicht hier, wenn wir dich nicht dazu zwingen würden. Und das Kind oder der Schüler merkt das ja auch, wenn er nämlich schwänzt (in Frankfurt zum Beispiel) und zur Schulzeit auf die Zeil geht, dann wird er irgendwann von einem Polizistentrupp eingefangen, der extra dazu abgeordnet ist, die Schulschwänzer in den Einkaufsregionen zur normalen Schulzeit aufzuspüren, festzusetzen und wieder in die Schule zurück zu führen. Und dann ist jedermann klar, du musst hier sein. Und solange das der Fall ist, kann nichts laufen.

Nun möchte ich von daher eine Unterscheidung machen. Nämlich die Professionalisiertheit des Lehrers stößt sich an der gesetzlichen Schulpflicht und nicht an der formalen Organisation der Schule. Das zeigt sich auch im zentralen Problem der Lehrer, dem Disziplinproblem, als eine Folge der mit der Schulpflicht verbundenen Nichtprofessionalität. Das Disziplinproblem könnte man auch als Dompteursyndrom bezeichnen, das in der Ansicht besteht, dass der Lehrer eine wilde Horde vor sich hat. Ich mache mir immer den „Spaß“ und gehe immer am letzten Schultag vor den Sommerferien abends in die italienischen Restaurants in Frankfurt, weil dort die Lehrer, bevor sie in den Süden fahren, sich häufig noch einmal treffen und dann wird ungehemmt über die Schüler hergezogen, weil die Ferien ja sozusagen schon angebrochen sind. Da muss man kein Blatt mehr vor den Mund nehmen und der Beobachter kann diesen ganzen Hass unverstellt und sozusagen ideologisch unverbaut vor sich sehen. Das ist der Widerpart zu der wilden Horde in der Schulzeit. In den Untersuchungen, die ich mit Andreas Gruschka zusammen mache, haben wir neulich ein schönes Beispiel gehabt. Da hatte ein Lehrer ein Punktesystem mit Abmahnungen für Nichtwohlverhalten erfunden und da musste dann der Schüler nach drei Punkten Strafarbeiten verrichten. Eine Aufgabe der Strafarbeit bestand darin, Kuchen zu backen. Das ist eine wirklich schöne Veranschaulichung der Versüßung des Hasses auf Kinder. Wenn man sich Kontexte überlegt, worin noch Kuchenbacken eine Strafe sein könnte, dann dort, wo man unbedingt abnehmen will und Diät halten muss. Aber das ist ein ganz anderer Kontext.

Ein anderes Syndrom, das aus der gesetzlichen Schulpflicht folgt, ist, dass der Streber sich systematisch nicht unterscheiden lässt von dem Kind oder dem Schüler, der freudig lernen will und nicht aus Unterwerfung unter den Lehrer. Das lässt sich nämlich unter den Bedingungen der gesetzlichen Schulpflicht nicht systematisch unterscheiden. Weil das so ist, werden sozusagen besonders neugierige Kinder immer ein bisschen geneigt sein, schlechtere Noten zu bekommen als ein Streber normalerweise in der Schule hat, damit sie nicht als Streber missverstanden werden können. Und wenn man die Gruppendynamik hinzunimmt, dass es in jeder Klasse ein oder zwei schwarze Schafe geben muss, dann sind die neugierigen Kinder prädestiniert dazu, das schwarze Schaf abzugeben. Da gibt es nämlich die schwarzen Schafe in zwei Ausprägungen: einen, der der wirkliche Trottel ist, und der andere, der wirklich neugierig ist und sich verkleidet als Kasper. Und dann gibt es die beiden Lieblinge. Das sind die, die der Lehrer braucht, um nicht ganz zu verzweifeln, und die sozusagen seine Norm erfüllen.

6 Die von der gesetzlichen Schulpflichtbedingung unabhängige formale Organisation der Schule und ihr Verhältnis zur Professionalisierungsbedürftigkeit pädagogischer Praxis

Ich glaube, ich brauche die ganzen Anzeichen für Nichtprofessionalisiertheit nicht weiter aufzuzählen. Ich möchte nunmehr unterscheiden, wo sich die Autonomie gelungenen professionalisierten Handelns an der formalen Rationalität von Organisationen stoßen muss und wo nicht. Diese Frage kann man meines Erachtens im pädagogischen Kontext so gar nicht untersuchen, weil die Professionalisiertheit gar nicht gegeben ist. Im Grunde genommen kann das Thema der Tagung erst empirisch untersucht werden, wenn die Professionalisierung der Lehrer voll gelungen ist. Und das ist an keiner Stelle der Fall – also Tagungsthema geschlossen!?.

Man kann aber eine andere Operation wählen und gedankenexperimentell fortfahren. Dann kann man die Frage zur Organisation in zwei Teile gliedern. Man kann fragen: Was wäre die formale Organisation der Schule, wenn der Lehrer professionalisiert wäre, und worin müsste sie dann noch unvermeidbar bestehen. Ich meine in einer ganzen Menge und vielen Hinsichten. Schule ist nämlich, das ist ganz trivial, von Haus aus formalisiert: Sobald sie beginnt, ist sie aus einigen wenigen schlichten Gründen zunächst einmal eine formale Organisation und damit auch ein Phänomen der Vergesellschaftung und nicht der Vergemeinschaftung. Also ist sie zunächst alles andere als ein durch Professionalisierung einer beruflichen Praxis entstandenes Gebilde. Wie entsteht nämlich Schule?[12]

Unter der Bedingung der Universalität ist Schule eine formale Organisation, weil sie die statistische, das heißt rein formal und abstrakt abzugrenzende Bezugsgruppe von Gleichaltrigen bzw. Jahrgangsgleichen aus einem umschriebenen Wohngebiet zu einer oder mehreren Jahrgangsschulklassen zusammenfasst, um sie kollektiv, d.h. sowohl ökonomisch kostensparend und das Gleichheitsprinzip gewährleistend, als auch den gleichen entwicklungspsychologischen Stand nutzend, in einem gemeinsamen Curriculum zu unterrichten. Dazu müssen die zeitlichen Begrenzungen des Schuljahres, der Ferien, des Schultages, des Wochenstundenplanes, der durchschnittlichen Schulstunden, des Zeitpunktes des morgendlichen Unterrichtsbeginns etc. verbindlich eingeteilt, d.h. formal organisiert sein. Dazu kommen die eine formale Organisation erfordernden verbindlichen jahrgangsspezifischen Curricula, die Verbindlichkeit der gemeinsamen Schulbücher und der didaktischen Materialien und Hilfsmittel, die Verbindlichkeit standardisierter Benotungssysteme und Zertifikationen, die Verbindlichkeit und Standardisierung von negativen Sanktionen, die Regelung von verbindlichen Zuständigkeiten etc.

Das sind alles Merkmale und Anforderungen, die nur über eine formale Organisation hergestellt und gewährleistet werden können. Die Schule ist also schon hergestellte formale Organisation, Blueprint der institutionellen Vorkehrungen für eine als universalistisch geltende Allgemeinbildung, bevor der erste Unterricht begonnen hat. Sie ist also formale Organisation, bevor die ersten lebendigen Schüler in sie eintreten. Diese formale Organisation ergibt sich zwingend ganz schlicht aus dem Umstand, dass eine Gesellschaft einerseits alle ihre Nachkommen schulisch bilden muss und andererseits es sich nicht leisten kann, dies analog zum Unterrichten durch den Hauslehrer so zu erledigen, dass jedem Schüler eine Lehrerperson zugeordnet wird, die er ganz für sich hat. Ich habe das natürlich gelernt von meinen pädagogischen Kollegen, also Hermann Nohls pädagogisches Verhältnis ist immer letzten Endes das Verhältnis des Lehrers mit *einem* Schüler – ohne Schule sozusagen – und davon rede ich hier nicht. Dann würde jedem Schüler ein Lehrer zugeordnet, den er ganz für sich hat. Dann würden die Elemente der formalen Organisation

12 Ich meine hier die allgemein bildende universale Institution, wobei schon die Schwierigkeit damit beginnt zu klären, wie eine Schule für alle Mitglieder der Gesellschaft außerhalb des Zwangs der gesetzlichen Schulpflicht zu denken wäre. Also in meiner Argumentation ein Problem ersten Ranges.

sich auf wenige einfache Ausgangsbedingungen reduzieren, die sich in der Figur des Vertrages bzw. des vertraglichen Handelns erschöpfend angeben ließen.

Das kann man auch – ich hatte ja Herrn Bommes hier erwartet, mit dem ich darüber schon ein paar mal diskutiert hatte und der immer diese Idee einer Tagung zu dieser Thematik hatte – nach Luhmann in die berühmten drei Dimensionen einteilen: in die sachliche, die zeitliche und die soziale. Das kann man dann ausbuchstabieren. Ich habe das ja schon weitgehend genannt: sachlich also Curriculum, Konventionalisierung und Kanonisierung des Wissens, Lehrplan, Begutachtung, didaktische Aufstufung der Lehrstoffe, verbindliche Schulbücher, Unterrichtsmaterialien etc.; zeitlich – habe ich auch alles genannt – Stundeneinteilung etc. und sozial als die Definition des Einzugsgebietes, die Festlegung der Jahrgänge, die kollegiumsinterne Gliederung, die Hierarchisierung von Positionen, die mit Selektionsfunktionen belasteten Entscheidungen über Leistungen der Schüler, Zuständigkeiten, Rechte und Pflichten usw.

7 Professionalisierte Praxis als widersprüchliche Einheit von Komponenten diffuser und spezifischer Sozialbeziehungen

Also, um es noch einmal so zu sagen, sobald der Unterricht beginnt, beginnt erst das andere. Und was ist das andere? Sobald nun das so genannte Kerngeschäft der Schule, das Unterrichten zum Zwecke der Wissensvermittlung und der diese einbettenden Vermittlung von Normen, beginnt, treten unweigerlich und unvermeidbar Momente einer Strukturlogik der Vergemeinschaftung, der material rationalen Sachhaltigkeit und der Strukturlogik der Beziehung zwischen ganzen Menschen – also Momente diffuser Sozialbeziehung – hinzu, die in einer Spannungspolarität zur Logik der formalen Organisation stehen. Dann geht nämlich das professionalisierte Handeln erst los. Und weil das professionalisierte Handeln im Falle der Pädagogik der Natur der Sache nach in eine formale Organisation a priori eingebunden sein muss – denn man kann gar kein Schulpädagoge ohne eine formale Organisation sein (so würde ich das jetzt mal sehen und im Übrigen gilt das für Ärzte tendenziell genauso) –, ist jedes professionalisierte Handeln eine *widersprüchliche Einheit von diffusen und spezifischen Beziehungsmomenten.*

Diffuse Sozialbeziehungen – ich weiß nicht, ob ich das als bekannt voraussetzen kann – sind solche zwischen ganzen Menschen. Entsprechend sind Gemeinschaften Kollektive von ganzen Menschen. Und die spezifischen Sozialbeziehungen sind die zwischen Rollenträgern, Vertragspartnern oder Marktteilnehmern, und entsprechend sind Gesellschaften Kollektive von Rollenträgern, oder wie Marx das genannt hat: Charaktermasken.[13]

Also im psychoanalytischen Arbeitsbündnis kann man sich diese widersprüchliche Einheit von diffusen und spezifischen Beziehungsanteilen wunderbar klar machen. Da ist das sehr deutlich gegeben, obwohl die Psychoanalytiker selbst das nie so gesehen hätten oder auch gar nicht so sehen wollen. Dort hat man auch dieses Arbeitsbündnis und dort gilt für den Patienten die so genannte Grundregel, die besagt: du sollst alles, was dir durch den Kopf geht, auch wenn es dir noch so nebensächlich erscheint oder noch so peinlich ist, hier kund tun. Das ist im Grunde genommen die Aufforderung, sei diffus, sei ein ganzer Mensch. Und wenn der Patient dies tut, dann überträgt er, d.h. er behandelt den Therapeuten als ein Übertragungsobjekt in diffusen Sozialbeziehungen (z.B. als Gatten, Geschwister, Geliebte(n), Kind oder sonst was, aber nicht Papst oder Generalinspekteur der Bundeswehr). Das muss man auch nicht explizit verabreden, das passiert naturwüchsig. Das ist ein sehr interessantes Phänomen. Es ergibt sich von selbst und das ist die beste Bestätigung für die Theorie. Das ist nämlich nicht geplant, sondern ein unbewusst regierendes Gesetz – wie ein Naturgesetz. Nur ist das kein Naturgesetz, sondern das ist ein Kulturgesetz. Es gibt Kulturgesetze, die nicht geplant sind, so wie die ganze Strukturgesetzlichkeit der ödipalen Triade etwas ist, das nicht durch Normen des Familienhandelns erzeugt worden ist, sondern die Normierungen des Familienlebens sind sozusagen auf das Operieren dieser Strukturgesetzlichkeit gerichtet. Und trotzdem ist die Strukturgesetzlichkeit keine Naturgesetzlichkeit.[14] An Gesetzlichkeiten dieser Art ist

---

13 Das ist eben der Unterschied. Der Marx hat intuitiv immer ganz Richtiges gesehen. Im Begriff der Charaktermaske kommt das ja wunderbar zum Ausdruck. Das setzt natürlich voraus, dass es auch einen Charakter gibt. Also Charaktermasken sind ja etwas Rahmendes und der Charakter, also das Gerahmte, ist eben die ganze Person, die Charaktermaske ist der Rollenträger und für Marx eben als das in Entfremdung Gerahmte leer. Das ist genau der Unterschied von spezifischen Beziehungen und diffusen Sozialbeziehungen. Das Dumme ist nur, dass Marx so ideologiekritisch war, dass er sich die diffusen Sozialbeziehungen sozusagen außerhalb der Transzendenz gar nicht denken konnte oder beziehungsweise terroristisch vielleicht irgendwann einmal im vollendeten Kommunismus hergestellt. Das unterscheidet ihn von Hegel, der da konsequenter und dialektischer war, bei Hegel ist nämlich sozusagen die diffuse Sozialbeziehung im Prinzip der Sittlichkeit durchaus im Diesseits gedacht, aber eben als großes Problem, nämlich nur unter der Bedingung der Entzweiung herstellbar.

14 Wenn die Studenten damit Schwierigkeiten haben, dann bringe ich denen ein einfaches schlagendes Beispiel. Damit ist das sofort geklärt. Niemand würde es für angemessen halten oder auch nur für erträglich, dass man den teuren Preis, den man für ein Brautkleid entrichtet, damit begründen würde, dass man es ja vielleicht noch ein zweites oder drittes Mal bei einer anderen Eheschließung verwenden könnte. Selbst wenn es dazu die Gelegenheit gäbe, würde man es nicht tun, weil das nämlich ein Tabubruch wäre. Um das zu erklären, reicht in den Sozialwissenschaften der Begriff von Normen und Werten nicht aus. Die Systemtheorie kommt im übrigen mit so etwas auch nicht klar, weil sie für diese Art von Strukturgesetzlichkeiten keinen Begriff hat.

gedacht, wenn die verschiedenen Modi von diffus und spezifisch gegeneinander gestellt sind.

Und ich muss noch etwas ergänzen für das psychoanalytische Arbeitsbündnis: Auf der Seite des Therapeuten gibt es eine andere Regel. Das ist die Abstinenzregel, die besagt: Sei genügend spezifisch. Diffus ist der Therapeut schon genug. Damit hat er keine Probleme, er ist dafür durch seine Lehranalyse ein Spezialist, dass er sozusagen sein Unbewusstes abhorchen kann, das ist ihm geläufig. Aber für ihn ist das Entscheidende, dass, wenn er Übertragungsobjekt wird und im Prozess der Gegenübertragung sozusagen nachvollziehend die Re-Inszenierung in der Übertragung abkürzend versteht, dass er nicht praktisch danach handelt und nicht plötzlich Geliebter wird auf der Couch.[15] Dagegen gibt es nun die Abstinenzregel, die besagt: Sei genügend spezifisch.

Dieses Modell kann man nahtlos auf Lehrer übertragen. Ich beziehe mich hier im Übrigen immer nur auf Schüler vor der Pubertät,[16] also nur auf diese Spanne bis zum Eingang in die Oberstufe, noch besser bis zum Alter von 12, 13 Jahren, weil da die Schüler automatisch diffus sind. Sie können noch gar nicht anders, weil man das Rollenhandeln ja überhaupt erst in der Schule lernt. Die erste Rolle – bei realistischer Betrachtung –, die ein Mensch in seinem Leben in unserer Gesellschaft ausübt, ist die des Schülers (gut: Kindergarten dann auch schon, des Vorschülers meinethalben).[17] Und hier muss der Lehrer sozusagen die Distanz wahren im Sinne der Abstinenz.

Meine These ist nun: Alle die formalen Organisationsmerkmale, die ich vorhin genannt habe, sind im Prinzip keine Behinderung einer professionalisierten Praxis, wenn es schon eine wäre. Denn es wäre wesentlicher Bestandteil der professionalisierten Praxis, diese widersprüchliche Einheit von spezifisch und diffus herzustellen,

15 Das passiert ja oft genug. Das ist aber gar nicht so verwunderlich, weil das eine gewissermaßen normale Gefährdung ist. Das ist ja ein hochfragiles Gebilde und das muss einen also überhaupt nicht überraschen.

16 Alles was danach kommt, ist anders. Ich würde von daher auch festhalten, das meinte ich vorhin bei dem sehr spannenden Vortrag von Herrn Zymek, dass nach der biologischen Geschlechtsreife mit 12, 13 Jahren eine andere Phase beginnt. Die ist mit dem Übergang vom 10. zum 11. Schuljahr (also mit 16 Jahren) schon viel zu spät angesetzt. Der Raum zwischen 12 und 13 bis 16 ist eigentlich ein Leerraum. Und ich würde allen Schülern empfehlen, mit dem Übergang zur Oberstufe die Schule zu wechseln, damit einem nicht der Ruf, den man als Schüler hatte, nachhängt, wenn man Kollege geworden ist. In der Oberstufe muss man eigentlich als Kollege behandelt werden, sonst macht das Siezen auch keinen Sinn.

17 Die ganze rollentheoretische Behandlung der Familiensoziologie ist ja ein Elend und ein Kategorienfehler ersten Ranges. Das muss man sich nur vorstellen, wie da alles in Rollenbegriffen abgehandelt wird. Ich meine, welche Rollenerwartungen erfüllt eigentlich ein Kind, wenn es gerade geboren ist? Das ist doch absurd zu glauben, es spielt dort eine Rolle. Es füllt eine Position, das ist richtig. Aber Rolle? Die Differenz zwischen Rollenträger und ganzen Personen, das kommt erst sehr viel später.

die zugleich eine widersprüchliche Einheit ist zwischen den notwendigen Elementen der formalen Organisation eines kollektiven Unterrichts auf der einen Seite und des pädagogischen Arbeitsbündnisses auf der anderen Seite. Das ist sozusagen zentraler Bestandteil des Professionalisierungsprozesses. In dem Moment nämlich, in dem der erste Unterricht beginnt, in einer Schule, die als formale Organisation schon da ist, stellen sich sofort die Momente der formalen und materialen Rationalität ein.

Ich will nur zwei Dimensionen davon nennen, die für mich die wichtigsten sind. Die Schulklasse, die per formaler Organisation Schule zusammentritt und die auch zusammentreten würde, wenn es keine gesetzliche Schulpflicht geben würde. Sie ist zunächst einmal nichts anderes, als ein durch eine formale Organisation gestiftetes Gebilde. Und sie wird in dem Maße, in dem sie anfängt unterrichtet zu werden, sukzessive eine Vergemeinschaftung von *peers*, von Gleichaltrigen, die entweder als ganze Klasse homogenisiert oder in Fraktionen unterteilt sind. Das kann man daran sehen, dass selbst der mieseste Lehrer (und gerade der) immer noch mit Sicherheit einen Effekt erreichen wird, dass nämlich die Schulklasse, die unter ihm leiden muss, sich zu einer Gemeinschaft gegen ihn verschwört. Die Frage ist nur, ob diese Vergemeinschaftung sich mit dem Bildungsziel der Schule verträglich machen lässt oder ob sie eine Gegenkultur gegen die Schule ausbildet. Aber in jeden Fall ist die Vergemeinschaftung eine, die sich naturwüchsig in Eigenregie der Schüler vollzieht und für die die Schule vielleicht Anlass gibt, aber in die die Schule pädagogisch nicht hineinwirken kann und auch nicht soll. Deswegen sind diese „Müslilehrer“, wie sie genannt wurden, die „Pest“ gewesen, weil die nämlich genau diese Vergemeinschaftung auch noch in Regie nehmen wollten und von dort her anerkannte Kumpanen sein wollten.

Ein zweites Moment dieser Gegensätzlichkeit ist auf der Sachebene zu verorten: Unterrichten bringt es mit sich, dass jedes Eindringen in eine Sache, wenn es nicht ein Eintrichtern ist (das wäre routinehaft), sondern ein fragendes sokratisches Erschließen bezüglich eines Gegenstandes, immer schon der Logik der Krisenbewältigung folgend etwas ist, was man gewissermaßen der Sache selbst ablauschen muss. Davon kann man nun den Verlauf formal und zeitlich nicht prognostizieren. Das ist also ein ähnliches Problem wie auch in der Psychoanalyse. Die psychoanalytische Stunde dauert in der Regel 50 Minuten und dann kann der Patient nicht sagen: ach wissen Sie, Herr Doktor, jetzt bin ich gerade so gut am Übertragen und erzähle Ihnen alles Mögliche und jetzt soll Schluss sein, das ist doch irgendwo unsinnig. Nein. 50 Minuten – dann fällt der Hammer – aus. Schulstunde – 45 Minuten in der Regel – genauso. Der sachliche Erschließungsprozess hat also ein vordefiniertes formales Ende – formale Rationalität. Das geht nicht anders. Und das ist eine der größten Schwierigkeiten nach unseren Untersuchungen, also Sequenzanalysen von Unterrichtsprotokollen, wie ein Lehrer das hinkriegt, einen organischen, mit der Sacherschließung kompatiblen Abschluss hinzubekommen nach 45 Minuten – bei sehr heterogenen Schülern im Übrigen –, so dass ein Anknüpfungspunkt definiert besteht für die nächste Stunde. Als weitere Schwierigkeit kommt die folgende hinzu: Für den Lehrer ist das ja einfacher einen Anschluss zu finden als für den Schüler, weil, wenn er unterrichtet, d.h. wenn der seine 2 oder 3 Stunden Deutsch oder Mathematik macht, dann ist das für ihn immer noch eine organische Sequenz hintereinander. Für den Schüler ist das viel stärker unterbrochen. Dazwischen liegt alles Mögliche und das muss immer wieder (zu jeder neuen Stunde) erst hergestellt werden. Wie kriegt der Lehrer das hin, den sachlich notwendigen offenen Prozess mit der formalen Rationalität zu vereinbaren? Das kann er nicht umgehen. In neueren Entwicklungen von Modellen der Unterrichtspraxis wird das etwas entzerrt und etwas flexibler gemacht, aber das ändert grundsätzlich an dem Problem nichts, weil die formale Organisation grundsätzlich bleibt. Das Ideal einer von der Sache gebotenen Offenheit des Erschließungsprozesses bezogen auf einen individuellen Bildungsprozess lässt sich nicht realisieren. Das muss der Lehrer als Normalität anerkennen. Das ist konstitutiv für seine Praxis.

8 Momente formaler Organisation von Schule, die aus der gesetzlichen Schulpflicht folgen und die Professionalisierung pädagogischer Praxis behindern

Jetzt müsste man dem Ausgeführten die Frage gegenüberstellen: Was kommt an formaler Organisation durch die gesetzliche Schulpflicht hinzu, die nach meinem Dafürhalten nun nicht nötig ist. Und das ist nämlich der „casus cnactus“: die formale Organisation Schule ohne gesetzliche Schulpflicht und die formale Organisation Schule, die sich aus der gesetzlichen Schulpflicht ergibt, analytisch zu trennen und daraus die für mich zentrale These abzuleiten, dass es diese aus der gesetzlichen Schulpflicht erfolgenden Momente der formalen Organisation von Schule sind, die – und das muss man im einzelnen dann durchgehen – die Professionalisierung erodieren und verhindern.

1. Da ist der ganze – ich nenne das mal so – Zertifizierungskomplex, also alles, was damit zu tun hat, dass die Schule verwaltungsgerichtsfest ihre Leistungsbenotung zu einer von der Gesellschaft zu verwertenden Zertifizierung macht. Wir können doch einmal umdenken. Wieso muss eigentlich die Schule diese Vorleistung machen für den Arbeitsmarkt und für die künftigen Arbeitgeber, die nach diesen Zeugnissen und unter Benutzung dieser Zeugnisse ihre Einstellungen rationaler vornehmen können? Wieso macht die Schule daraus eine hoheitliche Funktion? Meines Erachtens hauptsächlich deshalb, weil es aus der gesetzlichen Schulpflicht folgt. Sie bräuchte das nicht. Sie könnte den Schülern ein Gutachten geben und könnte sagen, du bist so und so, du musst dich an der Stelle anstrengen usw. Sie

könnte auch weiterhin intern Versetzungen und Eingruppierungen in Leistungskurse regulieren und bestimmte Avancements verweigern. Aber wieso muss sie das nach außen mitteilen? Warum eigentlich? Wieso kann sich das nicht erschöpfen in dem, was pädagogisch sinnvoll und notwendig ist? Das kennt man ja auch viel intensiver aus der ganzen Debatte um Selegieren und Fördern. Das Hauptergebnis bei PISA ist ja unter anderem, dass die deutsche Schule zu sehr selegiert – soweit man das da nach den Daten überhaupt unterscheiden kann, Selegieren und Fördern. Ich halte diesen Zertifizierungskomplex nicht für notwendig. Das könnte meines Erachtens entfallen.

Die Schule wäre erheblich entlastet. Die Notengebung ist ja ein ewiges Drama. Also eines der wenigen, für den Soziologen interessanten Skalierungsverfahren, die ihm die Realität selbst schon liefert. Denn die Notengebung ist ja ein Skalierungsverfahren und nichts anderes. Und das Ergebnis von IGLU ist ja da sehr interessant, dass offensichtlich – IGLU ist ja nichts anderes als per Kompetenzmessung ein konkurrierendes Skalierungsverfahren aufzumachen in fünf Stufen und dann mit der Notengebung der Lehrer zu vergleichen – die Lehrer nicht gerechtfertigte, durch die Leistung nicht gedeckte Zensuren geben, die sich am klassenintern Maßstab orientieren und dabei sehr häufig bei Schülern aus der Unterschicht zu schlechte Noten vergeben. Und das ist natürlich pädagogisch nicht besonders sinnvoll.

2. Alles, was mit Disziplinierungsproblemen zu tun hat, würde entfallen, also dass bei bestimmten Vorkommnissen an das Sozialamt Meldungen gemacht werden müssen. Der ganze verwaltungsgerichtsfeste Verkehr mit Ermahnungsbriefen, Abmahnungen etc. könnte entfallen. Es kommt ja, wenn ich das so sagen darf, jetzt in Zukunft noch hinzu, dass dieses Zertifizierungsverfahren in einer ganz anderen Hinsicht immer unsinniger wird, wenn man die Krise der Arbeitsgesellschaft einbezieht. Ich gehe davon aus, dass sich die Krise der Arbeitsgesellschaft – auch wenn es die politischen Parteien so noch nicht sehen wollen – in Zukunft in einer Richtung verschärfen wird, dass nämlich das absolute Volumen von Arbeit exponentiell zunehmend schrumpfen wird. Dies einfach deswegen, weil komplementär dazu immer mehr Wertschöpfung geschieht über technologische Lösungen inklusive Software, in denen sich ehemals lebendige Arbeitskraft geronnen vergegenständlicht und wertschöpfend weiterwirkt. Von daher werden immer weniger Leute ein Normalleben im arbeitsmäßigen Leistungssystem bewältigen und immer mehr arbeitslos werden. Und diese kann man nicht weiter stigmatisieren als Leute, die aus einer Normalität herausfallen. Denn diese Arbeitslosigkeit, die weiter zunehmen wird, ist nicht ein Zeichen gesellschaftlicher Armut, sondern ein Zeichen gesellschaftlichen Reichtums. Sie ist nämlich das Ergebnis davon, dass die Gesellschaften so reich geworden sind, dass sie ihre Wertschöpfung ohne die Benutzung lebendiger Arbeitskraft vollziehen können. Auch das hat der alte Karl Marx durchaus vorausgesehen in der berühmten Metapher, dass man morgens Fischer, mittags Jäger und ir-

gendwann abends Kritiker sein könne. Merkwürdigerweise will davon heute kein Linker irgendetwas hören, sondern die sind alle damit beschäftigt, wie man die Arbeitszeit reduzieren kann, um sie gerecht zu verteilen. Das ist meines Erachtens unsinnig, weil das erstens den Rationalisierungsdruck nur verschärft und zweitens niemandem dient. Denn das „Recht auf Arbeit" hieß früher mal „Recht auf Einkommen". Das ist richtig. Aber Einkommen kann man jetzt auch ohne das haben. Jetzt kann es nur heißen „Recht auf Selbstverwirklichung". Aber wer sagt denn, dass Selbstverwirklichung nur über Lohnarbeit geht. So und da wären wir bei einem anderen Komplex. Bildungsinstitutionen müssen sich in Zukunft viel mehr von dem Selbstverständnis leiten lassen, dass sie bilden für eine spätere Selbstverwirklichung. Dafür müssen sie dem Schüler keine Noten geben. Der muss sich nicht mit Hilfe von Schulzertifikaten in Selbstverwirklichungsgruppen eingruppieren können. Das wird ein immer größerer Prozess werden.

Ich will mit der folgenden Bemerkung schließen: Solange gesetzliche Schulpflicht herrscht, ist die Schule primär eine Behörde und nicht eine Anstalt professionalisierungsbedürftiger Dienstleistung für eine autonome Lebenspraxis, die ihre Krise selber nicht bewältigen kann, sondern abgeben muss an eine Expertise.

Damit komme ich zu einem letzten Argument. Also ich bin nicht ein solcher Fantast, dass ich sage, die gesetzliche Schulpflicht war vollkommen sinnlos. Die gesetzliche Schulpflicht war historisch wirklich notwendig. Nämlich in dem Moment, in dem ab Mitte des 18. Jahrhunderts im Zuge der Nationalstaatenbildung – der Nationalstaat ist für mich immer der demokratisch verfasste Nationalstaat, das Ergebnis der Französischen Revolution, wenn man so will – es die politische Vergemeinschaftung sich nicht mehr leisten konnte, den Bürger nicht gebildet sein zu lassen. Er muss lesen und schreiben können, er muss sich das kanonisierte Wissen angeeignet haben und er muss in der Lage sein, sich das, was er braucht, selbstständig weiter anzueignen. So lange agrarisch und protoindustriell zu 90 Prozent der Bevölkerung produziert wird, werden die Eltern ihre Kinder nicht freiwillig zur Schule schicken und immer, wenn Kartoffelernte ist, sagen: Nein, bei uns gibt es Wichtigeres zu tun. Und unter diesen Bedingungen lässt sich ohne gesetzliche Schulpflicht eine Allgemeinbildung nicht institutionalisieren. Aber diese Bedingungen sind lange vorbei. Heute weiß jedes Elternteil und – ungefähr so ab dem 10. Lebensjahr – jedes Kind, dass man das Leben in dieser Gesellschaft nicht bewältigen kann, ohne über 8 bis 10 Jahre Schulbildung zu verfügen. Und wer dieser Einsicht nicht Folge leistet, ist eben krank. Krankheit kann man aber nicht durch gesetzliche Vorschriften heilen, sondern nur durch Therapie – also durch einen ganz anderen Komplex.

Wenn man sich von daher mal überlegt, worin eigentlich die Krisenbewältigung besteht, die an pädagogische Experten delegiert werden muss – warum können das die Familien nicht selber machen? –, dann gibt es einen klaren Einschnitt in der

Geschichte der Menschheit, und zwar mit dem Einsetzen der Schriftkultur. Von dem Moment an muss man Lesen, Schreiben und Rechnen lernen. Und darin sind normalerweise Eltern als naturwüchsige Instanzen der Sozialisation, sind Familien überfordert. Das müssen sie an Experten delegieren. Man sieht das auch darin, dass die Didaktik des Lesen-, Schreiben- und Rechnen-Lernens noch heute ein außerordentlich kompliziertes Feld ist und nur wenige praktikable und gute Lösungen vorhanden sind. Wenn man das ganze mit Neurowissenschaftlern verhandelt, dann sagen die: um Gottes Willen, viel zu kompliziert, da können wir noch nicht viel darüber sagen. Also das ist ein sehr schwieriges Geschäft und das müssen Experten machen. Die machen das häufig auch nur mehr oder weniger intuitiv. Aber immerhin, es müssen Experten sein, die über Erfahrungen und Wissen verfügen. Deshalb - und von dieser Kulturstufe an - braucht man Lehrer. Und normalerweise sind diese Lehrer nach dem Prinzip der Freiwilligkeit rekrutiert worden. Die Rhetorenschulen und die Philosophenschulen im antiken Griechenland beruhten auf dem Prinzip der Freiwilligkeit. Und die haben ihre Reputation in dem Maße erhöht, in dem Leute aus anderen Städten zu ihnen gekommen sind, so wie Universitäten Studenten im Ausland anwerben. Da gibt es ja sogar Programme dafür, um sozusagen die Statistiken zu verbessern. So war das damals auch schon. Und dann haben die auf ihrer Totentafel, wenn sie wieder zuhause waren, auch genau aufschreiben lassen, welche Schulen sie besucht haben, ob sie in Korinth irgendwo waren oder weiß der Teufel... Und bis zum Hauslehrerprinzip Anfang des 18. Jahrhunderts ist das eigentlich beibehalten worden. Das waren natürlich Privilegien und unter der Bedingung der Universalisierung lässt sich das nicht durchhalten.

Wenn man Bildung für alle will, dann muss man erst einmal mit gesetzlicher Schulpflicht anfangen. Aber heute braucht man das nicht mehr. Heute lässt sich Bildung für alle ohne gesetzliche Schulpflicht realisieren in den *drei Arbeitsbündnisformen*, die der Lehrer grundsätzlich einnehmen muss. Erstens natürlich – und nur davon habe ich hier sprechen können – das Arbeitsbündnis mit dem einzelnen Schüler eingebettet in die Vergemeinschaftung der Schulklassenangehörigen. Zweitens – darüber habe ich nicht gesprochen oder nur als Andeutung – hat der Lehrer ein Arbeitsbündnis mit der Schulklasse als Gemeinschaft. Und drittens – und das ist das Wichtigste und das ist meines Wissens die größte Dunkelzone gegenwärtig noch in der pädagogischen Praxis – das Arbeitsbündnis mit den Eltern. Denn die ganze Familie ist eine naturwüchsige Sozialisationsinstanz und es wäre unsinnig zu sagen, die Familie wäre professionalisierungsbedürftig. Das habe ich Mollenhauer damals wirklich verübelt, dass er sich mit dem Soziologen Neidhardt zusammen getan hat und dann im 2. Familienbericht für solche Sachen plädiert hat wie den Elternführerschein. Das ist nämlich ein doppelter Kategorienfehler. Erstens wird ein falsches Professionsmodell der Pädagogik unterstellt. Und zweitens will man dann noch in der Logik dieses falschen Modells sozusagen dort professionalisieren, wo die Professionalisierung gar nicht nötig ist, nämlich bei den naturwüchsigen Familien. Entscheidend ist: Es ist deren Krise als Ganze. Es ist nicht nur die Krise des einzelnen Schülers, sondern die Familie, in der er aufwächst, ist in der Krise, solange er noch aufwachsen muss. Und einen Teil dieser Krise muss sie ab Schriftkultur delegieren an pädagogische Experten. Das ist sozusagen die Grundlage und die bleibt.

Literatur

Bourdieu, P. (1987): Die feinen Unterschiede. Kritik der gesellschaftlichen Urteilskraft. Frankfurt a.M.

Combe, A./Helsper, W. (Hrsg.): Pädagogische Professionalität. Untersuchungen zum Typus pädagogischen Handelns. Frankfurt a.M.

Oevermann, U. (1996): Theoretische Skizze einer revidierten Theorie professionalisierten Handelns. In: Combe, A./Helsper, W. (Hrsg.): Pädagogische Professionalität. Untersuchungen zum Typus pädagogischen Handelns. Frankfurt a.M.: 70-182.

Oevermann, U. (2002): Wissen, Glauben, Überzeugung – Ein Vorschlag zu einer Theorie des Wissens aus krisentheoretischer Perspektive. Vortrag auf der Tagung „Neue Perspektiven der Wissenssoziologie. Zur Aktualität eines Forschungsparadigmas. Thomas Luckmann zum 75. Geburtstag“ vom 20. bis 22. Juni 2002 in Konstanz, unveröff. Manuskript, Frankfurt a.M.: 36 S. (erschienen in: Tänzler, D./Knoblauch, H./Soeffner, H.-G. (Hrsg.) (2006): Neue Perspektiven der Wissenssoziologie. Konstanz).

Parsons, T. (1951): The Social System. Glencoe, Ill.: Free Press.

Wernet, A. (2003): Pädagogische Permessivität. Schulische Sozialisation und pädagogisches Handeln jenseits der Professionalisierungsfrage. Opladen.

Wilenski, H.L. (1964): The Professionalization of Everyone? In: American Journal of Sociology 70, 137-158.

Professionelle in Organisationen – Lehrkräfte in der Schule
Eine wissenssoziologische Perspektive

Michaela Pfadenhauer/Achim Brosziewski

1 Einleitung

Das Verhältnis von Professionen und Organisationen wurde lange Zeit vorwiegend als eine eher antagonistische Beziehung aufgefasst, in der beispielsweise die Handlungsautonomie der Professionellen mit einer bürokratischen Logik der Organisationen konkurriere. Mittlerweile arbeiten jedoch verschiedene Theorien und Forschungsansätze an einer Um- und Neuorientierung, so auch im Bereich pädagogischer Reflexionen und Forschungen über die Schule und die Stellung der Lehrkräfte in ihr. Wir möchten im Folgenden eine wissenssoziologische Perspektive in diesen Trend einbringen, die es erlaubt, bestimmte Komplementaritäten im Verhältnis von Professionen und Organisationen, von Lehrkräften und Schulen genauer darzustellen.

In den ersten Schritten wird es darum gehen, die Besonderheit professionellen Wissens im Unterschied zum Spezialisten- und Expertenwissen zu kennzeichnen (Abschnitt 2). Im Anschluss an die neuere Wissenssoziologie ist davon auszugehen, dass Probleme nicht von sich aus, nicht aus irgendwelchen unbedingten Sachverhältnissen selber gegeben sind. Das Spezifikum professionellen Wissens ist vielmehr gerade darin zu sehen, dass es unspezifische und dergestalt unbehandelbare Lagen in spezifische Probleme überführt, um sie im Rollenverhältnis Professioneller/Klient behandelbar zu machen (Abschnitt 3). Anschließend werden Organisationen im Allgemeinen (Abschnitt 4) und Schulen im Besonderen (Abschnitt 5) als Entscheidungsnetzwerke vorgestellt, deren Funktion es ist, ein *gesellschaftlich bestimmtes Nichtwissen* mit Rahmungen zu versorgen, dank derer *bestimmte* Problemtypen identifiziert werden können. Im Fall pädagogisch orientierter Organisationen kommt das gesellschaftlich bestimmte Nichtwissen in den bekannten Ambivalenzen pädagogischen Handelns zum Ausdruck: in den Ambivalenzen zwischen Autonomie und Heteronomie, zwischen Personenangemessenheit und Selektionsgerechtigkeit, zwischen Einzelfall und Regel, zwischen Wertekonsistenz und Wertepluralität. In der Konkretisierung, Definition und Lösung dieser Ambivalenzen ist die professionelle Kompetenz der Lehrkräfte zu sehen. Die Komplementarität der Organisation in Schulen und anderen erzieherisch orientierten Organisationen zu dieser Kompetenz besteht darin, für die entsprechenden Kommunikationen *Entscheidungsrahmen* bereitzustellen, innerhalb derer die genannten Ambivalenzen überhaupt erst auftreten und in alltagstaugliche Routinen überführt werden können (Abschnitt 6). In einer abschließenden Anwendung (Abschnitt 7) dieser wissenssoziologischen Perspektive auf aktuelle Entwicklungen im Schulbereich zeigen wir auf, warum und wie die *Organisation* Schule in ihrem Verhältnis zu Unterricht und Lehrprofession pädagogisch interessanter geworden ist, und wie und warum von dort her der Reflexion von Organisation und Profession neue Impulse gegeben werden können.

2 Professionalität in wissenssoziologischer Perspektive

Von der neueren Wissenssoziologie her betrachtet erwächst Professionalität aus der Verknüpfung zweier Entwicklungsstränge: erstens aus der Konstitution von Arbeit in einer ausdifferenzierten Rollenstruktur, d.h. der zunehmend berufsförmigen Organisation von Arbeit im Sinne einer langfristigen und exklusiven Ausübung einer spezialisierten Tätigkeit zur Sicherung des Lebensunterhalts, zweitens aus der – damit einhergehenden – fortschreitenden Differenzierung und Systematisierung des Wissens, die abgesonderte Wissensbereiche mit einer gewissen Autonomie ihrer inneren Sinnstruktur gegenüber anderen Wissensbereichen, mit einer eigenen Methodik und einer in Bezug auf die Wissensvermittlung eigenen Pädagogik hervorbringt (vgl. Schütz/Luckmann 1979: 359). Diese ausdifferenzierten Sonderwissensbestände müssen in langwierigen sekundären Sozialisationsprozessen erworben werden, aus denen zwei divergente Typen von Wissenden hervorgehen, die als ‚Spezialisten' hie, als ‚Experten' da bezeichnet werden können.

Der Spezialist verfügt über ein aufgabenbezogenes, relativ genau umrissenes Teil-Wissen innerhalb eines Sonderwissensbereichs, das zur Erfüllung seiner Spezialistenfunktion erforderlich ist. Bestimmte Personen verfügen allerdings über einen Überblick über einen Sonderwissensbereich und können innerhalb dessen prinzipielle Problemlösungen anbieten bzw. auf Einzelfragen applizieren: sie sind Experten. In Abgrenzung zum Spezialisten bezeichnet Hitzler (1994: 25) als ‚Experten' jenen Typus eines Wissenden, der einen Überblick über das auf einem Gebiet insgesamt gewusste Wissen hat, der also „weiß, was die (jeweiligen) Spezialisten auf dem von ihm vertretenen Wissensgebiet wissen – und wie all das, was sie wissen, miteinander zusammenhängt“.[1]

Diese Unterscheidung von Spezial(isten)wissen bzw. spezialisiertem Sonderwissen hie und Expertenwissen als einer Art ‚Überblickswissen' über spezialisierte Sonderwissensbereiche da verdeutlicht zunächst, dass keineswegs jegliches Sonderwissen mit Expertenwissen gleichzusetzen ist (vgl. entsprechend auch Sprondel 1979). Sonderwissen ist – und genau dieser Aspekt markiert den Unterschied zu Allgemeinwissen – jener Teil des gesellschaftlichen Wissensvorrats, der nicht mehr allgemein zugänglich ist, sondern nur an Träger bestimmter Rollen (Medizinmänner, Schamanen, Häuptlinge) weitergegeben wird. Expertenwissen wiederum ist ein bestimmter Typus von Sonderwissen: Damit ist nicht ‚nur' jenes Wissen gemeint, das man braucht, um Probleme zu suchen, zu erkennen, zu erfassen, zu analysieren und daraufhin Lösungen zu deren Behebung entwickeln und schließlich zur Anwendung bringen zu können.[2] Grundsätzlicher geht es dabei um Wissen, das man braucht, um den *Ursachen* von Problemen und um den *Prinzipien* von Problemlösungen auf den Grund zu gehen.

In Abgrenzung insbesondere zum Spezialisten verfügt der Experte also insofern über ein umfassenderes Wissen, als es ihn nicht nur zur Problemlösung, sondern zur Erkenntnis und zur Begründung sowohl von Problemursachen als auch von Lösungsprinzipien befähigt. Kurz: Der Experte „kennt typischerweise den Wissensbestand, der für ein bestimmtes Gebiet ‚bezeichnend' bzw. ‚relevant' ist. Er hat sozusagen einen Überblick über einen Sonderwissensbestand und kann innerhalb dessen prinzipielle Problemlösungen anbieten bzw. auf Einzelfragen applizieren“ (Hitzler 1994: 26).

Professionalität nun ist eine typisch *moderne* Form von Expertentum – Expertentum nämlich, das an Zertifikat und Lizenz gebunden ist. Das vor-moderne Expertentum im Sinne einer durch Gnadenstand, Be-Geisterung, Geheimlehre, Zauberkraft oder dergleichen glaubhaft gemachten Befähigung zur Problemlösung wird in der Moderne mittels Zertifizierung auf eine transsituativ verlässliche Grundlage gestellt. Im Unterschied zum vor-modernen Experten, der seine ‚Befähigung‘ außeralltäglich erlangt, erwirbt der moderne Professionelle sein Wissen über ‚geordnete‘ – und somit veralltäglichte – (Ausbildungs-)Wege. Während überdies der Einsatz ebenso wie die Wirkung der Problemlösungskompetenz des vor-modernen Experten von ‚Umständen‘ (der Gunst der Stunde, dem Wohlwollen eines Gottes oder der Geister und, bedingt, auch von der persönlichen Stimmung des Experten) abhängt,

1 Hitzler (1994) kritisiert an den wissenssoziologischen Überlegungen von Schütz und Luckmann (1979), dass sie eben *nicht* trennscharf zwischen Spezialisten und Experten unterscheiden.

2 Insofern sich das Erkennen und Lösen von Problemen zu weiten Teilen schematisieren, standardisieren und damit auch delegieren lässt, scheint uns die Bestimmung von Expertenwissen als ‚Problemlösungswissen' nicht hinreichend zu sein.

wird im Zuge von Zertifizierung die ‚Bereitschaft' zur Problemlösung – abgelöst von der Person des Experten und von ‚Umständen' (welcher Art auch immer) – sichergestellt. Und schließlich impliziert Zertifizierung die Regelung von ‚Befugnis'; d.h.: nur Akteure, die in Form von Zertifikaten formale Kompetenznachweise erbringen können, sind berechtigt, im Bereich ihrer Zuständigkeit Probleme zu definieren und Lösungen für diese Probleme bereitzustellen und anzuwenden. Professionelle Kompetenz ist also dadurch gekennzeichnet, dass sich Befähigung (nachgewiesen durch eine meist wissenschaftliche Ausbildung), Bereitschaft (angezeigt durch ‚Leistungs-Angebote') und Befugnis (beglaubigt durch ‚Zertifikate') in formaler Deckung befinden.[3] Das Prinzip der Zertifizierung ‚regelt' im Rekurs auf besondere und exklusive Wissensbestände die Frage der Zuständigkeit („jurisdiction")[4] für Probleme und ihre Lösungen.

3 Die Definition des Problems aus der Verwaltung der Lösung

Im Unterschied zur professionssoziologisch gängigen Auffassung, wonach unter Professionen jene Berufe verstanden werden, die „in einer ehrwürdigen Geschichte darauf spezialisiert sind, lebenspraktische Probleme mit Hilfe wissenschaftlicher Erkenntnis- und Analysemittel zu lösen" (Oevermann 1983: 237) sind Professionen und ihr Personal aus wissenssoziologischer Perspektive vor allem als ‚Lösungsverwalter' zu begreifen. Dieser Auffassung zufolge stellen Professionelle weit weniger Lösungen zu existentiellen Problemen bereit als dass sie bestimmte Lösungen verwalten, die – wie auch immer – historisch ‚geworden' sind, und zwar Lösungen zu Problemtypen. Das von Professionellen verwaltete Problemlösungsreservoir bildet den Ausgangspunkt für ihren definitorischen Umgang mit Problemstellungen, die sie als in ihren Zuständigkeitsbereich fallend veranschlagen oder akzeptieren.

Professionelle lassen sich demnach als Akteure verstehen, die Probleme, mit denen sie sich auseinandersetzen, so zu definieren vermögen, dass diese eben möglichst weitgehend den Lösungen entsprechen, über die sie je (professionell) verfügen. Während gemeinhin davon ausgegangen wird, dass das Genuine professionellen Handelns darin besteht, Probleme „in der Logik des Fallverstehens" (Maiwald 2004: 46) stellvertretend zu deuten und zu bewältigen, erscheint es mithin als wenigstens ebenso plausibel davon auszugehen, dass Professionelle den konkreten Einzelfall typischerweise nicht nur unter eine professionelle Regellösung subsumie-

3 Vgl. zu diesem Kompetenzverständnis grundlegend Marquard 1981.

4 Andrew Abbott (1988) zufolge ist diesbezüglich das *Recht* auf Zuständigkeit, der *Anspruch* auf Zuständigkeit und die *Kontrolle* über Zuständigkeit zu unterscheiden.

ren, sondern dass der Einzelfall derart zugeschnitten, zugespitzt, umgedeutet, definiert wird, dass er lösungsadäquat ist.

So deuten die Untersuchungsergebnisse von Rehbein (1993) zum ärztlichen Fragen darauf hin, dass der Arzt, indem er aus den Antworten des Patienten die ‚passenden' Wissenselemente extrahiert und sie im Rekurs auf sein professionelles Wissen bewertet, auf eine Weise vorgeht, die man als subsumptionslogisch charakterisieren kann: „Dabei setzt er", so Rehbein (1993: 333), „in eine (etwa mit dem Symptomkomplex) professionelle vorgegebene Wissensmatrix sukzessive weitere Wissenselemente, die von den Patienten geliefert werden, ein." Der Frageprozess gleicht dem „sukzessiven Einsetzen fehlender Täfelchen in ein Mosaik (Wissenstableau), das durch die erste Vermutung bereits als bestimmter Wissensbereich, in Bezug auf den die ‚Mosaiktäfelchen' eingesetzt werden, global vorstrukturiert ist."

Auch Kairat (1969: 30f.) weist darauf hin, dass Professionelle dasselbe Problemlösungswissen auf unterschiedliche Problemkonstellationen ‚anwenden', was eben dadurch gelinge, dass sie in einen Problemtypus umgewandelt werden.[5] Dieser Sachverhalt wird auch in den Untersuchungen von Anne Honer (1994: 50) über Reproduktionsmediziner deutlich: Die konkrete Unfähigkeit eines Paares, ein Kind zu bekommen, muss unter den abstrakten Problemtypus ‚Sterilität' subsumiert werden, damit der Reproduktionsmediziner die Palette seiner (Lösungs-)Möglichkeiten zum Einsatz bringen kann: „Tatsächlich aber werden Menschen zu Laien gemacht, indem ihnen Fragen unterstellt bzw. unterschoben werden, zu denen andere Menschen, die sich dadurch als Experten ausweisen, Antworten geben können bzw. wollen." Analog dazu betont Stichweh (1992: 38) „die Fähigkeit einer Profession, die von ihr zu bearbeitenden Probleme nicht in der (funktionalen) Diffusität zu belassen, in der sie lebensweltlich vorliegen, sie vielmehr von dem jeweiligen Kern professioneller Wissensbestände her zu redefinieren und sie erst in dieser rekonstruierten Form handlungsmäßig einer Lösung zuzuführen".[6]

Das diffus vorliegende Problem wird dergestalt einem Problemtypus angeglichen, zu dem eine Lösung verfügbar ist. Diese Lösungen sind institutionalisiert und damit in gewisser Weise starr, d.h. relativ inflexibel einerseits gegenüber Veränderungen, andererseits gegenüber dem konkreten Einzelfall. Insofern dabei allerdings immer der Bezug zum Einzelfall gewährleistet bleiben muss, ist nicht nur der Klient auf professionelle Hilfe, sondern ist der Professionelle auch auf die Kooperation des Klienten angewiesen. Dabei ist grundsätzlich das Problem zu gewärtigen, dass die Interaktion immer wieder in Bereiche abgleiten kann, die für die Problemdefinition

5 Zu einem ähnlichen Ergebnis kommen auch Schmitz et. al. (1989) aufgrund ihrer Analyse einer Beratungssituation.

6 Diese Fähigkeit ist die letztlich entscheidende Bedingung eines inner- und interprofessionellen Status. Das meint „professional purity" (vgl. Abbott 1981).

bzw. Entscheidungsfindung des Professionellen nicht relevant sind bzw. von ihm als nicht relevant erachtet werden.[7] Mit diesem ‚Mehr' an Input, das der Klient in der Regel liefert, muss der Professionelle ‚umgehen': Er muss dem Klienten den Eindruck vermitteln, dass er sich seines Problems in der ‚Ganzheitlichkeit' annimmt, in der es sich für den Klienten typischerweise stellt, ohne dabei den vorgesehenen Zeitrahmen so stark zu überschreiten, dass der Professionelle dadurch in seiner Gesamtterminplanung unter (übermäßigen) Druck zu geraten droht.[8]

Dabei transformiert er in einem Prozess der Zuschneidung, der Konkretisierung – letztlich also der situationsdefinitorischen Konstruktion von Wirklichkeit – die diffuse Schilderung des Klienten in ein spezifisches und damit überhaupt erst professionell zu bearbeitendes Problem.[9] Der Zugriff des Professionellen auf die laienhaften Ausführungen erfolgt dabei von bereits bekannten Problemkonstellationen her, für welche Lösungen im professionellen Wissenskanon enthalten und ihm selber individuell zuhanden bzw. zugänglich sind. Liebl (2000: 103) beschreibt den hier gemeinten, vom ihm als „Potential-Synthese" bezeichneten ‚Mechanismus' folgendermaßen: „Es sind nicht Probleme, für die Lösungen entwickelt werden, sondern Probleme werden instrumentalisiert, um die allgemeine Verbreitung des eigenen Lösungskonzeptes sicherzustellen." Im Anschluss an Zygmunt Bauman (1995: 263), demzufolge Expertenwissen zu charakterisieren ist als „ein System von Lösungen auf der Suche nach Problemen", lässt sich das für professionelles Handeln charakteristische Prinzip somit verkürzt auf die Formel ‚Das Problem zur Lösung' bzw. ‚Die Definition des Problems aus der Verwaltung der Lösung' bringen.

4 Pädagogische Perspektiven (in) der Organisation ‚Schule'

‚Organisation' nun wird in der Professionssoziologie häufig als *Rahmen* professionellen Handelns thematisiert, der sich – so die weitgehend konsensuelle Auffassung – bei der Ausübung professioneller Tätigkeiten bzw. bei der professionellen Ausübung von Tätigkeiten eher als sachfremd, störend, hinderlich, beschränkend auswirkt. Ein antiorganisatorischer ‚Affekt' ist für Professionen (als Kollektiv-Akteure) generell typisch. Gerade die Erziehungswissenschaft habe, so Terhart (1990: 155), die Unvereinbarkeitsthese von Profession und Organisation bereitwillig rezipiert:

---

7 Systemtheoretisch formuliert besteht das Problem in Interaktionen in der „immer möglichen De-Thematisierung der systembestimmenden Unterscheidung" (Kurtz 1998: 113; vgl. grundlegend dazu auch Kieserling 1999).

8 Zeitmanagement ist ein omnipräsentes Handlungsproblem von Professionellen (vgl. Eberle 1993; Stichweh 1994: 305).

9 Als Folge dieses Transformationsprozesses steht nicht mehr ein diffuses, sondern ein konkretes, klar benennbares Problem im Raum.

„die Klage über administrative Zwänge, welche die Realisation der guten pädagogischen Absichten der Lehrer immer wieder torpedieren, gehört zu den festen Konventionen dieses Berufsstandes" (Terhart 1990: 156). Im Rekurs auf organisationssoziologische Konzepte, die das ‚anarchistische'[10] Potential von Organisationen betonen, ist diese Unvereinbarkeitsthese zwar revidiert worden, Terhart zufolge allerdings mit der ‚Stoßrichtung', das Verständnis von Organisation bzw. genauer: der Organisation ‚Schule' aufzuweichen, um es mit Profession kompatibel zu machen, anstatt ein mit den Charakteristika von Profession kompatibles Modell von Organisation zu entwickeln. Während Terhart (1990: 162) dabei auf einen individuellen Lernprozess des „Ausbalancierens von organisationsbedingtem Reglement einerseits und professionstypischen Aufgabenstellungen und Selbstwahrnehmungen andererseits" setzt, an dessen ‚Ende' Professionalität gerade aus der individuellen Auseinandersetzung mit dem „Faktor Schulorganisation" resultiert, sind Organisation und Profession u.E. deshalb als komplementär zu begreifen, weil Organisation es erst ermöglicht, dass die Profession bzw. ihre Mitglieder (hier: die Lehrkräfte) überhaupt mit ihren Fällen (den Kindern und Jugendlichen *als Schülern*) in Kontakt geraten.

Dabei ist es keineswegs selbstverständlich, die Schule als Organisation zu begreifen. Nahe liegender und geläufiger ist es, in der Schule eine Institution zu sehen, mit den Lehrkräften als verantwortlichen Akteuren, die zusammen Schule machen, ihren Alltag und eine lokale Praxis betreiben.[11] Mit dem Institutionenbegriff ist der Bezug auf gesellschaftlich anerkannte Werte wie Bildung, Chancengleichheit, Förderung und Individualität mitgegeben, und auch im Hinblick auf solche Werte wird die Profession, nicht aber eine Organisation als „Stellvertretung" für die Gesellschaft angesehen.[12] Die Organisation kann neben den Wertbezügen der Institution Schule bestenfalls blass bleiben, etwa als Notwendigkeit, den Alltag mit seinen kleinen Details zu regeln. Wer übernimmt nach der morgendlichen Krankmeldung einer Lehrkraft ihre Klasse? Schlimmerenfalls erscheint die Organisation noch als Fremdkörper, der mit Merkmalen wie Bürokratie und Hierarchie im „eigentlichen" Geschäft der Schule eher störend und kontraproduktiv wirkt, obwohl niemand wüsste, wie es ohne diesen Fremdkörper ginge.[13] Mit und in der Organisation Schule

---

10 Vgl. etwa die Weicksche Konzeption von Schule als „Loosely Coupled Systems" (Weick 1976).

11 Für einen institutionstheoretischen Ansatz zur Schule siehe Fend 1981 und 2006. Auch in Oelkers umfangreicher Studie über „Schulreform und Schulkritik" (2000) findet sich keine Unterscheidung von organisatorischen, professionellen und institutionellen Aspekten der Schule.

12 Die „Stellvertretung" für gesellschaftliche Zentralwerte (Normen, Ethik, Gemeinwohl, Funktionserfüllung, ...) wird durchgängig als ein Bestimmungsmerkmal von Professionen angesehen (siehe etwa Schwendenwein 1990: 361; Stichweh 1992: 44; Meuser 2004: 195f.).

13 Siehe bspw. Brunkhorst 1992 oder auch Helsper (1996: 534f.), der in der Unterscheidung von Organisation und Interaktion die Antinomie zwischen Bürokratie und Pädagogik vermutet.

lassen sich im Schatten der Institution Schule kaum Lorbeeren gewinnen, weder für die Akteure, noch für die Beobachter des pädagogischen Geschäfts.

Es bliebe unergiebig, den Spieß einfach umzudrehen und zu versuchen, mit der Organisation nun die Institution Schule in den Schatten zu stellen. Weiterführend kann nur sein, Schule in ihrer Doppelgesichtigkeit zu verstehen und einsichtig zu machen, dass nicht nur die Profession der Lehrkräfte, sondern auch die Organisation Schule ihre Möglichkeiten und Grenzen aus den Ambivalenzen der Wertrelationen gewinnt, die der Institution Schule gesellschaftlich auferlegt sind.

Für diese Zwecke ist es aber unerlässlich, den Begriff der Organisation näher zu bestimmen und ihn nicht schlicht über Merkmale wie das Vorhandensein von Regelungen, Bürokratie und Hierarchie im Fall Schule bereits verwirklicht zu sehen. Sonst käme man über den Eindruck des Fremdkörpers kaum hinaus. Organisation soll hier im Anschluss an die post-rationalistische Organisationstheorie und in ihrer Zuspitzung durch Niklas Luhmann als ein soziales System der Kommunikation von Entscheidungen verstanden werden, das seine Entscheidungen durch zirkuläre Bezüge auf andere eigene Entscheidungen identifiziert und sich so gegenüber der allgemeinen Kommunikation schließt; eben ein System im Unterschied zu einer Umwelt bildet.[14] Regelungen, Bürokratien und Hierarchien kommen auch in diesem Bild von Organisation vor, aber nicht als Definitionsmerkmale, sondern als sehr spezifische Ausprägungen der Vernetzung von Entscheidungen (durch Aktenführung respektive durch Weisung). Nur auf solch einer allgemeinen Grundlage lässt sich beispielsweise fragen, ob eine Hierarchie im Bereich pädagogischer Kommunikation überhaupt möglich oder notwendig wäre. Nur so kann man auch darauf verzichten, eine Organisationstheorie der Schule zwangsläufig im Wege der Übertragung bestimmter Organisationstypen wie staatlichen Verwaltungen oder Unternehmungen entwickeln zu müssen (siehe Trachsler/Brosziewski 2005: 7f.). Karl Weick (1976) hatte auf diesem Wege die Schule als ein locker gekoppeltes Netzwerk von Entscheidungen charakterisiert; locker, aber immerhin gekoppelt.

Es ist jedoch nicht allein die Theorie, die die Schule als Organisation im Sinne eines geschlossenen Entscheidungsnetzwerkes darstellt und analysiert. Unter Titeln wie Schulautonomie, Schulentwicklung und Schulqualität[15] wird auch von politischen, öffentlichen und pädagogischen Akteuren ein Adressat entdeckt, der eine eigene Einheit bildet, die sich ansprechen und zur Verantwortung rufen lässt, ohne dass die Profession der Lehrerschaft als Ganze oder umgekehrt die Lehrkraft als Einzelne gemeint und gefordert wäre. Die Schule bleibt Schule als Institution, aber

---

14 Siehe Luhmann 2000. Vgl. auch die Beiträge von Vanderstraeten und Kuper im vorliegenden Band. Für generelle Implikationen für die Professionsforschung Brosziewski 1998.

15 Siehe zu allen drei Konzepten diverse Beiträge in Brüsemeister/Eubel 2003, zu Schulentwicklung auch Beiträge im vorliegenden Band.

als Organisation gewinnt sie daneben und zugleich an sozialer Kontur. Wir kommen darauf zurück.

5 Die Organisation Schule und die Profession der Lehrkräfte

Wie ist auf dieser Grundlage der Zusammenhang eines Entscheidungsnetzwerkes Schule mit der Profession der Lehrkräfte zu denken, die mit ihren Lösungen, ihren Kompetenzen, Methoden und Kompetenzdarstellungskompetenzen (Pfadenhauer 2003) die dazu gehörigen Probleme suchen, definieren, bearbeiten und – wenn kompetent vollzogen – auch lösen? Entscheidungen können als eine Form der Problemtransformation beschrieben werden. Entscheidungen transformieren schlecht definierte Probleme in gut definierte Probleme (Simon 1973; Mintzberg et al. 1976). In der Entscheidungstheorie werden jene Probleme als „schlecht definiert" angesehen, die entweder nicht erkennen lassen, auf welche Ausgangslage ein Verfahren, eine Maßnahme oder eine Handlung eigentlich zugreifen soll, oder die nicht erkennen lassen, welcher Zielzustand angestrebt und durch eigene Verfahren, Maßnahmen und Handlungen realisiert werden kann. Schlecht definierte Probleme bezeichnen eine Lage mit unzureichender Information, eine Lage der Ungewissheit.

Eine konventionelle Vorstellung würde nun meinen, in solch einer Lage müsse halt die fehlende Information beschafft werden, müsse entweder der Ausgang klarer diagnostiziert oder die eigene Präferenz schärfer fixiert werden, damit man auf einer soliden Wissensgrundlage entscheiden könne. Problemdefinition wäre demnach allein eine Frage von „Methode". Das Problem liegt jedoch darin, dass jede Informationssuche selber bereits Handlungen erfordert, Ressourcen bindet und Zeit verstreichen lässt, in der sich die Ausgangsdaten oder die Zielpräferenzen wieder verschieben könnten oder anderes dringlicher würde und das Ausgangsproblem verdrängte.[16]

Hinzu kommt, dass selbst das Erreichen einer soliden Wissensbasis die Ungewissheit nicht prinzipiell beseitigen kann. Von einer Entscheidung kann ja nur gesprochen werden, wenn es mehr als eine realistische Möglichkeit gibt, die jede für sich bestimmte Werte symbolisiert, von denen aber mindestens eine durch die Entscheidung selbst ausgeschlossen werden muss. Träfe nur eine dieser Bedingungen (Mehrzahl, Realisierbarkeit, Werthaltigkeit, Ausschluss) nicht zu, hätte man es mit einfachen Situationen wie bei Schulaufgaben mit der trivialen „Alternative" zu tun, es richtig oder falsch machen zu können Da die jeweils ausgeschlossenen Möglichkeiten nicht realisiert werden, bleibt die getroffene Wahl immer mit dem Nichtwissen verbunden, was der andere Gang der Dinge eingebracht hätte. Zumindest diesen

16 Erinnert sei nochmals an die permanente Zeitknappheit von Professionellen, s. Anmerkung 8.

Typ des Nichtwissens muss jede Entscheidung übernehmen und durch die eigene „Autorität“ vergessen machen.

Statt dass die Entscheidung auf die fehlende Information wartet, setzt sie sich an ihre Stelle. Entscheiden heißt Handeln im Nichtwissen; weiter machen auch dann, wenn man nicht wissen kann, wie es weiter geht (Luhmann 2000: 123-151). In den Selbstbeschreibungen von Entscheidungsträgern und Entscheidungsnetzwerken heißt dieser Vorgang „Verantwortung übernehmen“ (vgl. Schütz/Luckmann 1984: 15-17; Brosziewski 2002: 69-90). Wäre die Welt – das Eigene wie das Andere sowie deren Verhältnisse – voll transparent, bedürfte es keiner Verantwortung, denn jedes einzelne Handeln wäre durch die allgemeine Einsicht aller schon gedeckt. Diese Auffassung ist nicht mit einem Plädoyer für schlecht informiertes oder ganz uninformiertes Entscheiden zu verwechseln. Es kommt allein darauf an, dass sich die Entscheidung von ihrer Information unterscheidet. Ein „Mehr“ an Information bedeutet nicht mehr und nicht weniger, als dass das Nichtwissen stärker herauspräpariert wird, an dessen Stelle sich die Entscheidung dann setzt.[17] Genau dieser Vorgang ist mit der Transformation von schlecht in gut definierte Probleme bezeichnet. Man bildet Ausschnitte und verfeinert sie, bis Ausgangsdaten und Zielzustände erkennen lassen, was an Ungewissheit durch die zu entscheidende Handlung beseitigt werden kann und muss. In diesem Sinne bezeichnet Luhmann (2000: 183ff.) im Anschluss an James March und Herbert Simon (1958: 165f.) Entscheiden auch als „Unsicherheitsabsorption“.

Wenn diese Form des Handelns und Kommunizierens im Nichtwissen erst einmal etabliert ist – und wie könnte man die Moderne ohne den Verweis auf die Normalisierung des Entscheidens begreifen? –, dann kann das Muster auch umgedreht werden. Entscheidungen suchen das Nichtwissen, an dessen Stelle sie sich setzen können. Moderne Organisationen entfalten ihre Entscheidungsnetzwerke in dem Nichtwissen, dass die Gesellschaft mit ihren Funktionssystemen erzeugt (Luhmann 2000: 415f.). Niemand weiß, wer was wann zu welchem Preis wirklich kaufen wird, und deshalb können und müssen Entscheidungen festlegen, wer was wann produziert und es zu welchen Preisgeboten in der dann „Markt“ genannten Kommunikationsform zur Beobachtung freigibt. Niemand kann wissen, wann und wie die Macht ihre Sanktions- und Gratifikationspotentiale zur Stärkung oder Schwächung kollektiv bindender Regulierungen einsetzt, und deshalb können und müssen Entscheidungen festlegen, welche Interessen zur Beeinflussung der Ämter und Amtsinhaber in Legislative und Exekutive gebündelt und repräsentiert werden sollen. Niemand kann wissen, welche Thesen die künftigen Forschungen anleiten werden, und deshalb können und müssen Entscheidungen festlegen, welche Fragen mit welchen Metho-

17 Siehe für „Entscheidungsinformationssysteme“ und das durch sie produzierte Nichtwissen für die Kommunikation des Managements Brosziewski 2002: 209-213.

den in der Form des Projekts Forschungsressourcen für eine bestimmte Zeit lang binden sollen. Niemand kann wissen, welche Formkonstellationen einem Publikum morgen gefallen oder Individuen zur Bildung anregen könnten, und deshalb können und müssen Entscheidungen festlegen, welche Themen, welche Stile und welche Künstler sich mit den Mitteln des Kunstbetriebs gefördert sehen sollen.

Im Bereich pädagogischer Kommunikation wird das entsprechende Nichtwissen produziert und reproduziert durch die bekannten Ambivalenzen, die entstehen, wenn die pädagogischen Werte für konkrete Individuen zur Geltung gebracht werden sollen: die Ambivalenzen zwischen personenorientierter Nähe und selektionsbezogen funktionaler Distanz, zwischen regelgeneralisierender Subsumption und einzelfallspezifischer Rekonstruktion, zwischen kohärenter Einheitlichkeit und pluralitätsgerechter Differenziertheit der Werte und Bewertungen, zwischen Autonomie und Heteronomie der sich selbst gestalten sollenden Individuen.[18] Der Profession der Lehrerschaft wird zugemutet, die Werte zu repräsentieren, ihre Ambivalenzen zu übernehmen und sie durch Verantwortung zu tragen, immer dann, wenn es um die Vermittlung der Werte mit konkreten Individuen geht. Durch Ausbildung und Berufsausübung sind die Lehrkräfte gehalten, die Wertambivalenzen nicht in unmittelbare, also erkennbar willkürliche Entscheidungen umzumünzen, sondern sie in Entscheidungsschritte des Nacheinanders zu übersetzen. Sie sollen methodisch vorgehen – so jedenfalls sieht es die Lehrerausbildung vor; und auch die Praxis verlangt diese Art der Darstellung von Problemlösekompetenz, damit die Wertambivalenzen nicht allzu unmittelbar und offen zutage treten und die berechtigte Kritik der betroffenen Individuen nicht zum Regelfall wird.[19] Die Entscheidungen, die dabei anfallen, können aber nicht in ein geschlossenes Netzwerk von Entscheidungen überführt werden. Sie sind und bleiben gekoppelt an Individuen und ihre Situationen im Lebenslauf, in denen eine bestimmte pädagogische Kommunikation überhaupt einen der pädagogischen Werte bedeuten kann.

18 Es gibt mittlerweile zahlreiche Fassungen der pädagogischen Ambivalenzen, Antinomien oder Paradoxien. Die hier gewählte Darstellung folgt der häufig zitierten Aufstellung und Terminologie nach Helsper (1996: 530-536), der wie wir von der gesellschaftlichen Erzeugung und Stabilisierung solcher Antinomien ausgeht (537-546). Ausgelassen haben wir die von Helsper eigens genannte Antinomie von Organisation und Interaktion, da wir Organisation erst über eine theoretische Neukontextuierung in die Ungewissheitsfragen pädagogischen Handelns wieder einführen wollen.

19 Siehe zur Normalität solcher Kritik im Schulalltag und den wiederum daraus resultierenden Ambivalenzen des Lehrerhandelns Prokopp 2000.

6 Zur Komplementarität von Organisation und Profession

Das Entscheidungsnetzwerk der Schule ist nicht substitutiv zur Problemkompetenz der Profession zu verstehen, sondern komplementär. Die Organisation Schule mischt sich nicht in das Verhältnis von Werten und Individuen ein. Sie hat es vielmehr und ausschließlich mit dem Nichtwissen davon zu tun, wie es überhaupt zur Vermittlung von Werten und Individuen kommen kann. Wie oben dargelegt, kann nur die Profession bestimmen und in ihren Entscheidungen repräsentieren, was ein pädagogischer „Fall" und seine „Lösung" sein kann. Aber es ist die Organisation Schule, die überhaupt erst die Profession mit dem Fall zusammenbringt, oder vorsichtiger gesagt ist es die Organisation, die mit hinreichender Wahrscheinlichkeit die Möglichkeit reproduziert, dass Professionsangehörige und Fälle in erwartbarer Regelmäßigkeit zusammenfinden.[20]

Die allgemeine gesellschaftliche Kommunikation, der es ja nur um Allgemeinheit der Individuen und der Werte gehen kann, lässt unbestimmt, wann und wie die Zusammenführung von Individuen mit den pädagogischen Werten vollzogen wird. Genau dieses Nichtwissen besetzen die Entscheidungsnetzwerke der Schulen und aller anderen pädagogischen Organisationen. Es gibt keinen pädagogisch zwingenden Grund, dass 20 bestimmte Individuen ihre Lebensläufe ausgerechnet dadurch verbessern sollten, dass ihre Mathematik in der dritten und ihre Biologie in der vierten Stunde gelehrt wird und nicht umgekehrt. Die Festlegungseinheit der „Schulstunde" oder äquivalenter Zeiteinheiten liefert ohnehin wohl die prägnantesten Belege für das nicht-pädagogisierbare Nichtwissen, das das pädagogische Handeln rahmt und nur durch organisiertes Entscheiden von schlecht in gut definierte Probleme überführt kann. Dabei sind Lehrerhandeln und Schule weder wie in der Bürokratie- und Hierarchietheorie als „Widersprüche" noch wie in simplen Betriebsvorstellungen als einfache „Arbeitsteilung" zu begreifen. Das Verhältnis ist eines der wechselseitigen Ermöglichung durch wechselseitige Einschränkung, in denen sich „das Pädagogische" im Rahmen „des Organisatorischen" immer wieder neu definieren muss, während umgekehrt die Organisation nur durch den Bezug auf die pädagogische Kompetenz das für sie selber nötige Nichtwissen gewinnt, um ihre eigene Entscheidungstätigkeit notwendig zu machen. Wenn und nur wenn sich überraschend doch ein pädagogischer Grund für die Umkehr von Mathematik und Biologie im Stundenplan aufbringen lässt, wird sich eine organisatorische Entscheidung anhand dieses Wissens profilieren müssen, und sei es, dass sie für die Ablehnung der Umkehr andere Gründe beschaffen und bestätigen muss. Nur im letzteren Fall mag

20 Dank Stundenplänen und Klassenzuteilungen „... braucht der Lehrer nicht auf den Fluren umherzuirren und zu versuchen, irgendwo mit seinen Ideen akzeptiert zu werden; und nur so kann er seinen Unterricht vorbereiten bzw. sicher sein, dass ein Improvisieren genügt" (Luhmann 2002: 160).

die strukturelle Spannung von pädagogischem Wissen und nicht-pädagogischem Nichtwissen als „Widerspruch" manifest werden. Normalerweise bleibt die Spannung latent und hält so die Lehrerschaft wie das Entscheidungsnetzwerk der Schule in Aktivität.

Doch darf die vorstehende Beschreibung nicht dazu verleiten, die pädagogischen Werte einseitig der Profession der Lehrerschaft zuzurechnen. Spätestens hier ist die Schule als Institution wieder auf den Plan zu rufen. Die wechselseitige Ermöglichung besagt ja auch, dass die Entscheidungen der Schule zumindest Rücksicht auf die pädagogischen Werte nehmen müssen. Und als Institution wird von ihr darüber hinaus deren Förderung verlangt. Dies ist nicht zuletzt auch im Hinblick auf das Misstrauen gefragt, mit dem die Profession der Lehrerschaft wie alle anderen Professionen begleitet wird – wohl als unvermeintliche Schattenseite der Repräsentation allgemeiner gesellschaftlicher Werte (für die Ärzteschaft siehe z.B. Meuser 2004: 193-195). Dieses Misstrauen besagt, dass Professionsangehörige nur zum Schein ihren Wertverpflichtungen nachkämen, in Tat und Wahrheit aber nichts anderes als ihre privaten und standespolitisch zementierten Interessen an finanziellem Auskommen, gesicherten Dienstverhältnissen und im übrigen an möglichst belastungsfreien Arbeitsumständen pflegten. Die aus diesem Misstrauen gespeiste Kritik wird ihrerseits vornehmlich personalisierend formuliert, meist noch mit Zugeständnissen an die „Natur des Menschen" und seinen Bedarf an gesicherten, alltagstauglichen Verhältnissen und Regulierungen versehen. Doch bei genauerem Hinsehen zeigt sich, dass hinter den gemeinten Sachverhalten weder die Natur noch die Person, sondern die Organisation der Schule steckt. Einkommen, Dauerhaftigkeit der Mitgliedschaft und Regelung von Arbeitsumständen sind alles Produkte des Entscheidungsnetzwerkes Organisation und verlieren nur durch dieses Netzwerk so viele ihrer Kontingenzen, dass Individuen anhand dieser Produkte „private" Interessen kalkulieren können.

Wir können sowohl das Misstrauen gegenüber der Lehrerprofession als auch den Bezug auf die Organisation Schule unter dem Begriff der Routine fixieren. Routinen sind Entscheidungen, genauer: lassen sich als Entscheidungen beobachten, die sich ihrer Kontingenzen entledigt haben (Luhmann 2000: 250-252). Sie sind Lösungen, die ihre Probleme vergessen machen und die zugehörigen Ungewissheiten absorbiert haben (Berger/Luckmann 1984: 61; Brosziewski 1999: 330-332; Helsper 1996: 534f.). Auch auf diesem Wege bestätigt sich die Annahme, die Praxis von Professionen als eine der Lösungsverwaltung zu verstehen, die sich ganz spezifisch jene Probleme herausschält, für die ihre Lösungen wie geschaffen sind.

In der Arbeitswelt sind Routinen die individuellen „Entsprechungen" zur Organisation (siehe für die Sozialarbeit Schütze 1996: 229-239). Berufsroutinen ergeben sich aus Berufserfahrung und müssen sich in ihr reproduzieren, um Routinen sein und bleiben zu können. Dies gilt für alle Berufe. Doch wird man im Blick auf den

Stand der Professionsforschung sagen können, dass Routinen in den Bereichen *professionellen* Handelns viel stärker personalisiert und individualisiert vorkommen, gerade weil es die professionstypischen Probleme und Ambivalenzen kaum zulassen, situationsübergreifende Generalisierungen zu formulieren und verbindlich zu machen.[21] Jede professionelle Anwendung, jedes Wissen und jede Methode muss sich darauf verlassen, in den einschlägigen Situationen von den Personen „erinnert" und umgesetzt zu werden. In diesem Sinne ist es verständlich, dass sich Kritik der Routinen an die Personen der Lehrer richtet. Dabei geht es nicht nur um habituelle Routinen, sondern auch um die kognitiven Routinen, wie etwa in der Aufarbeitung und Kritik der „subjektiven Unterrichtstheorien" von Lehrkräften (Groeben et al. 1988; Mutzeck 1988; Wahl 1991), die so gar nicht den Modellen guten Unterrichtens entsprechen wollen, von denen man glaubt, sie könnten die pädagogischen Widersprüche einwandfrei lösen oder zumindest sozial verträglicher behandeln. Die Kognitionsroutinen bleiben auf die pädagogischen Ambivalenzen bezogen, können als individuelle Antworten auf die gesellschaftlich vorgelegten Fragen verstanden werden, die jedoch als Denkroutinen für jede Kommunikation intransparent bleiben. Daher kann auch die Organisation die Routinen nicht in ihr Entscheidungsnetzwerk hineinziehen. Das Denken ihrer Mitglieder bleibt ihr so verschlossen wie jedes Denken jedem Kommunikationsnetzwerk. Und doch gewinnen die individuellen Routinen einzelner Lehrer ihren Sinn und ihren Status als Routine nur in Bezug auf das konkrete Entscheidungsnetzwerk „ihrer" Schule. An den Schulentscheidungen, solchen der Alltagsstruktur, solchen der Ressourcen- und Personalplanung wie solchen in Grundsatzfragen, müssen sie sich jeweils neu respezifizieren, sei es, dass bestehende Routinen beibehalten, sei es, dass sie fallengelassen, sei es, dass sie in spezifischen Aspekten geändert werden. Und umgekehrt muss jedes konkrete Entscheidungsnetzwerk auf die Existenz solcher Routinen Rücksicht nehmen, sei es, dass es sich in Einzelfragen für Konsistenz und Bestätigung (alles weiter wie bisher), sei es, dass es sich für Inkonsistenz und etwaige Konfliktkurse entschließt.[22] So sehr es richtig ist, dass Organisation Arbeitsalltag ist und Arbeitsalltag möglich macht, so verfehlt wäre es, Organisation mit einer Garantie des Alltäglichen gleichzusetzen. Sie ist auch ein stets vorhandenes Potenzial zur Änderung des Arbeitsalltags, und, wenn erst einmal in Bewegung gesetzt, im Effekt wohl ein viel wirkungsvolleres Potenzial als jeder Appell an das Bewusstsein und die Moral von Personen. Und dies gerade deshalb, weil die Organisation für ihre Mitglieder als Gedächtnis ihrer Routinen fungiert, ohne selbst diese Routinen zu sein. Die Organisation er-

21 Unter dem Stichwort „Technologiedefizit" seit Luhmann/Schorr 1982 häufig bemerkt und diskutiert.

22 Hierzu umfangreiche Literatur unter dem Begriffspaar „Innovation und Widerstand", für die Schule etwa bei Bohnsack 2003.

möglicht, schlecht definierte in gut definierte Probleme zu transformieren und die Lösungen zwar nicht als „Definitionen“, aber als Routinen zu generalisieren.

7 Schluss: Eine wissenssoziologische Perspektive auf die Aktualität der Schulorganisation in der pädagogischen Reflexion

In unserem wissenssoziologischen Theorierahmen erscheinen die Bemühungen um Schulautonomie, Schulentwicklung, Schulqualität und Schulevaluation als Versuche, die Organisation Schule in den Dienst an der Institution Schule einzubeziehen; als eine Professionalisierung der Schule mit und gegen die Professionalisierungen und Deprofessionalisierungen der Lehrkräfte (exemplarisch Bucher/Nicolet 2003). Zwar ist klar und wird auch schon vielerorten formuliert, dass die Bemühungen um die Organisationseinheit Schule, zu denen sich die Lehrerschaft unter den besagten Titeln aufgefordert sieht, vom Geschäft des Unterrichtens ablenken und eigene Ressourcen binden. Gemessen an den Beobachtungen in anderen Organisationsformen, speziell in Verwaltungen, kann auch nicht überraschen, dass sich die Organisation erst einmal mit ihren eigenen Problemen bemerkbar macht: mit dem Anfertigen, dem Erinnern und dem Verknüpfen von Entscheidungen. Es gibt Sitzungen, Protokolle, Kommunikationsarbeit nach innen wie nach außen. Finanzen und Verfahren erfordern ihre Aufmerksamkeit. Man findet Mikropolitik und nicht zuletzt eine Organisationskultur vor. Manchen Beobachtern drohen die Kinder und der Unterricht über die Organisationsarbeiten ganz vergessen zu gehen. Deshalb wird gerne auch an das „Kerngeschäft“ Unterricht erinnert (Bucher/Nicolet 2003: 61; Oelkers 2004). Doch es kann keine Selbstreferenz ohne Fremdreferenz geben, auch nicht für noch so selbstbezogene Organisationskommunikation. Sobald Einzelfälle von Schülern oder auch von Unterrichtungen zur Debatte stehen und die Entscheidungen zwischen Generalisierungen und Fallbezug ins Pendeln geraten, sind Referenzen auf die Diskurse der Pädagogik oder auch der Didaktik unvermeidlich. Zwar können solche Entscheidungen operativ nicht in die pädagogischen Kommunikationen eines Lehrers oder einer Lehrerin „hineinlangen“, da jenen ja die Kopplung von Situationen und Personen obliegt und nicht abgenommen werden kann, erst recht nicht im Verlaufe jener berühmten „200 Entscheidungen“, die angeblich innerhalb einer einzigen Unterrichtsstunde anfallen.[23] Doch je intensiver das Kommunikationsnetzwerk Schule agiert und je fallspezifischer es sich dabei auf pädagogische und didaktische Formen einstellt, umso mehr werden Einzelentscheide individueller Personen genötigt sein, sich in ihren eigenen Gründen und Folgen darzustellen und dabei auf jene

---

23 So jedenfalls, ohne weiteren Nachweis, der Verband Bildung und Erziehung 2004. Andernorts wird diese Zählung Philip Jackson zugeschrieben (Higgins 2003).

Pädagogiken und Didaktiken zu referieren, die im Entscheidungsnetz der Schule Anerkennung versprechen.[24] Die „Kompetenzdarstellungskompetenz", die nach Michaela Pfadenhauer (2003) für alle Professionen typisch und notwendig ist, wird nicht nur hingenommen. Sie wird aufgefordert, die Institution Schule in der Organisation Schule zur Geltung zu bringen. Dies öffnet denn auch der pädagogischen und didaktischen Theorie die Chance, nicht mehr nur mit den Professionellen, den künftigen und den praktizierenden, sondern auch mit den Schulen „zu sprechen", zum Beispiel, indem sie Beratungen beim Formulieren von Schulprogrammen, Schulleitbildern und dergleichen mehr anbietet. Ob durch die institutionelle Aufladung der Schulorganisation und ihre Beratung pädagogisch erwünschte Wirkungen im Unterricht und für die Schüler resultieren, ist auf dieser Abstraktionslage schwer zu beurteilen und vielleicht auch gar nicht innerhalb der wissenschaftlichen Kommunikation zu entscheiden. Denn sobald solche Wirkungen vermutet oder umgekehrt bezweifelt werden, dürften sie sogleich in die Kommunikationen einfließen, die unseren Gegenstand bilden (Evaluationen, Beratungen, Empfehlungen, Beschlüsse, etc.). Oder anders gesagt: Unabhängig von pädagogischer Kommunikation kann es keine Feststellung pädagogischer Wirkungen geben. Hingegen kann der empirischen Prüfung unterzogen werden, ob die Organisation Schule professionell und pädagogisch interessanter geworden ist, und ob die einseitige Ablehnung der Organisation als Bürokratie und Hierarchie allmählich schwächer wird und einer ambivalenteren Würdigung hinsichtlich ihrer pädagogischen Potenziale weicht.

Literatur

Abbott, A. (1981): Status and Status Strain in the Professions. In: American Journal of Society 86, 819-835.

Abbott, A. (1988): The System of Professions. An Essay on the Division of expert Labor. Chicago/London.

Bähr, K. (2004): Bildungspolitische Herausforderungen: Die Etablierung von Schulen als Organisationen und die Formalisierung von Beobachtung. Unv. Ms. Zürich

Bauman, Zygmunt (1995): Moderne und Ambivalenz. Das Ende der Eindeutigkeit. Frankfurt a.M.

Berger, P.L./Luckmann, T. (1984): Die gesellschaftliche Konstruktion der Wirklichkeit. Eine Theorie der Wissenssoziologie. Frankfurt a.M.

Bohnsack, F. (2003): Widerstand von Lehrern gegen Innovationen in der Schule. In: Brüsemeister, T./Eubel, K.-D. (Hrsg.): Zur Modernisierung der Schule. Leitideen – Konzepte – Akteure. Ein Überblick. Bielefeld: 318-325.

24 Konstantin Bähr (2004) spricht in diesem Zusammenhang von einer „entscheidungsförmigen pädagogischen Kommunikation".

Brosziewski, A. (1998): Rationalität, Unsicherheit und Organisation. Zu einer Revision organisationssoziologischer Annahmen in der Professionssoziologie. In: Brosziewski, A./Maeder, C. (Hrsg.): Organisation und Profession. Dokumentation des 2. Workshops des Arbeitskreises „Professionelles Handeln“ vom 24. bis 25. Oktober 1997, Höhere Fachhochschule Ostschweiz/Universität St. Gallen, Rorschach-St.Gallen: 1-15.

Brosziewski, A. (1999): Wissen über Wissen – Zusammenhänge zwischen Wissensökonomie und Wissenssoziologie. In: Schwaninger, M. (Hrsg.): Intelligente Organisationen. Konzepte für turbulente Zeiten auf der Grundlage von Systemtheorie und Kybernetik. Berlin: 327-338.

Brosziewski, A. (2002): Computer, Kommunikation und Kontrolle – Eine Fallstudie zum informatisierten Management. Konstanz.

Brunkhorst, H. (1992): Professionalität, Kollektivitätsorientierung und formale Wertrationalität. Zum Strukturproblem professionellen Handelns aus kommunikationstheoretischer Perspektive. In: Dewe, B./Ferchhoff, W./Radtke, F.-O. (Hrsg.): Erziehen als Profession. Zur Logik professionellen Handelns in pädagogischen Feldern. Opladen: 49-69.

Brüsemeister, T./Eubel, K.-D. (Hrsg.) (2003): Zur Modernisierung der Schule. Leitideen – Konzepte – Akteure. Ein Überblick. Bielefeld

Bucher, B./Nicolet, M. (2003): Leitbild Lehrberuf. Teilprojekt im Auftrag der Task Force «Lehrberufsstand» der Schweizerischen Konferenz der kantonalen Erziehungsdirektoren (EDK). Bern.

Eberle, T.S. (1993): Zeitimplikationen personaler Dienstleistungen. In: Meulemann, H./Elting-Camus, A. (Hrsg.): 26. Deutscher Soziologentag. Lebensverhältnisse und soziale Konflikte im neuen Europa. Sektionen, Arbeits- und Ad hoc-Gruppen. Opladen: 711-714.

Fend, H. (1981): Theorie der Schule. 2., durchges. Aufl. München.

Fend, H. (2006): Neue Theorie der Schule. Eine Einführung. Wiesbaden.

Groeben, N. et al. (1988): Das Forschungsprogramm Subjektive Theorien: Eine Einführung in die Psychologie des reflexiven Subjekts. Tübingen.

Helsper, W. (1996): Antinomien des Lehrerhandelns in modernisierten pädagogischen Kulturen. Paradoxe Verwendungsweisen von Autonomie und Selbstverantwortlichkeit. In: Combe, A./Helsper, W. (Hrsg.): Pädagogische Professionalität: Untersuchungen zum Typus pädagogischen Handelns. Frankfurt a.M.: 521-569.

Higgins, C. (2003): MacIntyre's Moral Theory and the Possibility of an Aretaic Ethics of Teaching. In: Journal of Philosophy of Education, vol. 37, no. 2, 279-292.

Hitzler, R. (1994): Wissen und Wesen des Experten. Ein Annäherungsversuch – zur Einleitung. In: Hitzler, R./Honer, A./Maeder, C. (Hrsg.): Expertenwissen. Opladen: 13-30.

Honer, A. (1994): Die Produktion von Geduld und Vertrauen. Zur audiovisuellen Selbstdarstellung des Fortpflanzungsexperten. In: Hitzler, R./Honer, A./Maeder, C. (Hrsg.): Expertenwissen. Opladen: 44-61.

Kairat, H. (1969): „Professions“ oder „Freie Berufe“? Professionales Handeln im sozialen Kontext. Berlin.

Kieserling, A. (1999): Kommunikation unter Anwesenden. Frankfurt a.M.

Kurtz, T. (1998): Professionen und professionelles Handeln. Soziologische Überlegungen zur Klärung einer Differenz. In: Peters, S. (Hrsg.): Professionalität und betriebliche Hand-

lungslogik. Pädagogische Professionalisierung in der betrieblichen Weiterbildung als Motor der Organisationsentwicklung. Bielefeld: 105-121.
Liebl, F. (2000): Der Schock des Neuen. Entstehung und Management von Issues und Trends. München.
Luhmann, N. (2000): Organisation und Entscheidung. Opladen.
Luhmann, N. (2002): Das Erziehungssystem der Gesellschaft. Hrsg. v. Dieter Lenzen. Frankfurt a.M.
Luhmann, N./Schorr, K.E. (1982): Das Technologiedefizit der Erziehung und die Pädagogik. In: Luhmann, N./Schorr, K.E. (Hrsg.): Zwischen Technologie und Selbstreferenz. Fragen an die Pädagogik. Frankfurt a.M.: 11-40.
Maiwald, K.-O. (2004): Professionalisierung im modernen Berufssystem. Das Beispiel der Familienmediation. Wiesbaden.
March, J.G./Simon, H.A. (1958): Organizations. New York/London.
Marquard, O. (1981) Inkompetenzkompensationskompetenz. In: Marquard, O.: Abschied vom Prinzipiellen. Stuttgart: 23-38.
Meuser, M. (2004): Ärztliche Gemeinwohlrhetorik und Akzeptanz. Zur Standespolitik der medizinischen Profession. In: Hitzler, R./Hornbostel, S./Mohr, C. (Hrsg.): Elitenmacht. Opladen: 193-204.
Mintzberg, H./Raisinghani, D./Theoret, A. (1976): The Structure of „Unstructured“ Decision Processes. In: Administrative Science Quarterly, vol. 21, no. 2, 246-275.
Mutzeck, W. (1988): Von der Absicht zum Handeln. Rekonstruktion und Analyse Subjektiver Theorien zum Transfer von Fortbildungsinhalten in den Berufsalltag. Weinheim.
Oelkers, J. (2000): Schulreform und Schulkritik. Würzburg.
Oelkers, J. (2004): Bildungsforschung, Schulentwicklung und Weiterbildung: Konsequenzen aus PISA. Zürich.
Oevermann, U. (1983): Zur Sache. Die Bedeutung von Adornos methodologischem Selbstverständnis für die Begründung einer materialen soziologischen Strukturanalyse. In: Friedeburg, L. v./Habermas, J. (Hrsg.): Adorno-Konferenz 1983. Frankfurt a.M.: 234-289.
Pfadenhauer, M. (2003): Professionalität. Eine wissenssoziologische Rekonstruktion institutionalisierter Kompetenzdarstellungskompetenz. Opladen.
Prokopp, K. (2000): Paradoxien und Antinomien professionellen Handelns im Lehrer(innen)beruf. In: Forum Qualitative Sozialforschung. Online Journal, Jg. 1, H. 1, 42 Absätze, http://qualitative-research.net/fqs [30.01.2003]
Rehbein, J. (1993): Ärztliches Fragen. In: Löning, P./Rehbein, J. (Hrsg.): Arzt-Patienten-Kommunikation. Berlin/New York: 311-364.
Schmitz, E./Bude, H./Otto, C. (1989): Beratung als Praxisform „angewandter Aufklärung“. In: Beck, U./Bonß, W. (Hrsg.): Weder Sozialtechnologie noch Aufklärung? Analysen zur Verwendung sozialwissenschaftlichen Wissens. Frankfurt a.M.: 122-148.
Schütz, A./Luckmann, T. (1979): Strukturen der Lebenswelt. Band 1. Frankfurt a.M.
Schütz, A./Luckmann, T. (1984): Strukturen der Lebenswelt. Band 2. Frankfurt a.M.
Schütze, F. (1996): Organisationszwänge und hoheitsstaatliche Rahmenbedingungen im Sozialwesen: Ihre Auswirkungen auf die Paradoxien des professionellen Handelns. In:

Combe, A./Helsper, W. (Hrsg.): Pädagogische Professionalität: Untersuchungen zum Typus pädagogischen Handelns. Frankfurt a.M.: 183-275.

Schwendenwein, W. (1990): Profession – Professionalisierung – Professionelles Handeln. In: Alisch, L.-M./Baumert, J./Beck, K. (Hrsg.): Professionswissen und Professionalisierung. Sonderband in Zusammenarbeit mir der Zeitschrift für Pädagogik. Braunschweig: 359-381.

Simon, H.A. (1973): The Structure of Ill-Structured Problems. In: Artificial Intelligence 4, 181-201.

Sprondel, W.M. (1979): „Experte" und „Laie". Zur Entwicklung von Typenbegriffen in der Wissenssoziologie. In: Sprondel, W.M./Grathoff, R. (Hrsg.): Alfred Schütz und die Idee des Alltags in den Sozialwissenschaften. Stuttgart: 140-154.

Stichweh, R. (1992): Professionalisierung, Ausdifferenzierung von Funktionssystemen, Inklusion. Betrachtungen aus systemtheoretischer Sicht. In: Dewe, B./Ferchhoff, W./Radtke, F.-O. (Hrsg.): Erziehen als Profession. Zur Logik professionellen Handelns in pädagogischen Feldern. Opladen: 36-48.

Stichweh, R. (1994): Wissenschaft, Universität, Professionen: Soziologische Analysen. Frankfurt a.M.

Terhart, E. (1990): Professionen in Organisationen: Institutionelle Bedingungen der Entwicklung von Professionswissen. In: Alisch, L.-M./Baumert, J./Beck, K. (Hrsg.): Professionswissen und Professionalisierung. Sonderband in Zusammenarbeit mir der Zeitschrift für Pädagogik. Braunschweig: 151-170.

Trachsler, E./Brosziewski, A. (2005): Schulentwicklung zwischen Konzepten und Konkretisierungen. Materialien zur Bildungsforschung 6. Kreuzlingen.

Verband Bildung und Erziehung (Hrsg.) (2004): 200 Entscheidungen pro Stunde. Lehrerarbeit im Spannungsfeld von Idealismus und Belastung. Dokumentation Deutscher Lehrertag 2004. Berlin.

Wahl, D. (1991): Handeln unter Druck. Der weite Weg vom Wissen zum Handeln bei Lehrern, Hochschullehrern und Erwachsenenbildnern. Weinheim.

Weick, K.E. (1976): Educational Organizations as Loosely Coupled Systems. In: Administrative Science Quarterly 21, 1-19.

Zwischen Profession und Organisation
Professionsbildung im Erziehungssystem

Raf Vanderstraeten

1 Professionelle Arbeit

Die Idee, dass es eine besondere Art von Berufen gibt, die *Professionen* genannt werden, ist nur vor dem Hintergrund der europäischen Wissenschafts- und Gesellschaftsgeschichte angemessen zu verstehen. Der Begriff der Profession bezog sich auf bestimmte – vor anderen ausgezeichnete – akademische Berufe. Der Gesichtspunkt, der diese Berufe hervortreten ließ, war zunächst, dass sie mit einem Korpus gelehrten Wissens befasst sind, in den man durch die Universität eingeführt wird. Die Professionen entsprachen insofern der Zahl und der Rangordnung nach den höheren Fakultäten der frühneuzeitlichen europäischen Universität: Theologie, Recht und Medizin. Unter diesen Prämissen galt schon in der Frühmoderne, dass sich die Frage nach der gesellschaftlichen Stellung des Lehrerberufs (als der vierten denkbaren Profession) daran bemaß, ob man auch für Schullehrer einen eigenen universitären Ausbildungsweg vorsehen konnte: entweder an der Artistenfakultät oder in separierten universitären Colleges (Stichweh 1991: 364-376; 1994: 362-378).

Zweifelsohne beruhen auch die neuzeitlichen Professionen noch immer auf einen Korpus gelehrten Wissens. Zweifelhaft ist aber, ob diese Wissensbasiertheit noch als hinreichendes Abgrenzungskriterium gelten kann. Mittlerweile lässt sich für die verschiedensten Berufsfelder zunehmende Wissensbasiertheit und Abhängigkeit von spezifischer Expertise beobachten. Nahezu jedermann verfügt heute über (akademische) Ausbildungen und Berufsqualifikationen über die nicht jedermann verfügt – weil mehr und mehr berufspolitische Bemühungen darauf abzielen, die Merkmale von den Professionen auszudehnen auf Buchhalter, Bibliothekare, Krankenschwestern, Reiseführer, etc. Das klassische Kriterium für Professionen, das auf Universitätsausbildung oder Fachwissen ähnlicher Art abstellt, fasst derzeit sehr heterogene Tätigkeiten zusammen und verliert deshalb ihren Informationswert. Dieses Kriterium trifft in der heutigen Wissensgesellschaft, in der die Aneignung und Produktion von Wissen zum dominanten Handlungsmodus wird, auf so viele Berufe zu, dass der Begriff der Profession jeglichen trennscharfen Wert für die Unterscheidung und Bezeichnung gemeinsamer Merkmale bestimmter Berufe verlöre (vgl. Collins 1990).

Ein alternativer Ansatz, der in der soziologischen Literatur heutzutage erneut auftaucht (siehe Hughes 1959; 1971), betont dagegen stärker die spezifische Art der *Arbeit*, die in den Professionen geleistet wird. Ein wichtiger Impuls für diesen alternativen Ansatz entstammt der historischen Forschung – wie auch Andrew Abbott bemerkt in seiner viel beachteten Monographie *The System of Professions*: „Sociological work on professions … pays little attention to the actual work that is done and the expertise used to do it … [But] historians have shown the intimate relation of professional structure and culture to work itself. The sociological theorists have not learned from this that work must be the focus of a concept of professional development" (1988: 18). Mit daran anschließend kann man die Professionen als institutionalisierte Formen für die Behandlung von persönlichen Problemen oder Krisen bezeichnen. Professionelle Praktiker begegnen individualisierten Klienten, die momentan mit persönlichen Problemen, die sie selbst nicht zu lösen imstande sind, konfrontiert werden. Diese Definition umfasst die Bezugsprobleme der klassischen Professionen: es kann sich um trost- und heilsbedürftige Personen, um streitende Personen, um kranke Personen handeln. Offensichtlich gehört auch Erziehung in diesen Bereich, sowie der gesamte Komplex der Betreuung und Rehabilitierung von Personen mit psychischen oder sozialen Verhaltensschwierigkeiten. Mit der Aufgabe bilden sich dann Ansatzpunkte für die Entwicklung entsprechender Interventionspraktiken, für das Sammeln und Auswerten von Erfahrungen, für die Reproduktion und Pflege des Erfahrungsschatzes durch die Ausbildung von Nachwuchs, für eine Systematisierung und Kodifizierung der entsprechenden Wissensgrundlagen, wo möglich im Anschluss an wissenschaftlich gesichertes Wissen, aber nicht angewiesen auf und nicht abhängig von Universität und Wissenschaft im strengen Sinne – wie die historische Forschung bereits mehrfach zeigen konnte (vgl. Luhmann 1976; Haber 1991; Tenorth 2003).

Dieser alternative Ansatz betont den ‚people-changing' Charakter von professionellen Interventionen; professionelle Arbeit ist Arbeit an Personen, die aus den Routinen ihrer Lebensführung herausgetreten sind. Wenn die Moderne sowohl durch zunehmende Individualisierung als auch ein zunehmendes Risiko- und Unsicherheitsbewusstsein geprägt ist, dann ist ein ansteigender Bedarf für professionelle Arbeit als Form der Unsicherheitsabsorption mehr oder weniger selbstverständlich (Beck 1986: 205-219). Gleichzeitig muss mit beachtet werden, dass Personen keine Trivialmaschinen sind (von Foerster 1984: 201f.). Die Arbeit an ihnen lässt sich nicht – anders als in den technischen oder administrativen Berufen – in Routinen überführen, die man hernach nur noch anwenden müsste. Die Behandlung der persönlichen Probleme erfordert Risikoabwägungen: professionelle Praktiker müssen auch dann Entscheidungen treffen, wenn ein wissenschaftlich begründetes Richtig/Falsch Urteil nicht getroffen werden kann. Vor diesem Hintergrund können die Charakteristika dieser Arbeit genauer beobachtet werden. Bei aller Beachtung der Unterschiede zwischen den einzelnen Professionen lassen sich einige übergreifende Merkmale festhalten.

(a) Personen suchen häufig dann professionelle Hilfe, wenn sie sich in Krisensituationen oder mehr oder weniger bedrohlichen Problemlagen befinden. Diese Probleme scheinen enge interaktive Kontakte zwischen professionellen Praktikern und Klienten notwendig zu machen. Man kann auch sagen, dass Professionen sich durch eine institutionalisierte Präferenz für face-to-face Interaktion, für Kommunikation unter Anwesenden, auszeichnen. Hieran anschließend sind zwei Bemerkungen angebracht. Zum einen schließt diese Präferenz sicherlich nicht aus, dass der Großteil professioneller Arbeit in Abwesenheit des Klienten erbracht wird. Die Resultate dieser Wissensarbeit (Diagnostik, Fallvergleiche, etc.) können jedoch vielfach nur in der face-to-face Situation selbst zur Anwendung kommen. Nur in diesen Interaktionen kann ein Mindestmaß an kommunikativer Kooperation des Klienten erwartet bzw. aktiv eingefordert werden; nur diese Form direkter Kommunikation ermöglicht es, die spezifischen Details des einen singulären Falls relevant werden zu lassen (Stichweh 1997; Perakyla/Vehvilainen 2003). Zum anderen ist die Interaktion zwischen professionellen Praktikern und Klienten von einer asymmetrischen Struktur gekennzeichnet. Der Praktiker ist eben nicht gehalten, die Selbstdarstellung oder „presentation of self“ (Goffman 1959) seines Klienten vorbehaltlos zu akzeptieren. Er darf, ja er muss sie hinterfragen und auf das Problem hin, das er behandelt, auflösen.[1] Die dazu nötige Überlegenheit wird typisch legitimiert mit Besitz von nicht allgemein zugänglichen Ressourcen, vor allem spezialisiertem Wissen und Können. Sie beruht weiterhin auf besonderen symbolischen Mitteln wie einer besonderen, teilweise unverständlichen Sprache oder der Ausstattung der Privatpraxis mit Angestellten, Büchern, Maschinen und High-Tech-Instrumenten, etc. Auch diese ‚Symbole der Macht' tragen mit dazu bei, dem professionellen Praktiker ein Ausmaß an Autorität gegenüber seinen Klienten zu ermöglichen, das in vielen sonstigen sozialen Kontexten auf unmittelbare Ablehnung stoßen würde.

(b) Professionelle Arbeit erfordert die Übernahme und Bearbeitung hoher Risiken: Risiken des nicht beherrschbaren Streites, der Gesundheit, des Seelenheils,

1 Einen besonderen Aspekt dieser strukturellen Asymmetrie kann man mit Talcott Parsons „denial of reciprocity“, d.h. Unterbrechung der Gegenseitigkeit von Leistung und Sanktion nennen. Ein Fehlverhalten des Klienten wird nicht als böse Absicht, als Angriff oder als Benachteiligung des behandelnden Praktikers angesehen, sondern als Symptom oder als Aspekt eines Problems, das (wiederum) professioneller Behandlung bedarf. Es wird also nicht erwidert, sondern zu kurieren versucht (Parsons 1951: 297-321).

etc. Professionelle Praktiker machen sich die existentiellen Risiken ihrer Klienten zu eigen. Dabei können sie sich Untätigkeit eigentlich nicht gestatten (Adamson 1997; Oevermann 1996, 2002). Wissenschaftler machen nichts falsch, wenn sie dort, wo sie nicht weiterwissen, von Handlung und Intervention abraten. Aber professionelle Praktiker können nicht nicht handeln; sie müssen auch dann handeln, wenn die Wissenschaft mit ihrem Latein am Ende ist. So kann ein Chirurg eine Operation nicht einfach abbrechen, wenn Probleme oder Komplikationen auftreten, die er nicht eindeutig bestimmen kann. Ähnlich müssen Gerichtsentscheidungen unter Verbot des *non liquet* getroffen werden. Richter müssen den Rechtsstreit entscheiden – auch dort, wo es Gesetzeslücken gibt, die dies eigentlich nicht gestatten. Professionelle Praktiker müssen also kompetent handeln, das heißt mit Anspruch auf Vernünftigkeit und Begründbarkeit, obwohl ein begründetes Richtig/Falsch Urteil nicht getroffen werden kann. Wie zahlreiche empirische Forschungen gezeigt haben, erzeugt diese hohe Risikoanfälligkeit bei den Professionen einen gesteigerten Bedarf für institutionelle Formen individueller Absicherung, für Mechanismen der Risikotransformation (z.B. Fox 1980; Halpern 2004). Sie macht auch die institutionalisierte Präferenz für Selbstkontrolle innerhalb der Professionen verständlich: die gleichsinnig spezialisierten Kollegen sind anscheinend die einzigen, von denen man zu erwarten pflegt, dass sie ‚verständnisvoll' urteilen werden (vgl. Freidson 1994: 128-145). Außerdem werden die professionellen Risiken umgeformt in beruflich tragbare Verhaltenslasten, etwa in die Verpflichtung zur Vermeidung von Fehlern. Auf diese Gesamtentwicklung hatte bereits Everett Hughes deutlich hingewiesen. „It is also to be expected that those who are subject to the same work risks will compose a collective rationale which they whistle to one another to keep up their courage, and that they will build collective defenses against the lay world ... Perhaps this is the basis of the strong identification with colleagues in work in which mistakes are fateful, and in which even long training and a sense of high calling do not prevent errors" (1951/1971: 317f).

Allgemein lässt sich festhalten, dass professionelle Arbeit an der Behandlung und Veränderung von Personen ihr Problem weniger in der Anwendung hochwertigen Wissens als in den Schranken der Anwendbarkeit solchen Wissens in komplexen, fallweise variierenden und also schwer standardisierbaren, unter Zeitdruck stehenden und auf Kooperation des Objekts angewiesenen Arbeitssituationen hat. Solche Konstellation legt es nahe zu vermuten, dass sich am Leitfaden des Grundproblems Arbeit an Personen für die Professionen ein bestimmtes, relativ geschlossenes Syndrom entwickelt (vgl. Luhmann 1976). Die klassischen Professionen zeigen in der Tat ein solches Bild: auf der Basis der Rolle des individuellen Praktikers mit einem besonderen Berufsethos und spezifischen Qualifikationen. Deutlich ist aber auch, dass sich an diesen überlieferten Institutionen in neuerer Zeit einschneidende Wandlungen vollzogen haben – vor allem als Folge der zunehmenden gesellschaftsweiten Relevanz solcher ,people-changing' Arbeit und der zunehmenden Abhängigkeit der Arbeit von Organisationen und technischen Ausstattungen. Vor diesem Hintergrund wenden wir uns jetzt den Charakteristika professioneller Arbeit im modernen Erziehungssystem zu.

2 Profession und Organisation

2.1 Schulerziehung

Auch die Funktion des modernen Erziehungssystems lässt sich allgemein als ,Arbeit an Personen' charakterisieren. Erzieher und Lehrer konzentrieren ihre Tätigkeiten auf die gezielte Veränderung individueller Personen – in den meisten Fällen: Kinder oder Jugendliche. Sie versuchen über intentionale Interventionen Effekte zu erzielen, die nicht einer selbstläufigen, d.h. auf zufällig eintretenden Ereignissen beruhenden Sozialisation überlassen werden können (z.B. Luhmann 2004: 111-122). Insofern liegt es nahe, auch im Erziehungssystem die Institutionalisierung klassischer Merkmale der Professionen zu vermuten: ein professionelles Ethos, ein esoterischer Wissenskorpus, ein entsprechender Komplex von Rollenerwartungen, interne Kontrolle der Nachwuchsrekrutierung, eindeutige Mechanismen der ,peer evaluation', etc. In der vorliegenden Literatur wird jedoch die Professionalisierung des Lehrerberufs häufig und auch immer wieder als unmöglich hingestellt (z.B. Leggatt 1970; Oevermann 2002), oder als noch zu erfüllendes Desideratum und als Sammelbegriff berufspolitischer Zielsetzungen vertreten (z.B. Dewey 1923/1988; Rabe-Kleberg 1996). Ich möchte im Folgenden skizzieren, wo die Gründe für diese Diskrepanz liegen.

Beim genaueren Hinsehen zeigt sich, dass für den Beruf des Lehrers eine Reihe von Sonderbedingungen gelten, die die Möglichkeit der Professionsbildung im Erziehungssystem stark geprägt und eingeschränkt haben. Zunächst ist auffällig, dass die Existenz asymmetrischer Verhältnisse in der pädagogischen Interaktion selbstverständlich scheint und kaum Anlass zur Entwicklung von professionellen Moralcodes gibt; die (minderjährigen) Schüler werden generell als unreife Personen wahrgenommen, die systematischer Kontrolle und Anleitung bedürfen. Die Inklusion von Schülern in das Erziehungssystem beruht auch nicht auf ihrer eigenen Entscheidung: Schüler unterliegen bis zum Alter von 16 bzw. 18 Jahren der Schulpflicht. In jeder Schulklasse befinden sich deswegen aller Wahrscheinlichkeit nach ,Klienten', die dem Besuch des Unterrichts eine Vielzahl anderer Aktivitäten vorzögen (Woods 1990). Zumindest unterhalb der Universitätsebene ist der Lehrerberuf zudem dadurch gekennzeichnet, dass Lehrer und Schüler einander organisatorisch zugeordnet sind. Hier wählen weder die Schüler ihre Lehrer, noch die Lehrer ihre Schüler aus.

Einerseits entfällt für Lehrer damit das Risiko, dass Misserfolg sich als Nichtbeschäftigung auswirkt. Misserfolge in der schulischen Praxis führen in der Regel nicht zur Arbeitslosigkeit oder zu einem Verlust an Einkommen. Die ,Klienten' können nicht wegbleiben. Andererseits entfällt aber die Verstärkung des sozialen Engagements, die zu erwarten ist, wenn die Beziehung darauf zurückgeht, dass man den Partner selbst gewählt hat oder durch ihn gewählt wurde.

Weiterhin treten Lernbedürfnisse nicht in der gleichen Form und Dringlichkeit auf wie die oben erwähnten existentiellen Probleme: Schmerzen und Krankheiten, Seelenangst oder Reue, Erwartungsenttäuschungen oder Streit. Der Lehrer kann nicht einfach voraussetzen, dass eine Notlage ihm entgegenkommt und sein Wirken trägt. Aber er steht auch nicht unter dem Druck der akuten Gefahr, die sehr rasch über Erfolg oder Misserfolg seines Wirkens entscheiden könnte. Trotzdem hat die Schule – vor allem mit ihren Zertifikaten, Zeugnissen, Beurteilungen, Diplomen – eine weitreichende Relevanz für den Verlauf individueller Karrieren in der modernen Gesellschaft. Schüler sind außerhalb der Familie wahrscheinlich an keinem weiteren sozialen Ort von einer solchen folgenreichen Interaktionspraxis betroffen. Das hängt damit zusammen, dass eine Karriere sich selbst aufbaut. Das Erreichte ist unerlässliche oder doch schwer ersetzbare Voraussetzung für Weiteres. Dadurch schiebt sich ein Leistungs- und Entscheidungsdruck in die Anfangsphasen der Karriere, speziell in das Jugendalter und den Erziehungsprozess. Man muss nach Möglichkeit versuchen, mit Erreichtem auch Zukünftiges schon zu präjudizieren, etwa mit der Aufnahme in die höhere Schule gute Aussichten aufs Abitur zu haben, oder mit dem Erwerb eines Diploms gute Chancen auf dem Arbeitsmarkt zu bekommen. Die Schule kann somit ständig eigene Probleme erzeugen: Prüfungen, Zensuren, Versetzungen oder Nichtversetzungen, Zertifikate, Diplome, etc. Sie produziert ihre eigenen Krisen, um ihre Klienten laufend zu motivieren.

Im Falle der Erziehung variiert also die Ausgangslage für Professionsbildung. Es besteht aber – wie historische Studien wiederholt gezeigt haben (z.B. Warren 1989; Welker 1992; Schubring 1998; Apel et al. 1999) – ein enger Zusammenhang zwischen der Professionsbildung und dem Ausbau des Systems schulischer Erziehung. Die *Organisation* des Schul- und Hochschulwesens hat im großen diejenigen Bedingungen geschaffen, auf deren Grundlagen sich eine *Profession* entwickeln konnte. So wird es von vornherein weniger dringend, dass die Profession eigene, interne Disziplinierungsinstrumente entwickelt; es steht ja die sehr viel stärkere Sanktion der etwaigen Entlassung durch den Dienstgeber zur Verfügung. Zugleich ist deutlich, dass vor allem der Beruf des Lehrers, viel weniger auch der Beruf des Erziehers Ansätze zur Professionalisierung zeigt, und dass der organisatorisch umfangreich eingerichtete Lehrerberuf nach und nach pädagogisiert worden ist. Aufgrund dieser besonders ausgeprägten Organisationsabhängigkeit kann man von einer „askriptiven“ Profession sprechen (Harries-Jenkins 1970; vgl. Luhmann/Schorr

1976).[2] Die Profession reagiert auf strukturelle Erfordernisse, die die Organisation von Erziehung und Unterricht produziert. Ihre Aufgaben werden ihr durch die Organisation zugeschrieben.

2.2 Schulbürokratie

‚Organisation' und ‚Profession' lassen sich als zwei verschiedene Formen der Strukturierung sozialen Handelns charakterisieren (siehe Luhmann 2002: 142-167). Sie benutzen jeweils verschiedene Mechanismen zur Spezifizierung gesellschaftlicher Normen und Werte; sie verfügen über eigene Möglichkeiten der Kommunikation sozialer Erwartungen sowie der Koordinierung und Vernetzung von Handlungen; sie stellen alternative Möglichkeiten der Inkorporierung und Strukturierung von Wissen dar. Dass zwischen diesen beiden Ordnungsmustern Konflikte und Kontradiktionen entstehen können, ist leicht vorstellbar. So ist durchaus bekannt, dass professionell orientierte Praktiker häufig eine kritische, tendenziell ablehnende Einstellung zu den ‚bürokratischen' Strukturen und Methoden großer Organisationen entwickeln (siehe z.B. die Überblicke für den Bereich der Medizinforschung bei Burnham 1998 und Vogd 2004). Sie widersetzen sich einer eingehenden organisatorischen Regulierung ihrer Praxis und sind sich der Tatsache bewusst, dass die Grundlagen ihres Erfolgs in ihrer eigenen Tätigkeit liegen und nicht in Ressourcen wie Geld oder Amtsautorität, die ihnen durch die Organisation oder Bürokratie verliehen werden. Im Falle des Lehrerberufs kommt dazu unter anderem das Faktum, dass sich die organisatorische Hierarchie nicht primär nach Kriterien professioneller Kompetenz orientiert. Die Karrieren, die die Organisation eröffnet, führen aus dem Lehrerberuf heraus. Ein Lehrer kommt nur ‚weiter', wenn er bereit ist, auf eine Tätigkeit als Lehrer zu verzichten, zum Beispiel zu Gunsten einer etwas besser vergüteten Position in dem pädagogischen Establishment. Die Organisation spiegelt keine Hierarchie pädagogischer Leistungen ab, und kann daher diese Leistungen auch nicht durch Karrieren oder Karrieremöglichkeiten in der Organisation selbst belohnen.

Die organisierte Beziehung des Lehrers zu seinen Klienten hat auch ungewöhnliche Merkmale. In Schulen sieht sich eine relativ große Gruppe von Schülern nur einem Lehrer gegenüber, aber gleichzeitig finden die Kontakte sehr regelmäßig statt und sind auf einen langen Zeitraum hin angelegt. Dabei kann jedem einzelnen Schüler die ungeteilte Aufmerksamkeit des Lehrers nur in Ausnahmefällen gewährt wer-

2 Die klassische Vorstellung betont die Rolle des individuellen Praktikers, die von ihren Klienten ein Honorar für ihre Leistungen empfangen. Für askriptive Professionen ist dagegen charakteristisch, dass die Rolle des Praktikers definiert wird durch die innerhalb der Organisation zugewiesene Position. Diese Unterscheidung ließe sich als Modifikation einer der von Talcott Parsons vorgeschlagenen „pattern variables" verstehen: quality/performance oder ascription/achievement.

den, obwohl jeder Schüler kontinuierlich einer allgemeinen Aufmerksamkeit unterliegt und Zeit und Gelegenheit hat, dem Lehrer bei der Beschäftigung mit der Schulklasse oder anderen Schülern zuzusehen. Der Unterschied mit anderen Formen professioneller Arbeit ist auffällig. So kann, beispielsweise, der Patient im Krankensaal zwar beobachten wie der Arzt oder Chirurg sich um andere Patienten kümmert, aber dies geht nicht zu Lasten der Aufmerksamkeit für die eigene Person und die eigenen Probleme. Ebenso wenig werden die Gespräche mit dem Arzt von den anderen Patienten abgehört. Lediglich für den Schulunterricht ist die professionelle Zuwendung zu den Klienten so beschränkt und zugleich so öffentlich. Die architektonische Struktur der Klassenzimmer und die relativ lange Dauer der Kontakte zwischen Lehrer und Schülern setzten Lehrer außerdem fast unvermeidlich eine intensive Beobachtung von Seiten ihrer Schüler aus (vgl. schon Waller 1932/1965: 189-374). So sehr Lehrer auch versuchen auf Distanz zu gehen, sie können es nicht vermeiden, dem prüfenden Blick ihrer Klienten ausgesetzt zu bleiben. Sie werden schonungslos als normale, als all-zu-normale Personen beobachtet; ihre Schwächen und Einzigartigkeiten werden beobachtet und ausgenutzt, und bieten der Kommunikation unter den Schülern ein dankbares Gesprächsthema.

Für die Profession des Lehrens ist keine Möglichkeit einer privaten Praxis (als ‚freier Beruf') gegeben. Hieraus folgt nicht, wie gesagt, dass diese Profession sich nur als ein organisatorisches Phänomen begreifen ließe nach Art eines Regulativs für Anstellung, pflichtmäßige Berufstätigkeit und Entlassung. Im Falle von Professionen, die ihre Existenz Organisationen verdanken, also im Falle der Lehrer, kann aber ein besonders ambivalentes Verhältnis zur Organisation erwartet werden (Lange/Luhmann 1974; Luhmann/Schorr 1976). Wie bei anderen Professionen auch, hat der Lehrer gegenüber organisatorischer Reglementierung die Autonomie seiner Berufspraxis zu verteidigen. Stärker als bei manchen anderen Professionen ist aber Organisation für den Lehrer Voraussetzung der Professionsbildung selbst. Konflikte zwischen professionellen und organisatorischen Prämissen scheinen unter solchen Bedingungen *a fortiori* möglich.

Diese Konstellation kann den pädagogischen Habitus erklären, die erzieherische Praxis – trotz aller Probleme und Limitationen der Interaktion in Schulklassen und trotz des bekannten ‚Praxisschock' beim Eintritt in den Beruf – immer wieder positiv zu bewerten. Die Interaktion wird im Sinne eines persönlich-pädagogischen Verhältnisses ideologisch überhöht und die in ihr erscheinenden Probleme werden externalisiert. Die Interaktionsschwierigkeiten werden vor allem auf die Organisation zugerechnet: auf verständnislose bürokratische Weisungen, veralteten aber vorgeschriebenen Unterrichtsstoff, zu anspruchsvolle Eignungs- und Leistungstests, überfüllte Schulklassen, etc. Damit wird das Zentrum der eigenen Tätigkeit gegen Kritik geschützt, zugleich aber auch mancherlei Kritik über die Fremdzurechnung von Enttäuschungen erst erzeugt. Dieser Idealismus führt zur ständigen Erneuerung der Suche nach organisatorischen Verbesserungen (oder: zu Versuchen ständig den Anschein der Erneuerung zu wahren). Die Geschichte des Systems schulischer Erziehung ist bekanntermaßen – wie Larry Cuban (1990) es formuliert hat – eine Geschichte des „reforming again, again, and again". Gerade weil im modernen Erziehungssystem die Organisation die *raison d'être* der Profession bildet, werden Konflikte und Kontradiktionen zwischen Profession und Organisation immer wieder auftauchen. Die folgenden, abschließenden Überlegungen skizzieren weitere Aspekte dieses Spannungsverhältnisses.

3 Professionsbildung im Erziehungssystem

Damit Lehrer überhaupt Erfolg haben können, müssen Schüler in hohem Umfange freiwillig mitwirken und dazu in der Interaktion selbst motiviert werden. Das verdeutlicht, dass Lehrer in der konkreten face-to-face Interaktion unter Handlungs- und Zeitdruck stehen. Sie müssen in unzulänglich bestimmten Situationen arbeiten und können nicht warten, bis wissenschaftlich gesicherte Ergebnisse vorliegen. Sie sind deswegen weitgehend angewiesen auf eine organisatorische Rahmung und Unterstützung ihrer professionellen Arbeit.

Typischerweise sehen die Organisationen, die sich mit der Arbeit an Personen befassen, zwei verschiedenartige Rollen vor: die Rolle für Klienten und die Rollen für das beruflich mit ihnen befasste Personal. Im System schulischer Erziehung werden die Klienten selbst ebenfalls als Mitglieder in die Organisation aufgenommen (Vanderstraeten 2004b). Damit ist noch nichts über die Tiefe und Intimität des auf sie ausgeübten Einflusses gesagt, wohl aber etwas über den Umfang der Beeinflussbarkeit durch organisierte professionelle Interventionen. Psychotherapie, Seelsorge, oder medizinische Behandlung mögen tiefer greifen und die Person in intimeren, individuelleren Sorgen und Nöten betreffen, aber kaum ein Verhältnis von Organisation und Klient erfasst einen so hohen Anteil an Lebensvollzügen wie die Schule in Bezug auf den Schüler. Der Grund dafür, dass Klienten der Mitgliedschaftsstatus gewährt wird, liegt wahrscheinlich vor allem in dem organisatorischen Bedürfnis, bei sehr heterogenen personalen Voraussetzungen ein Mindestmaß an Motivation und an Kooperationsbereitschaft sicherzustellen. Die Unterscheidung von Mitglied und Nichtmitglied wird auf die Klienten ausgedehnt, da die Organisation gegenüber Mitgliedern zur Sanktionierung von abweichenden oder nichtkonformen Verhaltensweisen berechtigt ist (im Extremfall: Exklusion) – aber damit sind auch bestimmte nicht-intendierte Konsequenzen verbunden.

Etwas anders formuliert: Personen beteiligen sich oft aufgrund existentieller Krisen an ‚people-changing' Organisationen. Sie sind auf Hilfe angewiesen und in der Regel bereit (viel) Geld für die in Anspruch genommenen Leistungen zu zahlen.

Sie müssen daher nicht zu einem kooperativen Verhaltensstil gezwungen werden. Auch im Krankenhaus kann ein Arzt sich darauf verlassen, dass der Kranke auf eigenen Entschluss hin in Anerkennung seines Problems oder Leidens sich in Behandlung begibt, also sich selbst zum Patienten macht. Die Schule befindet sich demgegenüber in einer spezifischen Sonderlage. Kinder müssen zur Schule gehen; die Selbsteinsicht, Hilfe (Erziehung) zu benötigen, kann in der Schule nicht als Quelle der Motivation fungieren. Man muss aber deswegen damit rechnen, dass Schulen es mit sehr kritischen Adressaten zu tun haben. Wenn Anwesenheit durch Mitgliedschaft in der Organisation gesichert ist, können „opting-out" Strategien auch häufig benutzt werden. Wer als Schüler auf seine Individualität und Eigenständigkeit besteht, findet in dem Schulkontext und der Anwesenheit der Mitschüler ständig Anlass *nicht* mit zu machen – und die Wahl dieser Alternative auch zu demonstrieren. Schulorganisation und Schulverwaltung können die Kooperationsbereitschaft der Klienten nur auf paradoxe Weise ‚sicherstellen'.

Zum Schluss dieses Aufsatzes möchte ich kurz drei Themenbereiche skizzieren, deren Bearbeitung zur soziologischen Aufklärung der Arbeit an der Veränderung von Personen beitragen könnte. Diese Themenbereiche beleuchten verschiedene Aspekte des Verhältnisses zwischen Profession und Organisation im Erziehungssystem. Der Fokus liegt dabei auf den – möglichen oder realen, geplanten oder nicht geplanten, positiven oder negativen – Effekten der Morphogenese moderner Formen der schulischen Erziehung und der Professionalisierung des Lehrerberufs. Die folgenden Formulierungen sind probend und explorierend, weil für diese Forschungsinteressen bisher noch wenig auf die Befunde aufschlussreicher Studien zurückgegriffen werden kann.

(a) Analysen der Professionalisierung im Erziehungssystem setzen klassischerweise an der Rolle des Schullehrers an. Der familiären Erziehung im Elternhaus dagegen ist bisher wenig Aufmerksamkeit geschenkt worden (vgl. Vanderstraeten 2006; Tyrell/Vanderstraeten 2007)). Diese Fokussierung auf Lehrer und ihrer Professionalisierung reflektiert zunächst den Sachverhalt, dass nahezu jeder die Elternrolle übernehmen kann, der Zugang zum Lehrerberuf dagegen formalen Regelungen und hohen Eintrittsbarrieren unterworfen ist. Die Professionalisierung des Lehrerberufs hat aber nicht nur die Erziehung in Schulen beeinflusst. Sie hat ebenfalls zu einer Modifikation der Erwartungen gegenüber der Familie und gegenüber Erziehung in der Familie geführt. Als Lehrer zu unterrichten, heißt schließlich nicht, einfach *in loco parentis* zu handeln. Vielmehr entstehen strukturelle Kopplungen von Schule und Familie, die auch die Familie schulisch sensibilisieren und disziplinieren. Man kann diesbezüglich denken an Hausarbeiten für die Schüler, an Hefteinträge des Lehrers für die Eltern, oder an die zeitliche Strukturierung des Familienlebens durch invariante schulische Vorgaben wie Stundenpläne und Ferienzeiten. Wichtig sind auch institutionelle ‚Zeremonien', wie beispielsweise die Elternsprechtage, Elternabende und Klassenpflegschaftssitzungen (Tyrell 1987; Paterson 1988; Maclure 2003: 48-68). Es wäre lohnenswert, die Beziehungen zwischen diesen Teilsystemen des Erziehungssystems weiteren Analysen zu unterziehen. Diesbezügliche Forschungen könnten klären, wie für bestimmte Zuständigkeiten Autorität beansprucht wird (oder beansprucht werden kann), wie „boundary work" hinsichtlich dieser Zuständigkeiten stattfindet, wie Konflikte und Konfrontationen zwischen der natürlichen Autorität der Eltern und der erworbenen professionellen Autorität des Lehrers ausgehandelt werden, etc. Es wäre also lohnenswert, zu analysieren wieweit die Profession gerade hier die „definition of the situation" prägen kann, wieweit sie ihre Konstruktion der sozialen Wirklichkeit durchsetzen kann, wie sie mit organisatorischer Rückendeckung die nicht-organisierte Familienerziehung prägen kann, wo sie den Einfluss der Eltern verstärkt bzw. geschwächt hat, etc.

(b) Ein zweiter Vorschlag, der sich auf die ‚Übersetzung' von Professionswissen in Organisationsstrukturen fokussiert, nimmt seinen Ausgangspunkt in der Komplexität von Entscheidungsprozessen, die die Personalrekrutierung und -planung in Schulen betreffen. Wenn Informationen, die diese Entscheidungsprozesse (mit-) steuern können, teils leicht, teils schwierig erhältlich sind, erhalten diese Prozesse allein dadurch schon eine selektive Tendenz. Es setzt sich dann schnell ein Gefälle zum Leichten und Entscheidbaren hin durch, das nicht in den Bedingungen der professionellen Arbeit seinen Grund hat. So ist es fraglich, wie der mit Fachdidaktik bezeichnete Bereich in leistbare und kontrollierbare Anforderungen, an denen Prozesse der Personalselektion und der professionellen Entwicklung sich orientieren können, übersetzbar ist. Es ist auch fraglich, wie die laufende Zuweisung von Lehrern und Schülern an Schulklassen nach professionellen Kriterien erfolgen kann: dafür scheinen nämlich jegliche über konkrete Situationseinschätzungen hinausgehende rationale Methoden der Datenbeschaffung und Kriterien für mehr oder weniger günstige Kombinationen von individuellen und schulklassenmäßigen Merkmalen zu fehlen.[3] Typischerweise hat die Schulorganisation also Probleme damit, nicht unmittelbar greifbare Fähigkeiten von Lehrern zu beurteilen. Die Organisation orientiert sich stattdessen vorherrschend an Zertifikaten oder Qualifikationen, an „credentials", die leicht zu kontrollieren und zu vergleichen sind (Collins 1979). Wenn es darum geht, Mathematikunterricht zu erteilen, stellt man einen Lehrer ein, der speziell dafür ausgebildet ist; notfalls ist, wenn solche Kräfte nicht zur Verfügung

3 Im Universitätsbereich klassischer Prägung war das Problem der konkreten Zuordnung von Lehrenden und Lernenden durch die Vermutung gelöst worden, dass über freigestellte individuelle Wahl ein Höchstmass an Rationalität zu erreichen sei. Durch Kolleggeldeinnahmen wurde der Hochschullehrer motiviert, für Studenten attraktive Veranstaltungen anzubieten, und umgekehrt waren die Studenten in erheblichem Umfange frei, sich Lehrer zu wählen. Vor diesem Hintergrund stellt sich die Frage, ob und wie moderne Erziehungsorganisationen Ersatzlösungen für das Zuordnungsproblem einplanen können (vgl. Luhmann 1976; Vanderstraeten 2004a).

stehen, geeigneter Ersatz zu finden. Vor diesem Hintergrund stellt sich die Frage nach den Möglichkeiten einer professionellen „bias“ in den Entscheidungsprozessen in Schulen. Zurzeit wird Professionalisierung vor allem als Möglichkeit der Statusaufwertung gesehen (Verringerung von beruflicher Belastung und Arbeitszeit, höhere Besoldung, mehr Ausbildung, etc.). Fragt man dagegen präziser nach den Bedingungen und Effekten professioneller Arbeit, kommen andere Aspekte in Sichtweite. Die vorangehenden Überlegungen stärken die Sensibilität für solche Aspekte des die Profession konstituierenden Bezugsproblems. Sie rücken die organisatorisch gerahmte Interaktion mit den Schülern in den Mittelpunkt.

(c) Es gibt in Deutschland seit der zweiten Hälfte des 18. Jahrhunderts bewusste Bemühungen um die Einrichtung eines pädagogischen ‚Establishments'. Die Entwicklung läuft an mit Forderungen nach Verbesserungen der Lage und der Ausbildung von Lehrern, nach Beteiligung von Pädagogen an ihrer eigenen Beaufsichtigung, oder mit der Einrichtung von Schauplatz-Schulen, in denen der Neuerungsdrang sich dokumentiert und Aufsehen erregt (etwa das Philanthropinum in Dessau). Auch wird betont, dass die Lehrer selbst nicht Träger einer methodisch bedachten Unterrichtsforschung und erst recht nicht Träger einer Reformbewegung sein können (z.B. Trapp 1780/1977). Das pädagogische Establishment hat seitdem die Evolution des Erziehungssystems geprägt. Aber es bearbeitet nicht nur die Probleme der Lehrer, sondern entfaltet auch eine Eigendynamik. Es hat ein Interesse daran, der eigenen Existenz Sinn zu geben; es hat ein Interesse daran, dass die Probleme nicht durch Lösung verschwinden. Die Reformpräferenzen des (Hoch-)Schulwesens werden verständlicher, wenn man sie (auch) als Existenzrechtfertigung des pädagogischen Establishments betrachtet (vgl. Hughes 1959; Luhmann/Schorr 1988). Dabei wird die Differenz von Ideal und Wirklichkeit genutzt, um Änderung als Ziel plausibel zu machen. Die Tätigkeiten des Establishments steigern aber die Kontingenz, mit denen Lehrer und Erzieher konfrontiert werden. Was immer zum Beispiel der Ausdruck ‚Schlüsselqualifikation' besagen und was immer er einschließen mag: was er einbezieht, wird damit als Entscheidung deklariert. Entscheidung heißt dann zugleich, der permanenten Revision ausgesetzt sein. ‚Reform', ‚Innovation', ‚Progressivität' werden zu Wertbegriffen des Establishments – während Lehrer, Schüler und Eltern im Verhältnis dazu eher verzögernde, beharrende, retardierende Elemente darstellen, deren Widerstand dann das Scheitern der Reformen erklärt. Man darf vermuten, dass die Probleme der Professionalisierung des Lehrerberufs auch im Erziehungssystem selbst verankert sind und auf das Konto der organisatorischen Struktur des Schulwesens zu schreiben sind.

Zusammenfassend und abschließend sei konstatiert, dass die Problemqualität der Arbeit an der Behandlung und Veränderung von Personen, die modernen Professionen stark prägt. Vor dem Hintergrund einer allgemein-soziologischen Skizze übergreifender Charakteristika von professioneller Arbeit, die sich unter Zeitdruck situationsweise an Personen vollzieht, habe ich in diesem Aufsatz die *differentia specificae* eines spezifischen professionellen Arbeitszusammenhangs – nämlich Erziehung – näher analysiert. Dabei wurde die besondere Relevanz des Organisationsrahmens für die Interaktion zwischen Lehrern und Schülern, zwischen professionellen Praktikern und ihren Klienten hervorgehoben. Die Organisation macht die Profession möglich und limitiert gleichzeitig, wie Erziehen als Profession möglich ist. Dieses ‚Zwischen' – zwischen Profession und Organisation – ist ein ungemütlicher Ort. Man kann ihn von zwei Seiten sehen und von jeder Seite aus das Zuviel und das Zuwenig beklagen. So verfährt auch das pädagogische Establishment. Das Erziehungssystem der modernen Gesellschaft bewegt sich hin und her zwischen Profession und Organisation und findet somit immer wieder Anlass zur Änderung und Reform.

Literatur

Abbott, A. (1988): The System of Professions. Chicago.
Adamson, C. (1997): Existential and clinical uncertainty in the medical encounter. In: Sociology of Health & Illness 19, 139-151.
Apel, H.J./Horn, K.-P./Lundgreen, P./Sandfuchs, U. (1999): Professionalisierung pädagogischer Berufe im historischen Prozess. Bad Heilbrunn.
Beck, U. (1986): Risikogesellschaft. Frankfurt a.M.
Burnham, J.C. (1998): How the idea of profession changed the writing of medical history. In: Medical History Suppl. 18, 1-184.
Collins, R. (1979): The Credential Society. New York.
Collins, R. (1990): Changing conceptions in the sociology of the professions. In: Torstendahl, R./Burrage, M. (Hrsg.): The Formation of Professions. London: 11-23.
Cuban, L. (1990): Reforming again, again, and again. In: Educational Researcher 19 (1), 3-13.
Dewey, J. (1988): Culture and professionalism in education. In: Dewey, J.: The Middle Works, 1899-1924, vol. 15. Carbondale/Edwardsville: 193-197.
Fox, R.C. (1980): The evolution of medical uncertainty. In: Milbank Quarterly 58, 1-49.
Freidson, E. (1994): Professionalism Reborn. Cambridge.
Goffman, E. (1959): The Presentation of Self in Everyday Life. Garden City NY.
Haber, S. (1991): The Quest for Authority and Honor in the American Profession, 1750-1900. Chicago.
Halpern, S.A. (2004): Lesser Harms: The Morality of Risk in Medical Research. Chicago.
Harries-Jenkins, G. (1970): Professionals in organizations. In: Jackson, J.A. (Hrsg.): Professions and Professionalization. Cambridge: 51-107.
Hughes, E. (1959): The study of occupations. In Merton, R.K./Broom, L./Cottrell, L.S. (Hrsg.): Sociology Today: Problems and Prospects. New York: 442-458.
Hughes, E. (1971): The Sociological Eye. Chicago.

Lange, E./Luhmann, N. (1974): Juristen – Berufswahl und Karrieren. In: Verwaltungsarchiv, Jg. 65, 113-162.

Leggatt, T. (1970): Teaching as a profession. In: Jackson, J.A. (Hrsg.): Professions and Professionalization. Cambridge: 153-177.

Luhmann, N. (1976): Professionelle Arbeit. Bielefeld.

Luhmann, N. (2002): Das Erziehungssystem der Gesellschaft. Frankfurt a.M.

Luhmann, N. (2004): Schriften zur Pädagogik. Frankfurt a.M.

Luhmann, N./Schorr, K.E. (1976): Ausbildung für Professionen – Überlegungen zum Curriculum für Lehrerausbildung. In: Haller, H.D./Lenzen, D. (Hrsg.): Jahrbuch für Erziehungswissenschaft. Stuttgart: 247-277.

Luhmann, N./Schorr, K.E. (1988): Reflexionsprobleme im Erziehungssystem. Frankfurt a.M.

Maclure, M. (2003): Discourse in Educational and Social Research. Buckingham.

Oevermann, U. (1996): Theoretische Skizze einer revidierten Theorie professionalisierten Handelns. In Combe, A./Helsper, W. (Hrsg.): Pädagogische Professionalität: Untersuchungen zum Typus pädagogischen Handelns. Frankfurt a.M.: 70-182.

Oevermann, U. (2002): Professionalisierungsbedürftigkeit und Professionalisiertheit pädagogischen Handelns. In Kraul, M./Marotzki, W./Schweppe, C. (Hrsg.): Biographie und Profession. Bad Heilbrunn: 19-64.

Parsons, T. (1951): The Social System. Glencoe.

Paterson, F.N.S. (1988): Schooling the family. In: Sociology 22, 65-86.

Perakyla, A./Vehvilainen, S. (2003): Conversation analysis and the professional stocks of interactional knowledge. In: Discourse & Society 14, 727-750.

Rabe-Kleberg, U. (1996): Professionalität und Geschlechterverhältnis. Oder: Was ist „semi" an traditionellen Frauenberufen? In Combe, A./Helsper, W. (Hrsg.): Pädagogische Professionalität. Frankfurt a.M.: 276-303.

Schubring, G. (1998): Die Entstehung des Mathematiklehrerberufs im 19. Jahrhundert. Weinheim.

Stichweh, R. (1991): Der frühmoderne Staat und die europäische Universität. Frankfurt a.M.

Stichweh, R. (1994): Wissenschaft, Universität, Professionen. Frankfurt a.M.

Stichweh, R. (1997): Professions in modern society. In: International Review of Sociology 7, 95-102.

Tenorth, H.-E. (2003): Encyklopädie, Methodologie und Literatur. Pädagogisches Wissen zwischen Amt und Wissenschaft. In Oelkers, J./Osterwalder, F./Tenorth, H.-E. (Hrsg.): Das verdrängte Erbe. Pädagogik im Kontext von Religion und Theologie. Weinheim-Basel: 123-146.

Trapp, E.C. (1977): Versuch einer Pädagogik. Paderborn.

Tyrell, H. (1987): Die ‚Anpassung' der Familie an die Schule. In: Oelkers, J./Tenorth, H.-E. (Hrsg.): Pädagogik, Erziehungswissenschaft und Systemtheorie. Weinheim/Basel: 102-124.

Tyrell, H./Vanderstraeten, R. (2007): Familie und Schule: zwei Orte der Erziehung. In: Aderhold, J./Kranz, O. (Hrsg.): Intention und Funktion: Zur Vermittlung von sozialer Situation und Systemkontext. Wiesbaden: 159-174.

Vanderstraeten, R. (2004a): The social differentiation of the educational system. In: Sociology 38, 255-272.

Vanderstraeten, R. (2004b): Interaktion und Organisation im Erziehungssystem. In: Böttcher, W./Terhart, E. (Hrsg.): Organisationstheorie in pädagogischen Feldern: Analyse und Gestaltung. Wiesbaden: 54-68.

Vanderstraeten, R. (2006): The historical triangulation of education, politics and economy. In: Sociology 40, 125-142.

Vogd, W. (2004): Ärztliche Entscheidungsprozesse des Krankenhauses im Spannungsfeld von System- und Zweckrationalität. Berlin.

von Foerster, H. (1984): Observing Systems. Seaside CA.

Waller, W. (1965): The Sociology of Teaching. New York.

Warren, D. (1989): American Teachers: Histories of a Profession at Work. London.

Welker, R. (1992): The Teacher as Expert. New York.

Woods, P. (1990): The Happiest Days? How Students Cope with School. London.

Schulkulturen als symbolische Sinnordnungen und ihre Bedeutung für die pädagogische Professionalität

Werner Helsper

Zumindest bis in die 1970er Jahre, aber auch noch darüber hinaus, dominierte eine Perspektive auf die Schule als Organisation, die sie von formal-rationalen, abstrakt-starren und bürokratischen Prinzipien – im Anschluss an Weber (1985) – überformt und dominiert sah und demzufolge eine administrativ-kontrollförmige und bürokratisch-abstrakte Verstörung der Schule diagnostizierte (vgl. z.B. Fürstenau 1969; Feldhoff 1970; Rumpf 1966; Lenhardt 1984). Organisationsförmige und bürokratische Zwänge und die notwendige interaktive Offenheit pädagogischen Handelns wurden gegenübergestellt. Diese Position einer bürokratisch-organisatorischen und interaktiv-professionellen Gegnerschaft findet sich noch in den anfänglichen Positionsbestimmungen der strukturtheoretischen Positionen (vgl. Oevermann 1996; für die inzwischen differenzierte Sichtweise Oevermann in diesem Band) bzw. auch in symbolisch-interaktionistischen Professionsstudien (vgl. Schütze 1996; Schütze u.a. 1996).

Dabei hat der Hinweis darauf, dass bürokratisch-rationale Regelungen in einem Spannungsverhältnis zur interaktiv-flexiblen Basierung professionellen Handelns stehen, nichts von seiner Bedeutung verloren. Mit der Rezeption von Ansätzen aber, die Organisationen als lose gekoppelte und kaum rational-zentral steuerbare Handlungszusammenhänge betrachteten (vgl. Weick 1985; Terhart 1986), wurde die Vorstellung relativiert, dass Schulen tatsächlich wie rational-bürokratische Einrichtungen funktionieren könnten und steuerbar seien. Und im Zuge der Entdeckung der Schule als eigener Handlungseinheit und großer Unterschiede zwischen Schulen, wurde auf erhebliche Spiel- und Gestaltungsräume in Schulen verwiesen. In Konzepten der Schulentwicklung wurden Schulen dann als Organisationen besonderen Typs, als „professionelle Organisationen“ verstanden (vgl. Bauer 1992; Rolff 1993), die von den schulischen Akteuren gestaltet werden können (vgl. für mikropolitische Ansätze Altrichter/Posch 1996; Altrichter/Salzgeber 1995).

Die hier vertretene Konzeption der Schulkultur (vgl. dazu Helsper u.a. 1998a, b, 2001) knüpft dabei an zwei zentrale theoretische Linien an: Erstens an Ansätze, die die Außensteuerung der Schule, ohne diese zu negieren, relativieren und auf die Autonomie und den Eigensinn pädagogischer Institutionen orientieren, die durch das Handeln schulischer Akteure erst ihre Strukturierung erfahren. Darin kommt es zu einer Vermittlung von Akteurs- und Strukturperspektive (vgl. Oevermann 1991, 2002 und in diesem Band; Giddens 1992; Fend 1998, 2006; Combe/Helsper 1998, Helsper u.a. 1998a, 2001). Hier finden sich auch Parallelen zu neoinstitutionalistischen (vgl. Schaefers 2002) und zu wissenssoziologischen Ansätzen zu Organisation und Profession (vgl. Pfadenhauer 2003 und in diesem Band).

Und zweitens an eine Perspektive, die Schulen nicht als vorab formal-geregelte Organisationen konzipiert, sondern als sinnvermittelte und sinnkonstituierte Institutionen begreift, die durch das Handeln schulischer Akteure konstituiert werden, wobei die darin erzeugten schulkulturellen Strukturen und Regeln wiederum als Möglichkeits- aber auch Begrenzungsraum pädagogischen Handelns fungieren. Damit wird hier eine schulkulturelle Perspektive (vgl. schon Terhart 1994) entfaltet, die sich in den großen Zusammenhang kulturtheoretischer Ansätze einrücken lässt (vgl. etwa Reckwitz 2000, 2004).

Die These, die im Folgenden entfaltet wird, lautet: Die pädagogische Lehrerprofessionalität und der Prozess der Professionalisierung wird entscheidend dadurch mitkonstituiert, in welcher symbolischen pädagogischen Sinnordnung der jeweiligen Schulkultur Lehrer agieren. In divergenten schulkulturellen Konstellationen werden je spezifische professionalisierende Möglichkeitsräume geöffnet, spezifische Konflikt- und Problemkonstellationen für Professionalisierungspfade generiert und ebenso deprofessionalisierende und Professionalisierung blockierende Strukturvarianten hervorgebracht. Für diese Argumentation wird ein exemplarisches Beispiel detaillierter dargestellt (1.). Daran anschließend wird knapp die zugrunde liegende Theorie der Schulkultur skizziert (2.) Abschließend wird ein Strukturmodell des Verhältnisses von Schulkultur und pädagogischer Professionalität[1] entwickelt und in Form von acht Strukturvarianten ausdifferenziert (3.).

1 Es würde den Rahmen dieses Beitrags sprengen detaillierter auf eine Theorie pädagogischer Professionalität einzugehen. Der hier vertretene Ansatz ist als strukturtheoretisches Professionsmodell zu bezeichnen, dass wesentliche Impulse der Oevermannschen Professionstheorie aufnimmt (vgl. Oevermann 1996, 2002 und in diesem Band), aber auch interaktionistische (vgl. Schütze 1996) sowie system-, macht- und praxistheoretische Impulse aufgreift (vgl. etwa Helsper 2004b). Dabei wird das Lehrerhandeln dem Typus professionellen Handelns zugeordnet, der Beruf Lehrer damit als Profession verstanden. Zugleich ist für diesen Beruf eine weitere Professionalisierungsbedürftigkeit anzunehmen. Diese wird bei Oevermann (vgl. in diesem Band) im Zentrum aus der Schulpflicht als zentralem Professionalisierungshindernis abgeleitet. Ohne die mit den zugespitzten Formen des Schulzwangs (polizeiliche Zuführung) einhergehende Belastungen zu ignorieren, werden hier die Brechungen und Erschwernisse für die pädagogische Professionalität umfassender im

1 Deprofessionalisierung als Ausdruck der Dominanz des Imaginären und der Unterrepräsentanz des Symbolischen in der schulkulturellen Ordnung – ein Beispiel

Im Rahmen eines Projektes, dass sich den Anerkennungsbeziehungen und den politischen Bildungsprozessen Jugendlicher in schulischen Kontexten widmete (vgl. Helsper/Krüger u.a. 2006), stießen wir auf eine Gesamtschule, die in ihrem Selbstentwurf und Schulprogramm vorgab, eine Schule zu sein, die Kindern aus heterogensten Lebenslagen gerecht werde, sie umfassend fördere und allen Erfolgschancen eröffne. Im Schulprogramm liest sich dies folgendermaßen: Die Schule „hat sich zum Ziel gesetzt, alle Schüler aller Begabungen und sozialen Schichten optimal und individuell maßgeschneidert in ihrer individuellen Leistungsfähigkeit und ihrer Persönlichkeitsbildung zu entwickeln.“ Dieser weit ausgreifende Anspruch, alle Schüler „optimal“ und „individuell maßgeschneidert“ in ihrer „Leistungsfähigkeit“ und umfassend in ihrer „Persönlichkeitsentwicklung“ zu fördern, verspricht bereits auf der Ebene des programmatischen Entwurfs nahezu Unmögliches, nämlich die optimale Entfaltung von Leistung und Persönlichkeit in einem umfassend individualisierenden Sinne über alle Differenzen und Ungleichheiten hinweg in einem auf Selektion angelegten Bildungssystem. Im Interview mit dem Schulleiter nimmt dieser auf den darin enthalten imaginären Schulentwurf Bezug und formuliert das zentrale Anliegen der Schule: „also äh im laufe der zeit hat sich eigentlich das äh äh sone schulphilosophie auch herauskristallisiert die die man zu anfang noch gar nich mal so (intensiv bearbeitet) hat also das ist das alte gesamtschulprinzip äh fördern statt auslesen (2) das spricht für sich“. Das Besondere der Schule ist mit dem „alte(n) Gesamtschulprinzip“ gefasst, das damit programmatisch für eine Schulform und

---

Rahmen des Realen der Schulkultur (vgl. im Folgenden), also der Strukturprobleme begriffen, wie sie aus der historisch entfalteten Organisationsgestalt des Schulsystems resultieren. Professionalisierung wird in diesem Beitrag nicht – wie in historischen Studien, die den Aufstieg spezifischer Berufe zu definitions- und einflussmächtigen Professionen nachzeichnen – als Aufstiegweg von Berufen verstanden, sondern als individueller bzw. von Kollegien oder Lehrergruppen zu vollziehender berufsbiographischer Prozess in sinnkonstituierten pädagogischen Ordnungen. Professionalisierungsmöglichkeiten weisen somit auf Potenziale zur weiteren Professionalisierung in diesem Sinne hin, ohne damit zu unterstellen, dass es keine strukturellen Professionsprobleme im Lehrerhandeln gäbe. Von Deprofessionalisierung wird hier gesprochen, wenn sich in den schulkulturellen pädagogischen Sinnordnungen Strukturen rekonstruieren lassen, die bereits erreichte Professionalisierungsniveaus unter Druck geraten lassen und zu „Rückentwicklungen“ beitragen. Auch damit ist nicht unterstellt, dass die Deprofessionalisierung von einem Niveau umfassend entfalteter Professionalität aus erfolgt. Vielmehr wird damit gefasst, dass es – bei strukturell durchaus bestehender weiterer Professionalisierungsbedürftigkeit – produktive Professionalisierungswege geben kann, die in spezifischen Schulkulturen aber blockiert werden oder gar unter Retardierungsdruck geraten.

nicht schon für eine konkrete Schule steht, gerade nicht für sich spricht, sondern material zu füllen und zu konkretisieren bleibt. Genau diese Konkretisierung des Allgemeinen, die diese Schule erst konturieren würde, kann aber vom Schulleiter nicht geleistet werden.

Darin zeigt sich (vgl. zur genauen Rekonstruktion Sandring 2006), dass der imaginäre pädagogische Entwurf der Schule vom Schulleiter nicht inhaltlich entfaltet werden kann. Es bleibt bei pädagogischen Formeln, die letztlich als allgemeinste Bestimmung der Schulform Gesamtschule zu kennzeichnen sind. Bereits auf der Ebene des Imaginären der Schulkultur deutet sich an, dass der Entwurf der Schule als Lösung des Strukturproblems zwischen Differenzierung und Integration, zwischen Inklusion und Exklusion, zwischen Homogenisierung und Individualisierung nicht ausgeführt werden kann. Narrationen und episodische Schilderungen des pädagogischen Alltags oder pädagogischer Routinen, die an dieser Schule selbstverständlich sind, in denen das Programm konkret entfaltet werden könnte, unterbleiben ebenso wie elaborierte Argumentationen, pädagogische Theoriebezüge, detailliertere schulpädagogische Entwürfe oder mythische Erzählepisoden bzw. Metaphern der Bewährung und des Erfolgs der Schule. Das Imaginäre der Schule bleibt in der Darstellung durch den Schulleiter blass und abstrakt. Nun könnte vermutet werden, dass es in dieser großen Schule eine Arbeitsteilung gibt: Nicht der Schulleiter stellt die verbürgende charismatische pädagogische Leitfigur dar, sondern er managt, verwaltet und organisiert und ein anderer Teil der Schulleitung bzw. eine besonders engagierte Lehrergruppe nimmt diese Position ein. Allerdings würde es verwundern, dass es dem Schulleiter – der die Schule schließlich nach innen und außen vertreten muss – so wenig gelingt, die Schule in ihren pädagogischen Visionen mit Leben zu erfüllen. Von daher ist zu vermuten, dass es der Schule an der konkreten interaktiven Umsetzung dieses Entwurfs, der Entfaltung pädagogischer Praktiken und symbolischer Formen – also am Symbolischen der Schulkultur – mangelt.

In unseren Studien zur unterrichtlichen Praxis und dem interaktiven Geschehen in ausgewählten 8. und 9. Klassen dieser Schule – also der Analyse des Symbolischen der Schulkultur – stießen wir auf eine Konstellation, die für den imaginären pädagogischen Entwurf der Schule als zentrale Bewährungsprobe zu kennzeichnen ist: In einer 9. Klasse wurde ca. ein Drittel der leistungsstarken Schüler in der 9. Jahrgangsstufe an neu gebildete Gymnasialklassen abgegeben und fast ebenso viele Schüler neu aufgenommen, die entweder die Versetzung in der Gesamtschule nicht realisieren konnten, als „Problemfälle“ von anderen Schulen einmündeten oder durch Versagenskarrieren gekennzeichnet waren. Sie wurden dieser Klasse zugewiesen, weil die Klassenlehrerin als besonders kompetent und engagiert im Umgang mit ihren Schülern, als „Spezialistin für Problemfälle“, galt. Die Klassenlehrerin verkörpert damit einen Lehrerhabitus, der zum imaginären pädagogischen Sinnentwurf der Schule homolog ist und damit in einem positiven Passungsverhältnis zum idealen Anspruch der Schulkultur situiert ist. Sie ist allerdings in der Arbeit mit dieser Klasse damit konfrontiert, dass konkrete pädagogische Routinen und Praxen, Förder-, Integrations- oder Konfliktbewältigungsmaßnahmen an dieser Schule nicht ausdifferenziert sind. Sie erfährt damit im Rahmen des Kollegiums kaum Unterstützung und kann nicht auf institutionalisierte Praxen zurückgreifen, die sie in ihrem Handeln entlasten. Im Gegenteil: Obwohl sie als Expertin für Integration und besonders problematische Schüler gilt, dies in ihrem pädagogischen Engagement und Habitus auch repräsentiert („wenn sie noch eine Chance haben dann bei mir"), erhält sie dafür nicht nur keine Unterstützung, sondern auch keine institutionelle und kollegiale Anerkennung. Eher wird sie von Seiten ihrer Kollegen für die Probleme, die ihnen die Schüler machen bzw. die sie mit ihnen haben, verantwortlich gemacht – es ist schließlich ihre Klasse. So wird ihr Lehrerfach von anderen Lehrkräften zum Beschwerdebriefkasten über das Fehlverhalten und für Klagen über „ihre" Schüler umfunktioniert. Sie wird damit innerschulisch in eine Verteidigungs- und Legitimationsposition gebracht, indem sie sich schützend vor „ihre", von allen Seiten als „schlimmste Klasse der Schule" kollektiv stigmatisierte, Klasse stellen muss (vgl. Sandring 2006). Damit erleidet sie selbst ein Stück von deren Stigmatisierung und wird – paradoxerweise als Vertreterin des imaginären, idealen pädagogischen Sinnentwurfs der Schule – innerschulisch marginalisiert. Damit ist sie strukturell in einer Fallensituation situiert: Sie bietet sich aufgrund ihres pädagogischen Habitus und ihres Lehrerethos dafür an, dass die pädagogische Auseinandersetzung mit versagenden und problembelasteten Jugendlichen an sie delegiert wird. Indem sie mit der Lösung dieser Probleme allein gelassen wird, weder kollegiale, kooperative Unterstützung erfolgt[2] noch institutionalisierte, routinisierte, gemeinsame pädagogische Praxen existieren, wird sie beim Fortbestehen oder der Verschärfung von Problemen zur Schuldigen und Versagenden. Damit steht sie in einem Handlungsdilemma: Wenn sie gegenüber ihrer Klasse die Klagen ihrer Kollegen in Anschlag bringt, reiht sie sich in die Reihe der Ankläger ein. Zwar relativiert sich dann ihre Position als Schuldige, weil sie die Beschuldigten nicht verteidigt, sondern sich zu den Anklägern gesellt, aber zugleich wird sie dann von ihren Schülern um so deutlicher als „eine von denen" wahrgenommen, stimmt in die kollektive Stigmatisierung ein, verliert das Vertrauen ihrer Schüler und kann um so weniger ihren pädagogischen Habitus der Unterstützung und Integration zur Geltung bringen. Wenn sie aber –

2 Hinsichtlich der kooperativen Struktur und – wenn man so will (zur Kritik vgl. Helsper 2006b) – Kompetenz an dieser Schule wäre zu sagen, dass es sich hier um eine Schule handelt, die zumindest in weiten Bereichen und – besonders bedeutsam – gerade in den zentralen programmatisch-pädagogischen Bereichen in einem Zustand der „Fragmentierung" befindet, in der also selbst basale und einfache Formen eines kooperativen, gemeinschaftlichen Zusammenwirkens kaum entfaltet sind (vgl. zur Lehrerkooperation Bauer 2004; Bonsen/Rolff 2006; Steinert u.a. 2006).

und das markiert eher ihre Position („so schlimm sind die gar nicht ich komm mit denen klar“) – nicht in die kollektive Anklage und Schuldzuweisung einstimmt, sich gegen die kollektive Sündenbockkonstruktion zur Wehr setzt und sich tendenziell gegen ihre Kollegen auf die Seite der Schüler stellt oder diese zumindest zu verstehen sucht, wird sie zur „Verräterin“, verletzt die kollegiale Solidarität. Diese paradoxen Verstrickungen, die Schuldzuweisungen und der damit einhergehende Legitimationsdruck trägt – neben der mangelnden Institutionalisierung pädagogischer Praxen zur Bearbeitung der idealen Ansprüche – mit dazu bei, das ihr professioneller Habitus der Förderung, des individuellen Verstehens, der gemeinsamen Konfliktlösung unter Einbezug der Schüler unter Druck gerät und in widerspruchsvolle Handlungsvollzüge mündet (vgl. Sandring 2006). So wird sie in einen „Zweifrontenkrieg“ getrieben: Wenn sie ihr professionelles pädagogisches Selbstverständnis und ihren Habitus nicht verleugnen will, muss sie sich – mehr oder weniger deutlich – gegen ihre Kollegen positionieren, aber dies möglichst in Formen, die nicht offen als Angriff gedeutet werden können. Zugleich werden durch die kollektiven und individuellen Stigmatisierungen ihrer Klasse und insbesondere auch einzelner Schüler die Probleme und Spannungen innerhalb der Klasse weiter zugespitzt, so dass ihre pädagogischen Lösungsansätze tendenziell scheitern. Die Klasse bleibt – angesichts der schwierigen Integrationsaufgabe ca. eines Drittels neuer Schüler mit versagenden und belasteten Bildungsbiographien – trotz feststellbarer Ansätze gelingender Regelaushandlungen in sich bekämpfende und sich missachtende Schülergruppen zersplittert. Als strukturelle Wiederholung der institutionellen kollektiven Stigmatisierungsstruktur bleiben Ansätze eines moralisch achtenden Umgangs der Schüler mit den Lehrern und der Schüler untereinander in Ansätzen stecken. So zeigen sich auch in der Klasse Sündenbockkonstruktionen gegenüber einzelnen besonders problembelasteten Schülern, deren Ausschluss von einem Teil der Mitschüler gefordert wird. Die Struktur der Sündenbockkonstruktion und Schuldzuweisung in der Schulkultur wiederholt sich in der Klassenkultur und zwischen den rivalisierenden Peers: Besonders „auffälligen“ Jugendlichen wird die Schuld für die Probleme der Klasse in der Schule zugeschrieben. Von ihrem Ausschluss aus der Klasse wird erhofft, dass sich dann die Probleme mit den Lehrern von selbst „lösen“ und das Negativimage der Klasse in der Schule zum Verschwinden gebracht werden kann. Diese „Versagenserfahrungen“ belasten die Klassenlehrerin nicht nur, sondern lassen ihren pädagogischen Habitus unter Druck geraten: An die Stelle kollegialer Beratung und Unterstützung tritt die überfordernde individualisierende Zuweisung gemeinsamer pädagogischer Aufgaben, individuelle Schuldzuweisung und die Auslösung von Versagenserfahrungen, die auf Seiten der Lehrerin in Richtung Resignation und Deprofessionalisierung weisen.

Wir treffen hier auf eine spezifische Strukturformation der Schulkultur, die im Übrigen unabhängig von je konkreten materialen pädagogischen Sinnkonfigurationen als Typus generalisiert werden kann: Es gibt einen imaginären pädagogischen Sinnentwurf der Schule (hier: „fördern statt auslesen"), der sich durchaus auf die zentralen Strukturprobleme der Schule bezieht (hier: der Umgang mit einer heterogenen Schülerschaft mit sehr unterschiedlichen Ausgangslagen und der Unumgänglichkeit der Selektion bei hohem schulischen Integrationsversprechen). Für diesen pädagogischen Sinnentwurf deutet sich aber bereits auf der Ebene des Imaginären an, dass er symbolisch kaum konturiert und ausgefüllt werden kann. Dies bestätigt sich auf der Ebene des konkreten Unterrichts, der Lehrer-Schüler-Interaktionen und des Lehrerhandelns, also der Ebene des Symbolischen der Schulkultur, auf der es um die handelnde in symbolische, kulturelle Formen und Praktiken zu überführende pädagogische Gestaltung des Schulischen geht. Hier bestehen keine oder lediglich in Ansätzen vorhandene gemeinsam – oder zumindest von relevanten Gruppen des Kollegiums – getragene pädagogische symbolische Formen und Praktiken, in denen die mit den spezifischen Strukturproblemen der Schule einhergehenden Herausforderungen bearbeitet und zu den imaginären Entwürfen vermittelt werden können. Genau dies ist aber jene Ebene der Schulkultur, die für die Stärkung der Professionalität und die weitere Professionalisierung der Lehrkräfte im Rahmen ihrer Berufsbiographie eminent bedeutsam ist. Dieser schulkulturelle Typus lässt sich fassen als *Vakanz des Symbolischen in der Vermittlung von Imaginärem und Realem.*

Gerade jene Lehrer, die das Imaginäre derartiger Schulen verbürgen und in ihrem Lehrerethos zur Geltung bringen, werden innerschulisch zum *„Sündenbock und Professionsopfer" der Schulkultur*, weil sie das Imaginäre der Schule und die Arbeit an den Strukturproblemen der Schule (dem Realen der Schulkultur) verbürgen und als „Ausweis" der Schule fungieren, aber darin weder eine Unterstützung erfahren noch durch institutionalisierte Praktiken getragen werden. Das legt ihr Scheitern nahe, für das sie individuell verantwortlich gemacht werden. Das mündet in Deprofessionalisierungsprozesse, langfristig in Resignation und die Position eines tragisch scheiternden pädagogischen Helden. Sie teilen damit strukturell die Position jener Schüler, an denen sich die Schule besonders zu bewähren hätte (hier: die problembelasteten, versagenden, von Exklusion bedrohten Schüler): So wie sie zu Sündenböcken werden (hier: „die schlimmste Klasse der Schule, oder „M., die schlimmste Schülerin der Klasse"), denen die Schuld für ihr Versagen selbst aufgebürdet wird, so werden auch diese Lehrkräfte zu Sündenböcken, die das nicht einlösen, was sie versprechen. Diesen Sündenböcken wird damit die Schuld für das Scheitern zugeschrieben, womit sie letztlich die schulkulturelle Sinnordnung entlastend stabilisieren.[3]

3 Für eine Theorie des Sündenbocks als Garant für die Stabilisierung und Erhaltung kultureller Ordnungen vgl. Girard 1992.

4 Skizze einer Theorie der Schulkultur und ihrer Bedeutung für die pädagogische Professionalität

Im skizzierten Beispiel sind implizit bereits Bestimmungen zu einer Theorie der Schulkultur enthalten, die in diesem Beitrag nur skizzenhaft umrissen werden können (vgl. dazu detaillierter Helsper u.a. 1998a, b, 2001; Helsper 2000, 2004a, 2005; Böhme 2000, 2006; Kramer 2002; Ullrich 2006; Kamm 2007). Im Unterschied zu anderen Konzepten der Organisation werden Schulen hier vor allem als symbolisch strukturierte, sinnhaft konstituierte soziale pädagogische Räume verstanden. In einer formelhaften Fassung kann Schulkultur folgendermaßen bestimmt werden: *Schulkulturen sind als die symbolische Ordnung der einzelnen Schulen in der Spannung von Realem, Symbolischem und Imaginärem zu fassen. Die Schulkultur wird generiert durch die handelnde Auseinandersetzung der schulischen Akteure mit übergreifenden, bildungspolitischen Vorgaben und Strukturierungen vor dem Hintergrund historischer und kultureller Rahmenbedingungen und der sozialen Auseinandersetzung um die Durchsetzung und Distinktion pluraler kultureller Ordnungen und deren Hierarchisierung. Die jeweilige Schulkultur stellt die einzelschulspezifische Strukturvariante dar, in der die Strukturprobleme des Bildungssystems und die grundlegenden Antinomen des pädagogischen Handelns – die selbst sinnkonstituiert sind – je spezifisch gedeutet werden und in symbolischen pädagogischen Formen, Artefakten, Praktiken, Regeln, imaginären pädagogischen Sinnentwürfen und schulischen Mythen ihren jeweiligen Ausdruck finden. Dies muss wiederum als Ergebnis der handelnden Auseinandersetzung der schulischen Akteure begriffen werden, durch die die Handlungsmöglichkeiten einerseits begrenzt und vorstrukturiert werden, andererseits aber auch je spezifische Möglichkeitsräume des Handelns geöffnet werden, die wiederum – durch das Handeln der schulischen Akteure – transformiert und verändert werden können. Dieses Handeln gestaltet sich – in unterschiedlichen z.B. kommunikativen, strategischen, dramaturgischen Handlungsformen – in der mehr oder weniger spannungsreichen Auseinandersetzung und Kooperation zwischen Schulleitung und verschiedenen Lehrergruppen im Zusammenspiel mit den Auseinandersetzungen zwischen verschiedenen Schüler- und Elterngruppen einer Schule. Durch dieses institutionalisierende Handeln der schulischen Akteure wird eine Schulkultur generiert, reproduziert bzw. transformiert, die zugleich durch mehr oder weniger deutliche „dominante Sinnstrukturmomente" und imaginäre pädagogische Sinnentwürfe gekennzeichnet ist. In ihnen dokumentiert sich, welche schulischen Akteursgruppen mit ihrem je spezifischen (professionellen) Habitus und den diesem inhärenten Sinnstrukturen sich im institutionalisierenden Kampf um Anerkennung durchzusetzen vermochten. Die dadurch konstituierte symbolisch-kulturelle Ordnung der jeweiligen Schule mit ihren dominanten und dominierten imaginären pädagogischen Sinnentwürfen und Mythen erzeugt ein Feld von exzellenten, legiti-*

men, tolerablen, marginalisierten und tabuisierten kulturellen Ausdrucksgestalten, Praktiken und habituellen Haltungen, das zwar keine einfache Fortsetzung milieuspezifischer Habitusformationen darstellt, aber zu den diversen milieuspezifischen und habituellen Sinnstrukturen in einem Passungs- oder Abstoßungsverhältnis steht. Damit bietet die jeweilige Schulkultur für Schülergruppen aus unterschiedlichen Herkunftsmilieus und je spezifischen, biographischen Habitusformationen jeweils divergierende Möglichkeitsräume der Anerkennung und Artikulation ihres Selbst im Rahmen schulischer Bewährung und Bildungsverläufe. Das gleiche gilt für Lehrer, die hinsichtlich ihres je spezifischen (berufs)biographisch erworbenen Habitus bzw. im Prozess der Generierung, Reproduktion und Transformation dieses professionellen Habitus in unterschiedlichen Varianten an die schulkulturelle Sinnordnung anschlussfähig sind, randständig bleiben oder Zurückweisungen erfahren.

Diese sehr verdichteten Bestimmungen sollen in ihren wichtigsten Elementen im Folgenden knapp ausgeführt werden.

1. Die Spannung von Realem, Symbolischem und Imaginärem in der Schulkultur: Die symbolische Ordnung der Schulkultur wird als je spezifisch ausgeformtes Spannungsverhältnis gefasst (vgl. Helsper u.a. 2001). Dabei steht das *Imaginäre* für die idealen programmatischen pädagogischen Entwürfe und Zielsetzungen der jeweiligen Schule sowie die damit verbundenen institutionellen Selbstentwürfe und Bilder, die die schulischen Akteure konstruieren (z.B. in Reden, Schulschriften, Schulprogrammen, Webseiten, alltäglichen Darstellungen etc.). Dieses Imaginäre der Schulkultur kann hinsichtlich seiner „Idealität", der Breite und der Höhe der anvisierten Ziele und Ansprüche unterschiedlich ausgeformt sein. Je ambitionierter, umfassender und höher die pädagogischen Zielsetzungen und Entwürfe formuliert sind (z.B.: „wir möchten unsere Schüler besonders in ihren mathematischen Kompetenzen fördern" bis „wir möchten allseitig gebildete Menschen aus unserer Schule entlassen, die sich kritisch und reflexiv, aber auch verantwortungsbewusst, mit den verschiedenen Weltbezügen auseinandersetzen können"), umso deutlicher ist die jeweilige Schule als eine imaginäre pädagogische Anspruchskultur zu fassen und zwar sowohl gegenüber den Schülern als auch gegenüber den Lehrkräften. Damit wird die Bewährungsdynamik in der Schulkultur angespannt und zugleich wächst das Risiko zu scheitern. Dies markiert den Ansatzpunkt von Ritualen und Mythen der Schulkultur (vgl. Idel 1999; Helsper/Böhme 2000; Böhme 2000; Helsper 2004a; Ullrich 2006), in denen die Bedeutung der Schule für die Akteure (die Vergangenheits- und Zukunftsdimension) sowie die Bewährung gegenüber den schulprogrammatischen und pädagogischen Ansprüchen bearbeitet wird. Der jeweilige dominante Schulmythos und die ihm zugehörigen Rituale stellen somit in metaphorischen und narrativen Zugängen – in der Spannung von verkennender Selbstillusionierung und visionären Entwürfen – die mehr oder weniger „großen Erzählungen" oder Symbolisiungen der jeweiligen Schule zu ihrer Bewährung und ihrem Erfolg bzw. auch der Bewältigung von Scheitern und Misserfolg dar.

Das Imaginäre ist dabei – allerdings in unterschiedlicher Deutlichkeit – auf das *Reale der Schulkultur* bezogen. Das Reale ist – um essenzialistischen Missverständnissen vorzubeugen – selbst als symbolisch strukturiert zu denken. Damit werden die Strukturprinzipien (Giddens 1992) des Bildungssystems und die damit einhergehenden grundlegenden Strukturprobleme gefasst, die als Ergebnis des bildungspolitischen Handelns kollektiver Akteure generiert werden und durch das Handeln kollektiver Akteure auch transformiert werden können (z.B. die Vier- bzw. Fünfgliedrigkeit des deutschen Schulsystems; für die Hauptschule die darin wurzelnde Strukturproblematik der Beschulung und Unterrichtung bei „interner Exklusion", vgl. Bourdieu u.a. 1997; Helsper/Krüger u.a. 2006; Helsper/Wiezorek 2006; Schümer 2004; Solga/Wagner 2004; Baumert/Kunter 2006). Das Reale kann auf der Ebene der Einzelschule nicht grundlegend aufgehoben oder transformiert, sondern lediglich je spezifisch bearbeitet und bewältigt werden. Je gravierender die in den Strukturprinzipien des Bildungssystems wurzelnden Strukturprobleme im Zusammenhang der je spezifischen Bedingungen der Einzelschule ausgeformt sind, um so anspruchsvoller, herausfordernder und für Professionalisierungsprozesse belastender werden die damit einhergehenden Ansprüche. Begrenzungen und Potenziale für die Lehrerprofessionalität werden somit wesentlich auch durch die Strukturprinzipien und Strukturprobleme auf der Ebene des Realen der jeweiligen Schulkultur erzeugt. Das bereits angesprochene Verhältnis von Imaginärem und Realem ist dabei als lose gekoppeltes zu fassen: In der Regel beziehen sich die imaginären pädagogischen Entwürfe und Ziele auf die durch das Handeln der einzelschulspezifischen Akteure je spezifisch ausgeformten Strukturprobleme. Als Grenzfall kann das Imaginäre der Schulkultur aber auch die Bindung an das Reale verlieren und gewissermaßen als phantasmatische, verkennende Anspruchs- und Zielformulierung der Schule fungieren, die darin gerade der Auseinandersetzung mit ihren zentralen Herausforderungen ausweicht (z.B. die Stilisierung zu einer „Kunstschule" bei gravierendem Wandel der Schülerschaft auf Grund regionaler Mobilität).

Das *Symbolische der Schulkultur* – ein Begriff, der insofern Missverständnisse nahe legen könnte, weil er suggeriert, dass das Imaginäre und Reale der Schulkultur nicht sinnhaft strukturiert seien – markiert die interaktive und kommunikative Ebene der Entfaltung pädagogischer Praktiken, Formen, Gegenstände, Routinen, Arrangements etc. Hier findet die Entfaltung des faktischen Handelns zwischen Schülern und Lehrern, innerhalb der Lehrerschaft und mit anderen schulischen Akteuren (z.B. den Eltern) statt. Hierzu zählen insbesondere die Formen des Unterrichts, im Spektrum von lehrerzentrierten Frage-Antwort-Kaskaden bis hin zu schüler- und handlungsorientierten Formen, die Regeln und Rituale des Unterrichts, die Artefakte, Unterrichtsinhalte, Arbeitsgegenstände und -materialien (Arbeitsblätter, Schulbücher, Modelle etc.), aber auch die Praktiken der Kontrolle, der Überwachung, der Beurteilung und Rückmeldung, der Leistungsfeststellung und -diagnose, die Praktiken des Strafens, der moralischen Rechenschaftslegung etc. Genauso bedeutsam sind aber auch die Praktiken der Schüler, die im Rahmen der jeweiligen schulischen Peerculture entstehen, in denen der Unterricht mitkonstituiert wird, die gleichzeitig Formen der Auseinandersetzung mit den schulischen Vorgaben und die Entfaltung einer eigenen jugendkulturellen Formenwelt darstellen. Auch die institutionalisierten Formen des Austauschs zwischen Innen und Außen (Öffnung der Schule, Projekte, Gemeinwesen etc.) oder die institutionellen Formen der Willensbildung und Entscheidungsfindung zählen dazu, genauso wie die institutionalisierten, routinisierten Formen der Reflexion und Kooperation zwischen Lehrern. Diese Erschließung der pädagogischen, der professionellen, der Peerculture- und der institutionellen Formen und Praktiken – also der symbolischen Formen und Praktiken der (Einzel)Schule im Anschluss an eine kulturtheoretische Perspektive sozialer Praktiken (vgl. Reckwitz 2000, 2003, 2006), ohne die Diskursformationen (vgl. Reckwitz 2004), die vor allem auch auf der Ebene des Imaginären anzusiedeln sind, zu vernachlässigen – ist sicherlich ein Kernstück einer empirischen Rekonstruktion der Schulkultur. Das so verstandene Symbolische der Schulkultur bildet die institutionelle symbolische pädagogische Formenwelt, in der das institutionelle Reale und Imaginäre der Schulkultur zum Gegenstand der Auseinandersetzung werden. Denn nur durch die symbolischen pädagogischen Formen und Praktiken kann das Imaginäre der Schulkultur mehr oder weniger deutlich eingelöst und bearbeitet werden und nur durch die symbolischen pädagogischen Formen hindurch kann die institutionelle Auseinandersetzung mit dem Realen, den je spezifischen Strukturproblemen der Schulkultur erfolgen.

Wenn von der Spannung zwischen Realem, Symbolischem und Imaginärem der Schulkultur gesprochen wurde, so kann das vor dem Hintergrund einer idealtypischen Konstellation verdeutlicht werden (vgl. dazu detaillierter Kap. 3): Ein Idealtypus (+/+/+) beinhaltet lediglich geringe Spannungsmomente weil hier das Imaginäre der Schulkultur zentral auf das Reale, die grundlegenden Strukturprobleme der Schulkultur bezogen ist und die Ansprüche, Ziele und Visionen mit Bezug auf diese Herausforderungen konstruiert werden. Dem entsprechen ausdifferenzierte, kommunikativ und kooperativ getragene symbolische, pädagogische Formen und Praktiken, die sowohl die imaginären Ansprüche als auch die grundlegenden Strukturprobleme der Schulkultur aufnehmen und differenziert bearbeiten. Immer dann, wenn das Imaginäre besonders anspruchsvoll entfaltet wird bzw. die Strukturprobleme besonders gravierend sind, zeigen sich aber auch bei dieser idealtypischen Konstellation deutlichere Spannungen. Diese Spannung wird bei allen anderen Konstellationen mehr oder weniger deutlich gesteigert. Von daher ist als eine zentrale institutionelle

Sinnstruktur der jeweiligen Schulkultur diese Situierung von Realem, Symbolischem und Imaginärem zueinander zu fassen.

2. Schulkultur als die in der Auseinandersetzung der schulischen Akteure mit den übergreifenden Strukturproblemen und pädagogischen Antinomien handelnd generierte spezifische Strukturvariante dieser Strukturprobleme und Antinomien im Horizont eines Kampfes um die Anerkennung und Distinktion kultureller Ordnungen: Diese Bestimmung hebt hervor, dass die Sinnordnung der jeweiligen Schulkultur immer als ein Ergebnis der Auseinandersetzung und Verschränkung mit den konstitutiven Antinomien des pädagogischen Handelns (vgl. Helsper u.a. 2001; Helsper 2004b) sowie den durch das Handeln kollektiver Akteure generierten Strukturen und Strukturproblemen des Bildungssystems zu verstehen ist. Dies bedeutet, dass sich Schulkulturen etwa darin unterscheiden, wie deutlich sie an der kindlichen Autonomie orientiert sind, inwieweit sie also Selbständigkeit und Eigenaktivität der Schüler favorisieren und in pädagogischen Praktiken deren Förderung ins Auge fassen. Hinsichtlich der Antinomie von Autonomie und Heteronomie, von Symmetrie und Asymmetrie, aber auch von Nähe und Distanz zeigen sich also deutliche schulkulturelle Differenzen. Dabei steht die schulkulturelle Ausgestaltung des Umgangs mit den Antinomien durchaus in Verbindung mit dem Realen, den Strukturproblemen der jeweiligen Schulkultur. Etwa wenn in stark selektierten Hauptschulen mit einer problembelasteten Schülerschaft, die durch Schulversagen und schulische Degradierungen in ihrer Bildungsbiographie zusätzlich belastet und in Distanz zu schulischen Bildungsprozessen eingemündet ist, die emotionale Bedürftigkeit und die Vakanz familiärer Stützung und Fürsorge so stark ist, dass eine an starker Nähe orientierte, fürsorgliche und Halt gewährende professionelle Haltung erst die Grundlage für die Unterrichtsprozesse zu eröffnen vermag (vgl. Wiezorek 2006; Helsper/Wiezorek 2006). Darin wird die Strukturproblematik der „internen Ausgrenzung" für die Hauptschule nicht aufgehoben, sondern durch das Handeln der schulischen Akteure in das paradox anmutende Vorhaben und konkrete Strukturproblem dieser Schulkultur überführt, den entwerteten Bildungsort Hauptschule für die Schüler in einen Ort der emotionalen und sozialen Anerkennung zu transformieren, der ihnen schulbezogene Bildungswege erst wieder eröffnen kann. Diese Prozesse sind selbst in den Horizont übergreifender kultureller Kämpfe um die Anerkennung partikularer kultureller Ordnungen und Lebensformen eingestellt. So gelingt es, um im Beispiel zu bleiben, besagter Hauptschule nur dann, emotionale und soziale Anerkennung zu gewähren, wenn die gesellschaftlich und schulisch zumeist abgewerteten kulturellen Praktiken der Schüler aus heterogenen marginalisierten sozialen Milieus, innerschulisch aufgewertet und zugleich pädagogische Praktiken generiert werden, die daran anschlussfähig sind (vgl. Wiezorek 2005).

3. Schulkultur als handelnd erzeugtes Dominanzverhältnis von mehr oder weniger dominanten und dominierten pädagogischen Sinnentwürfen: Die Schulkultur stellt – dies könnte die Formulierung Schulkultur im Singular nahe legen – keine homogene und einheitliche Sinnordnung dar. Dies gilt für Schulkulturen gleichermaßen wie für Kulturen der Moderne oder vielfältige, hybride kulturelle Formationen in ethnischen und nationalen Zusammenhängen, die keine homogene Sinnordnung bilden (vgl. etwa Eisenstadt 2006; Reckwitz 2001, 2004). Häufig finden sich innerhalb einer Schule und eines Kollegiums unterschiedliche Lehrergruppierungen, manchmal entlang von Fachschaftsgrenzen, aber auch entlang von Generations- oder bildungspolitischen Linien, die unterschiedliche pädagogische Sinnentwürfe, Praktiken und Regeln repräsentieren, die für differente Interpretationen, Lösungs- und Bewährungsentwürfe gegenüber dem Realen und Imaginären der Schulkultur stehen. In den schulischen informellen und institutionalisierten Entscheidungs- und Aushandlungsarenen – die dort vorherrschenden Partizipations- und moralischen Anerkennungsstrukturen sind selbst ein zentrales Strukturmoment der jeweiligen Schulkultur – kommt es zu Auseinandersetzungen über unterschiedliche Entwürfe, die in die Durchsetzung spezifischer pädagogischer Optionen, in Kompromissbildungen, konsensuelle Lösungen, aber auch zur Herausbildung deutlicher Dominanzmuster führen können: Etwa hinsichtlich der inhaltlichen und fachlichen Profile von Schulen, der Dominanz von Fächern, der Favorisierung von Unterrichtsmethoden, der Regelpraxis oder erzieherischer Projekte. Hierauf haben insbesondere mikropolitische Ansätze verwiesen (vgl. etwa Altrichter/Salzgeber 1995, Altrichter/Posch 1996). Dabei kommt es – in unterschiedlicher Deutlichkeit – zur Herausbildung dominanter Sinnordnungen, in denen spezifische Sinnentwürfe dominieren und andere dominiert werden. Dies impliziert, dass spezifische Lehrergruppen und einzelne professionelle Akteure dem dominanten Sinnentwurf der Schulkultur mehr oder weniger nahe stehen, zustimmen, ihn ablehnen oder auch bekämpfen. Differenzverhältnisse sind in dieser Konzeption immer auch in mehr oder weniger deutlicher Form Dominanz- und Machtverhältnisse. Diese Konstellation wird dadurch noch komplexer, dass diese Dominanzverhältnisse auch im Zusammenspiel mit der Schüler- und Elternschaft betrachtet werden müssen. Die dominanten pädagogischen Sinnentwürfe und Praktiken auf der Ebene der Lehrerschaft müssen dabei nicht zwingend mit den Sinnentwürfen der Eltern und der Schüler übereinstimmen.

4. Die Transformation der Schulkultur: Ebenso wenig wie die Schulkultur als eine homogene Sinnordnung verstanden werden kann, ist sie als eine statische oder reproduktive Ordnung zu begreifen (vgl. detaillierter Helsper u.a. 1998b), ohne dass damit behauptet wird, dass es nicht auch lang andauernde reproduktive Traditionslinien in der Schulkultur geben kann (vgl. hierzu Helsper u.a. 2001). Am deutlichsten werden die transformatorischen Linien in historischen, politischen und kulturellen Umbrüchen – etwa zuletzt der deutsch-deutschen Vereinigung – die für die Struktur, die Inhalte, die Ziele und pädagogischen Entwürfe der Schule gravierende Veränderungen implizieren. Allerdings – dies konnte in entsprechenden Studien verdeutlicht werden (vgl. z.B. Zedler/Weishaupt 1997; Böhme/Helsper 1999; Helsper u.a. 2001; Reh 2003; Gehrmann 2003; Fabel-Lamla 2004; Meister 2005) – bedeutet dies nicht zwangsläufig, dass sich damit auch die schulkulturelle Sinnordnung gravierend ändern muss. Vielmehr gibt es – gerade auch gegenüber den makrosozialen und -strukturellen Veränderungen – durchaus auch Beharrungstendenzen, indem die Neuerungen so in die bestehende schulische Sinnordnung bzw. den (berufs)biographisch herausgebildeten pädagogischen Habitus eingebaut werden, dass diese in ihren grundlegenden Haltungen zum Unterricht, zur Erziehung sowie gegenüber den Schülern tradiert werden können. Darauf weisen insbesondere auch neoinstitutionalistische Ansätze hin, die verdeutlichen, dass Außenanforderungen und bildungspolitische Strukturentscheidungen im Rahmen der jeweiligen innerschulischen Sinnordnungen umgedeutet, redefiniert und an die jeweiligen institutionellen Sinnzusammenhänge angeschlossen werden (vgl. Schaefers 2002 und in diesem Band). Damit soll nicht bestritten werden, dass von derartigen Transformationsprozessen ein gravierender Transformationsdruck auf Schulkulturen ausgeht, ebenso wie von grundlegenden bildungspolitischen Strukturentscheidungen (etwa die Einführung von Standards, der Ausbau von Gesamtschulen etc.). Daneben sind aber umfassende soziokulturelle Wandlungsprozesse ebenso bedeutsam, wie etwa demographische Veränderungen, Veränderungen der Schülerschaft etwa im Zuge der Bildungsexpansion oder regionaler Mobilität (veränderte soziale Zusammensetzung von Stadtteilen etc.). Dadurch können Schulkulturen sogar gravierender unter Transformationsdruck geraten (z.B. auch in Form von Schulzusammenlegungen), als durch bildungspolitische Strukturentscheidungen (vgl. Helsper u.a. 1998b). Von großer Relevanz sind auch die langen Zyklen der Bildungsbeteiligung und der damit einhergehenden Rekrutierung von Lehrerjahrgängen, die über Jahrzehnte hinaus die Zugangsmöglichkeiten für jüngere Lehrergenerationen verschließen oder erschweren (vgl. Nath u.a. 2004; Dartenne 2006). Damit bilden sich Lehrergenerationen heraus, die hinsichtlich ihrer Mentalität und ihrer gemeinsamen berufsbiographischen „Alterung“ schulkulturell bedeutsam werden. Durch die innerhalb weniger Jahre erfolgenden Generationswechsel auf Grund des Ausscheidens werden dann schulkulturelle Traditionen und Routinen verflüssigt und der Raum für neue pädagogische Sinnentwürfe geöffnet.

5. Die symbolische, schulkulturelle Ordnung als sinnstrukturierter habitueller Raum exzellenter, legitimer, tolerabler, marginalisierter und tabuisierter kultureller Ausdrucksgestaltung in je spezifischen Anerkennungsverhältnissen zu milieuspezifischen und biographischen Habitusformationen von Kindern und Jugendlichen: Die symbolische Sinnordnung der Schulkultur mit ihren jeweiligen Dominanzverhältnissen erzeugt einen kulturellen Raum von Anforderungen, Erwartungen, Haltungen, Diskursen und Praktiken. In Bezug auf diesen Raum stehen die primären Habitusfigurationen von Kindern und Jugendlichen, wie sie sich im Rahmen familiärer und sozialer Milieus herausbilden und wie sie im Verlauf der Jugendbiographie weiter ausgeformt und auch transformiert werden, in einem je spezifischen Passungsverhältnis (vgl. Kramer 2002). Damit bilden sich im Schulsystem nicht nur selektionsbedingte Lern- und Entwicklungsmilieus heraus (vgl. Baumert/Schümer 2001; Baumert u.a. 2006), sondern je spezifische sinnstrukturierte Schulkulturen stellen für Schüler aus unterschiedlichen Milieus auch unterschiedliche Möglichkeiten zur Verfügung, ihre Sinnmuster mit den schulkulturellen Sinnentwürfen zu verbinden – im Sinne von Homologie, Nähe, Dissonanz oder Abstoßung (vgl. Bourdieu 1980; Bourdieu/Passeron 1973).

6. Die Schulkultur als spezifische Möglichkeits- bzw. Begrenzungsräume für die Generierung, Stärkung bzw. Begrenzung und Zurückweisung (berufs)biographischer professioneller Habitus von Lehrkräften in Form von berufsbiographischen Passungsverhältnissen: Das Gleiche gilt für die berufsbiographische Entstehung und Herausbildung professioneller Habitus von Lehrkräften. Die jeweiligen Sinnordnungen der Schulkultur mit ihren dominierenden pädagogischen Entwürfen, ihren institutionalisierten Regeln, Praktiken und pädagogischen Formen bilden einen je spezifischen schulkulturellen Professionalisierungsraum. Je nachdem, wie das Verhältnis von Imaginärem, Symbolischem und Realem in der Schulkultur ausgestaltet ist, treffen Lehrkräfte in Schulkulturen auf ambitionierte, visionäre oder auch verkennend-illusionäre Ansprüche, die sie im Sinne eines je spezifischen Lehrerethos herausfordern und zu Entwicklungsschritten auffordern. Je nachdem wie stark die Strukturprobleme der jeweiligen Schulkultur sind, werden Lehrkräfte mit kaum bewältigbaren und schwierigsten Anforderungen konfrontiert, die ihre Professionalisierung erheblich unter Druck setzen und bis hin zu Deprofessionalisierungstendenzen reichen können. Und wenn Lehrkräfte im Rahmen einer Schulkultur agieren, in der die imaginären Entwürfe stimmig auf die Strukturprobleme und -herausforderungen bezogen sind und sich im kollegialen Handeln eine ausdifferenzierte, reichhaltige pädagogische Formenvielfalt, mit entsprechenden Praktiken und Routinen herausgebildet hat, die zudem durch institutionalisierte Reflexions-, Kooperations- und Unterstützungsräume flankiert wird, zeigen sich für die pädagogische Professionalität und die berufsbiographische Professionalisierung große Entwicklungs- und Entfaltungspotenziale.

Ebenso bedeutsam sind allerdings die materialen Sinnentwürfe und pädagogischen Praktiken, die in der jeweiligen Schulkultur dominieren. Ob etwa Gymnasien eher um Exzellenz, Hochbegabung und die Förderung von Spitzenleistungen zentriert sind und entsprechende Praktiken und institutionelle Formen ausbilden oder sich als Möglichkeitsräume für Bildung gerade auch gegenüber Migranten- und tendenziell schulferneren Milieus entwerfen, ob Schulen eher an der weitgehenden Beteiligung und Partizipation von Schülern vor dem Hintergrund einer Hochschätzung von kritischer Verselbstständigung orientiert sind oder eher um Autorität, Disziplin und Selbstdisziplin zentriert sind, ob Schulen eher ein künstlerisch-ästhetisches oder ein stärker naturwissenschaftlich-mathematisches Profil aufweisen, dies eröffnet jeweils unterschiedliche Wege der Professionalisierung und der Herausbildung pädagogischer Professionalität für Lehrkräfte. Und dies ermöglicht auch Lehrern, die in derartig diversifizierte Schulkulturen einmünden, in jeweils unterschiedlicher Art und Weise in ihrem pädagogischen Habitus daran anzuknüpfen oder eher Fremdheit, Zurückweisung oder gar Missachtung zu erfahren. Die symbolische Ordnung der jeweiligen Schulkultur ist somit als entscheidender sinnstrukturierter Möglichkeits- und Begrenzungsraum für den pädagogischen Habitus und die pädagogische Professionalisierung von Lehrkräften zu fassen.

5 Schulkulturen als Ermöglichungs- und Begrenzungsräume pädagogischer Professionalität – ein Strukturmodell und idealtypische Strukturvarianten

Was gewinnt man nun durch eine derartige schulkulturelle Perspektive für die Frage nach dem Verhältnis von Organisation und Profession bzw. der Professionalisierung von Lehrkräften? Die These ist, dass die pädagogischen Habitusfigurationen der Lehrkräfte, die sich im Prozess der (berufs)biographischen Professionalisierungs- oder auch Deprofessionalisierungspfade herausbilden, als komplexe kulturelle Sinnmuster zu fassen sind, die ihrerseits mit der Sinnordnung unterschiedlicher Schulkulturen korrespondieren und in deren Horizont generiert, stabilisiert oder auch transformiert werden.[4] Damit wird für die Herausbildung eines praktisch-professionellen Habitus pädagogisch-unterrichtlichen Könnens die jeweilige Schul-

4 Dabei ist darauf zu verweisen, dass zudem milieuspezifische Sinnmuster, Haltungen und Habituskonfigurationen im Spiel sind. D.h. der jeweils (berufs)biographisch ausgeformte Stand des jeweiligen professionellen Habitus speist sich selbstverständlich nicht nur aus Quellen der Lehrerbildung, der Universität, der Seminare, des Referendariats und weiterer Erfahrungen in und Auseinandersetzung mit konkreten Schulkulturen, sondern wird auch durch das familiäre Herkunftsmilieu und dessen adoleszente und insbesondere auch früherwachsene biographische Transformation und kulturelle Neuverortung wesentlich mit generiert. Das gilt insbesondere für grundlegende pädagogische Haltungen, Zielsetzungen, Überzeugungen und biographisch tief verankerte Formen von Selbstverhältnissen und -praktiken und grundlegend eingespielten Selbst-Andere-Verhältnissen, die für die soziale Dimension des Lehrerhandelns von großer Bedeutung sind. Der professionelle Habitus hat somit neben den professionellen schulkulturellen Erfahrungsräumen weitere Quellen. Und zugleich korrespondieren schließlich auch Schulkulturen über ihre je spezifischen schulkulturellen symbolischen Ordnungen mit milieuspezifischen Habituskonfigurationen. Nicht zuletzt deswegen, weil die zentralen und dominanten Akteure der jeweiligen schulkulturellen Ordnung selbst spezifischen Milieus angehören, nahe stehen oder mit ihnen konfligieren. Das hat zur These von Schulen als jeweils unterschiedlich ausgeformten „Institutionen-Milieu-Komplexen" geführt (vgl. Helsper u.a. 2001, Helsper 2005, 2006a).

kultur als konstitutiv angenommen und damit das praktische Handeln in schulkulturellen Sinnmustern als ein zentraler Generierungsort pädagogisch-professioneller Habitus bestimmt. Im Folgenden sollen, im Anschluss an das schon skizzierte Beispiel, weitere Strukturvarianten der Relevanz der schulkulturellen Ordnung für Professionalisierung und Deprofessionalisierung skizziert werden. Dabei wird hier – umfassendere Darstellungen würden den Rahmen des Beitrags sprengen – vor allem auf die Relevanz der Spannung und der Relationierung zwischen Imaginärem, Symbolischem und Realem in der Schulkultur für die pädagogisch-professionellen Habitus von Lehrkräften eingegangen.

Die in Kap. 1 skizzierte *schulkulturelle Strukturvariante II* wurde gefasst als *Vakanz des Symbolischen in der Vermittlung von Imaginärem und Realem:* Das bedeutet – wie oben skizziert – dass diese Schule umfassende pädagogische Ansprüche auf Integration und individuelle Förderung entfaltet, die auf das Reale, die spezifischen Strukturprobleme einer heterogenen Schülerschaft, durchaus bezogen sind. Das Reale und das Imaginäre der Schulkultur, die Anspruchs- und die Anforderungsebene, stehen somit in einem Korrespondenzverhältnis. Der geringe argumentative, theoretische, narrative und metaphorisch-mythische Detaillierungsgrad des Imaginären verweist aber schon auf den Mangel an symbolischen Formen und Praktiken und gemeinsam getragenen pädagogischen Konzepten. Gerade für Lehrkräfte, die sich dem imaginären Anspruch verpflichtet fühlen und sich den Strukturproblemen der Schulkultur zuwenden, resultieren aus dieser schulkulturellen Konstellation aber Deprofessionalisierung, Scheiternserfahrungen und langfristige Überforderung. Diese *schulkulturelle Strukturvariante II* Imaginäres (I+), Reales, also Aufgreifen der schulischen Strukturprobleme (R+) und Symbolisches, also darauf abgestimmte pädagogische Formen und Praktiken (S–) impliziert eine mangelnde Unterstützung bei der Professionalisierung und die Gefahr von Deprofessionalisierung gerade bei engagierten Lehrkräften. Der Zusammenhang von Schulkultur und Professionalität (P) bzw. Deprofessionalisierung (DP) kann für dieses Muster in der folgenden Formel gefasst werden: *I+/S–/R+ => P–/DP+*.

Während mit dieser schulkulturellen Strukturvariante (Imaginäres: +/Symbolisches: –/Reales: +, kurz: I+/S–/R+) idealtypisch also Professionalisierungsmöglichkeiten beschränkt und begrenzt sowie Deprofessionalisierungswege angebahnt werden, beinhaltet das schulkulturelle Muster I+/S+/R+ demgegenüber umfassende Professionalisierungspotenziale. Idealtypisch lässt sich das etwa am Beispiel einer Schule nachvollziehen, die als ambitioniert in ihren Zielen und Ansprüchen dargestellt wird, sich speziell den Anfangsproblemen von Kindern mit der Schule zuwendet und zugleich aber differenzierte pädagogische Formen und Praktiken ausbildet, etwa in Form eines spezifischen Erstlese- und Schreibunterrichts und dies in kollegial getragene, kooperative Unterstützungszusammenhänge einbindet (vgl. Altrichter u.a. 1994; Altrichter/Salzgeber 1996). Das Imaginäre der Schulkultur wird hier also durch detaillierte pädagogische Methoden, Praktiken und Konzepte symbolisch ausdifferenziert. Für die Professionalisierung zeigen sich darin große Potenziale und Möglichkeiten. Das wird am Beispiel einer neu in die Schule einmündenden Lehrkraft verdeutlicht, die zwar über langjährige Berufserfahrung verfügt, aber hinsichtlich der praktizierten Methoden eine „Novizin" ist. Sie kann hinsichtlich der Ansprüche und Ziele dieser Schulkultur nun auf kollegiale Unterstützung und Kooperation setzen, in der sie kollegial mit den neuen Methoden vertraut gemacht wird, Materialien an die Hand bekommt und auf die bestehenden Erfahrungen zurückgreifen kann. Diese *schulkulturelle Strukturvariante I* kann als *stimmige Vermittlung von Imaginärem und Realem durch ausdifferenzierte symbolische Formen und pädagogische Praktiken* gefasst werden. Dieses Muster lässt sich hinsichtlich seiner Relevanz für Professionalisierung (P) und Deprofessionalisierung (DP) wiederum formelhaft fassen: *I+/S+/R+ => P+/DP–*.

Allerdings scheint es auch bei diesem vor allem Möglichkeitsräume für Professionalisierung eröffnenden Muster der Schulkultur Problemkonstellationen zu geben: So weisen Altrichter und Posch zum ersten darauf hin, dass derartige schulkulturelle Konstellationen durch eine „gewisse Geschlossenheit" gekennzeichnet sein können. Das kann für Neuankömmlinge und Novizen insofern ein Professionalisierungsproblem aufwerfen, als der Spielraum für schulkulturell akzeptable pädagogisch-professionelle Habitus auch eng geführt sein kann. Das kann zu Passungsproblemen und Spannungen für einzelne Lehrkräfte führen, vor allem dann, wenn die Schulkultur durch deutliche Dominanzstrukturen und durch eine geringe Toleranz gegenüber der Herausbildung alternativer pädagogisch-professioneller Habitus gekennzeichnet ist. Daneben ist zweitens auf eine weitere Problemkonstellation hinzuweisen: Immer dann, wenn es sich um besonders anspruchsvolle Schulkulturen mit imaginären Anspruchskonstruktionen und schulmythischen Heilsgeschichten handelt, die zudem um „generalisierte Erziehungserwartungen" (vgl. Tenorth 2006; Baumert/Kunter 2006) zentriert sind und/oder mit besonders starken Strukturproblemen auf der Ebene des Realen konfrontiert sind, können daraus – trotz ausdifferenzierter symbolisch pädagogischer Formen und Praktiken – langfristig Überforderungen, wiederkehrendes zugespitztes Scheitern, die Verstrickung in paradoxe Handlungsmuster, Enttäuschungen und desillusionierter Rückzug resultieren, was langfristig auch zur Deprofessionalisierung führen kann. Das lässt sich etwa an der Position des nahezu allzuständigen Waldorfklassenlehrers zeigen, die mit deutlichen Erfahrungen einer hochgradigen Belastung und tiefen Verstrickungen mit den Schülern in der Frühadoleszenz einher geht, über alle Unterschiede des jeweiligen spezifischen Klassenlehrerhabitus hinweg (vgl. Helsper/Ullrich u.a. 2007). Dies zeigt sich aber auch an Hauptschulen, die versuchen, innerschulisch und in Form pädagogischer Entwürfe, Praktiken und Konzepte, das unaufhebbare Strukturproblem zu lösen, dass es sich um einen schulisch entwerteten Bildungsort handelt, was besonderes zeitliches und pädagogisches Engagement, starke persönliche und emotionale Involvierung, besondere didaktische und methodische Fähigkeiten, hohe Flexibilität und Offenheit bei der Unterrichtsgestaltung in Verbindung mit einer starken individuellen und schülerorientierten Förder- und Stützungshaltung bei gleichzeitig hoher Frustrationstoleranz gegenüber Unterrichtsstörungen erfordert. Diese zeitliche und persönliche „Investition“ kann mittel- und langfristig an Grenzen gelangen und tendiert zur „pädagogischen Berufung“, die wiederum an spezifische Lebenskonstellationen (z.B. keine eigene Familie, Kinder etc.) und ein spezifisches Lehrerethos der Fürsorge gebunden ist, bei deren Veränderung (z.B. eigene Kinder) Grenzen der Belastung erreicht werden (vgl. Helsper/Krüger u.a. 2006; Helsper/Wiezorek 2006; Hörnlein/Gibson 2007).

Dies verdeutlicht, dass es sich bei dieser schulkulturellen Strukturvariante zwar idealtypisch um eine pädagogische Professionalität fördernde und eröffnende Konstellation handelt, die aber unter spezifischen Konstellationen etwa des Imaginären und des Realen der Schulkultur oder auch der Dominanz und Homogenität in der Schulkultur Deprofessionalisierungsrisiken eröffnen kann. Die idealtypischen Strukturvarianten müssen daher selbst intern noch einmal differenziert werden, wobei sich dann wiederum feinere Varianten innerhalb des Idealtypus unterscheiden lassen.

Eine weitere idealtypische schulkulturelle Konstellation konnte am Beispiel von Sekundarschulen rekonstruiert werden (vgl. Hummrich u.a. 2006; Sandring/Gibson 2006). Das Imaginäre dieser Schulkulturen kann als vakant gekennzeichnet werden. Es reduziert sich darauf, dass dies eine Schule – z.B. eben die Schule des Dorfes – ist, das eine Selbstverständlichkeit darstellt und die Schule einfach zu funktionieren hat. Zugespitzt: Das Imaginäre reduziert sich hier auf die allgemeine Organisationsgestalt und auf die Schule als eine Art Funktionssystem und dessen routinisierte Ablaufmuster – eben Schule. Ausdifferenziertere pädagogische Entwürfe und Sinngebungen fehlen. Dabei ist diese Schule durchaus durch starke Strukturprobleme auf der Ebene des Realen gekennzeichnet: Eine Entwertung von Abschlüssen, die an der Sekundarschule erworben werden (hohe Arbeitslosigkeit, starker Verdrängungswettbewerb von Seiten der Gymnasiasten), eine Heterogenität der Schülerschaft zwischen gymnasialer Anschlussperspektive, Schuldistanz und drohendem Verpassen eines Schulabschlusses etc. Diese besondere Herausforderung und Anforderung wird tendenziell ausgeblendet und damit entfällt auch auf der Eben des Symbolischen die Entfaltung eines pädagogischen Handlungsrepertoires, pädagogischer Formen und Praktiken, die gezielt darauf „antworten“ können. Idealtypisch kann dieses Muster der Schulkultur dadurch gekennzeichnet werden, dass es sowohl am Imaginären der Schulkultur an ausdifferenzierten pädagogischen Formen und auch an der Auseinandersetzung mit den Strukturproblemen der Schulkultur mangelt. Diese *Strukturvariante VIII der Schulkultur* ist zu fassen als die

Abblendung des Realen und die Vakanz des Imaginären in Verbindung mit pädagogischen Formen und Praktiken zur organisations-, routine- und kontrollförmigen Aufrechterhaltung des Unterrichts- und Schulbetriebs. Wiederum idealtypisch formelhaft: I–/S–/R–.[5] Diese Strukturvariante der Schulkultur impliziert für die Herausbildung pädagogischer Professionalität starke Begrenzungen: Hinsichtlich des pädagogischen Ethos (vgl. Oser 1998), der Ideale und Zielsetzungen bietet diese Schulkultur kaum Anregungen und Anstöße. Im Gegenteil: Gerade Pädagogen oder Novizen, die mit derartigen „überschüssigen" Ansprüchen und pädagogischen Haltungen in derartige Schulen einmünden, drohen den „Dienst nach Vorschrift" zu stören und damit zu Störenfrieden der organisationsförmigen pädagogischen Routine zu werden, weil sie inhaltliche und für die bestehende Schulkultur „überbordende" professionelle Ansprüche artikulieren. Zugleich finden sie keine ausdifferenzierte Vielfalt der Formen und Praktiken des Pädagogischen vor, sondern werden mit routineförmig-unbefragten Skripts, organisatorisch formalisierten Ablaufmustern und Kontrollpraktiken zur Sicherung des Unterrichts konfrontiert. Damit werden die didaktischen, methodischen und sozialen Kompetenzen kaum entfaltet (vgl. Baumert/Kunter 2006), sondern eng geführt. Für Lehrkräfte mit überschüssigen Ansprüchen bedeutet dies, dass sie nicht nur wenig professionalisierende Anregung erhalten, sondern in ihren Ambitionen eher ausgebremst werden und damit in der Tendenz eine Deprofessionalisierung erleiden. Formelhaft kann das Verhältnis der Strukturvariante VIII der Schulkultur und ihren Konsequenzen für Professionalisierung (P) und Deprofessionalisierung (DP) folgendermaßen gefasst werden: *I–/S–/R– => P–/DP+*. Sie markiert damit – idealtypisch – genau die Opposition zur schulkulturellen Strukturvariante I (I+/S+/R+).

Auch hier ist allerdings darauf zu verweisen, dass die konkrete Ausgestaltung von Professionalisierungs- bzw. Deprofessionalisierungsprozessen erst vor dem Hintergrund der spezifischen Passungsverhältnisse und der (berufs)biographischen Hintergründe von Lehrkräften zu bestimmen ist. So können sich – bei einem entsprechend konturierten und gefestigten pädagogischen Habitus – gerade auch aus Dissonanz- und Konflikterfahrungen einzelner Lehrer mit derartigen routineförmi-

5 Dabei markiert allerdings die Formulierung S– einen fiktiven Grenzfall: Denn wenn eine Schule besteht, darin gehandelt wird und Unterricht stattfindet, dann findet dies notwendigerweise in unterschiedlichen pädagogischen Formen, Praktiken, Artefakten und Arrangements statt, die rekonstruierbar sind. Wenn also hier S– gesetzt wird, dann ist damit nicht das faktische Ausfallen derartiger kultureller Praktiken gemeint, sondern der Sachverhalt, dass es keine oder kaum ausdifferenzierte und entfaltete pädagogische Formen und Praktiken gibt, die über die routine-, kontroll- oder auch sanktionsförmige Aufrechterhaltung des funktionsförmigen Unterrichtsgeschehens hinausweisen – also an professionelle Kompetenzen und entfaltete habituelle professionelle Formen anschließen oder diesen entsprechen (vgl. Oevermann 1996; Helsper 2004a, b) – und in denen die besonderen pädagogischen Herausforderungen und Strukturprobleme der jeweiligen Schulkultur bearbeitet werden.

gen schulischen Funktionskulturen auch Schärfungen des eigenen Profils, des Lehrerethos und pädagogischer Haltungen und in der Auseinandersetzung mit der Vakanz symbolischer pädagogischer Formen eine Arbeit an der Entfaltung alternativer unterrichtlicher Praktiken ergeben. Dies erfolgt dann allerdings individualisiert und im Modus des Konflikts oder der Entgegensetzung und wird nicht schulkulturell getragen, sondern erfolgt aus einer marginalisierten und dominierten schulkulturellen Position, was erhebliche biographische Ressourcen, bereits ausgebildete pädagogische Kompetenzen und professionelle habituelle Haltungen erfordert.

Das Verhältnis von Imaginärem, Symbolischem und Realem der Schulkultur und dessen je spezifische Bedeutung für die Eröffnung und Begrenzung pädagogischer Professionalisierungspotenziale und Deprofessionalisierungsrisiken kann im folgenden idealtypischen Strukturschema gefasst werden: I/S/R => P/DP. Für dieses Schema, das an konkreten Beispielen bereits für drei Strukturvarianten ausdifferenziert wurde, lassen sich nun acht idealtypische Konstellationen angeben:

	I	S	R	=>	P	DP	
1.	+	+	+	=>	+	–	(Strukturvariante I, vgl. oben)
2.	+	–	+	=>	–	+	(Strukturvariante II, vgl. oben)
3.	–	+	+	=>			
4.	–	–	+	=>			
5.	+	+	–	=>			
6.	+	–	–	=>			
7.	–	+	–	=>			
8.	–	–	–	=>	–	+	(Strukturvariante VIII, vgl. oben)

Die vakanten idealtypischen Strukturvarianten sollen im Folgenden – ohne detaillierte empirische Rekonstruktion – gedankenexperimentell entworfen und auf ihre empirische Anschlussfähigkeit hin abgetastet werden.

Mit der *Strukturvariante III (I–/S+/R+)* sind wohl Schulkulturen zu erfassen, in denen die konkrete, pragmatische Auseinandersetzung mit anstehenden Herausforderungen und Strukturproblemen in Form des konkreten „Anpackens“ und praktischen Tuns im Zentrum stehen („packen wirs an“). Es sind damit Schulkulturen zu erfassen, in denen ausdifferenzierte pädagogische Formen und Praktiken zur Auseinandersetzung mit den spezifischen Strukturproblemen und Herausforderungen dieser Schulen entwickelt sind, die aber hinsichtlich ihrer Selbstrepräsentationen und -darstellungen, der theoretischen, argumentativen, narrativen und mythischen Darstellung von Bewährung und Erfolg eher abstinent sind. Ob in derartigen Konstellationen das Imaginäre aber tatsächlich weitreichend ausfällt, kann bezweifelt werden: Denn die Auseinandersetzung mit den Strukturproblemen und die darauf bezogene Entwicklung pädagogischer Formen kommt zumindest implizit nicht ohne

Zielformulierungen und pädagogische Konzepte aus, auch wenn diese nicht reflexiv entfaltet, argumentativ elaboriert oder narrativ detailliert werden. Die Auseinandersetzung mit dieser idealtypischen Variante bleibt weiteren empirischen Rekonstruktionen vorbehalten. Insgesamt ist eine derartige schulkulturelle Variante für die Entfaltung und Stärkung pädagogischer Professionalität wohl förderlich, besitzt aber, wenn es tatsächlich zu Vakanzen auf der Ebene des Imaginären kommt, auch Problembereiche hinsichtlich der Entfaltung des Lehrerethos oder auch der argumentativen Begründung und narrativen Detaillierung pädagogischer Entwürfe und Visionen. Formelhaft lässt sich dies als professionalisierende, aber auch ambivalente Konstellation ausdrücken: *I–/S+/R+ => P+/–/DP–*.

Die *schulkulturelle Strukturvariante IV (I–/S–/R+)* mutet auf den ersten Blick wie eine lediglich hypothetische Konstruktion an. Allerdings lässt sich die Variante, dass die grundlegenden Strukturprobleme und die damit verbunden Herausforderungen schulkulturell stark präsent sind und gleichzeitig die Ebene imaginärer, idealer pädagogischer Entwürfe, Visionen und Zielsetzungen sowie die Ebene der Ausdifferenzierung symbolischer pädagogischer Praktiken und Formen zur Auseinandersetzung mit den Strukturproblemen unterbelichtet sind, durchaus mit Schulen in Zusammenhang bringen: Ein idealtypisches Beispiel wäre hierfür die durch ihren Hilferuf in die mediale Öffentlichkeit geratene Berliner „Rütlischule“: Die Strukturprobleme einer kulturell äußerst heterogenen, zugleich negativ ausgelesenen, mit vielfältigen jugendlichen Problemaufschichtungen konfrontierten und zugleich als schulischer Bildungsort massiv entwerteten Hauptschule kulminieren hier und werden von der Lehrerschaft massiv artikuliert. Zugleich bleibt die Arbeit an einem Schulprogramm Fragment, scheint der Glaube an und die Formulierung pädagogischer Ambitionen oder gar Visionen weitgehend auszufallen (pädagogische Resignation) und sind pädagogische Praktiken, Projekte und Konzepte zur Auseinandersetzung mit den verschärft wahrgenommenen Problemen nicht ausdifferenziert und gemeinsam entwickelt. Diese schulkulturelle Formation lässt sich – so die These – vor allem an Schulen finden, die auf Grund der Verschärfung und Zuspitzung von Strukturproblemen in die Krise geraten sind, in denen Erfahrungen des Scheiterns, der Vergeblichkeit von Anstrengungen und der Überforderung dominieren (berufsbiographische Resignationsverläufe und institutionelle Verlaufskurven des Verlustes von aktiver Gestaltbarkeit, vgl. Helsper u.a. 1998b). Wenn sich dies mit dem Verlust der Hoffnung auf die Realisierung pädagogischer Zielsetzungen und dem prinzipiellen Zweifel gegenüber pädagogischen Visionen und Entwürfen verbindet, dann wird die imaginative Quelle des professionellen Habitus zusätzlich ausgetrocknet – an der Stelle pädagogischer Sinnstiftung entsteht ein Vakuum. Gerade derartige schulkulturelle Formationen bedürfen besonders stark der äußeren Flankierung, der Zuführung von Ressourcen und der exzentrischen professionellen und institutionellen Beratung, Reflexion und Weiterbildung, um Professionalisierung weiter offen halten zu können und der massiv drohenden Deprofessionalisierung entgegen zu wirken. Die Konsequenz dieser krisenhaft eskalierten schulkulturellen Variante für die Professionalität lässt sich fassen als: *I–/S–/R+ => P–/DP+*.

Die *Konstellation V (I+/S+/R–)* repräsentiert wiederum eine auf den ersten Blick unwahrscheinliche schulkulturelle Strukturvariante: Imaginative pädagogische Sinnentwürfe, Zielformulierungen und Ambitionen sind vorhanden und es liegt auch eine differenzierte Palette pädagogischer Praktiken, Methoden und Zugangsweisen vor, die auf die pädagogischen Ambitionen und Visionen bezogen sind. Gleichzeitig werden darin die besonderen Ausgangslagen, Strukturprobleme und Herausforderungen dieser Schulkultur aber verfehlt. Die imaginativen Sinnentwürfe und pädagogischen Praktiken scheinen eher für eine andere Schule „gemacht" zu sein. Dies könnte für Schulen gelten, in denen es im Verlauf ihrer institutionellen Geschichte zu erheblichen Veränderungen (etwa der Zusammensetzung der Schülerschaft) gekommen ist, die auf die ehemalige Ausgangslage bezogenen Ambitionen und pädagogischen Formen aber gleichsam institutionell „konserviert" werden. Ein Beispiel für eine derartige schulkulturelle Strukturvariante stellt die „Pestalozzi-Schule" dar (vgl. Combe/Buchen 1996, S. 53ff.), die plakativ als „Schulkultur ohne Schüler" zu fassen ist. Es gibt ein ausdifferenziertes Schulprogramm mit ambitionierten pädagogischen Sinnentwürfen und zumindest teilweise ausdifferenzierten pädagogischen Formen (Ganztagsangebote etc.). Die Lehrerschaft arbeitet an der Belastungsgrenze und zugleich zeigt sich, dass es eine „abstrakte Programmorientierung" ist, die kaum auf die Ausgangslage und Voraussetzungen der Schüler bezogen ist. Im Hintergrund steht die Hoffnung, dass es durch dieses Image und die programmatische Außendarstellung der Schule gelingen könnte, andere, leistungsstärkere, weniger problembelastete Schüler anzuziehen, also eine andere Schule zu werden. Wie der Schulleiter formuliert: „Unser Konzept ist gut, aber wir haben die Schüler nicht dafür." (ebd.) Hinsichtlich der Möglichkeiten und Begrenzungen für pädagogische Professionalität ist diese schulkulturelle Strukturvariante ambivalent einzuschätzen: Zwar werden pädagogische Sinnentwürfe und Zielsetzungen formuliert und es erfolgen darauf bezogene Anstrengungen zur Entfaltung pädagogischer Praxen, die unter anderen Bedingungen und Strukturen durchaus produktiv wären. Aber diese Professionalisierungspotenziale laufen an derartigen Schulen ins Leere, weil sie nicht auf die spezifischen Probleme und Anforderungen der Schule bezogen sind, so dass Problemkumulation, Scheiternserfahrungen und Belastungen im Unterrichtsalltag dadurch nicht abgefangen werden können und Deprofessionalisierung droht, da aus den programmatisch-imaginären Ansprüchen noch zusätzliche Belastungen resultieren. Formelhaft lässt sich das fassen als: *I+/S+/R– => P–/+/DP+*.

Mit der *schulkulturellen Strukturvariante VI (I+/S–/R–)* sind „inkonsistente imaginäre Anspruchskulturen" zu markieren (vgl. Helsper u.a. 2001). Sie stellen gewissermaßen eine Steigerung der 5. Konstellation dadurch da, dass es hier zwar ein imaginiertes Bild und mythisch-metaphorische Sinnkonstruktionen der Schule bestehen, diese aber „freischwebend“ bleiben, weder in symbolische pädagogische Formen und Praktiken „übersetzt“ noch an die Strukturprobleme der Schule zurückgebunden werden. Da hier im Kontext der Schulkultur vor allem verkennend-selbstillusionierende mythische Züge der Bewährung und Imagebildung dominieren sind die Möglichkeitsräume für pädagogische Professionalität deutlich belastet: *I+/S–/R– => P–/DP+*.

Die *schulkulturelle Strukturvariante VII (I–/S+/R–)* steht für eine Konstellation, in der sowohl die imaginären Entwürfe und Ambitionen vakant bleiben, als auch der Bezug auf das Reale, die spezifischen Strukturprobleme und Anforderungen der Schule, nicht entfaltet ist. Zugleich bestehen aber pädagogische Handlungsrepertoires, Praktiken und Artefakte, die aber keine Bindung an das Imaginäre und Symbolische besitzen. Bei dieser Konstellation käme es somit zu „freischwebenden“ pädagogischen Praktiken und Formen, zu einer Art „blinden Tuns“. Damit nähert sich diese Variante der bereits rekonstruierten Variante VIII an (vgl. oben), in der weitgehend reflexionslos routinisierte, formalisierte Ablaufpraxen und Unterrichtskripts in derartigen Funktionskulturen dominieren. Auch für das Muster VII ist zu folgern, dass es hier zu deutlichen Professionalisierungsproblemen in Verbindung mit Deprofessionalisierungsrisiken kommt: *I–/S+/R– => P–/DP+*.

Über dieses Schema hinaus und anknüpfend an die Hinweise zur Differenzierung innerhalb der schulkulturellen Strukturvarianten soll zumindest noch auf zwei weitere schulkulturelle Linien verwiesen werden, die im Modell des Verhältnisses von Imaginärem, Symbolischem und Realem nicht aufgehoben sind und die für die pädagogische Professionalität im Horizont der Schulkultur entscheidende Bedeutung besitzen: Die Anerkennungs- und Dominanzstrukturen der Schulkultur sowie die Passungsverhältnisse zwischen der material ausgeformten schulkulturellen Sinnordnung und den professionellen Habitus der Lehrkräfte.

Je deutlicher Schulkulturen durch *hierarchisch strukturierte Dominanzmuster* gekennzeichnet sind, was die moralische Anerkennung der Lehrkräfte in ihrer pädagogischen Autonomie stark beeinträchtigt und impliziert, dass sie mit engen Vorgaben hinsichtlich des akzeptablen Lehrerhabitus bis auf die Ebene von Kleidungsvorschriften oder Körperhaltungen im Unterricht konfrontiert werden (vgl. Helsper 2005), um so deutlicher werden der schulkulturelle Möglichkeitsraum für individuelle Professionalisierungswege eng geführt und pädagogische Habitus von Lehrkräften auf spezifische Haltungen hin modelliert, was auch in Konfliktdynamiken münden kann. Auf derartige Varianten sind wir etwa in Schulkulturen gestoßen, die durch eine „paternalistische Schulleitung“ gekennzeichnet waren, in der Lehrer – insbesondere jüngere Lehrkräfte – mit engen Vorgaben konfrontiert und teilweise wie entmündigte Schüler behandelt wurden (vgl. Sandring/Gibson 2006; Helsper u.a. 2001; Helsper/Kramer 1998). Wenn derartige schulkulturelle Dominanzmuster auch eine starke Entlastung gegenüber der individuellen professionellen Verantwortung erlauben, weil die Verantwortung an diese paternalistischen Schulleiter delegiert werden kann (vgl. Sandring/Gibson 2006), so werden damit doch kooperative und kommunikative kollegiale Verständigungs- und Auseinandersetzungsprozesse, die für die Entwicklung pädagogischer Professionalität im Rahmen der Schulkultur von zentraler Bedeutung sind, erheblich erschwert und behindert. Die jeweiligen Anerkennungs- und Dominanzstrukturen der schulkulturellen Ordnung müssen somit für das Verhältnis von Schulkultur und Professionalität beachtet werden.

Das Gleiche gilt für die *Passung zwischen der material ausgeformten dominanten Sinnordnung der Schulkultur und den je spezifischen individuellen habituellen Haltungen und Sinnentwürfen* auf Seiten der Lehrer. So wie sich Schulkulturen darin unterschieden, welchen Sinnentwurf sie hinsichtlich des idealen und anerkannten Schülers enthalten, so unterscheiden sie sich auch darin, welcher Lehrerhabitus favorisiert wird. Wenn etwa der dominante imaginäre Entwurf der Schulkultur um die pädagogische Erzeugung eines (selbst)disziplinierten, am hochkulturellen Kanon orientierten, schulkonformen, die Autorität der Älteren und klassische Tugenden achtenden Schülers zentriert ist, der sich modischen jugendkulturellen und medialen Trends gegenüber abstinent verhält (vgl. Helsper u.a. 2001; Helsper/Kramer 1998), dann haben es Lehrkräfte, die derartigen kulturellen Modernisierungen selbst nahe stehen und eine stärker schülerorientierte, offene Haltung gegenüber Jugendlichen einnehmen, im Rahmen dieser Schulkultur schwer, einen ihnen entsprechenden professionellen pädagogischen Habitus zu entwickeln und zu stärken. In einem nach der Wende neu gegründeten Gymnasium in christlicher Trägerschaft in den neuen Bundesländern (vgl. Böhme/Helsper 1999; Helsper 2004a) konnte eine schulkulturelle Konstellation rekonstruiert werden, in der junge, zumeist westdeutsche Lehrkräfte an einem stärker informellen, schülerorientierten und offenere Unterrichtsformen praktizierenden pädagogischen Entwurf orientiert waren. Da sie in diesem pädagogischen Habitus ihrerseits noch nicht gefestigt und noch relativ wenig erfahren waren, bedurften sie – bei auftretenden Problemen in der Umsetzung derartiger pädagogischer Haltungen, etwa bei Disziplinproblemen im Unterricht – der kollegialen Unterstützung und Beratung. Da die Schule in den Anfängen erheblich unter Bewährungsdruck stand und Experimente mit offenem Ausgang für den Ruf der Schule bedrohlich waren, zudem die an Disziplin und Lehrerdominanz orientierten älteren Lehrkräfte in ihrer Unterrichtsführung „erfolgreicher" waren bzw. weniger Probleme hatten, geriet dieser habituelle professionelle Entwurf erheblich unter Druck. Es kam zu Revisionsmustern, in denen die jungen Pädagogen sich stärker an die professionellen Dominanzmodelle annäherten und sich damit dem imaginären Entwurf, eine stark an Leistung, klaren Regeln, Disziplin und verantwortlichen Prinzipien orientierte Schule zu sein, stärker assimilierten. Dies verdeutlicht, dass die Homologie bzw. Spannung der individuellen professionellen Haltungen und

Sinnentwürfe gegenüber den dominanten materialen Sinnmustern der Schulkultur, für die Ermöglichung, die Begrenzung bzw. die Revision individueller Professionalisierungswege von hoher Bedeutung ist.

Abschließend bleibt hervorzuheben: Wenn die symbolische Ordnung der Schulkultur somit von zentraler Bedeutung für die Herausbildung eines professionellen Habitus und die Prozesse der Professionalisierung ist, so *bedeutet dies nicht, dass dadurch die Professionalität der Lehrer vollständig determiniert wäre*. Wenn die jeweilige Schulkultur Möglichkeitsräume eröffnet und Begrenzungen für die pädagogische Professionalität setzt, so sind die jeweiligen (berufs)biographischen Ressourcen, die handelnde Auseinandersetzung der einzelnen Lehrkräfte mit der schulkulturellen Ordnung, das interaktive und kooperative Zusammenspiel zwischen Lehrkräften sowie die konkrete Passung zwischen dem bereits herausgebildeten pädagogischen und milieuspezifischen Habitus und der schulkulturellen Sinnordnung für die weitere Entfaltung des pädagogischen Habitus und die jeweiligen Professionalisierungswege ebenso bedeutsam.

Literatur

Altrichter, H./Posch, P. (Hrsg.) (1996): Mikropolitik der Schulentwicklung. Innsbruck/Wien.

Altrichter, H./Salzgeber, S. (1995): Mikropolitik der Schule. In: Rolff, H.-G. (Hrsg.): Zukunftsfelder von Schulforschung. Weinheim: 9-41.

Altrichter, H./Radnitzky, E./Specht, W. (1994): Innenansichten guter Schulen. Fallstudien über Schulen in Entwicklung. Wien.

Bauer, K.-O. (1992): Von der mechanischen zur professionellen Organisation der Schule. In: Zeitschrift für Sozialisationsforschung und Erziehungssoziologie, 12. Jg., H. 4, 325-340.

Bauer, K.-O. (2004): Lehrerinteraktion und -kooperation. In: Helsper, W./Böhme, J. (Hrsg.): Handbuch der Schulforschung. Wiesbaden: 813-833.

Baumert, J./Kunter, M. (2006): Stichwort: professionelle Kompetenz von Lehrkräften. In: Zeitschrift für Erziehungswissenschaft, Jg. 9, H. 4, 469-521.

Baumert, J./Schümer, G. (2001): Familiäre Lebensverhältnisse, Bildungsbeteiligung und Kompetenzerwerb. In: Deutsches PISA-Konsortium: PISA 2000. Die Bundesrepublik Deutschland im internationalen Vergleich. Opladen: 323-407.

Baumert, J./Stanat, P./Watermann, R. (2006): Herkunftsbedingte Disparitäten im Bildungssystem. Vertiefende Analysen von PISA 2000. Wiesbaden.

Böhme, J. (2000): Schulmythen und ihre imaginäre Verbürgung durch oppositionelle Schüler. Ein Beitrag zur Etablierung erziehungswissenschaftlicher Mythosforschung. Bad Heilbrunn.

Böhme, J. (2006): Schule am Ende der Buchkultur. Medientheoretische Begründungen schulischer Bildungsarchitekturen. Bad Heilbrunn.

Böhme, J./Helsper, W. (1999): Gemischte Kollegien – ein „Kampf um Anerkennung" zwischen ost- und westdeutschen LehrerInnen in ostdeutschen Gymnasien. In: Combe, A./Helsper, W./Stelmaszyk, B. (Hrsg.): Forum Qualitative Schulforschung I. Schulentwicklung – Partizipation – Biographie. Weinheim: 139-171.
Bonsen, M./Rolff, H.-G. (2006): Professionelle Lerngemeinschaften von Lehrerinnen und Lehrern. In: Zeitschrift für Pädagogik, Jg. 52, H. 2, 167-185.
Bourdieu, P. (1980): Die feinen Unterschiede. Hamburg.
Bourdieu, P./Passeron J.-C. (1973): Entwurf einer Theorie symbolischer Gewalt. Frankfurt a.M.
Bourdieu, P. u.a. (1997): Das Elend der Welt. Hamburg.
Combe, A./Buchen, S. (1996): Belastungen von Lehrerinnen und Lehrern. Weinheim/München.
Combe, A./Helsper, W. (Hrsg.) (1996): Pädagogische Professionalität. Frankfurt a.M.
Dartenne, C.M.: (2006): Lange Wellen des Bildungswachstums, Generationen und Zeitpräferenz 1800 - 2000. In: Lundgreen, P. (Hrsg.): Bildungsbeteiligung: Wachstumsmuster und Chancenstrukturen 1800 - 2000. Zeitschrift für Erziehungswissenschaft. 7. Beiheft, 53-73.
Eisenstadt, S.N. (2006): Theorie und Moderne. Soziologische Essays. Wiesbaden.
Fabel-Lamla, M. (2004): Professionalisierungspfade ostdeutscher Lehrer. Biographische Verläufe und Professionalisierung im doppelten Modernisierungsprozess. Wiesbaden.
Feldhoff, J. (1970): Probleme einer organisationssoziologischen Analyse der Schule. In: Recht der Jugend und des Bildungswesens, H. 10, 289-296.
Fend, H. (1998): Qualität im Bildungswesen. Schulforschungen zu Systembedingungen, Schulprofilen und Lehrerleistung. Weinheim/München.
Fend, H. (2006): Neue Theorie der Schule. Wiesbaden.
Fürstenau, P. (1969): Neuere Entwicklungen der Bürokratieforschung und das Schulwesen. In: Fürstenau, P./Furck, C.L. (Hrsg.): Zur Theorie der Schule. Weinheim: 47-66.
Giddens, A. (1992): Die Konstitution der Gesellschaft. Frankfurt a.M./New York.
Girard, R. (1992): Ausstoßung und Verfolgung. Eine historische Theorie des Sündenbocks. Frankfurt a.M.
Gehrmann, A. (2003): Der professionelle Lehrer. Muster der Begründung – empirische Rekonstruktion. Opladen.
Helsper, W. (2000): Wandel der Schulkultur. In: Zeitschrift für Erziehungswissenschaft, Jg. 3, H. 1, 35-61.
Helsper, W. (2004a): Schulmythos und Schulrituale als „kreative Verkennung" und Schöpfung des Neuen. In: Wulf, C., Zierfaß, J. (Hrsg.): Innovation und Ritual. Jugend, Geschlecht und Schule. Beiheft der Zeitschrift für Erziehungswissenschaft. Wiesbaden: 251-266.
Helsper, W. (2004b): Antinomien, Widersprüche, Paradoxien: Lehrerarbeit – ein unmögliches Geschäft? Eine strukturtheoretisch-rekonstruktive Perspektive auf das Lehrerhandeln. In: Koch-Priewe, B./Kolbe, F.-U./Wildt, J. (Hrsg.): Grundlagenforschung und mikrodidaktische Reformansätze zur Lehrerbildung. Bad Heilbrunn: 49-99.
Helsper, W. (2005): Der imaginäre soziale pädagogische Sinn der Schule. Die Konstruktion des Schülerhabitus in schulischen Institutionen-Milieu-Komplexen. In: Ruppert,

M./Badawia, T./Luckas, H. (Hrsg.): Ethos- Sinn – Wissenschaft. Historisch-systematische Perspektiven einer philosophischen Pädagogik. Remscheid: 191-217.

Helsper, W. (2006a): Elite und Bildung im Schulsystem – Schulen als Institutionen-Milieu-Komplexe in der ausdifferenzierten höheren Bildungslandschaft. In: Ecarius, J./Wigger, L. (Hrsg.): Elitebildung – Bildungselite. Erziehungswissenschaftliche Diskussionen und Befunde über Bildung und soziale Ungleichheit. Opladen: 162-188.

Helsper, W. (2006b): Kompetenzen von Lehrkräften? – Eine Fundierung der Lehrerarbeit? In: Hinz, R./Pütz, T. (Hrsg.): Professionelles Handeln in der Grundschule. Hohengehren: 15-35.

Helsper, W./Böhme, J. (2000): Schulmythen – zur Konstruktion pädagogischen Sinns. In: Kraimer, K. (Hrsg.): Die Fallrekonstruktion. Frankfurt a.M.: 239-274.

Helsper, W./Kramer, R.-T. (1998): Pädagogische Generationsverhältnisse und -konflikte in der gymnasialen Schulkultur. Eine exemplarische Fallstudie an einem ostdeutschen Gymnasium. In: Ecarius, J. (Hrsg.): Was will die jüngere mit der älteren Generation? Generationsbeziehungen in der Erziehungswissenschaft. Opladen: 207-239.

Helsper, W./Wiezorek, C. (2006): Zwischen Leistungsforderung und Fürsorge. Perspektiven der Hauptschule im Dilemma von Fachunterricht und Unterstützung In: Die Deutsche Schule 98, H. 4, 436-455.

Helsper, W./Böhme, J./Kramer, R.-T./Linkost, A. (1998a): Entwürfe zu einer Theorie der Schulkultur und des Schulmythos – strukturtheoretische, mikropolitische und rekonstruktive Perspektiven. In: Keuffer, J./Krüger, H.-H./Reinhardt, S./Weise, E./Wenzel, H. (Hrsg.): Schulkultur als Entwicklungsaufgabe. Partizipation – Management – Lebensweltgestaltung. Weinheim: 29-76.

Helsper W./Böhme, J./Kramer, R.-T./Lingkost, A. (1998b): Reproduktion und Transformation von Schulkulturen – zur Reflexion schulkultureller Entwicklungsprozesse anhand exemplarischer Beispiele. In: Keuffer, J./Krüger, H.-H./Reinhardt, S./Weise, E./Wenzel, H. (Hrsg.): Schulkultur als Entwicklungsaufgabe. Partizipation – Management – Lebensweltgestaltung. Weinheim: 206-225.

Helsper, W./Böhme, J./Kramer, R.-T./Lingkost, A. (2001): Schulkultur und Schulmythos. Rekonstruktionen zur Schulkultur I. Opladen.

Helsper, W./Krüger, H.-H./Fritzsche, S./Sandring, S./Wiezorek, C./Böhm-Kasper, O./Pfaff, N. (2006): Unpolitische Jugend? Eine Studie zum Verhältnis von Schule, Anerkennung und Politik. Wiesbaden.

Helsper, W./Ullrich, H./Stelmaszyk, B./Grasshof, G./Höblich, D./Jung, D. (2007): Autorität und Schule. Zur Rekonstruktion der Klassenlehrer-Schüler-Beziehung an Waldorfschulen. Wiesbaden.

Hörnlein, M./Gibson, A. (2007): Möglichkeiten und Barrieren der Vereinbarkeit von Lehrerberuf und Familie – Gelingen und Scheitern des Selbstverständnisses als Lehrerin oder Lehrer. Vortrag, 6. Tag der Frauen- und Geschlechterforschung, 29.06. 2007, Halle (unveröffentlichtes Manuskript).

Hummrich, M./Helsper, W./Busse, S./Kramer, R.-T. (2006): Individuation in pädagogischen Generationsbeziehungen. Passungsverhältnisse zwischen naturwüchsiger Eltern-Kind-Beziehung und pädagogischem Arbeitsbündnis. In: ZBBS, Jg. 7, H. 1, 25-47.

Idel, T.S. (1999): Fallstricke der Schulentwicklung – der Niederschlag von Strukturproblemen im Schulprogramm einer reformorientierten Schule. In: Combe, A./Helsper, W./Stelmaszyk, B. (Hrsg.): Forum Qualitative Schulforschung I. Schulentwicklung – Partizipation – Biographie. Weinheim: 173-199.

Kamm, E. (2007): Vom Seminar zur Fachhochschule – Neue Strukturen, bewährte Mythen. Fallrekonstruktion eines schulkulturellen Transformationsprozesses. Bern u.a.

Kramer, R.-T. (2002): Schulkultur und Schülerbiographien. Rekonstruktionen zur Schulkultur II. Opladen.

Lenhardt, G. (1984): Schule und bürokratische Rationalität. Franfurt a.M.

Meister, G. (2005): Das unterrichtliche Selbstverständnis von LehrerInnen. Empirische Muster im Kontext von Unterricht und Biographie. Wiesbaden.

Nath, A./Dartenne, C.M./Oelerich, C. (2004): Der historische Pygmalioneffekt der Lehrergenerationen im Bildungswachstum von 1848 bis 1933. In: Zeitschrift für Pädagogik, Jg. 50, H. 4, S. 539-565.

Oevermann, U. (1991): Genetischer Strukturalismus und das sozialwissenschaftliche Problem der Erklärung der Entstehung des Neuen. In: Müller-Doohm, S. (Hrsg.): Jenseits der Utopie. Frankfurt a.M.: 267-336.

Oevermann, U. (1996): Theoretische Skizze einer revidierten Theorie professionalisierten Handelns. In: Combe, A./Helsper, W. (Hrsg.): Pädagogische Professionalität. Frankfurt a.M.: 70-182.

Oevermann, U. (2002): Professionalisierungsbedürftigkeit und Professionalisiertheit pädagogischen Handelns. In: Kraul, M./Marotzki, W./Schweppe, C. (Hrsg.): Biographie und Profession. Bad Heilbrunn: 19-64.

Oser, F. (1998): Ethos – Die Vermenschlichung des Erfolgs. Zur Psychologie der Berufsmoral von Lehrpersonen. Opladen.

Pfadenhauer, M. (2003): Professionalität. Eine wissenssoziologische Rekonstruktion institutionalisierter Kompetenzdarstellungskompetenz. Opladen.

Reckwitz, A. (2000): Die Transformation der Kulturtheorien. Zur Entwicklung eines Theorieprogramms. Weilerswist.

Reckwitz, A. (2001): Multikulturalismustheorien und der Kulturbegriff: Vom Homogenitätsmodell zum Modell kultureller Interferenzen. In: Berliner Journal für Soziologie, Jg. 11, H. 2, 179-200.

Reckwitz, A. (2003): Grundelemente einer Theorie sozialer Praktiken. Eine sozialtheoretische Perspektive. In: Zeitschrift für Soziologie, Jg. 32, H. 4, 282-301.

Reckwitz, A. (2004): Die Kontingenzperspektive der 'Kultur'. Kulturbegriffe, Kulturtheorien und das kulturwissenschaftliche Forschungsprogramm. In: Jaeger, F./Rüsen, J. (Hrsg.): Handbuch der Kulturwissenschaften. Band III: Themen und Tendenzen. Stuttgart/Weimar: 1-20.

Reckwitz, A. (2006): Das hybride Subjekt. Eine Theorie der Subjektkulturen von der bürgerlichen Moderne zur Postmoderne. Weilerswist.

Reh, S. (2003): Berufsbiographische Texte ostdeutscher Lehrer und Lehrerinnen als „Bekenntnisse". Bad Heilbrunn.

Rolff, H.-G. (1993): Wandel durch Selbstorganisation. Weinheim/München.

Rumpf, H. (1966): Die Misere der höheren Schule. Neuwied/Berlin.

Sandring, S. (2006): Die „schlimmste Klasse“ der Schule – Inkonsistente Anerkennungsbeziehungen zwischen Stigmatisierung und pädagogischer Problembearbeitung. In: Helsper, W./Krüger, H.-H./Fritzsche, S./Sandring, S./Wiezorek, C./Böhm-Kasper, O./Pfaff, N.: Unpolitische Jugend? Eine Studie zum Verhältnis von Schule, Anerkennung und Politik. Wiesbaden: 231-259.

Sandring, S./Gibson, A. (2006): Schulische Grenzziehungen als Ausdrucksform schulischer Problembearbeitung – Die Probleme bleiben „draußen“. In: Helsper, W./Krüger, H.-H./Fritzsche, S./Sandring, S./Wiezorek, C./Böhm-Kasper, O./Pfaff, N.: Unpolitische Jugend? Eine Studie zum Verhältnis von Schule, Anerkennung und Politik. Wiesbaden: 165-195.

Schaefers, C. (2002): Der soziologische Neo-Institutionalismus. Eine organisationstheoretische Analyse- und Forschungsperspektive auf schulische Organisationen. In: Zeitschrift für Pädagogik, Jg. 48, H. 6, 835-856.

Schümer, G. (2004): Zur doppelten Benachteiligung von Schülern aus unterprivilegierten Gesellschaftsschichten im deutschen Schulwesen. In: Schümer, G./Tillmann, K.-J./Weiß, M. (Hrsg.): Die Institution Schule und die Lebenswelt der Schüler. Wiesbaden: 73-114.

Schütze, F. (1996): Organisationszwänge und hoheitsstaatliche Rahmenbedingungen im Sozialwesen. Ihre Auswirkungen auf die Paradoxien professionellen Handelns. In: Combe, A./Helsper, W. (Hrsg.): Pädagogische Professionalität. Frankfurt a.M.: 183-276.

Schütze, F./Bräu, K./Liermann, H./Prokopp, K./Speth, M./Wiesemann, J. (1996): Überlegungen zur Paradoxien des professionellen Lehrerhandelns in den Dimensionen der Schulorganisation. In: Helsper, W./Krüger, H.-H./Wenzel, H. (Hrsg.): Schule und Gesellschaft im Umbruch. Band I. Weinheim: 333-377.

Solga, H./Wagner, S. (2004): Die Zurückgelassenen – die soziale Verarmung der Lernumwelt von Hauptschülerinnen und Hauptschülern. In: Becker, R./Lauterbach, W. (Hrsg.): Bildung als Privileg? Wiesbaden: 195-225.

Steinert, B./Klieme, E./Maag-Merki, K./Döbrich, P./Halbheer, U./Kunz, A. (2006): Lehrerkooperation in der Schule: Konzeption, Erfassung, Ergebnisse. In: Zeitschrift für Pädagogik, Jg. 52, H. 2, 185-205.

Tenorth, H.-E. (2006): Professionalität im Lehrberuf. Ratlosigkeit der Theorie, gelingende Praxis. In: Zeitschrift für Erziehungswissenschaft, Jg. 9, H. 4, 580-597.

Terhart, E. (1986): Organisation und Erziehung. Neue Zugänge zu einem alten Thema. In: Zeitschrift für Pädagogik, Jg. 32, H. 2, 205-225.

Terhart, E. (1994): SchulKultur. Hintergründe, Formen und Implikationen eines schulpädagogischen Trends. In: Zeitschrift für Pädagogik, Jg. 40, H. 5, 685-703.

Ullrich, H. (2006): „Lasst uns hier leben und ein Stück des Weges zusammen gehen.“ Eine Fallstudie zum Schulmythos und zur Schulkultur einer Internatsschule. In: Zeitschrift für Soziologie der Erziehung und Sozialisation, Jg. 25, H. 4, 416-432.

Weick, K.E. (1985): Der Prozess des Organisierens. Frankfurt a.M.

Weber, M. (1985): Wirtschaft und Gesellschaft. Tübingen.

Wiezorek, C. (2005): Schule, Biographie und Anerkennung. Wiesbaden.

Wiezorek, C. (2006): Die Schulklasse als heimatlicher Raum und als Ort der Einübung in demokratische Haltungen. In: Helsper, W./Krüger, H.-H./Fritzsche, S./Sandring, S./Wiezorek, C./Böhm-Kasper, O./Pfaff, N.: Unpolitische Jugend? Eine Studie zum Verhältnis von Schule, Anerkennung und Politik. Wiesbaden, S. 259-293.

Zedler, P./Weishaupt, H. (Hrsg.) (1997): Kontinuität und Wandel. Thüringer Schulen im Urteil von Schülern, Lehrern und Eltern. Weinheim.

III.

Die Kommunikation der Entscheidung und die Entscheidung als Kommunikation

Entscheiden und Kommunizieren
Eine Skizze zum Wandel schulischer Leitungs- und Partizipationsstrukturen und den Konsequenzen für die Lehrerprofessionalität

Harm Kuper

1 Einleitung

Das gegenwärtige bildungs- und schulpolitische Geschehen provoziert Fragen, die den Kern des Verständnisses von Schule berühren – bislang zeichnen sich allerdings nur undeutlich die Konturen struktureller Veränderungen in den Schulen ab. Haben wir es in den Schulen mit einer bildungspolitischen Variante von Symbolpolitik zu tun, die einerseits diffuse Erwartungen an die Schule adressiert aber andererseits keine Handhabe hat, um für die Realisierung der Erwartungen auch die erforderlichen Bedingungen in den Schulen zu schaffen?

Diesen Eindruck kann man durchaus gewinnen, wenn man sich etwa die Diskussionslage anschaut, die durch die Verwendung des Begriffs „Qualität" in der Bildungspolitik und Bildungsforschung entstanden ist (vgl. Fend 2000). Der Forderung nach „Qualität" können sich Schulen kaum entziehen – denn sie beruft sich auf einige zentrale Funktionen, denen das Bildungssystem seine Berechtigung in der modernen Gesellschaft verdankt. Und auch wer sich diesen Leitvorstellungen nicht anschließen kann, wird damit die Forderung nach Qualität nicht ablehnen können. Denn immerhin greift die appellative Wirkung des Qualitätsbegriffs weit über spezifische Bildungsprogramme oder Bildungsziele hinaus. Gleichzeitig lässt der Qualitätsbegriff im Unklaren, wie die Sicherung von Qualität im Bildungssystem zu gewährleisten ist. Und diese Unklarheit betrifft nicht nur die Frage einer Optimierung des Outputs; viel grundlegender noch muss auf einer normativen Ebene als ungeklärt gelten, welche spezifischen Forderungen unter dem Schlagwort „Qualität" überhaupt an das Bildungssystem gestellt werden. Zusätzlich zeigt der Blick auf die Mehrebenenstruktur des Bildungssystems, dass die Orientierung an Qualität durchaus widerstreitende Orientierungen nahe legt, je nachdem ob man die Aufmerksamkeit auf die unmittelbare Interaktion zwischen Lehrern und Schülern oder auf die bildungspolitischen Koordinationsleistungen des gesamten Schulsystems legt (vgl.

Kuper 2002). Man kann daher – unter der Annahme, dass der Qualitätsdiskurs exemplarisch für die aktuelle Diskussion um die Struktur der Schule ist – zusammenfassen, dass mit dem Qualitätsbegriff Entscheidungserfordernisse mobilisiert und Entscheidungsträger adressiert werden, ohne gleichzeitig Orientierungen für die anstehenden Entscheidungen mitzuliefern.

Die provokativen Fragen, mit denen Schulen konfrontiert werden, zielen mehrheitlich auf ihre Struktur bzw. die Struktur, in die sie eingebettet sind. So wird etwa der Vergleich zwischen Schulen und Betrieben im Wirtschaftssystem eröffnet oder es wird gefragt, ob Qualität durch Mechanismen der Konkurrenz zwischen den Schulen, also durch eine marktwirtschaftliche Regulation, gesteigert werden könne. Die Pädagogik reagiert darauf teils mit Ablehnung, teils mit einer verstohlenen Neugierde und einem moderaten Veränderungswillen, die der Vergleich mit dem Fremden auch zu mobilisieren vermag. So steht auf der einen Seite der Hinweis auf die Besonderheit von Organisationen, die Bildungsziele verfolgen, gegenüber den Organisationen, die wirtschaftliche Zielsetzungen verfolgen. Damit verbunden ist die Befürchtung, eine Übernahme organisationaler Strukturmuster aus der Wirtschaft könne sich schädigend auf das pädagogische Handeln auswirken. Auf der anderen Seite verbindet sich damit die Hoffnung, durch eine Orientierung an der Wirtschaft die Akteurkonstellationen in den Schulen zu verändern, Verantwortungen und Entscheidungskompetenzen neu zu definieren, um vermittelt über die strukturelle Veränderung der Schule eine Qualitätssteigerung zu erreichen. Hinter der Orientierung an der Wirtschaft steht oft weniger die Absicht, der Schule ökonomische Zielsetzungen aufzuerlegen; vielmehr dient der Verweis auf die Wirtschaft als eine Metapher für Veränderungen und Veränderungsbedarf in einem komplexen System, in dem eine erhebliche Unsicherheit des Wissens über den Zusammenhang zwischen seiner strukturellen Gestaltung und seiner Qualität besteht – und wohl auch nicht vollständig überwunden werden kann.

Kann man sich in dieser Situation entscheiden? Man wird es gerade wegen der Unsicherheit tun müssen! Aber: Wo werden Entscheidungen getroffen? Und wie können Schulen auf die Entscheidungserfordernisse, die der Veränderungsdruck ihnen auferlegt, reagieren? Jenseits der Provokationen, die ein Vergleich mit Organisationen des Wirtschaftssystems für die Schulen bereithält, liegt hier eine noch tiefere Provokation, die ich in Anlehnung an Baecker (vgl. 2003) in die Frage kleiden möchte: Kann die Schule eine verlernende Organisation sein?

Diese Frage geht von der Annahme aus, dass Lernen ein für Organisationen untypischer Vorgang ist, weil Organisationen bestimmte Routinen trotz der Veränderlichkeit ihrer Umwelt aufrecht erhalten und damit ein Höchstmaß an Zuverlässigkeit und Koordinationsfähigkeit garantieren. Lernen ist dann ein destabilisierender Vorgang, in dem mit der Veränderung des eigenen Verhaltens auf die Wahrnehmung von Veränderungen in der Umwelt reagiert wird.

Projiziert man diese Annahmen auf Schulen, dann wird vor die Frage, wie Entscheidungserfordernisse zu bewältigen sind, zunächst einmal die Frage gestellt, auf welche Voraussetzungen die Absicht einer Veränderung von Schulen in der aktuellen Struktur von Schulen trifft. Das geschieht mit Blick auf die für Organisationen typische Trägheit. Die Organisation selbst – nicht die mit ihrer Veränderung angestrebten Ziele – rückt damit in den Mittelpunkt der Betrachtung. Diese Voraussetzungen werden im ersten Teil des Textes als „Kommunikation und Entscheidung in der bürokratischen Schule" behandelt. Dabei wird eine Form der Schule angesprochen, in der das Verhältnis von Professionalität des Lehrerberufs und organisationaler Struktur sowie die Verkoppelung von gesellschaftlicher Erwartung an Bildung und der alltäglichen Durchführung von Unterricht eine Gestalt gefunden haben, die inzwischen vielfach kritisiert wird.

Die Betrachtung dieser Form lässt erkennen, an welcher Stelle der Qualitätsdiskurs die Schule trifft. Ebenso wird vor dem Hintergrund der Gestalt einer bürokratischen Schule plausibel, weshalb in den Reformperspektiven der Schule gegenwärtig Metaphern aus der Wirtschaft von so großer Bedeutung sind, die ein verändertes kommunikatives Gefüge aus Leitung und Kooperation sowie eine Neuverteilung von Entscheidungskompetenzen auf der Schulebene propagieren. Dieser Aspekt wird im zweiten Teil als „Kommunikation und Entscheidung in autonomen Schulen" behandelt.

2 Kommunikation und Entscheidung in der bürokratischen Schule

Das Organisationsmuster der Bürokratie hat in der Pädagogik einen ebenso ambivalenten Stellenwert, wie das Organisationsmuster des wirtschaftlichen Betriebes. Es ist insbesondere die asymmetrische Verteilung von Entscheidungskompetenzen, die das Bürokratiemodell für die Schule als ungeeignet erscheinen lässt. In der klassischen Bürokratie sind alle strategisch bedeutsamen Entscheidungskompetenzen in einer zentralen Leitung gebündelt, während die ausführenden, operativen Einheiten der Organisation in der Abhängigkeit von Weisungen der Leitung stehen, durch diese kontrolliert werden und über keine Entscheidungskompetenz bezüglich der Gestaltung von Arbeit verfügen. Diese Konstellation ist Ausdruck des Rationalitätsanspruchs von Bürokratien – er zielt auf die Steuerung komplexer sozialer Systeme durch eine Reduktion auf routinemäßige Abläufe des Verhaltens und durch deren Stabilisierung gegenüber Umwelteinflüssen. Professionalität, als eine auf der Interaktionsebene verdichtete Form der Arbeit, die im Bezug zwischen Klienten und Professionellen ihre situative Ausgestaltung findet und daher ein hohes Maß an Autonomie, Steuerungs- und Entscheidungskompetenz in der Ausführung der Arbeit selbst verlangt, findet daher in der Bürokratie ein ihr zuwiderlaufendes Prinzip der Organisation von Arbeit.

Der kritische Blick der Pädagogik auf Bürokratie verschiebt sich, wenn man nach der Funktion von Organisation im Bildungssystem fragt, die nicht in der Realisierung zweckrationaler Steuerung der Ausführung von Arbeit aufgeht. Luhmann eröffnet diese Perspektive, indem er seine Analyse des Erziehungssystems um den Begriff des „Technologiedefizits" aufbaut (vgl. Luhmann 2002). In der Systemtheorie besetzt dieser Begriff die Stelle der Professionalität. Für eine professionelle Praxis ist ein hohes Maß an Ungewissheit charakteristisch, das sich durch die individualisierten, von situativen Konstellationen abhängigen Kommunikationsverläufe ergibt. Diese Ungewissheit kann nicht durch Rückgriff auf technologisch anwendbares Wissen – etwa im Sinne standardisierter Routinen – reduziert werden; vielmehr entsteht die Ungewissheit erst in der Situation des professionellen Handelns und kann nur durch Ad-hoc-Entscheidungen reduziert werden. Hier liegt ein Grund für die professionelle Verantwortung von Lehrern, die sich im Moment der operativen Ausübung ihrer Arbeit (also im Unterricht) auf ihre individuelle Expertise für die Durchführung von Unterricht berufen können, aber nur über eingeschränkte Möglichkeiten verfügen, die ad-hoc getroffenen Entscheidungen durch einen Rückgriff auf Entscheidungsprämissen, die auf Organisationsebene verankert sind, zu sichern. Die Abhängigkeit des Unterrichtsverlaufs von Ad-hoc-Entscheidungen lässt die Frage offen,

> „wie auf diesem Unterbau des Interaktionssystems Unterricht eine Hierarchie des Entscheidens über Entscheidungsprämissen errichtet werden kann; wie es, mit anderen Worten, möglich sein kann, Entscheidungsprobleme herauszufiltern und so zu raffen, daß ausschlaggebende Verhaltensprämissen getroffen werden." (Luhmann/Schorr 1988: 131)

Das Technologiedefizit eröffnet somit Spielräume für eine professionelle Praxis des Lehrers, indem es den Zugriff von Organisation auf den Verlauf des Unterrichts verhindert.

Warum dann aber Organisation? Die weiteren Ausführungen von Luhmann zu dieser Frage lassen sich zu der Aussage zusammenfassen, dass sich (bürokratische) Organisationen im Bildungssystem nicht *trotz*, sondern *wegen* des Technologiedefizits etablieren. Das Bildungssystem ist von zwei Seiten mit Unsicherheit konfrontiert: Zum einen von der Seite der Interaktion – also an seiner operativen Basis, an der Lehrer lehren, Schüler lernen, aber der Zusammenhang zwischen beidem sich in der Flüchtigkeit der Interaktion auflöst. Zum anderen von der Seite der Gesellschaft, die weit reichende, aber kaum spezifizierte Erwartungen (Bildung) an das Bildungssystem richtet. In Bezug auf Letzteres lässt sich die Funktion von Organisationen im

Bildungssystem bestimmen – Organisationen spezifizieren die diffusen Erwartungen der Gesellschaft an „Bildung“ und setzen sie in Leitprogramme um. In diesem Kontext entstehen Curricula, Stundentafeln, Lehrpläne und eine Vielzahl bürokratischer Regulierungsmechanismen zur Bewertung von Leistungen, zur zeitlichen Rahmung des Unterrichts, zur Ausstattung von Schulen usw., die der Schule ihre organisatorische Form geben. Diese Regelungen bleiben sicher nicht folgenlos für die operative Ebene der Unterrichtsinteraktion, sie stellen aber doch eine ihr äußerliche Form der Regulierung dar, deren Funktion hauptsächlich in der Sichtbarkeit der Schule für die gesellschaftliche Umwelt liegt.

Wenn vor diesem Hintergrund die Kommunikation und die Entscheidungsfindung in Schulen betrachtet werden, dann fällt die erhebliche Inkonsistenz von sachlichen und sozialen Anforderungen auf. Die Bürokratie in Schulen folgt einer kommunikativen Eigenlogik, die Organisationen eigentlich fremd ist. Üblicherweise definiert die Bürokratie im Inneren der Organisation Anschlusspunkte der Kommunikation. Mit der Implementation technischer Routinen durch Bürokratie soll im Inneren der Organisation eine Optimierung von Abläufen erreicht werden, während sich die bürokratische Organisation gegenüber ihrer sozialen Umwelt abschottet und die Möglichkeiten der Kommunikation mit Akteuren in der Umwelt im Unbestimmten lässt. Nicht so in Schulen: Hier spezifiziert die Bürokratie die Anschlusspunkte für die Kommunikation mit der sozialen Umwelt, belässt das Innen aber einer weitgehenden Unbestimmtheit. Curricula geben Auskunft über das Programm einer Schule, aber nicht über seine Umsetzung bzw. seine Erreichung; Noten geben Auskunft über die Kompetenz von Schülern, aber nicht darüber, wie sie erworben werden. Die kommunikative Leistung der bürokratischen Schulen besteht somit darin, dass sie soziale Akzeptanz und sachliche Effektivität in eine Balance bringt, indem sie sie trennt.

Aus dieser Perspektive betrachtet beruht die pädagogische Kritik an der Bürokratie auf einer Fehleinschätzung, weil sie davon ausgeht, dass die Bürokratie ein Steuerungsmechanismus für die Arbeit auf der operativen Ebene ist. Sie stellt aber vielmehr eine Beobachtungsfolie dar, die sich über der Unsicherheit des Unterrichtsgeschehens ausbreitet und nach außen Vertrauen in die Funktion von Schulen stabilisiert. Dieses Vertrauen kann nach Innen weitergeben werden an die Lehrer, die über weit reichende Autonomie in der Ausübung ihres Berufs verfügen und keine Einsichtnahme in ihr konkretes Tun gewärtigen müssen.

Die empirische Forschung über die Bürokratie im Bildungssystem hat diese Sichtweise auf die Organisation der Schule bestätigen können, indem sie aufzeigt, wie Abhängigkeit und Unabhängigkeit im Schulsystem kombiniert werden (vgl. Baumert 1980). Zwar markiert die Administration durch ihre Zuständigkeit für Fach-, Rechts- und Dienstaufsicht den Anspruch auf weit reichende Möglichkeiten des Zugriffs in das Geschehen an Schulen. Gleichzeitig erkennt sie aber unter dem

Terminus der „pädagogischen Freiheit" Spielräume für autonome Entscheidungen von Lehrern an und erlegt sich selbst Pflichten der Mäßigung in der Ausübung der Aufsicht auf. Entsprechend wird die Aufsicht vorrangig an symbolisch bedeutsamen Stellen – etwa an den Gelenkstellen der Lehrerkarriere – aktiv. Hier, wie auch bei dem Vollzug des bürokratischen Aktes der Versetzung oder der Bewertung von Schülern, steht die Sichtbarkeit organisierten schulischen Handelns im Vordergrund. Sie dient weniger der Steuerung als der Legitimation. Die hohen Kontrollspannen zwischen Aufsichtsbeamten und Lehrern bestätigen auf der Ebene der Infrastruktur die Zurückhaltung im regulativen Zugriff auf Schulen. Die Lehrer bestätigen diese Sichtweise, wenn sie in Befragungen die Vorzüge ihres Berufs in der weitgehenden Unabhängigkeit und der Freiheit der Arbeitsgestaltung sehen. Eine Einschränkung der Freiheitsgrade konnte bislang durch Befragungen zur Selbsteinschätzung von Lehrern nicht in nennenswertem Umfang festgestellt werden. Wenn Lehrer sich gleichzeitig kritisch über Bürokratie äußern, so liegt die Vermutung nahe, dass damit entweder ein Stereotyp über Bürokratie bedient wird – Wer will schon Bürokratie? – oder dass die Spannung zwischen der affektiv-persönlichen und der an universalistischen Kriterien orientierten Beziehung zum Schüler als problematisch empfunden wird. Gerade diese Spannung – so kann man entgegnen – trägt allerdings mit zur Konstitution von Professionalität bei. Die Klage über Bürokratie ist somit gleichsam ein Ritual, das die Notwendigkeit der Bürokratie für die Etablierung des professionellen Arbeitsfeldes bestätigt.

Nach der vorangehenden Beschreibung ist die Schule eine Organisation, in der kaum in strukturell wirksamer – d.h. Sinnmuster über Momente hinaus bindender – Weise entschieden wird. In dem Dreieck zwischen Hierarchie, kollegialer Abstimmung und individueller Verantwortung – als den Strukturmerkmalen von Schulen, die eine Legitimität von Entscheidungen sichern können – gibt es einen deutlichen Bias in Richtung auf die individuelle Verantwortung. Entscheidungen, die den operativen Vollzug des Unterrichts betreffen, erfolgen in Schulen dezentral; sie obliegen fast ausschließlich der individuellen Verantwortung des Lehrers vor seiner auf Unterricht bezogenen Expertise. Sie werden damit in einem Bereich gefällt, der in den Indifferenzzonen der bürokratischen Regelung liegt. Dieser Bereich ist weder einer Kontrolle zugänglich, noch öffnet er sich für eine über die einzelne Unterrichtsstunde hinausgehende Generalisierung von handlungsorientierenden Sinnmustern.

Die Schulleitung administriert in der bürokratischen Schule Entscheidungen, die nicht in der Schule selbst getroffen werden. Sie wird zu einem Bindeglied zur sozialen Umwelt, das etwa Probleme der Knappheit oder öffentliche Kritik absorbiert und somit vom operativen Kern der Schule fernhält. Mechanismen der kollegialen Abstimmung etablieren sich als ein Gegengewicht zur hierarchischen Leitung, die letztlich die Autonomie des Lehrers vor dem Zugriff aus der Hierarchie schützt.

In einer Studie über die Implementation von Qualitätssicherung an Schulen hat Altrichter (vgl. 2000) beschrieben, wie der Mechanismus der Kollegialität die Initiativen von Schulleitungen in die Leere laufen lässt und durch die Berufung auf die Prinzipien der Autonomie und der Konsensorientierung in Entscheidungslosigkeit verpuffen lässt. Kollegialität wirkt im Sinne einer Solidarität der Autonomen, die Entscheidungen folgenlos werden lassen kann. Sie fungiert somit unter Umständen als ein Katalysator für die Aufrechterhaltung individueller Autonomie und stabilisiert die mit der Bürokratie vorgenommene Trennung zwischen der sachlichen und den sozialen Verantwortung der Schule. Ebenso wie der kritische Verweis auf Bürokratie kann somit der zustimmende Verweis auf Kollegialität oft als ein Ritual angesehen werden, mit dem eine Entscheidung verhindernde Struktur der Organisation Schule reproduziert wird.

Man kann daher festhalten: Der bürokratischen Schule sind strategische Entscheidungen entweder entzogen oder sie sind unauflösbar mit operativen Entscheidungen über den Verlauf von Unterricht konfundiert.

Diese Beschreibung der Kommunikations- und Entscheidungsstrukturen von Schulen bildet das Fadenkreuz, durch das die Forderung nach Qualität auf Schulen zielt. Sie trifft zweifach: Erstens erschüttern Untersuchungen zur Qualität – namentlich die large-scale-assessments – das öffentliche Vertrauen in die Schule. Der Vertrauensverlust wird explizit thematisiert und verlangt nach einer Verkopplung der operativen Ebene des Unterrichts (oder zumindest: seiner Effekte) mit der Außendarstellung von Schulen. Die in langer Tradition eingespielte Trennung von sachlicher und sozialer Anforderung wird in Frage gestellt.

Zweitens werden Vergleichsperspektiven eröffnet, mit denen die Illusion hinfällig wird, in einem an egalitären Gestaltungsprinzipien orientierten Schulsystem sei auch die Qualität von Schulen gleich. Unterhalb der gleichmachenden Rationalität des Systems werden Differenzen der Schulen deutlich. Anstelle der Frage nach der Rationalität des Systems tritt nun die Frage nach der Kompetenz einzelner Organisationen, die Qualität von Bildung zu sichern.

Beides zwingt die bislang weitgehend entscheidungsresistente Schule dazu, eine entscheidungsmächtige Organisation zu werden.

3 Kommunikation und Entscheidung in autonomen Schulen

Wie kann die Schule sich in eine entscheidungsfähige Organisation wandeln? Bislang kann diese Frage nur unzureichend empirisch beantwortet werden, weil viele der Bedingungen, die Einfluss auf diesen Wandel nehmen werden, erst kürzlich wirksam geworden sind bzw. erst in naher Zukunft wirksam werden. Bekannt ist die Ausgangssituation der Transformation: Die bürokratische Schule. Und es werden

Zielperspektiven propagiert: Etwa im Sinne einer Verstärkung von Managementfunktionen der Schulleitung, im Sinne des Ausbaus der Partizipation von Lehrerkollegien und im Sinne einer Installation von Maßstäben des Vergleichs zwischen den Schulen durch Vergleichsarbeiten und Bildungsstandards. Damit sind aber allenfalls breite Korridore angedeutet, in denen sich die Transformation der Schule vollziehen wird.

Eines zeichnet sich allerdings deutlich ab: Dass in Zukunft die Kompetenz derer, die an Schulen arbeiten, sich nicht auf die Durchführung von Unterricht bzw. die Herstellung günstiger Rahmenbedingungen für Unterricht beschränken wird. Zusätzlich wird eine Kompetenz für die Gestaltung der Organisation Schule erforderlich. Das Konzept der Professionalität erfährt damit eine Erweiterung, indem neben die Fokussierung auf die Interaktionsebene des Systems eine weitere Fokussierung auf die Ebene der Organisation tritt. Um eine Verkoppelung dieser beiden Ebenen zu erreichen, wird es erforderlich sein, in Schulen nicht nur Entscheidungen zu kommunizieren, die etwa die Unterrichtsgestaltung oder die Bewertung von Schülerleistungen betreffen können, sondern auch *über* Entscheidungen zu kommunizieren. D.h. es müssen in den Schulen die Prämissen geprüft werden, unter denen professionell gearbeitet wird. Mit der Unterscheidung zwischen Kommunikation *von* und Kommunikation *über* Entscheidungen werden zwei Dimensionen getrennt, die bislang an Schulen nicht getrennt waren, nämlich eine strategische und eine operative Seite der professionellen Arbeit. Erst diese Trennung erlaubt es, beide Seiten – eine auf Unterricht und eine auf Schule bezogene Professionalität – aufeinander zu beziehen und im Sinne einer Gestaltungseinheit zu verstehen.

Die Neujustierungen des Verhältnisses von unterrichts- und schulbezogener Expertise bzw. von operativer und strategischer Seite der Kommunikation an Schulen äußert sich in der schulpädagogischen Diskussion durch Vorschläge, die selbst- und die fremdreferentiellen Anteile der Kommunikation von Schulen zu verschieben. Das Verhältnis von Schulen zu sich selbst und zu ihrer Umwelt steht zur Disposition. Welche Verschiebungen für die Übernahme von Verantwortungen und Entscheidungskompetenzen zeichnen sich dabei ab? Es sind Bewegungen auf verschiedenen Ebenen der Schule zu beobachten, die alle im Sinne einer stärkeren Zentralisierung von Entscheidungen innerhalb von Schulen verstanden werden können.

Der markanteste Ansatzpunkt für das Durchbrechen der faktisch dezentralen Entscheidungsstrukturen an Schulen ist das Lehrerkollegium. Die Partizipation der individuellen Lehrer an einer Gruppe von Professionellen ist das Leitbild der Überlegungen zur kollegialen Zusammenarbeit. Ihre Ziele sind die Aufhebung der isolierten Arbeit im Klassenzimmer und die Substitution individueller durch kollektive Verantwortung.

Dieses Modell kann einige Evidenz für sich beanspruchen. Zunächst entspricht es einer regulativen Idee der professionellen Arbeit, dass Entscheidungen eingebettet sind in eine professionelle Gruppe. Des Weiteren sprechen empirische Forschungsergebnisse für einen Zusammenhang zwischen der Kooperation von Lehrern und der Qualität des Unterrichts.

Allerdings stehen diese Evidenzen im Schatten der hohen Unsicherheit des Wissens über die Ausübung des Lehrerberufs und über die Wirkung des Lehrerhandelns auf Schülerleistungen. Weitgehend unklar bleibt, was geschieht, wenn Lehrer kooperieren und ob sich in der Lehrerkooperation tatsächlich ein Modus des partizipativen Entscheidens in Schulen abzeichnet, der Wirkungen bis in die Ausführung des Unterrichts hinein zeitigt – also eine Verkopplung zwischen der operativen und der strategischen Ebene der Schule herstellt.

Behandelt man die Frage nach der Wirksamkeit von Unterricht – die im Zentrum des gegenwärtigen Diskurses um Bildungsqualität steht – aus dem Blickwinkel eines Technologiedefizits des pädagogischen Handelns, so ist durchaus fraglich, worin der Gewinn einer auf Lehrerkooperation basierenden Schule gegenüber der bürokratischen Schule bestehen kann. Auch aus der Lehrerkooperation heraus ist keine Verdichtung von Entscheidungen zu erwarten, die eine für den Erfolg von Unterricht günstigere Verarbeitung kausaler Annahmen zulässt. Es ist unwahrscheinlich, aus der Summe der Kausalannahmen von Lehrern über die Wirksamkeit ihres Unterrichts Optimierung in dem Sinne zu erreichen, dass einzelne Lehrer ihre Kausalannahmen als technologische Prämissen für ihre Kollegen zur Verfügung stellen. Insofern beruht es auf einer verkürzten Betrachtungsweise, wenn das Ziel der Kooperation im Austausch von Unterrichtsmaterial oder der gemeinsamen Vorbereitung von Unterricht gesehen wird. Denn gleichgültig ob eine Koordination bürokratisch erfolgt oder auf der Grundlage von Mechanismen kollektiver Abstimmung, in der operativen Tätigkeit ist der einzelne Lehrer mit der Komplexität der Interaktion im Unterricht, den Erfordernissen der Ad-hoc-Entscheidung in der Unterrichtssituation und der Ungewissheit der Folgen seines Handelns konfrontiert. Wollte man Kooperation für eine Rationalitätssteigerung einsetzen, also sachliche Erwägungen über die Dekomposition von Unterrichtsverläufen in Zweck-Mittel-Schemata erwarten, so würde die Kommunikation in Kollegien wahrscheinlich mit Entscheidungen darüber überbelastet werden, ob individuelle Erfahrungen aus der Unterrichtspraxis als Abweichung von technologischen Prämissen geduldet werden können und welche Konsequenzen nicht geduldete Abweichungen haben. Jeder Versuch, über partizipative Entscheidungsstrukturen gemeinsame Prämissen bezüglich technologischer Grundlagen der Durchführung von Unterricht zu installieren, müsste an den schnell erreichten Grenzen der Rationalisierbarkeit des operativen Geschehens in Schulen scheitern.

Aber wenn nicht Rationalitätssteigerung als Begründung für partizipative Strukturen in Lehrerkollegien gelten kann, was dann? Neben Rationalität gibt ein weiteres normatives Leitbild für Entscheidungen – die Demokratisierung. Hier werden Gründe des Entscheidens nicht in der sachlichen Strukturierung von Alternativen gesucht, sondern in der Berücksichtigung divergierender Interessen betroffener Personen, also in einer sozialen Dimension (vgl. Luhmann 1981). Betrachtet man die Abgrenzung, die unter Berufung auf pädagogische Professionalität gegenüber den Zumutungen bürokratischer Regulierung gesetzt werden, so kommt dieser Entscheidungsmodus eher als der einer Rationalisierung für Lehrerkooperation in Frage. Aber auch hier zeichnen sich deutlich die Grenzen ab, die einer Zusammenführung individueller Erfahrung zu Entscheidungsprämissen der Organisation „Schule" gesetzt sind. So sind kollektive Entscheidungen durch die Ambivalenz gekennzeichnet, dass die Autonomie des einzelnen Lehrers in erheblichen Teilen an die Autonomie des Lehrerkollegiums abgetreten werden muss. Eine Stärkung der Position von Lehrern durch Partizipation erfolgt auf der Referenzebene der Gruppe und geht auf Kosten der Referenzebene individueller Verantwortung (vgl. Böttcher 2002: 108). In die partizipativen Entscheidungsmechanismen ist damit ein Konflikt eingelassen. Er erfordert die Balance zwischen der individuellen Bereitschaft, sich an kollektive Entscheidungen zu binden um Entlastungen der individuellen Verantwortung zu erfahren und der Überzeugung von der Bedeutung individueller Erfahrung und Verantwortung für das Unterrichtshandeln.

Vor diesem Hintergrund werden Aspekte der Lehrerprofessionalität formuliert, die mit der Forderung nach Partizipation verbunden sind:

- die Verantwortung für gemeinsame Aktivitäten,
- die Verlässlichkeit gegenüber Kollegen,
- die Akzeptanz von Überprüfungen durch Kollegen,
- die Bereitschaft, sich an kollektive Entscheidungen zu halten.

Um diese Aspekte der Professionalität zu stärken, kann weder ein direkter Zugriff auf die im operativen Vollzug des Unterrichts getroffenen Entscheidungen bemüht werden (Technologiedefizit), noch kann eine vollständige Subordination individueller Lehrer unter Entscheidungen des Lehrerkollektivs Maßstab sein („Demokratiedefizit"); mögliche Entscheidungen liegen dann primär auf einer strategischen Ebene, auf der im Lehrerkollegium behandelt wird, welche Ereignisse im schulischen Alltag überhaupt als Entscheidung kommuniziert werden können, d.h. wo Erwartungen/Verantwortungen konstruiert und an Entscheidungsträger adressiert werden können. Es geht mithin darum, strukturelle Redundanzen – also Ähnlichkeiten von Situationen – sichtbar zu machen, an denen sich die individuellen Erfahrungen der Lehrer brechen lassen. Gegenstände struktureller Redundanz in Schulen sind etwa methodische Formen des Unterrichts, die Bewertung von Schülerleistungen anhand kriterialer Standards, die Identifikation von spezifischen Schülergruppen durch die Diagnose ihrer Leistungsvoraussetzung oder die Interpretation von Evaluationsergebnissen. Gleichzeitig ist Varietät – also die Verschiedenartigkeit von Situationen – Thema der Kooperation; Varietät ist fortlaufend daraufhin zu befragen, ob sich aus ihr Ansatzpunkte für eine Steigerung von Redundanz oder für die Änderung redundanter Strukturen herausdestillieren lassen.

Die Herausforderung an Lehrerprofessionalität durch Partizipation besteht so zunächst darin, Entscheidungsbewusstsein zu entwickeln.

Die Funktion der Organisation in diesem Kontext ist es, durch Verfahrensregeln erstens die Beteiligung der Kollegen an diesem Prozess zu sichern, und zweitens Schutzmechanismen zu installieren, um einen fairen Umgang bei der Bewertung der Konsequenzen zu gewährleisten, die Lehrer individuell aus den kollektiven Entscheidungen ziehen.

Die Schulleitung ist in der Organisation Schule die einzige Instanz, bei der herausgehobene Entscheidungskompetenzen sich auf eine einzelne Person konzentrieren. Schulleitungen stehen damit außerhalb partizipativer Mechanismen der Entscheidung, in die alle beteiligten Personen mit den gleichen Entscheidungsbefugnissen eintreten. Schulleiter verkörpern ein hierarchisches Element in der Organisationsstruktur der Schule; damit sind sie in höherem Maße in der Lage, Entscheidungsprämissen zu setzen. Die in der Diskussion um die autonome Schule erhobene Forderung nach der Übernahme von Managementfunktionen durch Schulleitungen beruft sich auf diese Kompetenz. Gleichzeitig trifft die damit verbundene Zumutung für die Lehrer vielfach auf Arbeitsbedingungen in den operativen Bereichen der Schule, in denen keine Managementstrukturen akzeptiert werden und in denen die Ablehnung von Management unter Verweis auf Professionalität legitimiert wird. In einer langen Diskussion um die Möglichkeiten der Schulleiter, Managementfunktionen wahrzunehmen, hat das zu der Position geführt, Schulleiter seien „allein auf Methoden indirekter, das soziale Klima und die individuelle Befindlichkeit stimulierender Führung angewiesen" (Wissinger 2002: 303). Hier wird die herausgehobene Rolle des Schulleiters in der Entscheidungsstruktur der Schule einerseits bestätigt, indem ihr die Verfügung über spezifische Methoden der Steuerung zuerkannt wird. Andererseits wird sie nivelliert, sofern diese Methoden sich auf „Klima" und „Befindlichkeiten" in der Schule richten und damit auf die Prämissen von Entscheidung, die selbst jeder Entscheidung entzogen sind. Die Entscheidungskompetenzen von Schulleitungen sind somit in einem Paradox befangen: Entschieden werden kann nur, wenn die Entscheidungen nicht als Entscheidungen kommuniziert werden, sondern auf subtile Weise Wirkung entfalten.

Diese Beschreibung der Entscheidungskompetenzen von Schulleitern resultiert aus der Erfahrung, dass zwei andere Rollenmodelle der Schulleitung praktisch und theoretisch als gescheitert bzw. überwunden gelten müssen. Es ist erstens das Modell des Schulleiters als Behördenchef und zweitens das Modell einer „instructional leadership role“. Als Behördenchef ist der Schulleiter nur in geringem Umfang der Autonomie seiner Schule verpflichtet und fungiert lediglich als Transmissionsriemen für Entscheidungen, die in der übergeordneten Schuladministration gefällt werden. Als „instructional leader“ wiederum ist der Schulleiter weitgehend in die operativen Verantwortlichkeiten der Unterrichtsebene involviert. Die Risiken des ersten Modells sind die Eigendynamiken, die in jeder Schule zur Entstehung spezifischer Profile führen; das Risiko des zweiten Modells liegt in der Unmöglichkeit, aus der zentralen Position eines „head teacher“ heraus für den Unterricht verschiedener Lehrer kausal wirksame Empfehlungen zu geben. Man kann auch sagen, dass die Vorstellung des Schulleiters als Behördenchef die Komplexität von Schulen zu sehr simplifiziert, während die Vorstellung des „head teacher“ dem Schulleiter die Bewältigung einer unbeherrschbaren Komplexität zumutet.

Eine der Vorstellung von kompetenten Schulorganisationen angemessene Konzeption wird unter dem Begriff der „transformational leadership role“ angeboten. Die spezifische Anforderung an den Schulleiter als transformational leader kann darin gesehen werden, dass er den Entscheidungsbedarf und Entscheidungssituationen in einer Schule markiert, ohne selbst durch Entscheidungen den nachfolgenden Prozessen vorauszugreifen. Prämissen werden aus dieser Position eher durch Problemdefinition als durch Problemlösung gesetzt. Entscheidungen betreffen die Vorbereitung von Entscheidungen und ihre Versorgung mit Information, nicht die Kanalisierung von Entscheidungen in sachlicher oder sozialer Hinsicht.

In dieser Rolle erfüllt die Schulleitung eine Komplementärfunktion zu kollegialen Entscheidungsmechanismen. Sie vermittelt zwischen Anforderungen der außerschulischen Umwelt und den innerschulischen Entscheidungsstrukturen, indem sie Informationen selektiert und die schulinterne Infrastruktur des Entscheidens fördert. Die Funktion des Schulleiters besteht vor diesem Hintergrund darin, Schulen zu Organisationen werden zu lassen, in denen kollektiv bindende Entscheidungen getroffen werden können.

Erforderlich scheint für die Erfüllung dieser Funktion eine deutliche Trennung zwischen informellen und formellen Prozessen des Entscheidens; die Schulleitung muss in der Lage sein, Entscheidungen zu erkennen, um weiteren Entscheidungsbedarf anmahnen und durchsetzen zu können. Zusätzlich kann die Kontingenz von Entscheidungen nur dann thematisiert werden, wenn Entscheidungen als solche kommuniziert werden. Das ist eine Voraussetzung, um die Konsequenzen von Entscheidungen im Lichte ihrer Alternativen zu erörtern.

Jenseits strategischer und operativer Dimensionen von Entscheidungen zeigt sich hier ein Bedarf an prozeduralen Regelungen in Schulen, mit denen die Beteiligung des Kollegiums an Entscheidungen, Prozessen der Beschlussfassung und die

Kontrolle ihrer Verbindlichkeit gewährleistet werden. Sie sollten den einzigen Bereich bilden, in dem Schulleiter Prämissen der Entscheidung formulieren und durchsetzen können. Hier lassen sich Entscheidungsprämissen über die äußere Form der Organisation Schule zentralisieren, ohne den Entscheidungen über deren innere Ausgestaltung vorauszugreifen.

Eine weitere Zentralisierung von Entscheidungsprämissen wird gegenwärtig mit den in verschiedenen Bundesländern implementierten Vergleichstests gesetzt. Hier erfolgt Zentralisierung vermittels einer Information über Schulen, die eine Bewertung von Leistungen an vereinheitlichten Maßstäben eröffnet.

In Deutschland werden Vergleichsarbeiten als ein Mittel angesehen, das der Förderung von Lehrerprofessionalität im Kontext systematischer Schulentwicklung dient. In anderen Ländern (England, Niederlande) dienen Vergleichsarbeiten in erster Linie der Bereitstellung von Informationen für die Schulwahl durch Eltern (vgl. van Ackeren 2003). Beide Modelle setzen darauf, dass Entscheidungen durch eine normierte Information kanalisiert werden. In dieser Konstellation liegt der Sinn von Monitoringsystemen, wie sie durch Vergleichsarbeiten oder large-scale-assessments realisiert werden: Es werden aggregierte Informationen über Zustände des Bildungssystems bereitgestellt, die dezentralen Entscheidungsträgern einen Rahmen für ihre Entscheidungen geben. Damit ist weniger ein zentraler Steuerungsanspruch verbunden, als die Hoffnung, autonome Entscheidungskompetenzen zu stärken. Durch eine Vereinheitlichung der Informationsgrundlage wird den dezentralen Akteuren im Bildungssystem eine gemeinsame Basis für Entscheidungen gegeben, die vor dem Hintergrund je eigener Handlungslogiken erwogen werden.

Schulen wird mit Vergleichsarbeiten der Impuls zum Vergleich der Leistungen ihrer Schüler mit vergleichbaren Schülern anderer Schulen gegeben. Inwiefern diese Vergleiche der Rohstoff für Schulentwicklung sein können, hängt von einer Variante professioneller Kompetenz ab, die erst im Zeitalter der large-scale-assessments für Lehrer relevant wird – sie kann im weitesten Sinne als Forschungskompetenz bezeichnet werden. Einige Elemente dieser Kompetenz lassen sich benennen:

- Informationen über Schülerleistungen auf unterschiedlichen Aggregationsniveaus (System, Schule, Klasse, Individuum) müssen interpretiert werden können,
- Die Vergleichbarkeit der Schülerleistungen vor dem Hintergrund unterschiedlicher Leistungsvoraussetzungen muss erkannt werden,
- Schülerleistungen müssen systematisch zu eigenen didaktischen und diagnostischen Entscheidungen in Verbindung gesetzt werden und auf Stabilität der Effekte hin überprüft werden, um Rückschlüsse über die eigenen Entscheidungen zuzulassen.

Diese Kompetenzen können nicht individuell, sondern nur im Rahmen der Organisation Schule wirksam werden, weil sie zwingend auf systematische Formen des Vergleichs angewiesen sind.

Die hier angestellten Überlegungen zeigen, dass die gegenwärtige Diskussion um die Autonomie der Schule nicht verwechselt werden sollte mit einer Dezentralisierung von Entscheidungskompetenzen – gerade auf der Ebene der Schule selbst werden durch die Neugewichtung von Entscheidungsträgern/-mechanismen (Leitung/Lehrerkooperation) und durch die Bezugnahme auf standardisierte Informationen zentralisierende Elemente gestärkt.

Ob die Schule sich dabei als Stätte professioneller Arbeit bewähren kann, wird sich daran zeigen, ob sie sich durch diese Zentralisierungen zu Entscheidungen provozieren lässt, die in ihrer bislang dominanten bürokratischen Form vermieden worden sind.

Literatur

Altrichter, H. (2000): Konfliktzonen beim Aufbau schulischer Qualitätssicherung und Qualitätsentwicklung. In: Helmke, A./Hornstein, W./Terhart, E. (Hrsg.): Qualität und Qualitätssicherung im Bildungsbereich. 41. Beiheft der Zeitschrift für Pädagogik. Weinheim: 93-110.

Baecker, D. (2003): Organisation und Management. Frankfurt a.M.

Baumert, J. (1980): Bürokratie und Selbständigkeit – Zum Verhältnis von Schulaufsicht und Schule. In: Recht der Jugend und des Bildungswesens, Jg. 28, H. 6, 437-467.

Böttcher, W. (2002): Kann eine ökonomische Schule auch eine pädagogische sein? Weinheim.

Fend, H. (2000): Qualität und Qualitätssicherung im Bildungssystem. In: Helmke, A./Hornstein, W./Terhart, E. (Hrsg.): Qualität und Qualitätssicherung im Bildungsbereich. 41. Beiheft der Zeitschrift für Pädagogik. Weinheim: 55-72.

Kuper, H. (2002): Stichwort: Qualität im Bildungssystem. In: Zeitschrift für Erziehungswissenschaft, Jg. 5, H. 4, 533-551.

Luhmann, N. (1981): Organisation und Entscheidung. In: Luhmann, N.: Soziologische Aufklärung Bd. III. Opladen: 335-389.

Luhmann, N. (2002): Das Erziehungssystem der Gesellschaft. Frankfurt a.M.

Luhmann, N./Schorr, K.E. (1988): Reflexionsprobleme im Erziehungssystem. Frankfurt a.M.

van Ackeren, I. (2003): Nutzung großflächiger Tests für die Schulentwicklung. Berlin.

Wissinger, J. (2003): Rolle und Aufgaben der Schulleitung bei der Qualitätssicherung und -entwicklung von Schulen. In: Brüsemeister, T./Eubel, K.-D. (Hrsg.): Zur Modernisierung der Schule. Bielefeld: 294-306.

„Reflexivität der Organisation“ und Bekenntnis Perspektiven der Lehrerkooperation

Sabine Reh[1]

Im aktuellen schulpädagogischen Diskurs über die Entwicklung von Schulen und des Unterrichts wird an entscheidender Stelle auf eine „Professionalisierung“ der Lehrtätigkeit gesetzt (vgl. Bastian/Combe/Reh 2002; Reh 2004). Dabei werden vor allem zwei Strategien diskutiert: einerseits eine Erhöhung der Reflexionsfähigkeit der Lehrkräfte, ihrer Fähigkeit über sich und den eigenen Unterricht nachzudenken, und andererseits ein Ausbau der Kooperation unter den Lehrern.

Der Lehrer muss, so wird gefordert, sich ständig weiterentwickeln und kann dieses nur dann tun, wenn er „ein reflektiertes Verhältnis zu sich selbst“ gewinnt (Fend 1998: 350). Eine „professionelle Haltung besteht gerade darin, dass man sich eigentlich nie als ‚fertig' betrachtet, sondern ein Gespür für vergangene und zukünftig noch anstehende berufsbiographische Veränderungen und Veränderungsnotwendigkeiten hat“ (Terhart 2002: 102).

Ein solches Verhältnis zu sich selbst und der eigenen Berufstätigkeit kann – davon wird zumeist ausgegangen – in der intensiven Kommunikation und Kooperation mit anderen Lehrkräften gewonnen werden. Kooperation scheint gleichzeitig als Anreiz und Anforderung an die Weiterentwicklung der individuellen Selbstreflexionsfähigkeit der einzelnen Lehrkraft gesehen zu werden. Kooperation, besonders in so genannten Teams, erscheint als Entlastung und Unterstützung für den Einzelnen (z.B. Heyse 2003). Sie ist beste Voraussetzung einerseits, Zeichen andererseits für Veränderungsbereitschaft und wird betrachtet als möglicher Raum von Qualifizierung, indem „Lernnetzwerke“ gebildet werden, in denen an der Weiterentwicklung des Unterrichts gearbeitet wird (vgl. Ostermeier 2004) und sich die Aufmerksamkeit vom „'Ego der Lehrkräfte' zu einem kindzentrierten Arbeitskonzept“ verschiebt (vgl. Düring 2004: 268). Ausgeprägte Kommunikationsstrukturen und vor allem institutionalisierte Kooperationsformen in Schulkollegien spielen daher eine zentrale

1 Dieser Text basiert auf einem Vortrag, den ich zusammen mit Dirk Brinkmann-Hein auf der Fachtagung in Wittenberg 2004 gehalten habe.

Rolle für die Entwicklung der Schulen – so lässt sich die nahezu unwidersprochen herrschende Meinung in der Ratgeber- und der Forschungsliteratur zusammenfassen (vgl. z.B. Dalin 1999; Fullan 1999; Rolff/Buhren/Lindau-Bank/Müller 1998; Schley 1998; Arnold/Bastian/Combe/Reh/Schelle 2000; Grunder 2002; Bastian/Combe/Reh 2002; Ostermeier 2004; vgl. jüngst zusammenfassend Terhart/Klieme 2006).

Im Rahmen einer Vorstudie für ein größeres Forschungsprojekt, in dem es u.a. um Gelingensbedingungen und Problemfelder von Kooperation und Kommunikation in Entwicklungsprozessen pädagogischer Organisationen geht, versuchen wir zunächst eine Typisierung von Interaktionsstrukturen in verschiedenen Formen der Kooperation in Schulen zu erstellen. Dazu haben wir diese an zwei Schulen untersucht, an einer Berufsschule und einer Grundschule, in denen Teams für die Organisation und Gestaltung von Unterricht der ihnen zugewiesenen Lerngruppen verantwortlich sind und in erheblichem Umfang auch in Teams unterrichtet wird, also eine Form enger und intensiver Zusammenarbeit praktiziert wird.

Ziel unserer Ausführungen in diesem Aufsatz ist es nun, begründete Hypothesen zur Frage aufzustellen, wie die untersuchte Form der Kooperation einer weit reichenden gemeinsamen Verantwortung für Lerngruppen und des gemeinsamen Unterrichtens sich auf das Verhältnis zwischen der Organisation, der Schule und dem Unterricht als Interaktion, dem Interagieren der Professionellen auswirkt und in welchem Verhältnis das zu Formen und Inhalten der Selbstreflexion der Professionellen steht. Wir werden dafür zunächst kurz in Erinnerung rufen, in welcher Weise Kooperation und Selbstreflexion im Diskurs über Schulentwicklung und Lehrerprofessionalität thematisiert und erforscht werden. Im Anschluss daran skizzieren wir aufgrund einer ersten Auswertung der Interviews und Teambesprechungen an der Grundschule, in welchen Formen die befragten Lehrer Teamarbeit und die Geschichte ihrer Teams rekonstruieren, wie hier vorläufig Typen[2] unterschieden werden können, um diese zu den analysierten Kooperationsgesprächen in den Teams in Beziehung zu setzen. Im Fazit wird die Frage erörtert, inwiefern bezüglich der hier vorgestellten Weisen der Kooperation von einer in der Organisationsstruktur verankerten Reflexivität zu sprechen ist, die sich unterscheidet von der individuellen Selbstreflexion des einzelnen Lehrers.

2 Zu fragen wäre, ob diese Typenbildung – um mit Bohnsack zu sprechen – eher auf der Ebene einer solchen des Common Sense, also auf der Ebene des unterstellen, subjektiv gemeinten Sinns, der Zuschreibung von Motiv-Typen also, liegt oder schon darüber hinausgeht in Richtung einer mehrdimensionalen Typenbildung zweiter Ordnung (vgl. Reh 2003: 88/89).

1 Empirische Forschungen zur Lehrerkooperation

Angesichts der allseits geteilten hohen Bewertung von Kooperationen könnte es auf den ersten Blick erstaunlich scheinen, dass in der Lehrerforschung bis heute fast unverändert und seit Jahren folgender Befund erhoben wird: Obwohl Kooperation sehr erwünscht ist (vgl. Gehrmann 2003: 274, 287), spielt sie faktisch keine sehr große Rolle (vgl. Ulich 1996: 147-164; Terhart 2001). Auch die jüngst vorgelegten empirischen Studien aus Deutschland (vgl. Bonsen/Rolff 2006; Steinert u.a. 2006; Gräsel/Fußangel/Pröbstel 2006) bestätigen einerseits diesen Befund und demonstrieren andererseits aufgrund der Ergebnisse in quasi-experimentellen Forschungsdesigns aber nach wie vor hohe Erwartungen an Kooperation. Sie machen zudem deutlich, dass über eine Kategorisierung – „Niveaustufen“ der Lehrerkooperation (Steinert u.a. 2006) oder „Kooperationsformen“ (vgl. Gräsel u.a. 2006) – und die Untersuchung der Häufigkeit ihres Auftretens hinaus noch keine genaueren Vorstellungen darüber bestehen, was – vor allem in den höher bewerteten Formen oder auf den höheren Niveaus – eigentlich in der Kooperation als einer Interaktionssituation geschieht. Es verwundert daher nicht, dass Kelchtermanns in einer Sichtung der internationalen Literatur zu dem Ergebnis kommt, dass „allzu einfache Behauptungen über die Vorteile der Kooperation“ nicht begründet seien, vor allem aber – und das wäre in mikrosoziologischen Studien zu erforschen – „kulturelle und mikropolitische Umwelten“ der einzelnen Schulen für die Qualität der tatsächlichen Zusammenarbeit von größter Bedeutung sind (vgl. Kelchtermanns 2006: 220).

Nachdem zunächst davon ausgegangen wurde, dass das Ausmaß an Kooperation nach Schulformen (und möglicherweise Geschlecht) variiert, wird in den jüngeren Studien herausgestellt, dass dieses nicht die entscheidenden Faktoren sind. Steinert u.a. fassen zusammen: „Organisationsstrukturelle Bedingungen und programmatische Spezifika der Schulformen sind für Unterschiede in der Lehrerkooperation weniger bedeutsam als vielfach erwartet“ (Steinert u.a. 2006: 200). Kooperation scheint aber sicher desto schwieriger zu werden, je „näher“ man dem Unterricht, also dem Kerngeschäft des Lehrers kommt.

Vor dem Hintergrund des historisch entwickelten Verhältnisses von Organisation und Profession im Erziehungssystem (vgl. Luhmann 2002: 142-167) ist das Ergebnis möglicherweise nicht erstaunlich. Die Profession ist – aus der Sicht Luhmanns – im ausdifferenzierten Erziehungssystem auf Organisation angewiesen. Diese stellt überhaupt erst die Bedingung für Unterricht, für Interaktion und für das dar, was das professionelle Kommunizieren und Handeln im Klassenraum, im Unterricht der Klasse, genannt wird. Organisation wäre also entgegen der in der Profession häufig zu hörenden Auffassung nicht der Widerpart der pädagogischen Handlung und ihrer Intentionen, sondern macht professionelles Handeln im Unterricht möglich; sie kann als eine begrenzende Bedingung gesehen werden.

Eine ältere Unterscheidung Wellendorfs (1967) aufgreifend, nämlich eine Differenz zwischen Kollegialität und Kooperation bzw. im engen Sinne Teamarbeit setzend, könnte ein Erklärungsversuch für das empirisch beobachtbare geringe Ausmaß an Kooperation gestartet werden: Kollegialität setze den Druck hierarchischer Verwaltungsorganisation durch informelle Kommunikationskanäle herab, schütze den Einzelnen vor inkompetenter Einflussnahme, verhindere auch, dass in den Kompetenzbereich eines anderen Kollegen hinein geredet werde; die individuelle Verantwortung für den Unterricht und dem einzelnen Schüler gegenüber bleibe daher unangetastet. Kollegialität in diesem Sinne, die den proklamierten Prinzipien von Teamarbeit geradezu widerspricht, wäre also der Ausdruck von Profession im Sinne von Autonomiegewinn innerhalb der Organisation. Wenn man Luhmanns Vorschlag folgend Profession und Organisation als zwei unterschiedliche Formen der Respezifikation der guten Absicht zu erziehen versteht (vgl. Luhmann 2002: 142-167), könnte also die beschriebene Form von „Kollegialität" als Sicherstellung von Professionalität innerhalb der Organisation verstanden werden, die es dem einzelnen Professionellen etwa und vor allem erlaubt, unter Bedingungen von Ungewissheit handeln zu können und die Zuschreibung von Erfolg und Misserfolg – wie Luhmann es ausdrückt – gelassen und entlastet vorzunehmen.[3]

2 Kooperation und professionelle Selbstreflexion im Schulentwicklungsdiskurs

Die im Mittelpunkt des Forschungsprojektes und dieses Aufsatzes stehende, in einem direkten Bezug auf die gemeinsame Teilnahme oder gar Durchführung und Auswertung von Unterricht erfolgende, zumeist als höchste Form der Kooperation bewertete Zusammenarbeit findet in „Teams" statt. Der Begriff des Teams hat inzwischen eine besondere Wertschätzung als Grundlage „lernender Organisationen" erfahren. So formuliert Schley, nicht nur Autor in einschlägigen Handbüchern, sondern auch nachgefragter Anbieter von Teamentwicklungs-Seminaren, höchst normative Vorstellungen über das, was Teams ausmacht. Das „Wir" des Teams muss Anforderungen genügen: Neben Kommunikation und Zielbestimmung, müssten Konsens, Kohärenz, Kontingenz, Konsistenz, Kontinuität, Konfiguration, Ko-Evolution und – die Alliteration wird nun nicht fortgesetzt – Identität erzielt werden (vgl. Schley 1998: 115). In einer naturalistischen Metaphorik wird den Teams geradezu

3 In diesem Sinne sind Organisation, also die einzelne Schule, und Kollegialität zusammenwirkend gewissermaßen das funktionale Äquivalent zum „Arbeitsbündnis" des Professionellen mit seinem Klienten, das es in der Schule, also zwischen Lehrkräften und Schülern, aufgrund der Schulpflicht nicht gibt (vgl. Oevermann 1996; zur Kritik an Oevermanns Konzeption des „Arbeitsbündnisses" in der Schule vgl. Wernet 2003).

individuelles Leben unterstellt: „Teams erleben ein Wachstum, sie durchleben Phasen, sie reifen an Krisen (...) Sie bedürfen der Pflege und Reflexion. Teams gleichen so Individuen, sie haben eine eigene Identität“ (ebd.: 115).

Im besten Falle werden Teams „professional learning communities“, wie in neueren (amerikanischen) Entwicklungsszenarios genannt. Der Begriff, in der deutschsprachigen Literatur oft mit dem Kürzel PLG („professionelle Lerngemeinschaften“) bezeichnet (vgl. Bonsen/Rolff 2006), wurde von Astuto u.a. (1993) in der erziehungswissenschaftlichen Diskussion etabliert (vgl. McLaughlin/Talbert 1993). Die Literatur zu professionellen Lerngemeinschaften differenziert fünf Merkmale solcher „Gemeinschaften“: unterstützende und gemeinsame Leitung, kollektive Kreativität, gemeinsame Werte und Visionen, unterstützende Bedingungen und gemeinsame persönliche Praxis. Bonsen und Rolff nennen ebenfalls fünf Bestimmungskriterien: reflektierender Dialog, De-Privatisierung der Unterrichtspraxis, Fokus auf Lernen statt auf Lehren, Zusammenarbeit und gemeinsame, handlungsleitende Ziele (Bonsen/Rolff 2006: 179).

Auch wenn in diesen Beschreibungen von gelingender Kooperation, von „professionellen Lerngemeinschaften“, eine naturalistische Metaphorik vermieden wird, sind auch sie in gewisser Weise tautologisch und die Argumentationen teilweise zirkulär: Kooperationen sind deshalb gut und richtig, weil und insofern sie als Teams Lernen – das ist in der gegenwärtigen Diskussion der Maßstab – ermöglichen, und sie gelingen, wenn dieses geschieht.

Gleichzeitig wird davon ausgegangen, dass die Lehrer als Mitglieder der Teams oder der „professionellen Lerngemeinschaften“ bestimmte erforderliche Bewusstseinsdispositionen ausbilden und entwickeln. Die Schüler sollen und werden für sie das Bezugssystem bilden, ihrerseits müsse und werde Veränderungsbereitschaft bestehen, eine Einschränkung der Selbstbestimmung pädagogischen Handelns solle und werde zugunsten „synergetischer“ Verantwortung akzeptiert[4]; davon ausgegangen wird also, dass die beteiligten Mitglieder sich zu verändern und zu lernen wünschen. Ein solcher Wunsch wird als angestrebtes Ziel auch anderer schulischer bzw.

---

4 Gewissermaßen symptomatisch können hier einige Zitate angeführt werden: „Wenn es gelingt, die Leistungen der anderen anzuerkennen und der eigene Platz bei der gemeinsamen Aufgabe gefunden wird, können kooperative Arbeitsformen entstehen. Die Bereitschaft zur Veränderung wird da am größten sein, wo Offenheit und Kommunikation zum Arbeitsstil gehören, wo kooperative Fähigkeiten bewusst entwickelt werden und wo möglichst früh Einigkeit über das gemeinsame Ziel hergestellt wird.“ (Düring 2004: 191) Aus zwei Aufsätzen der Zeitschrift „Die lernende Schule“: „An anderen Schulen werden kooperative Arbeitsformen gepflegt, die den Einzelnen entlasten, soziale Unterstützung bereithalten und gemeinsame Kräfte mobilisieren, um Probleme und schwierige Situationen zu bewältigen.“ (Heyse 2003: 12) und: „Denn die Teamarbeit strahlt auf alle übrigen Bereiche der Schul- und Unterrichtsorganisation aus. Sie holt die Kollegen aus ihren Einzelkämpfer-Rollen heraus; sie beeinflusst das Schulklima insgesamt und fördert die Demokratisierung der Leitungsstrukturen einer Schule.“ (Meyer 1997: 16)

fortbildnerischer Interventionen gesehen. In einer Untersuchung über schulinterne Supervision heißt es: „Lehrer und Lehrerinnen brauchen angesichts der veränderten Bedingungen heute ein höheres Maß an selbstreflexivem Wissen und den Zugang zur eigenen Person, um angesichts divergierender Ansprüche bestehen und mit der geäußerten Kritik und den eigenen Emotionen angemessen umgehen zu können. Psychohygiene und die Arbeit an der eigenen beruflichen Identität sind erforderlich, um selbstkritisch und authentisch, souverän und engagiert den öffentlichen Auftrag der Tätigkeit übernehmen und bewältigen zu können" (Denner 2000: 48). Unter der Perspektive der „Intervision", einer bestimmten Art der kollegialen Supervision, heißt es zu deren Effekten: „... man erkennt seine eigenen Stärken und Schwächen, man übt ein auf Veränderung zielendes Verhaltensrepertoire, man lernt sich selbst besser kennen" (Hendriksen 2000: 28).

Bauer/Kopka/Brindt entwerfen eine Instanz, das „professionelle Selbst", die auswählt, ordnet, entscheidet, wertorientiert handelt und den Zusammenhang zwischen beruflicher Erfahrung, Diagnosekompetenz, Handlungsrepertoire, pädagogischen Werten und Zielen herstellt" (Bauer/Kopka/Brindt 1996: 234) und die eigene Entwicklung steuert: „Das professionelle Selbst hat ein Bild von sich als Ganzheit. Dieses Bild enthält Hinweise auf Stärken und Schwächen, es enthält aber auch zusammenfassende Selbstbewertungen und Attribute. Wenn das Bild stimmig ist und die Gesamtbewertung positiv ausfällt, besteht ein hohes Maß an professioneller Selbstsicherheit" (ebd.: 185). Zentraler Maßstab dafür sei das „Zu-sich-selber-stehen-können", also die Möglichkeit und die Fähigkeit, authentisch sein zu können.

Es wird deutlich, welche Vorstellung von einem Subjekt dem hier propagierten Bild eines Professionellen unterlegt ist und welche konkrete Ausformung es annimmt. Das Subjekt, das wünscht, seine eigene Entwicklung zu steuern, muss sich selbst kennen oder mindestens nach dieser Selbsterkenntnis streben. Es muss in der Folge wissen, was es kann und was nicht, was seine „Stärken und Schwächen" sind. Im Hinblick auf das pädagogische Handeln geht dieses Bild von Machbarkeit aus, von einem vielleicht nicht technologisch kontrollierbaren, aber bestehenden Zusammenhang von – aufrichtig verfolgten – pädagogischen Intentionen und erzielten Wirkungen. In seinem pädagogischen Handeln muss dieser Professionelle aufrichtig, authentisch sein. So betrachtet ist das hier unterstellte Subjekt eines, das mit sich selbst identisch sein kann und als handlungsmächtig vorgestellt wird. Aufrichtigkeitstopik und herausgestellte Subjektivitätsrhetorik müssen den Selbstreflexionstext eines Subjekts kennzeichnen, das den hier formulierten Anforderungen nachkommt. Dieser Selbstreflexions-Text würde dann allerdings ähnliche Merkmale aufweisen wie das Bekenntnis (vgl. Reh 2003: 96-105, 164-168).

Im neueren Schulentwicklungsdiskurs sind Selbstreflexivität, Selbststeuerung aber auch Partizipationsstrategien und der Einzug von Evaluation und Rückmeldungen gefordert; Kommunikationen scheinen an die Stelle von Disziplinierung gesetzt zu werden. Damit sind die Lehrer umfassend verantwortlich gemacht; der „selbstreflexive“ und „kommunikationsfähige“ Lehrer ist verantwortlich für die eigenen Verhaltensanpassungen, indem er etwa das „Lernen lernt“. Zentral sind „reflexive“ Kompetenzen, Tätigkeiten der zweiten Ordnung, die es dem Einzelnen ermöglichen, sein selbst gewünschtes Lernen steuern und verbessern zu können (vgl. Lehmann-Rommel 2004).[5]

In dieser aus gouvernementalitätstheoretischer Perspektive formulierten Kritik am Schulreformdiskurs wird der Tendenz nach eine – möglicherweise von Foucault nahe gelegte – Unterscheidung gemacht, nämlich die zwischen neuen Subjektivierungsformen bzw. Selbsttechnologien und einem Subjekt, das als „Unternehmer seiner selbst“ (so in seiner Neoliberalismus-Analyse Foucault 2004: 314) auftritt, und einer aus dem abendländischen Christentum entwickelten Form, dem nach seiner eigenen Wahrheit suchenden, Geständnisse und Bekenntnisse ablegenden Subjekt (vgl. u.a. Foucault 1977: 75-81). Unserer Ansicht nach finden wir – wie dargelegt – in den Subjekt-Vorstellungen, wie sie vor allem der Ratgeberliteratur unterlegt sind – Elemente beider Formen, nämlich das die Wahrheit seiner selbst suchende Subjekt, dasjenige, das pädagogisch authentisch sein will und soll, genau so wie das – sozusagen neoliberal – sich selbst, seine „Stärken und Schwächen“ managende Subjekt. Vor diesem Hintergrund fragen wir nach den empirisch vorzufindenden Formen und Inhalten der Selbstreflexion von kooperierenden Lehrkräften.

3 Kooperation und Reflexivität: Eine Pilotstudie an zwei Schulen

Wir haben zunächst zwei Schulen ausgewählt, an denen und von denen die Auffassung herrscht, sie seien im Hinblick auf Fragen der Kooperation „weit“. Sowohl an der Grundschule wie auch an der Berufsschule, an der wir begonnen haben, mit dem Schulleiter und den Lehrern Interviews durchzuführen und Teamsitzungen zu besuchen bzw. diese aufzuzeichnen[6], bestehen ausgeprägte Kooperationsstrukturen, mit gewissermaßen „modernen“ Unterricht der Schüler. Zusätzlich gelten die beobachte-

5 Eine weitergehende These könnte die sein, dass damit die Lehrer zu Mittlern für die Formation des von Überwachung freien, sich selbst managenden Bürgers werden. Kooperation in Form von „Gemeinschaften“, von Teams könnte – so legt es der Reformdiskurs nahe – diese Tätigkeiten der zweiten Ordnung verwirklichen und sicherstellen.

6 Die Aufnahme und Begleitung von Teams lässt sich nicht ganz einfach bewerkstelligen. Voraussetzung dafür ist eine Art (vertrauensvollen) Verhältnisses zwischen Forscherin und den beteiligten Lehrerinnen. Schon die Interviews und erst recht die teilnehmende Beobachtung in den Sitzungen stellt auch bei großer Zurückhaltung eine Art von Intervention dar. An einer Gesamtschule hat ein Jahrgangsteam, das von einem Mitglied der Schulleitung gefragt wurde, ob einige Sitzungen aufgezeichnet werden dürften, dieses abgelehnt mit dem Hinweis, dass allein die Anwesenheit einer Zuhörerin ihre Sitzungen verändere.

ten Teams an der Grundschule als „gute" Teams, das Team an der Berufsschule als „Dreamteam", so der Titel in der Schule selbst. Diese Zusammenarbeit scheint – mindestens auf der Oberfläche – zu den höher bewerteten Formen der Zusammenarbeit zu gehören und dem zu entsprechen, was Gräsel u.a. „Kokonstruktion" nennen (vgl. Gräsel u.a. 2006: 211).

An der Berufsschule wird nur noch in „Lernfeldern" unterrichtet. Diese Vorgabe erzwingt einen radikalen Paradigmenwechsel. Es gibt keine Fächer mehr, sondern der Unterricht orientiert sich an beruflichen Handlungszusammenhängen und erzwingt daher nicht nur Absprachen, sondern die Planung und Evaluation eines gemeinsam verantworteten Unterrichts: „Eine Lernsituation, gemeinsam geplant und zeitlich strukturiert, wird z.B. von einem Teammitglied begonnen und muss von anderen zielorientiert fortgesetzt bzw. zum Abschluss gebracht werden. Dabei ist in ausgewählten Abschnitten auch über sinnvolles Teamteaching zu entscheiden" (Agsten/Maier 2002: 21). Inzwischen ist es schulweit so geregelt, dass ein Team mit drei bis fünf Lehrern jeweils zuständig ist für zwei Lerngruppen, in denen sie den gesamten Unterricht erteilen.

Die von uns untersuchte Hamburger Grundschule arbeitet im System der Verlässlichen Halbtagsschule, wie es in Hamburg generell eingeführt ist (vgl. Holtappels 1997), jahrgangsübergreifend als integrative Grundschule (vgl. u.a. Katzenbach/Rauer/Schuck/Wuttke 1999). Die Schülerschaft ist im Hinblick auf soziales Milieu, kulturelle Herkunft, sprachliche Voraussetzungen, im Hinblick auf Leistungsfähigkeit und Interessen ausgesprochen heterogen. An der Schule sind Sonderschullehrer, Grundschullehrer, Sozialpädagogen und Erzieher tätig. Es wird in jahrgangsübergreifenden Lerngruppen im so genannten „Zwei-Pädagogen-System" unterrichtet. Das heißt, in den acht Gruppen der ersten Stufe, in denen Vorschüler, Erst- und Zweitklässler zusammengefasst werden, sind den gesamten Vormittag über zwei Pädagogen anwesend, in den acht Lerngruppen der zweiten Stufe, die die Dritt- und Viertklässler umfasst, ist die Hälfte der morgendlichen Unterrichtszeit eine zweite pädagogische Kraft anwesend (vgl. Kühlke/Reh 2004).

3.1 Distanznahme statt Authentizität

Bei der im Folgenden zu betrachtenden Grundschule sind diejenigen, die die Teamarbeit positiv bewerten – gefragt wurde in narrativen, problemzentrierten Interviews nach den Erfahrungen mit der Teamarbeit –, deutlich in der Überzahl. Allerdings ist die Fluktuation unter den Lehrern verhältnismäßig hoch. Von den bestehenden 16 Teams zum Zeitpunkt der Interviews – alle Lehrer wurden interviewt, teilweise allerdings im Team zu zweit – waren nach eineinhalb Jahren drei aufgelöst.

Als Resultat eines ersten analytischen Zugriffes[7] haben wir die Äußerungen der Pädagogen als Formulierung unterschiedlicher Wertungen von Teamarbeit in drei Gruppen unterteilt. Wir konnten Bewertungen der Teamarbeit als Entlastung, als Ressource oder als Belastung ausmachen. Diejenigen, die die Teamarbeit als Entlastung oder gar als Ressource erleben, führten als Begründungen an, dass es immer einen Ansprechpartner gebe – die Metapher dafür lautete in einem der Interviews: geteiltes Leid ist halbes Leid. Es sei zentral, dass es die Chance gebe, Abstand zu gewinnen, Situationen mit einem schwierigen Kind verlassen, mehr beobachten zu können und dass auf diese Weise eine Vervielfältigung von Perspektiven entstehe.

Allerdings kann diese Form der Arbeit, also die enge Form der Kooperation in Teams auch als Belastung, als Einbuße an Autonomie und an Handlungsspielräumen erfahren werden. So verbanden mehrere jüngere Kollegen mit ihrem Berufseinstieg den Wunsch, sich zu bewähren, indem sie allein die Situation der Lerngruppe bewältigen und sie nicht ständig „Kompromisse mit dem Teampartner" machen müssen. Sie litten darunter, nicht das Eigene tun zu können. Eine Lehrerin erklärte ausdrücklich, dass sie die Konstellation der Teamarbeit als Einbuße an Autonomie und Verlust von Authentizität erlebe:

> *Angelika*: ... aber ich muss sagen mir gefällt das grundsätzlich nicht so gut mit den teams weil ähm ich finde ähm ++ es ist so dass jeder ´n anderen pädagogischen ansatz hat un ich finde es nich so schön ständig meine kräfte da mit dem <u>aushandeln</u> der ansätze zu verbrauchen + das is auch ´ne <u>typsache</u> + es gibt leute die finden das vielleicht toll und reizvoll *holt Luft* und ich muss sagen ich finde es oft ähm sehr anstrengend und lasse es dann auch oftmals weil ich auch die kraft gern für die <u>kinder</u> haben möchte *holt Luft* und mache <u>dann</u> aber auch vielleicht manchmal kompromisse die ich eigentlich pädagogisch nicht machen möchte so gerne
> *Susanne*: (gleichzeitig) die sonst nicht machen
> *Angelika*: und das ist etwas was ich auch schwierig finde also *holt Luft* ich find´s auch für die <u>kinder</u> schwierig für die verhaltensauffälligen schon allemal *holt Luft* wenn sie mit verschiedenen stilen dann so konfrontiert werden also grad bei den schwierigeren kindern hab´ ich das gefühl dass ´ne konstanz wichtig is *holt Luft* und ich finde es is <u>nicht</u> so einfach immer / *holt Luft* ich find es auch ja *holt Luft* zum beispiel es is ja auch so jede pädagogische maßnahme muss ja auch zur person passen und man kann schlecht an einem tisch aushandeln *holt Luft* wie reagieren auf so und so äh
> *Susanne*: so und so mmh

---

7 Wir haben aus allen Interviews evaluative Passagen ausgewählt, die zu jeweils unterschiedlichen Zeitpunkten des Interviews ihren Ort fanden und in denen explizit Bewertungen der Teamarbeit vorgenommen wurden; aufgrund einer Einteilung in positive und negative Urteile über Teamarbeit sind wir zur Auswahl von „Eckfällen" gekommen. In diesen Fällen haben wir die Passagen einer ausführlichen, sequentiell verfahrenden Rekonstruktion ihrer Sinnlogik unterzogen und anschließend kontrastierend Gruppen gebildet.

> *Angelika*: sondern wenn ich so reagiere weil ich´s beschlossen hab dann merk ich ich bin nicht mehr authentisch (jetzt) kommt gar nicht an also ich muss doch so reagieren wie´s eben zu mir passt *holt Luft* und die andere person wie´s zu ihr passt + und das hat für manche kinder vorteile (...)

Es finden sich hier „versteckte“ pädagogische Grundannahmen, etwa: Kinder, vor allem und erst Recht schwierige Kinder, brauchen „Konstanz“, nämlich eine und nur eine Person, die einen bestimmten, persönlichen „Stil“ hat. Auch wenn am Ende der Passage diese Auffassung relativiert wird, dient sie der Begründung einer „grundsätzlichen“ Skepsis gegenüber der Teamarbeit. Eine andere Grundannahme ist die, pädagogische Maßnahmen müssten zur Person der Erziehenden „passen“. Es existiert offensichtlich das Bild einer Persönlichkeit, zu der eine bestimmte pädagogische Grundauffassung „passt“, die sich dann in den unmittelbaren Reaktionen, spontan, gewissermaßen „authentisch“, durchsetze. Nur solche Handlungen – wahrhaftiger Ausdruck eines unveränderbaren Persönlichkeitskerns – seien pädagogisch wirksam.

Die Wahrnehmung von Teamarbeit durch Teammitglieder selbst scheint an dieser Schule – und das gilt für die Berufsschule ähnlich – zunächst einmal in Übereinstimmung mit Wellendorfs Unterscheidung und gewissermaßen mit Luhmanns Interpretation dieser – zu zeigen, dass eine enge Form der Zusammenarbeit dann als Einbuße an Handlungsspielräumen erfahren werden kann, wenn sie verstanden wird als Konsenszwang über eingestandene pädagogische „Grundannahmen“ – also über das „confessum“, das gleichzeitig das Eigene, der Kern des professionellen Subjektes im Sinne einer Identität ist und Authentizität sowohl einfordert, wie auch erst ermöglicht. Teamarbeit wird hier erlebt als anstrengendes Aushandeln pädagogischer Ansätze, die immer ganz individuelle sind, als Zwang zum Kompromiss, wo es strukturell gar keinen geben kann, und sie wird schließlich so zum Gegensatz von Autonomie und von Authentizität: ein Beschluss über die Veränderung von Lehrerhandeln würde zu nicht-authentischem, damit pädagogisch gar nicht wirksamem Verhalten bzw. Handeln führen müssen.

Dem expliziten Wunsch nach Authentizität und der Angst vor dem Verlust von Autonomie steht – wohlgemerkt: in den Berichten und Erzählungen, also den Selbstauskünften der Lehrkräfte – die Betonung von Multiperspektivität, die aufgrund von Distanznahme denkbar ist, gegenüber. Der Kern, das Eigene des professionellen Subjekts wird hier nicht Gegenstand einer Rede, für die dann auch Authentizität nicht eingefordert wird. Zu fragen ist nun, ob sich diese hier rekonstruierte Entgegensetzung von Distanznahme und Authentizität in den Rekonstruktionen der Teambesprechungen wieder findet.

3.2 Team-Typen

Über die Kontrastierungen der sinnlogischen Rekonstruktion von Aussagen zur Struktur und Organisation der Arbeit in den Teams ergaben sich – vorläufig – unterschiedliche Formen der Team-Konstellation, also des Zusammenspiels unterschiedlicher Kommunikations- und Kooperationsstrukturen und der Organisation des Unterrichts, nämlich das Team als „Aufrechterhaltung von Kollegialität“, das Team als „Intimität des eingespielten Paares“ und das Team als „Steigerung“ – ob von „Professionalität“ oder etwas anderem soll hier zunächst undiskutiert bleiben.

Im ersten Falle wird eine Arbeitsaufteilung so vorgenommen, dass der Unterricht jeweils der einer der Lehrpersonen bleibt, der zumeist nicht gemeinsam geplant und ausgewertet wird. Es gibt keine regelmäßigen Teamsitzungen, Absprachen finden in den Pausen statt. Oft gibt es auch keine gemeinsame Rahmenplanung. Man hält am Gedanken der Kollegialität im Sinne der Verantwortung und der nicht kommentierbaren Kompetenz des Anderen für „seinen“ Unterricht innerhalb des Teams fest. Über Unterricht geredet wird darüber hinaus nicht viel. Wenn darüber gesprochen wird, kann dieses immer auch leicht bedrohlich werden. Durch die Aktionen des gerade nicht verantwortlich Unterrichtenden wird auf der anderen Seite die heterogene Schülergruppe geteilt bzw. ein Teil der Schüler herausgenommen und gesondert gefördert. Die je unterstützende Lehrkraft schafft also eine kleine, relativ homogene Schülerschaft für den regulären Unterricht der Anderen.

Bei den beiden folgenden Typen ist der Unterricht ein mehr oder weniger regelhaftes Wechseln von oft nur kurzen Phasen gemeinsamen Gespräches und in unterschiedlichen Konstellationen mit der Lehrperson arbeitenden Gruppen oder einzelnen Schülern.

Im zweiten Falle wird das Team gewissermaßen intim. Die Intimität bzw. das Team wird gegen Einspruch anderer Kollegen, von außen, verteidigt. Zumeist verstehen die Partner sich gut, haben – so die Darstellung – die gleiche „Wellenlänge“. Es gibt eine – nach Fächern, teilweise aber auch nicht unbedingt nach Fächern erfolgende – feste Arbeitsteilung, also z.B. macht eine der Kolleginnen die Planungen und die andere die organisatorischen Zuarbeiten. Teilweise existiert eine deutliche Hierarchie, die Absprachen und gemeinsame Planungen nicht immer nötig machen. Bei Bedarf sind Unterricht und eigenes Handeln diskutierbar, auch eine „auswertende Planung“ findet nicht regelmäßig, aber bei Bedarf statt. Das schließt ein, dass es keine regelmäßigen Termine gibt.

Wie eine „Steigerung“ beschreiben Lehrer die Arbeit in Teams, in denen Unterschiede, z.B. unterschiedliche Kompetenzen, unterschiedliche Phasen der Berufsgeschichte wahrgenommen werden, wortwörtlich in einem Falle „Stärken und Schwächen“, unterschiedliche Qualitäten der Partner gesehen werden, damit verbunden genutzt und so – wortwörtlich – „gewürdigt“ werden. Hier wurden Arbeitsteilungen beschrieben, aber auch Wechsel von Rollen. Es kann aktuell entschieden werden, wer was macht. Oft sei, so einzelne Teams, eine Art „auswertende Planung" vorherrschend, die ausgehend von Beobachtungen, von Problemen mit oder von einzelnen Schülern, den weiteren Unterricht ins Auge nimmt. Diese Teams sind zumeist noch lange nach Schulschluss in den Lerngruppenräumen und haben dort ihre Kooperationsgespräche; d.h. sie finden oft und zumeist regelmäßig statt. Die Team-Situation wurde in diesen Teams z.T. in der Situation des Interviews reflektiert, also kommuniziert. Die Begriffe und die Beschreibungen, die hier genutzt wurden, ähneln denen, die etwa Schley und andere in der Ratgeberliteratur verwenden. Sicherlich ist der normativ aufgeladene Schulentwicklungsdiskurs nicht ohne Wirkungen auf die Selbstbeschreibung der Teams geblieben.[8]

3.3 Probleme und Entscheidungen in Kooperationsgesprächen

Was geschieht nun in den „Besprechungen" eines Teams? Wie sehen die Rahmungen aus? Worüber wird in den „Besprechungen" geredet? Wie werden interaktiv Probleme konstruiert, die dann Entscheidungen produzieren? Wie gehen die „Teampartnerinnen" mit sich und dem jeweiligen Kooperationspartner in den Interaktionen um? Wie werden unterschiedliche Perspektiven eingebracht? Um diese Fragen beantworten zu können, haben wir zunächst nur eine sequenzielle Gliederung der aufgenommenen und transkribierten Sitzungen bzw. Teambesprechungen nach Themen vorgenommen, also gewissermaßen Inhaltsangaben, nachträglich eine Art von „Tagesordnung" der Sitzungen erstellt.

Hierbei ist zunächst auffällig gewesen, dass in den beobachteten und aufgezeichneten Teambesprechungen hauptsächlich planend Entscheidungen (im Sinne von „Wahlen") getroffen werden. Es wird nicht „einfach so", also ohne konkreten Anlass, die Konstruktion eines Problems, und ohne ein Ziel, der Lösung des Problems bzw. einer Entscheidung, über didaktische Fragen reflektiert; es geht um die Klärung praktisch-organisatorischer Fragen, eines diagnostizierten oder eines antizipierten Handlungsproblems etwa. Ausdrückliche Selbstreflexionen finden in diesen Kooperationen eher nicht statt. Die von den Lehrern immer wieder in den Interviews

---

8 Baecker beschreibt zum Problem der Unterscheidbarkeit konstativer und performativer Aussagen in diesem Zusammenhang: „Und sie (die Organisationstheorie, S.R.) entdeckt, dass sie mit der Frage nach den konstruierenden, den Gegenstand kommunikativ allererst hervorbringenden Unterscheidungen zwar einerseits vor einem Neuanfang steht, andererseits jedoch auf alle jene Unterscheidungen rückverwiesen ist, die die Organisation von außen zu beschreiben suchten, als aus den Organisationen gewonnene und in die Organisationen zurückgetragene Unterscheidungen jedoch immer schon ihren Beitrag zur Konstruktion der Organisation geleistet haben." (Baecker 1999: 130/131)

positiv hervorgehobenen Perspektivwechsel bzw. -erweiterungen sind für uns nur an wenigen Stellen der Teambesprechungen erkennbar. Die Gesprächsthemen ergeben sich aus der Planungssituation, d.h. hier aus der Chronologie des Zeitraumes, für den geplant wird; der Rahmen ist häufig ein „Durchgehen“ der Woche. Entscheidungen werden getroffen erstens über den Einsatz von Ressourcen, z.B. und vor allem über den Einsatz von unterschiedlichen Lehrpersonen bei unterschiedlichen Schülern, zweitens über die (pädagogischen) Rollen der Teammitglieder und drittens über die Stoffverteilung und die Behandlung von Stoffen bzw. Themen.

Das soll in der Besprechung eines Teams, dessen Beschreibung seiner Teamgeschichte als „Steigerung“ gelesen wurde, nachgezeichnet werden. Das Gespräch fand zu Beginn der Woche nach dem Unterricht, der um 13.00 Uhr endet, ab etwa 13.15 Uhr, als die letzte Mutter gegangen ist, statt und endete ca. 40 Min. später. Danach blieben die Lehrer noch in den zwei Lerngruppenräumen, um aufzuräumen, die Arbeitspläne durchzusehen und schließlich zu kopieren. Die Lehrer verließen – wie nach eigenen Angaben fast jeden Tag – ca. um 15.00 Uhr die Schule.

3.4 Einsatz von Ressourcen

In der folgenden Sequenz wird über den Einsatz von (personellen) Ressourcen zur Unterstützung des individuellen Lernens entschieden. Eine Lehrerin begründet mit einer Beobachtung des Leistungsverhaltens einer Schülerin den Einsatz der zusätzlich anwesenden Praktikantin:

> *Britt:* so und dann der morgenkreis und da kannst du morgen und wenn ich mit ismail weggegangen bin kannst du extraförderung
> *Erika:* würd ich gerne aso nehmen und ihr mathe noch mal n bischen erklären
> +++
> *Britt:* und maria kann wieder lesen da müssen wir dann mal gucken wie wir das räumlich machen ob sie in'n flur geht oder ob schönes wetter ist und sie raus geht oder in die pausenhalle oder so
> *Erika:* ja weil äh gisela ist auch da
> Britt: genau
> *Erika:* da gisela ist da ich bin da
> *Britt:* gisela muss wieder hier wahrscheinlich dann müssen wir mal gucken genau und ähm michaela wär gut weil die als einzige bei diesem kinderbuch was die gerade lesen die hängt total hinterher die liest nie zuhause alle anderen sind viel viel weiter also wärs gut wenn sie da
> Erika: hmhm

Britt: die hat halt zu hause auch gar keine unterstützung also zu hause liest keiner mit ihr und wen sollen wir noch nehmen sollen wir sebastian jetzt weiter oder einen anderen
Erika: atilla ist einmal
Britt: oder zweimal oder nee machen wir (ihn) diese woche noch
Erika: ja oder zwei tage und dann
Britt: hmhm ++ gut

Es wird hier eine Alternative konstruiert, nämlich die eines Einsatzes von Ressourcen zur Unterstützung von Michaela oder eines anderen Schülers bzw. einer anderen Schülerin. Erst vor diesem Hintergrund – der Möglichkeit eines solchen Ressourceneinsatzes – wird über einzelne Schüler und deren Lernen gesprochen. Es wird ein Problem definiert: Michaela kommt mit der „Ganzschrift" nicht voran. Lesenlernen erfordert Übung. Mit ihr liest niemand zu Hause; sie hat keine Übung. In einer durchaus als pädagogische zu charakterisierenden Argumentation (Paaschen) wird eine „Lösung" des Problems präsentiert: eine Lehrperson übernimmt das, was auch von den Eltern erwartet wird, ohne dass hier über eine gewünschte Einflussnahme auf die Eltern gesprochen wird.

3.5 Pädagogische Rollen

In einer anderen Sequenz wird entschieden über einen Wechsel der pädagogischen Rollen, die die Teammitglieder (einschließlich der zwei Praktikantinnen) im Unterrichtsgeschehen einnehmen:

Britt: ja und beim laufen dachte ich so vielleicht können wir ja diese kontrolle hier auch abwechseln wir sind ja nun vier und dann
Erika: (och ja wollt ihr) auch mal laufen
Britt: (*lacht*) (oder) du mit laufen ich meine wenn du kannst gerne (*lacht*) aber *(lacht)* hehe also dann könnte es immer der machen der gerade nicht dran ist sozusagen
Erika: jaha gut
Britt: gehst du morgen mit raus dies kontrollierst und dann geh ich übermorgen mit raus und am donnerstag geht anna-kathrin mit raus
Erika: ja gut ähhe (*lacht*)

Ein Rollenwechsel – diese beiden Lehrerinnen wechseln ohnehin täglich die Rolle eines von ihnen so genannten „Oberchefs", der dann z.B. am Lehrerarbeitstisch sitzt und im Laufe der Freiarbeit abgegebene Arbeiten kontrolliert, während die jeweils andere die Kinder unterstützt – wird besprochen, um dazu eine Entscheidung zu treffen. Hier wird sehr deutlich, dass die Konstruktion einer Entscheidungssituation, die aufgrund eines konstatierten Problems entstanden ist, auch ganz anders hätte ausfallen können. Hier wird davon ausgegangen, dass das Laufen stattfindet und derzeit kontrolliert werden muss. Wenn die eingeführte Maßnahme – die Kinder werden zum Laufen geschickt, um sich abzureagieren – ihren Zweck nicht mehr erfüllt, sondern, wie die beiden Teammitglieder vorher beschreiben, fast einen gegenteiligen Effekt erzielt, hätte auch über die Maßnahme selbst, also über deren Abschaffung entschieden werden können. Hier wird tatsächlich aber darüber entschieden, wer kontrolliert, also wer versucht zu sichern, dass vielleicht erreicht wird, was eigentlich erreicht werden sollte. Die in der Geschichte des Teams verankerte Entscheidung – das Laufen wird für pädagogisch sinnvoll gehalten und durchgeführt – wird nicht in Frage gestellt.

3.6 Behandlung und Verteilung von Stoffen und Themen

Zu einem erheblichen Teil drehen sich die Beiträge – und auch die zu treffenden Entscheidungen – um Fragen des Stoffes und der Themen bzw. der einzusetzenden Materialien:

> *Britt:* und singen machen wir dann das lied von heute weiter oder
> *Erika:* jaha ja nö
> *Britt:* oder sollen wir da mal eine anderes machen oder
> *Erika:* neee lass uns da mal weiter machen
> +++
> *Erika:* das passte doch ganz gut
> Britt: ja
> *Erika:* dieses Lied lalalalala wenn einer sagt ich mag dich du das da haben die probleme dann fangen die an zu gackern das ist ihnen un- das ist ihnen irgendwie wie nennt man das denn
> *Britt:* unangenehm peinlich
> *Erika: so* peinlich das sie gänsehaut bekommen oder herzklopfen oder so und
> Britt: hmhm
> *Erika:* na ja das lief nicht schlecht nein (es) lief nicht schlecht

„Es passt ganz gut“, „es lief nicht schlecht“ sind hier – das ist fast exemplarisch – „Begründungen“, die zur Stoffauswahl angeführt werden, um etwas, mit dem begonnen wurde, weiter zu machen, fortzusetzen. Maßstab dafür scheint zu sein, dass etwas, der Stoff, ein Lied, die Schüler emotional affiziert – sie sich beteiligt zeigen.

Deutlich wird überall dort, wo die Pädagogen über Stoffe und Themen des Unterrichts sprechen, dass sie die ganze Woche und teilweise auch noch mehr im Auge haben müssen, wenn sie den Stoff bzw. die Fächer auf Zeiträume verteilen; es scheint eine Schwierigkeit zu sein, alles unterzubringen, was sie meinen aufgrund der Vorgaben unterbringen zu müssen – das betrifft vor allem die Arbeitsbereiche Deutsch und Mathematik. Entschieden wird z.B. auch, ob ein sachkundliches Thema, auf zwei Wochen verteilt oder an zwei Tagen der Woche hintereinander abgearbeitet wird und ob die Lerngruppe am Freitag Schwimmen geht oder nicht und davon wiederum hängt ab, wie die Tage gestaltet werden. Dabei sind längere Zeiträume im Blick, und es ergeben sich daraus weitere Entscheidungsfragen hinsichtlich derjenigen Unterrichtsthemen, die als „Verfügungsmasse" behandelt werden. Es werden also didaktische Entscheidungen getroffen, nämlich wann etwas gemacht wird; didaktische Begründungen – die Beantwortung der Frage, warum etwas zu einem bestimmten Zeitpunkt in einer bestimmten Weise gemacht werden soll – sind nur wenig expliziert.

Die Szene um die Veränderung bzw. Einführung eines „Rituals" zeigt, dass hier nicht über pädagogische Grundannahmen diskutiert, sondern versucht wird, praktische Lösungen zu finden.

> *Erika*: und () vorlesen
> *Britt*: jaaaa da das ja mit dem vorlesen beim Frühstück dann irgendwie doch nicht so geklappt hat dachte ich vielleicht kann man das ja auch am schluss in ner viertelstunde machen das so als ritual so
> *Erika*: ja wenns denn klappt
> *Britt*: wenns klappt
> *Erika*: denn heute klappte es nicht oder
> *Britt*: also das müssen wir auch nicht diese woche wir können auch nächste woche damit anfangen also
> *Erika*: ja wir könnens ja probieren
> *Susanne*: warum klappt das beim frühstück nicht
> *Britt*: weil wir das nicht hinkriegen
> *Susanne*: ach so ja also jetzt nicht weil die kinder unruhig sind oder so irgendwas sondern
> *Erika*: ich möchte das auch nicht
> *Susanne*: ja stimmt du hast das ja auch immer schon gesagt hmhm
> *Erika*: ja und da hatten wir gesagt vielleicht mal oder im wechsel oder zwei mal die woche so und drei mal so und hm irgendwie
> Britt: hm
> +4+
> *Erika*: ja versuchen wir das alles so einzubinden

Die eine der beiden Lehrerinnen möchte möglicherweise etwas, was die andere nicht will, nämlich Vorlesen. Beim Frühstück, das die Kinder, wie gegenwärtig oft üblich in der Grundschule, im Klassenzimmer einnehmen, wurde versucht vorzulesen. Das ist in anderen Lerngruppen der Schule durchaus Praxis. Dass eine der Lehrerinnen dieses nicht will, muss sie hier erst sagen aufgrund der Intervention der Beobachterin. Darüber wird zu diesem Zeitpunkt im Team nicht weiter gesprochen. Vielleicht sind die unterschiedlichen Perspektiven hier schon einmal erörtert worden – keine der beiden Pädagoginnen muss sich an diesem Punkt erklären.

Zusammenfassend lässt sich feststellen: Das, was oft in der Literatur und teilweise auch in den Interviews mit den Lehrern als ein Vorteil der Teamarbeit – gegenüber der in der üblichen Organisationsform von Schulen chronisch unerreichten Reflexion über erteilten Unterricht – behauptet wurde, nämlich die Behebung eines Mangels, die Verstärkung der Reflexion pädagogischer und didaktischer Fragen und der eigenen pädagogischen Tätigkeit bzw. pädagogischer Entscheidungen, also der Selbstreflexion der Professionellen, konnte in den Teambesprechungen nur vereinzelt ausgemacht werden. Selbst in den von uns beobachteten Teams, die angaben, „auswertend“ zu planen, fand, unserer Rekonstruktion folgend, solches nur selten statt. Vielmehr konnten wir in einzelnen Fällen auf Grund oder im Kontext einer asymmetrischen Rollenverteilung in der Teamsituation eine problematische Verfestigung etikettierender und abwertender Diagnosen einzelner Schüler durch die Lehrer rekonstruieren, die keinesfalls als Anlass zur Reflexion genutzt wurden (vgl. Brinkmann-Hein/Reh 2005).

In den Teambesprechungen wird deutlich, dass die Einführung von Teams, die verantwortlich sind für den gesamten Unterricht einer Lerngruppe, im Gegensatz zu einer Organisationsform steht, in der von der Hierarchie festlegt ist, wann welche Lehrkraft in welcher Klasse in ausschließlich eigener Verantwortung Fachunterricht erteilt. Mit den Teams werden so Entscheidungen von einer vertikalen auf die horizontale „Ebene“ verlagert und das Geschehen „Unterricht“ wird der Entscheidung von „Kommunikationssystemen“ (Baecker 1999: 185-189) den Teams zugänglich. Die Organisation Schule sichert in den vorgestellten Fällen nur noch, dass pro Lerngruppe bestimmte (personelle und räumliche) Ressourcen zur Verfügung stehen und der Unterricht mit einer besonderen Lerngruppe beginnt und endet. Alle anderen Entscheidungen – Wann werden wie lange welche Themen bearbeitet? Wie werden also die Tage, die Woche und das Schuljahr organisiert? Wie werden die Ressourcen eingesetzt? Wann kümmert sich also eine Lehrerin warum speziell um welche Kinder? – werden hier von den unterrichtsnahen Teams getroffen.

Das setzt die Beobachtung einzelner Schüler im Unterricht voraus und lässt sich – kommuniziert – als eine Form der Reflexivität der Organisation begreifen. Vermutlich entlasten die Teams andere, höhere Ebenen der Organisation von manchen Entscheidungen und vergrößern die Chance, über Entscheidungsprämissen unterrichtsnah zu entscheiden (vgl. Baecker 1999: 188/189). Ob allerdings in der Situation des Teams Perspektivenvielfalt realisiert wird und die Möglichkeiten wahrgenommen werden, hängt unter Umständen von der Interaktions-Geschichte der Teams ab.

Die „Unterrichtsnähe“ des „Entscheidungssystems“ schafft eine Perspektive für die didaktische Organisation und Gestaltung des Unterrichts über einen längeren Zeitraum als einer „Gesamtinszenierung“, in der unterschiedliche Gesichtspunkte, eben auch organisatorische Rahmungen, in den Blick kommen. Eine solche Perspektive kann bei hierarchischer Organisierung von kollegial strukturierter Einzelverantwortung für den Fachunterricht nur sehr schwer eingenommen und vor allem durchgehalten werden. Von einer Erhöhung der (didaktischen) Reflexivität der Organisation kann gesprochen werden, auch wenn wir kaum ausgeführte didaktische Begründungen finden konnten, weil hier ein Rückgriff auf vermutlich in der Interaktionsgeschichte der Teams verankerte komplexe „Aktivitätsmuster“ (Kolbe 1998), in denen alltagstauglich didaktische Reflexionen kondensiert sind, stattfindet, ohne dass auf eine bekenntnishaft strukturierte Selbstreflexion der einzelnen Lehrkraft gesetzt werden muss.

4 Fazit

Der Begriff des „Teams“ in pädagogischen Organisationen und auch in der Schule bedarf offensichtlich jenseits normativer Vorgaben einer differenzierten Beschreibung. Die Einführung von Teams in Verbindung mit einer Verlagerung der Entscheidungsebenen innerhalb der Organisation bewirkt – zumindest bei den Teams, die wir hier als „Steigerungs-Typ“ beschrieben haben – eine Erhöhung der Reflexion des Unterrichtens.

Profession ist aus Sicht Luhmanns auf Organisation angewiesen; sie macht die gute Absicht zu erziehen handhabbar für die Profession, indem sie dafür Formen bereitstellt, z.B. die Jahrgangsklasse. Zu fragen ist nun, ob neuere Tendenzen, organisatorische Festlegungen von der Schulebene in unterrichtsnahe Teams zu verlegen, ein Zurückdrängen von Organisationen bzw. der Ebene der Organisation sind und den Professionellen stärken, unentbehrlicher machen, gewissermaßen als funktionales Äquivalent seine Person, seine Persönlichkeit im Sinne seiner Selbstreflexionsfähigkeit setzen. So könnte man die Einführung neuer, eher „offener“ Unterrichtsformen bzw. deren Bewältigung in engen Lehrerkooperationen auch als Aspekt einer tendenziellen Entinstitutionalisierung des Unterrichts (in ‚offenen’ Situationen) beschreiben, dem (im Sinne einer Kompensation) nun das stärker beanspruchte Äquivalent einer Persönlichkeitsstruktur korrespondiert. Gewissermaßen könnte mehr Individualität erkennbar werden – mehr Stärken und mehr Schwächen. Unsere These ist nach der rekonstruktiven Analyse unserer Daten, dass nicht auf das Äquivalent der Persönlichkeitsstruktur gesetzt werden muss, sondern dass die ausfallenden Leistungen kompensiert werden durch die unterrichtsnahen Teams. Die Teams, die wir beobachtet haben, erhöhen nicht automatisch eine bekenntnishafte

Selbstreflexion der Teammitglieder. Sie bedeuten aber dennoch ein höheres Maß an Reflexivität des Unterrichts – und das vielleicht umso mehr, je weniger an der Vorstellung des seine Wahrheit suchenden und wahrhaftigen, pädagogisch authentischen Subjekts festgehalten wird.

Literatur

Agsten, D./Maier, R. (2002): Ohne Teams nicht zu leisten. Entwicklungsaufgaben in einer Berufsschule. In: Hamburg macht Schule. Zeitschrift für Hamburger LehrerInnen und Elternbeiräte, H. 5, 21.
Arnold, E./Bastian, J./Combe, A./Reh, S./Schelle, C. (2000): Schulentwicklung und Wandel der pädagogischen Arbeit. Hamburg.
Astuto, T.A./Clark, D.L./Read, A.-M./McGree, K./Fernandez, L. (1993): Challenges to dominant assumptions controlling educational reform. Andover, Massachusetts: Regional Laboratory for Educational Improvement of the Northeast and Islands.
Baecker, D. (1999): Organisation als System. Frankfurt a.M.
Bastian, J./Combe, A./Reh, S. (2002): Professionalisierung und Schulentwicklung. In: Zeitschrift für Erziehungswissenschaft, Jg. 5, H. 3, 417-435.
Bauer, K.-O./Kopka, A./Brindt, S. (1996): Pädagogische Professionalität und Lehrerarbeit. Eine qualitativ empirische Studie über professionelles Handeln und Bewusstsein. Weinheim/München.
Bonsen, M./Rolff, H.-G. (2006): Professionelle Lerngemeinschaften von Lehrerinnen und Lehrern. In: Zeitschrift für Pädagogik, Jg. 52, H. 2, 167-184.
Brinkmann-Hein, D./Reh, S. (2005): Der Arbeitsplatz von Lehrerinnen: Welche Rolle spielen Kooperation und professionelle Reflexion? In: Journal für Schulentwicklung, Jg. 9, H. 2, 30-36.
Dalin, P. (1999): Theorie und Praxis der Schulentwicklung. Neuwied.
Denner, L. (2000): Gruppenberatung für Lehrer und Lehrerinnen. Eine empirische Untersuchung zur Wirkung schulinterner Supervision und Fallbesprechung. Bad Heilbrunn/Obb.
Düring, K. (2004): Wirkungen des gemeinsamen und kooperativen Unterrichts auf teamorientierte Arbeitsbeziehungen im System Schule. Berlin (Dissertation).
Fend, H. (1998): Qualität im Bildungswesen. Schulforschung zu Systembedingungen, Schulprofilen und Lehrerleistung. Weinheim/München.
Foucault, M. (1977): Der Wille zum Wissen. Sexualität und Wahrheit I. Frankfurt a.M.
Foucault, M. (2004): Geschichte der Gouvernementalität II. Die Geburt der Biopolitik. Vorlesungen am Collège de france 1978-1979. Frankfurt a.M.
Fullan, M. (1999): Die Schule als lernendes Unternehmen. Konzepte für eine neue Kultur in der Pädagogik. Stuttgart.
Gehrmann, A. (2003): Der professionelle Lehrer. Muster der Begründung – Empirische Rekonstruktion. Opladen.

Gräsel, C./Fußangel, K./Pröbstel, C. (2006): Lehrkräfte zur Kooperation anregen – eine Aufgabe für Sisyphos? In: Zeitschrift für Pädagogik, Jg. 52, H. 2, 205-237.

Grunder, H.-U. (2002): Schulentwicklung durch Kooperation und Vernetzung. Schule verändern. Bad Heilbrunn/Obb.

Hendriksen, J. (2000): Intervision. Kollegiale Beratung in Sozialer Arbeit und Schule. Weinheim/Basel.

Heyse, H. (2003): Lehrergesundheit – zwischen individueller Verantwortung und kollegialer Schulgestaltung. In: Lernende Schule Nr. 22, 8-9.

Holtappels, H.-G. (1997): Grundschule bis mittags. Innovationsstudie über Zeitgestaltung und Lernkultur. Weinheim.

Katzenbach, D./Rauer, W./Schuck, K.D./Wudtke, H. (1999): Die Integrative Grundschule im sozialen Brennpunkt. Ergebnisse empirischer Längsschnittuntersuchungen des Hamburger Schulversuchs. In: Zeitschrift für Pädagogik, Jg. 45, 567-590.

Kelchtermanns, G. (2006): Teacher collaboration and collegiality as workplace conditions. A review. In: Zeitschrift für Pädagogik, Jg. 52, H. 2, 220-237.

Kolbe, F.-U. (1998): Handlungsstruktur und Reflexivität. Untersuchungen zur Vorbereitungstätigkeit Unterrichtender. Heidelberg (Habilitationsschrift).

Kühlke, R./Reh, S. (2004): Von der Abgrenzung zur Offenheit der Kooperation – die Entwicklung einer nicht ganz gewöhnlichen Regelschule. In: Boban, I./Hinz, A. (Hrsg.): Gemeinsamer Unterricht im Dialog. Weinheim/Basel: 113-123.

Lehmann-Rommel, R. (2004): Partizipation, Selbstreflexion und Rückmeldung: Gouvernementale Regierungspraktiken im Feld Schulentwicklung. In: Ricken, N./Rieger-Ladich, M. (Hrsg.): Michel Foucault: Pädagogische Lektüren. Wiesbaden: 261-283.

Luhmann, N. (2002): Das Erziehungssystem der Gesellschaft. Frankfurt a.M.

McLaughlin, M.W./Talbert, J.E. (1993): Contexts that matter for teaching and learning. Stanford, California: Center for Research on the Context of Secondary School Teaching, Stanford University.

Meyer, H. (1997): Schulpädagogik, Bd.1 für Anfänger. Berlin.

Oevermann, U. (1996): Theoretische Skizze einer revidierten Theorie professionalisierten Handelns. In: Combe, A./Helsper, W. (Hrsg.): Pädagogische Professionalität. Untersuchungen zum Typus pädagogischen Handelns. Frankfurt a.M.: 70-182.

Ostermeier, C. (2004): Kooperative Qualitätsentwicklung in Schulnetzwerken. Eine empirische Studie am Beispiel des BLK-Programms „Steigerung der Effizienz des mathematisch-naturwissenschaftlichen Unterrichts“ (SINUS). Münster/New York u.a.

Reh, S. (2003): Berufsbiographische Texte ostdeutscher Lehrer und Lehrerinnen als „Bekenntnisse“. Interpretationen und methodologische Überlegungen zur erziehungswissenschaftlichen Biographieforschung. Bad Heilbrunn/Obb.

Reh, S. (2004): Abschied von Profession, von Professionalität oder vom Professionellen. In: Zeitschrift für Pädagogik, Jg. 50, H. 3, 358-372.

Rolff, H.-G./Buhren, C.G./Lindau-Bank, D./Müller, S. (1998): Manual Schulentwicklung. Handlungskonzept zur pädagogischen Schulentwicklungsberatung (SchuB). Weinheim

Schley, W. (1998): Teamkooperation und Teamentwicklung in der Schule. In: Altrichter, H./Schley, W./Schratz, M. (Hrsg.): Handbuch zur Schulentwicklung. Innsbruck/Wien: 111-159.

Steinert, B./Klieme, E./Maag Merki, K./Döbrich, P./Halbheer, U./Kunz, A. (2006): Lehrerkooperation in der Schule: Konzeption, Erfassung, Ergebnisse. In: Zeitschrift für Pädagogik, Jg. 52, H. 2, 185-204.

Terhart, E. (2001): Lehrerberuf und Lehrerbildung: Forschungsbefunde, Problemanalysen, Reformkonzepte. Weinheim.

Terhart, E. (2002): Nach Pisa. Bildungsqualität entwickeln. Hamburg.

Terhart, E./Klieme, E. (2006): Kooperation im Lehrerberuf – Forschungsproblem und Gestaltungsaufgabe. Zur Einführung in den Thementeil. In: Zeitschrift für Pädagogik, Jg. 52, H. 2, 163-166.

Ulich, K. (1996): Beruf: Lehrer/in. Arbeitsbelastung, Beziehungskonflikte, Zufriedenheit. Weinheim/Basel.

Wellendorf, F. (1967): Teamarbeit in der Schule. In: Die Deutsche Schule, Jg. 59, 518-528.

Wernet, A. (2003): Pädagogische Permissivität. Schulische Sozialisation und pädagogisches Handeln jenseits der Professionalisierungsfrage. Opladen.

IV.

Konsequenzen organisatorischer Anforderungen für die Schulentwicklung und die Lehrerprofessionalität

Standards
Konsequenzen der Output-Steuerung für die Lehrerprofessionalität

Wolfgang Böttcher

Die Notwendigkeit, das System der allgemein bildenden Schulen professionell zu managen, dürfte unstrittig sein. In jüngster Zeit sind bedeutende, die Bundesländer übergreifende politische Anstrengungen auszumachen, mit der so genannten Outputsteuerung ein neues Managementkonzept für das Schulwesen zu implementieren (vgl. Böttcher 2005a). Die Politik reagiert hiermit insbesondere auf die die Öffentlichkeit bewegenden negativen Ergebnisse der internationalen Leistungsvergleichsstudien (vgl. KMK 2002).

Zentrale Merkmale der „Neuen Steuerung" sind die Standardisierung der Lerninhalte und der Kompetenzen des lehrenden Personals. Mit diesen Instrumenten befasst sich der vorliegende Beitrag. Es sollen einige Effekte für die Profession des Lehrers und die Qualitätsentwicklung der Schule in den Blick genommen werden. Diese Absicht kann mangels empirischer Befunde freilich lediglich explorativ und hypothetisch umgesetzt werden und angesichts der quantitativen Beschränkungen, denen ein Aufsatz unterliegt, lediglich selektiv geschehen.

Zunächst versuche ich am Beispiel eines eher allgemeinen ausgewählten Organisationsmodells zu beschreiben, dass Standardisierungen sich tatsächlich als sinnvolle – und notwendige – Steuerungsinstrumente erweisen können (Kap. 1). Im Folgenden (Kap. 2) befasse ich mich speziell mit konzeptionellen und theoretischen Überlegungen zu Standardisierungen im Bildungswesen. Dann, im dritten Kapitel, sollen die Standards betrachtet werden, die seitens der Politik implementiert werden. Im vierten Abschnitt werde ich schließlich fragen, ob mit der Einführung der Standards die Chance gegeben ist, einerseits die Mängel des Schulsystems effektiv zu beseitigen, andererseits zur Professionalisierung der Lehrerschaft beizutragen.

1 Standards und die Steuerung von Organisationen

Mit der allmählichen Etablierung des Konzeptes einer neuen Steuerung, die sich wesentlich durch eine beabsichtigte Dezentralisierung kennzeichnen lässt (vgl. Kap. 2), beginnen Schulpolitik und Erziehungswissenschaft, die Schule als Organisation zu begreifen. In verschiedenen erziehungswissenschaftlichen Forschungs- und Entwicklungsprojekten werden Dimensionierungen des Gegenstandes Schule modelliert, deren organisationssoziologische Provenienz offensichtlich ist. Seit gut 15 Jahren kann die Entstehung einer „Organisationspädagogik" beobachtet werden, neuere Publikationen belegen den Erfolg dieser Konzeption (vgl. z.B. Göhlich 2001; Böttcher 2002; Brüsemeister 2004; Böttcher/Terhart 2004; Rosenbusch 2005; Göhlich u.a. 2005; Helsper u.a. 2006).

Die Organisationsforschung hat unterschiedliche Konzepte oder Bilder ihres Gegenstandes entworfen (vgl. z.B. Morgan 1997[2]). Für moderne Konzeptionen dürfte generell gelten, dass Organisationen als mehrdimensionale und offene soziale Systeme verstanden werden. Cum grano salis weisen sie folgende Dimensionen auf: Zentral ist ihre Zielorientierung, sie verfügen trotz ihres offenen Charakters über identifizierbare Grenzen, sie sind durch soziale Interaktion innerhalb eines strukturierten Aktivitätensystems (Struktur) geformt und sie weisen sich durch eine spezifische Kultur aus (vgl. z.B. Banner/Gagné 1995).

In der Regel gilt die Zielorientierung als das Merkmal, das Organisationen von anderen sozialen Systemen unterscheidet. Sie lässt sich durch die Variablen Effizienz und Effektivität fassen. Effizienz beschreibt – knapp gesagt – die Menge des Ressourceneinsatzes, die nötig ist, um ein bestimmtes Maß eines Outputs (Ergebnis, Leistung, returns, benefits) zu erzielen (Etzioni 1964: 8). Effizienz ist demnach ein Maß, mit dem die Leistungsdimension jeder beliebigen Organisation in wesentlichem Maße analysiert werden kann. Es kann sich auf jedes denkbare Organisationsziel beziehen, also ausdrücklich auch auf „qualitative" Ziele (vgl. Zey-Ferrell 1979: 325). Die Literatur zeigt wenig Übereinstimmung, wenn es um das Konzept der Effektivität geht. Am schlichtesten – und dabei sehr praktisch – ist die „klassische" Definition von Etzioni. Unter Effektivität versteht er das Maß, bis zu welchem Grad eine Organisation ihre Ziele erreicht (1964).

Zielerreichung wird, Mintzberg folgend, durch zwei komplementäre Verfahren strukturiert. Zum einen unterscheiden Organisationen durch „Arbeitsteilung" mehr oder weniger differenziert Einzelaufgaben. Zum anderen werden diese dann wieder koordiniert und zu einem „Ganzen" zusammengeführt. „Somit lässt sich die Struktur einer Organisation ganz einfach definieren als die Gesamtsumme aller Mittel und Wege, die der Organisation zur Arbeitsteilung und dann zur Koordinierung der Einzelaufgaben dienen." (Mintzberg 1992: 17).

Die Koordinierung von Einzelaufgaben erfolgt in Organisationen – wiederum nach Mintzberg (1992: 19) – im Rahmen von fünf grundlegenden und in der Regel in Kombination genutzten Instrumenten. Dies sind

4. die wechselseitige Abstimmung,
5. die persönliche Weisung,
6. die Standardisierung der Arbeitsprozesse,
7. die Standardisierung der Arbeitsprodukte und
8. die Standardisierung der Qualifikationen der Organisationsmitarbeiter.

Standardisierung ist aus dieser Sicht ein notwendiges und mehrdimensional einsetzbares Instrument für das Management einer Organisation. Die Elemente der Koordination werden in Abhängigkeit von Kontextbedingungen (z.B. Dynamik der Umwelt, Qualifikation des Personals, benutzte Technologien, Komplexität) unterschiedlich betont und gemischt. Management muss den optimalen Mix finden.

Werfen wir einen schnellen Blick auf die Schule in ihrer aktuellen Verfasstheit, dann wird man sehen, dass die angeführten Instrumente eher lax eingesetzt werden. ‚Direkte Weisungen' durch die Organisationsleitung finden sich einerseits kaum, wie andererseits die ‚Abstimmung aller' kein Steuerungsmechanismus in einem System ist, das die Erziehungswissenschaft gerade durch einen Mangel an Kommunikation zwischen den zentralen Akteuren gekennzeichnet sieht. Was Prozesse anbetrifft, so lassen sich zum Beispiel durch Klassenbildungserlasse oder Stundentafeln gewisse Standardisierungen aufzeigen. Instrumente wie Lehrpläne vermögen aber offensichtlich – sowohl im Inhaltlichen als auch im Methodischen – allenfalls in Ansätzen prozesssteuernd zu wirken. Auch mit Blick auf das Personal kann man allenfalls sehr eingeschränkt von einer Normierung sprechen. Dies insofern, als der typische Vertreter der Profession zwei akademische Fächer studiert und einen gewissen, eher marginalen und curricular weitgehend willkürlichen Anteil an erziehungswissenschaftlichen bzw. pädagogischen Studien belegt sowie nach Studium und Referendarzeit je eine staatliche Prüfung absolviert hat. Schließlich kann auch nicht von einer Standardisierung des Produktes gesprochen werden. Die Bandbreite des Wissens und Könnens der Schüler wird bereits durch die Varianz der Benotungen für Absolventen mit gleichen Abschlüssen deutlich. Es gibt zudem nur wenige zentralisierte und keine standardisierten Prüfungen der Leistungen der Schüler. Aus der dargelegten Perspektive muss ein Steuerungsdefizit des Systems festgestellt werden.

Zurück zu den eher allgemeinen Betrachtungen. Erwarten Auftraggeber bzw. Kunden einer Organisation eine verlässliche Beschaffenheit von Dienstleistungen oder Gütern, ist das Instrument der Standardisierung der Arbeitsprodukte unverzichtbar: Organisationsleistungen müssen insofern standardisiert sein, als sie wenigstens die angekündigten Qualitätsmerkmale – in zugesagter Ausprägung – aufweisen. Sollen Organisationen im Kern über „Outputsteuerung" geführt werden, benötigen sie erstens Klarheit darüber, was die angestrebten Ergebnisse sind. Erst auf dieser Basis können sie ihre Leistung belegen und sich z.B. im Markt vergleichbarer Produkte oder Dienstleistungen an den (von der Organisation in aller Regel selbst geweckten) Erwartungen messen lassen. Erwünschte Ergebnisse müssen also in wohl verstandenem Sinne „standardisiert" sein. Das gilt umso mehr, wenn die Organisation gleichzeitig auf eine detaillierte Prozesssteuerung verzichtet, wenn also den Akteuren in der Produktion ein hohes Recht bei der Art und Weise zugebilligt wird, wie das operative Geschäft gestaltet wird. Diese erweiterte Freiheit ist einerseits kongenialer Bestandteil der Outputsteuerung, andererseits bietet sie sich umso mehr an, je fachkompetenter das Personal ist. Also gerade in der solchermaßen „befreiten" Organisation muss Wissen darüber vorhanden sein, was im Ergebnis (mindestens) „produziert" werden soll. Ohne dieses Wissen kann dort weder ein angemessenes Ressourcen- noch ein sinnvolles Prozessmanagement erfolgen. Und zweitens benötigen die Instanzen bzw. Akteure, die Ergebnisse bewerten, ausreichende und ausreichend klare Kriterien für eben diese Bewertung. In einer Minimaldefinition könnte man unter Outputsteuerung demnach eine Steuerung der Inputs und der Prozesse auf Grundlage einer konsequenzenhaltigen Analyse von vorab definierten erwünschten Organisationsergebnissen verstehen. Zeigt es sich im Falle verfehlter Ergebnisse, dass Ressourcen und Prozesse angemessen sind, könnte es nötig werden, die Ergebnisstandards selbst einer Kritik zu unterziehen.

Standardisierung von Ergebnissen erlaubt es, Effektivität und Effizienz systematisch zu bewerten. Die Voraussetzung hierfür ist aber, dass die Beschreibungen von erwarteten Organisationsergebnissen so ausfallen, dass valide und reliabel geprüft werden kann, ob bzw. bis zu welchem Grad Ziele erreicht wurden. Sicherlich ist hierbei zu beachten, dass es erhebliche Variationen hinsichtlich der Beschreibbarkeit von Organisationsleistungen gibt. Es spricht aber sowohl aus Sicht der Kunden als auch aus Sicht der Organisation einiges dafür, Qualitätsmerkmale und deren erwünschte Ausprägung möglichst präzise zu beschreiben. Dieses ermöglicht erst eine für alle Beteiligten nachvollziehbare und substantiierte Kritik. Unklarheit bei der Leistungsbeschreibung führt zu einer diffusen Kritik, egal, ob diese positiv oder negativ ausfällt. Diffuse Kritik kann kaum Hinweise für ein gezieltes Qualitätsmanagement liefern.

Bereits vor gut 15 Jahren wurde in einer Publikation der OECD auf den Tatbestand aufmerksam gemacht, dass Schule in vielen Staaten eben aufgrund dieses Mangels an Präzision der Zielformulierung äußerst negativ gesehen werde (vgl. OECD 1989). Es werde deutlich, dass insbesondere die völlig unspezifische Vorstellung davon, welche Ergebnisse Schule erreichen soll und kann, der kritischen Stimmung beständig neue Nahrung gebe. Die Standardisierung des Produktes mittels präziser Produktbeschreibung mag sich im Bildungswesen als schwierig darstellen, denn schließlich, so wurde bereits in oben zitierter OECD-Studie vermutet, hätten unterschiedliche Stakeholder ihre je eigenen Vorstellungen. Vielfältige Erwartungen bedeuten für die politischen Instanzen, die im Prinzip zur „Produktbeschreibung“ legitimiert sind, ein hohes Konfliktrisiko. Insofern ist das Vorherrschen pädagogischer Rhetorik verständlich. Andererseits aber sei die Listung vager Bildungsziele von zweifelhaftem Nutzen für die Steigerung der Leistungen des Systems und seiner Evaluierung.

Als weiteres (oder womöglich auch alternatives) Instrument der Steuerung von Organisationen kann es sich anbieten, die Kompetenzen des Personals zu standardisieren. Je höher das Kompetenzniveau des Personals, desto eher scheint sich Standardisierung zu verbieten. Mit Blick auf die Steuerung der Prozesse dürfte diese These gut belegt sein. Die Idee der „Personalstandardisierung“ kann jedoch gerade in professionellen Organisationen besonderen Sinn machen.

Professionen (ausführlicher Hoyle 1995: 12, vgl. zum Folgenden auch Kurtz 2000 und 2004) kennzeichnen sich dadurch, dass sie zentrale gesellschaftliche (und gesellschaftlich anerkannte) Funktionen (Glauben, Gerechtigkeit, Gesundheit und Erziehung) erfüllen. Nicht zuletzt deshalb ist mit der Ausbildung zum „Professional“ auch eine Sozialisation in ein professionelles Wertesystem (code of ethics) verbunden. Die klassischen Professionen (Ärzte, Seelsorger, Anwälte und – wenn auch mit Abstrichen – Lehrer) arbeiten an den Problemen von individuellen Personen und sie lösen Probleme in Interaktionskontexten, also fallorientiert. Als zentrales Merkmal des Professionsbegriffs kann gerade deshalb die besonders anforderungsreiche Ausbildung mit entsprechend anspruchsvollen Qualifikationen – einem spezifischen Können – gelten. Professionen verfügen insofern über (standardisierbare) Fertigkeiten, über Routinen sozusagen, obwohl sich ihre Arbeit einer perfekten Technisierbarkeit entzieht. Knapp gesagt definiert sich eine Profession durch eine spezifische (wissens- und könnensbasierte) Form der Bearbeitung von existentiellen Problemen von Individuen (Fallbearbeitung). In der Schule meint das die in besonderen Interaktionen (Unterricht) gestaltete Vermittlung von Wissen und Können – von etwas „Brauchbarem für den Lebenslauf“ (Luhmann 2002: 143). Je mehr hierbei professionelle Freiheit ins Spiel kommt, desto eher muss gesichert sein, dass Handeln nicht beliebig ausfällt, sondern – sowohl bezogen auf Werte als auch auf Kompetenzen – begründbar ist.

Die Notwendigkeit der Standardisierung professioneller Kompetenz lässt sich auch damit rechtfertigen, dass professionelle Organisationen, teils aufgrund fortgeschrittener Technologie, teils aufgrund gesteigerter oder komplexer gewordener sozialer Problemlagen, zur Differenzierung gezwungen sind. Dies kann zum Beispiel durch den Aufbau von die professionelle Arbeit unterstützenden Systemen innerhalb oder außerhalb der Organisation erfolgen. Wie in anderen Organisationen üblich, können Abteilungen oder Funktionsstellen für Mittelbeschaffung, Controlling, Marketing etc. ausdifferenziert werden. Eine weitere Antwortmöglichkeit ist die Spezialisierung der Profession. Allein die Entscheidung, welcher spezialisierte professionelle Akteur nun für welches spezifische Problem im nunmehr ausdifferenzierten Aufgabenfeld zuständig ist, zwingt dazu, die hierzu nötigen Kompetenzen zu definieren.

2 Die Theorie: Das Outputparadigma der Schulpolitik und die Notwendigkeit von Standardisierungen

Schulreform in fortgeschrittenen Gesellschaften weist seit gut 15 Jahren im Prinzip übereinstimmende Konzepte und Leitlinien auf. Im Kern lässt sich die neue Steuerungsphilosophie als Dezentralisierungs-Ansatz beschreiben. Ihm liegt die (empirisch durchaus nicht unumstrittene) Annahme zugrunde, dass Schulen über die notwendigen Kompetenzen (Befähigungen) verfügen, die Qualität ihrer Arbeit in relativer Freiheit zu entwickeln. Der Qualitätsbegriff ist freilich inhaltlich solange diffus, bis er definiert wird. Diese Definition kann nicht ausschließlich in der Autorenschaft der einzelnen Einrichtungen liegen. Die Tatsache, dass trotz der zunehmenden Freiheit der Einzelschule gesellschaftliche Aufträge erfüllt werden müssen, führt zur Notwendigkeit, staatlicherseits – in zu bestimmendem Umfang – einheitliche Zielvorgaben (Ergebniserwartungen) zu formulieren. Auch die schul-individuell womöglich höchst unterschiedliche Nutzung der Freiheitsrechte erfordert es, die einzelnen Organisationen so zu „harmonisieren", dass das Gesamtsystem erfolgreich ist – und nicht nur mehr oder weniger viele Einzelschulen. Das „Austarieren" von Freiheit und gesellschaftlicher Verantwortung muss mit wie auch immer konkretisierten „Dezentralisierungs-Rezentralisierungs-Konzepten" bewältigt werden (vgl. Böttcher 2002).

Mehr noch: Es ist der erklärte Wille der Schulpolitik jeglicher politischer Provenienz, die überkommene bürokratische Steuerung durch die „Outputsteuerung" abzulösen. Damit aber ist logisch zwingend gefordert, diese Erwartungen auch auszuformulieren. Die Politik nimmt diese Verpflichtung offenbar wahr und entwickelt das Instrument der Bildungsstandards.

Organisationstheoretisch gesprochen dienen Bildungsstandards als Führungsgrößen: „Eine (relativ) genaue Vorstellung vom ‚Produkt' muss durch eine Standardisierung der Produktkriterien – als Arbeitsvorgabe und insofern als Führungsgröße – generiert werden, und zwar für das Schulsystem sowie auch innerhalb des Schulsystems. Auf die Arbeitsvollzüge muss deutlich weniger steuernd eingegriffen werden, wenn eine Organisation (die Organisationseinheit oder eine Institution) die Aufgabe hat, (sinnvolle und ggf. abgestimmte) Vorgaben zu erfüllen; dann können die Operationen (Prozessebene) von den Akteuren verantwortet werden – je mehr, desto höher ihre Professionalität und je komplexer der Produktionsprozess“ (Böttcher/Klemm 2002: 172).

Sollen Bildungsstandards eine Steuerungswirkung erzielen, müssen sie spezifische Merkmale aufweisen: Sie müssen (möglichst) genau definieren, was im Erziehungs-, Bildungs- oder Qualifizierungsprozess mittels absichtsvoller, methodisch angelegter, organisierter und professionell ausgeführter pädagogischer Intervention erreicht werden soll. Als Qualitätskriterien für Bildungsstandards im Paradigma der Ergebnissteuerung sind unerlässlich: Klarheit, Knappheit, Realismus und Anspruch. Ich werde diese Kriterien kurz erläutern (ausführlicher Böttcher 2003; vgl. AFT 1996).

Klarheit meint erstens, dass Standards genügend detailliert und präzise sind, damit Lehrer, Eltern und Schüler wissen, was gelernt werden soll. Vage und unklare Standards bedürfen der Interpretation, sie führen also zu mehr oder weniger ausgeprägten – und im Sinne der Steuerung unerwünschten – Variationen auf der Ebene des Unterrichts. Es kommt zweitens darauf an, „Wunschkataloge“ zu vermeiden. „Knappheit“ meint die notwendige Selektion von Standards. Eine nicht zu bewältigende Ansammlung von Standards führt zum gleichen Resultat wie deren Vagheit: Es bleibt unentschieden, was Schüler tatsächlich lernen müssen. Eine quantitative Überforderung, die in der Unterrichtspraxis schlicht aufgrund zeitlicher Restriktionen Selektionen erfordert, unterminiert ein zentrales Anliegen der Standardsetzung, nämlich das Ziel, allgemeine und verbindliche Erwartungen an Lernergebnisse so zu formulieren, dass hierdurch ein steuernder Effekt erzeugt wird. Aufgrund der spezifischen Qualität pädagogischer Prozesse ist es darüber hinaus empfehlenswert, der Schule Raum für Unerwartetes und Spezifisches zu lassen.

Bildungsstandards müssen – drittens – zu bewältigen sein, sie müssen sich den realistischen Möglichkeiten der Schüler, auf die sie zielen, anpassen. Standards, die systematisch nicht oder zu selten erreicht werden, dürften bei allen Beteiligten eine hohe Frustration zur Folge haben. Gleichzeitig müssen Standards – viertens – anspruchsvoll sein. Standards, die ohne Anstrengung erreicht werden, die also ohnehin nicht oder kaum unterschritten werden, sind unnütz und demotivierend. Im Falle der Schule heißt das: Die in Standards beschriebene „Obligatorik“ des Lernens muss solche Inhalte vorsehen, deren Aneignung den jungen Menschen eine selbstbewusste soziale Partizipation ermöglicht und eine tragfähige Grundlage für das Weiterlernen vermittelt. Damit ist in modernen Gesellschaften ein hoher inhaltlicher Anspruch an Standards unverzichtbar.

Standards, die den skizzierten Kriterien genügen, lassen sich als „starke Standards“ beschreiben: Sie vermitteln Schülern, Lehrern und Eltern eine präzise Vorstellung davon, was Schüler in z.B. einem Kurs, einer Lerneinheit, einem Schuljahr mindestens lernen sollen. Die Inhalte sind anspruchsvoll und relevant, gleichzeitig aber auch realistisch zu erreichen.

Die Umsetzung der Kriterien Klarheit und Knappheit hätte eine wichtige Konsequenz für die Evaluation der professionellen Arbeit und damit auch für das Qualitätsmanagement. Es ist nämlich relativ gut zu ermitteln, ob starke Standards tatsächlich erreicht worden sind: Starke Standards sind evaluierbare Standards. Sind sie hingegen vage und ausufernd, ist eine verlässliche Überprüfung erschwert und erzwingt geradezu einen Zugriff durch Verfahren externer Evaluation. Starke Standards erleichtern die interne Kontrolle der schulischen „Produktion". Je stärker Standards sind, desto eher kann externe Kontrolle der Organisationsleistung durch Selbstevaluierung – ggf. einer auf diese aufbauenden Meta-Evaluation – reduziert werden. Verbindliche und gemeinsame Lernziele erlauben zudem den systematischen Wettbewerb verschiedener pädagogischer Konzepte, sie stützen so die Evaluation pädagogischer Programme – statt der Evaluation individueller Schülerleistungen mittels selektionsorientierter Tests – und haben das Potenzial, Schule tatsächlich ergebnisorientiert zu steuern.

Betrachten wir nun die Standards der Lehrerbildung. Es ist offensichtlich, dass Bildungsstandards mit wenigstens einem anderen Instrument abgestimmt werden müssen, damit sie wirksam werden: der Lehrerbildung. Lehrer sind so zu qualifizieren, dass sie die Bildungsstandards tatsächlich vermitteln, deren Erreichen evaluieren, Gründe für Unterschreitungen diagnostizieren und Förderansätze realisieren können.

Hiermit ist bereits ein Hinweis auf die Notwendigkeit gegeben, die mittels Lehrerbildung zu erzielenden Kompetenzen zu definieren bzw. zu standardisieren. Standardisierung sollte aber angesichts der Entwicklungen innerhalb der Lehrerprofession auch dazu dienen, das Kompetenzprofil des Berufes zu schärfen. Dies soll erläutert werden.

Sicherlich kann der Lehrerberuf als die Leitprofession im pädagogischen Feld betrachtet werden (vgl. Kurtz 2004). Die steigende Komplexität von gesellschaftlichen und individuellen Problemlagen, die pädagogisch bearbeitet werden, hat allerdings zu einer massiven Expansion anderer pädagogischer Berufe und Berufsfelder geführt. Die besondere Bedeutung der Schule im Spektrum der Bildungseinrichtungen wird durch vorgelagerte, parallele und nachgelagerte pädagogische Institutionen, durch externe pädagogische Konkurrenz gewissermaßen, relativiert. Die Realität der Schule ist durch diese Entwicklung allerdings kaum verändert worden. Dies zeigt sich einerseits dadurch, dass die Kooperation mit diesen anderen „Pädagogiken" wenig ausgeprägt ist, zum anderen dadurch, dass Schule wie selbstverständlich eine Vielzahl von Aufgaben übernimmt, die jene pädagogischen Berufsgruppen professionell bearbeiten. Genauer gesagt übernimmt die Lehrerschaft gleichsam nebenbei diese Aufgaben – neuerdings sogar auch die von Managern.

Für die Schule – als Organisation – hingegen wäre die Übernahme komplexerer Aufgaben kein prinzipielles Problem, wenn sie das täte, was fast alle Organisationen in der Gesellschaft tun: Sie kombinieren unterschiedliche Personaltypen entsprechend der Programmanforderungen. Für die Lehrerprofession wird dies jedoch deshalb zum Problem, weil Schulen im Unterschied zu den meisten anderen Organisationen in der Gesellschaft professionelle Monokulturen oder „monoberufliche Funktionssysteme“ (Stichweh 1997) darstellen (vgl. Tacke 2004): Die Einheit des Systems wird durch nur eine Berufsgruppe gebildet. Das hier skizzierte Problem verweist auf die mangelnde Unterscheidung zwischen Profession und Organisation. Weniger theoretisch als praktisch bringt es Brandt auf den Punkt: „Überhaupt scheint es angezeigt, zwischen dem Auftrag der Schule und dem des Lehrers eine Unterscheidung vorzunehmen“ (Brandt 1994: 54).

Eine als Organisation entwickelte Schule könnte die unterschiedlichen pädagogischen Leistungsrollen durchaus sinnvoll „inkorporieren“. Stattdessen jedoch findet dieser Prozess innerhalb der Lehreprofession derart statt, dass Lehrer zusätzliche oder erweiterte pädagogische – zudem auch psychologische, therapeutische, sozialpsychologische oder manageriale – (Teil-)Kompetenzen inkorporieren. Wer heutzutage als Lehrer „nur“ unterrichten will, bedient ein politisch inkorrektes Lehrerbild. Um Missverständnissen vorzubeugen: Dass Lehrer mehr und anderes können müssen als allein vor der Klasse stehend Inhalte zu referieren, dürfte nicht strittig sein. Auch ein heutiger Arzt unterscheidet sich deutlich von den Ärzten der Vorgängergeneration. Aber er ersetzt nicht den Pfarrer. Und es ist unstrittig, dass er heilen soll. Ebenso unstrittig ist, dass sich diese Profession intern ausdifferenziert, also spezialisiert hat. Die Entgrenzungen der Lehrertätigkeit sind allerdings nicht nur professionsfremd, im Kern de- professionalisieren sie die Lehrerarbeit. Standardisierung der Lehrerkompetenzen müssten – aus professionssoziologischer Sicht – dieser fortgeschrittenen Entwicklung entgegenwirken.

Gesellschaftliche Forderungen nach erweitertem Wissen und neuen Fähigkeiten schulischer Absolventen sind ebenso wenig zu ignorieren wie z. B. die sozialen Probleme, die manche Schüler mit in den Unterricht bringen. Die Frage ist, ob die Profession Lehrer darauf durch Aufgabenerweiterung, Verklärung und Verunklarung reagieren soll und damit wenigstens zwei für sie negative Effekte erzeugt. Zum einen überfordert diese Situation jeden einzelnen Lehrer. Diese Überforderung manifestiert sich nicht nur im Burnout oder in Frühpensionierungen, sondern sie führt auch bei vielen zur resignativen Minimalperformanz im Unterricht. Zum anderen resultiert sie in einer deutlich gesunkenen Reputation des Lehrerberufs, nicht nur deshalb, weil das Scheitern angesichts der zu schulternden Aufgaben kaum vermeidbar ist, sondern auch, weil der professionelle Kernauftrag, wie TIMSS und PISA belegen, nicht mehr zufrieden stellend erfüllt werden kann.

3 Die Wirklichkeit: Standards der Schülerkompetenzen und Standards der Lehrerkompetenzen

Auf die Notwendigkeiten, im outputorientierten Paradigma „standardisierend“ zu steuern, reagiert die Politik mit Bildungsstandards und Lehrerbildungsstandards.

Die Kernidee der Bildungsstandards besagt, dass Erwartungen bezüglich der Kenntnisse und Fähigkeiten der Schüler formuliert werden und somit ein Maßstab für Schülerleistungen definiert ist (KMK 2004a; vgl. auch Klieme u.a. 2003). Das Reformziel ist es, mittels inhaltlicher Richtmaße die Unterrichtspraxis so zu verändern, dass sich Schülerleistungen verbessern. Sie sollen demnach die professionelle Kerntätigkeit der Lehrer entwickeln. Absicht und Realisierung jedoch klaffen weit auseinander.

Exemplarisch soll dies anhand der Bildungsstandards für den Hauptschulabschluss im Fach Deutsch (Jahrgangsstufe 9) demonstriert werden (vgl. hierzu und zum Folgenden KMK 2005a). Der insgesamt gut 40 Seiten lange Text erörtert zunächst in hoher Abstraktion den Beitrag des Faches Deutsch für die Bildung. Hier heißt es unter anderem, dass die Schüler bei „der Arbeit mit der Sprache“ Kompetenzen erwerben, „die ihnen helfen, ihre Welt zu erfassen, zu ordnen und zu gestalten“ (KMK 2005a: 6). Eine wichtige Aufgabe der Schule bezieht sich demnach auf die Entwicklung von dauerhaft positiven Einstellungen zur Schrift: „Durch die Förderung von Lesefreude sollen sich ein stabiles Leseinteresse und langfristige Lesebereitschaft, auch über die Schule hinaus, entwickeln“ (KMK 2005a: 7). Schüler setzen sich mit „zeitgenössischen und historischen Erscheinungsformen von Sprache und Literatur“ auseinander, selbstverständlich mit „Ausblick auf andere Kulturen“ (KMK 2005a: 6). Im zweiten Kapitel werden dann vier Kompetenzbereiche ähnlich abstrakt beschrieben: Sprechen und Zuhören, Schreiben, Lesen – mit Texten und Medien umgehen und schließlich Sprache und Sprachgebrauch untersuchen.

Hilfreich für die schulischen Akteure ist aus meiner Sicht dieser pädagogische Jargon, wie er in solchen Erwartungen zum Ausdruck kommt, nicht. Solche Formulierungen erklären nicht, wie „Freude“ zu verstehen ist und auf welche Texte bzw. Textarten sich diese Einstellung beziehen soll oder was „Welt erfassen“ meint. Auch bleibt völlig im Dunkeln, wie diese Kompetenzen zu evaluieren sind; insbesondere solche, die „über die Schule hinaus“, also nachhaltig angelegt werden sollen.

Man könnte hier zu Nachsicht mahnen, denn die eigentlichen Standards werden erst im dritten Kapitel ausformuliert. Tatsächlich aber wird die Semantik nur unwesentlich präziser. Zum Kompetenzbereich Sprechen und Zuhören etwa heißen Kompetenzziele für Schüler: „sich artikuliert und verständlich in der Standardsprache äußern“ und „über einen für die Bewältigung schulischer, beruflicher und gesellschaftlicher Sprechsituationen angemessenen Wortschatz verfügen“ (KMK 2005a: 10). In der Liste der Standards finden sich auch die folgende Formulierungen: „Wirkungen der Redeweise kennen und beachten: Lautstärke, Betonung, Sprechtempo, Stimmführung, Körpersprache (Gestik/Mimik)" oder „Gesprächsregeln einhalten, auf Gesprächsbeiträge sachlich und argumentierend eingehen" (KMK 2005a: 10). Das Problem bleibt bestehen: Welche Regeln sind gemeint, was ist ein sachlicher Beitrag, wie redet jemand, dem man bescheinigen kann, er sei „argumentierend" vorgegangen?

Es finden sich zwar hier und dort Formulierungen, die vergleichsweise konkret sind, z.B. wenn beim Standard, „sich in unterschiedlichen Sprechsituationen sach- und situationsgerecht verhalten" zu können, „Vorstellungsgespräch/ Bewerbungsgespräch, Antragstellung, Bitte, Aufforderung, Beschwerde, Entschuldigung, Dank" (KMK 2005a: 10) unterschieden werden. Dennoch dürfte gut belegbar sein, dass die oben erläuterten Kriterien starker Standards im Wesentlichen verfehlt werden: Sie sind unklar, und ihre schiere Menge – alleine ca. 30 Kompetenzen für den Bereich Sprechen und Zuhören – dürfte jeden Deutschunterricht in der Hauptschule überfordern. Und: Solche unklaren und ausufernden Standards gibt es ja nicht nur in diesem einen Fach, Standards addieren sich: Mathematik, Französisch, Englisch, Biologie, Chemie und Physik.

Offenbar ist auch den Verfassern wenigstens das Problem bewusst, dass diese Standards nicht für sich sprechen. Beispiele müssen den Lehrern helfen, nunmehr adäquate Aufgaben zu formulieren und sie (wenigstens rhetorisch) auf die Standards zu beziehen. Diese Beispiele fallen dann allerdings sehr viel trivialer aus, als man hätte erwarten können. Den meisten Lehrern dürfte dennoch weitgehend unklar bleiben, was von ihnen erwartet wird, wie die Standards evaluierbar sind, welches Niveau für welche Schüler ausreicht und was sie nun im Unterricht anders machen sollen als vorher. Eine Standardisierung des Outputs jedenfalls dürfte so nicht möglich sein.

Der in den Bildungsstandards unternommene – und aus meiner Sicht missglückte – Versuch einer Fixierung von Erwartungen findet seine Ergänzung in den Standards für die Lehrerbildung, mit denen ich mich nun befassen werde. Auch hier lassen einführende Bekenntnisse eine hohe Präzision erwarten: „Ein wesentliches Element zur Sicherung und Weiterentwicklung schulischer Bildung stellt die Einführung von Standards und deren Überprüfung dar. Mit Standards wird Zielklarheit und die Grundlage für eine systematische Überprüfung der Zielerreichung geschaffen" (KMK 2005b: 2). Es werden solche Kompetenzen als Standards für die Lehrerbildung ausgewiesen, „die für die berufliche Ausbildung und den Berufsalltag von besonderer Bedeutung sind und an die die Fort- und Weiterbildung anknüpfen kann" (ebd.). Der Hinweis auf die „besondere Bedeutung" lässt zudem vermuten, dass die KMK sich auf Kompetenzkerne zu beschränken gedenkt.

Weder Präzision noch Beschränkung sind jedoch Leitkriterien der tatsächlichen Beschreibung: In der universitären Phase der Ausbildung soll, ausgehend vom

Schwerpunkt Theorie, die pädagogische Praxis erschlossen werden. Unterschieden werden die Kompetenzbereiche: Unterrichten, Erziehen, Beurteilen, Innovieren. Kompetenzen werden entsprechend katalogisiert (vgl. KMK 2005b: 8ff.). Betrachten wir zunächst den Kompetenzbereich „Unterrichten", der unbestreitbar zum Lehrerberuf gehören dürfte. So heißt es hier, dass Lehrer Unterricht fach- und sachgerecht planen und ihn sachlich und fachlich korrekt durchführen. Die Absolventen der Universitäten kennen demnach die einschlägigen Bildungstheorien, sie verstehen bildungs- und erziehungstheoretische Ziele sowie die daraus abzuleitenden Standards und reflektieren diese kritisch. Oder: „Die Absolventinnen und Absolventen kennen Lern- und Selbstmotivationsstrategien, die sich positiv auf Lernerfolg auswirken", sie „wissen, wie sie weiterführendes Interesse und Grundlagen des lebenslangen Lernens im Unterricht entwickeln" (KMK 2005b: 9). Hier fällt nicht nur wiederum die Vagheit der Beschreibung auf, auch dürften die Ansprüche überzogen sein. Schließlich suggerieren die Formulierungen fachlichen Konsens. Aber: Welche Bildungstheorien sind denn einschlägig und was sind die abzuleitenden Standards? Und müssen nur die Ziele von Bildungstheorien oder sollten nicht eher die Ziele der Bildung selbst gekannt sein? Wo also ist der Bezug zu den Bildungsstandards? Wie tief muss denn „Kennen" gehen? Genügt „kennen"? Müssen die Absolventen Selbstmotivationsstrategien „kennen" oder müssen sie Schüler mit deren Hilfe erfolgreich motivieren? Und wie soll evaluiert werden, was die Absolventen kennen und können?

Die Kompetenzanforderungen gehen sehr viel weiter und beschränken sich nicht mit dem Unterricht auf einen Bereich, den man problemlos dem professionellen Kern zurechnen kann. Beim Kompetenzbereich Erziehen heißt es: „Die Absolventinnen und Absolventen kennen pädagogische, soziologische und psychologische Theorien der Entwicklung und der Sozialisation von Kindern und Jugendlichen", sie „erkennen Benachteiligungen und realisieren pädagogische Hilfen und Präventionsmaßnahmen", sie „wissen, wie Schülerinnen und Schüler im Umgang mit persönlichen Krisen- und Entscheidungssituationen unterstützt werden" (KMK 2005b: 9). Zudem finden Lehrer „Lösungsansätze für Schwierigkeiten und Konflikte in Schule und Unterricht" (KMK 2005b: 10) bis hin zum Umgang mit Gewalt. Selbstverständlich kennen sie auch „Formen von Hoch- und Sonderbegabung" (KMK 2005b: 11). Trotz beschränkter erziehungswissenschaftlicher Ausbildung kennen sie nicht nur „die Strukturen des Bildungssystems", sie „rezipieren und bewerten Ergebnisse der Bildungsforschung für die eigene Tätigkeit" (KMK 2005b: 12). Die Spitze der Kompetenzpyramide: Sie können mit Belastungen umgehen, „setzen Arbeitszeit und Arbeitsmittel zweckdienlich und ökonomisch ein" und „kennen wesentliche Ergebnisse der Belastungs- und Stressforschung" (ebd.). Wer jetzt noch krank wird am Beruf und den Arbeitsbedingungen, dem mangelt es halt an Kompetenzen, für die die Politik ja durch die Vorgabe gesorgt hat. Und wenn der nächste internationale Vergleich wieder eine enge Koppelung von Herkunft und Schulerfolg feststellt, fehlt es halt den Lehren an den notwendigen und für diesen Beruf doch selbstverständlichen Kompetenzen, „Benachteiligung zu erkennen“. Den Ausflug in den Zynismus mag man mir verzeihen – eigentlich ist er nicht angebracht.

4 Missglückte Standards im misslingenden Change?

Der intendierte fundamentale Wandel des Managements der deutschen Schule, der mit der Rhetorik vom „neuen Paradigma der Outputsteuerung“ eindrucksvoll angekündigt wird, soll offenbar maßgeblich durch das Instrument der Standards getragen werden. Freilich ist begründet anzunehmen, dass dieser Change-Prozess misslingen wird. Schwache Standards dürften wohl kaum in der Lage sein, ein System umzusteuern, das erstens hoch komplex und zweitens traditionell untersteuert ist.

Diese Prognose könnte diejenigen beruhigen, die ohnehin den Ideen einer betriebswirtschaftlich inspirierten Reform ablehnend gegenüberstehen. Problematisch dürfte aber auch aus deren Sicht sein, dass vulgärökonomische Steuerungsversuche, wie sie in der Implementierung schwacher Standards zum Ausdruck kommen, die Probleme im Schulwesen eher verstärken werden.

Schwache Bildungsstandards können z.B. bewirken, dass Lehrer sich in ihrem Unterricht schwerpunktmäßig am reinen Prüfungsstoff oder, so vorhanden, an standardisierten Tests orientieren. Es steht zu befürchten, dass auch in Deutschland die Testindustrie gut gedüngten Boden vorfindet. Ein rational handelnder Lehrer wird sich dann zum „Teaching to the Test“ gezwungen sehen, wenn Tests statt der Standards die eigentliche Steuerungsfunktion im Schulwesen übernehmen. Eine Testdominanz – womöglich noch an den Selektionspunkten des Schulsystems und nicht im Vorfeld, wenn pädagogische Intervention noch fruchten könnten – wird die De-Professionalisierung vorantreiben, obwohl Bildungsstandards programmatisch das Gegenteil versprechen. Dieser Vorgang würde noch weiter beschleunigt, wenn Tests zum zentralen Instrument externer Schulevaluation avancierten. Schwache Standards leisten dieser Entwicklung Vorschub.

Schwache Standards der Lehrerbildung, die sich durch Überhöhung der Kompetenzen kennzeichnen lassen, dürften die bildungswissenschaftliche Qualifizierung zukünftiger Lehrer nicht verändern können. Bemerkenswert, dass die dort beschriebene „All-Inclusive-Kompetenz“ von Lehrern und deren Vertretern vielfach bereitwillig aufgegriffen wird. So stellt die KMK nicht ganz zu Unrecht den Verweis auf ein gemeinsames Papier von Politik und Lehrerverbänden zum Lehrerberuf (KMK 2000) an den Anfang ihrer Beschreibung der Lehrerbildungsstandards. Hier ist die Überhöhung des Berufs im überparteilichen Konsens bereits angelegt. Die Dominanz pädagogischer Semantik und die moralische Allzuständigkeit der Lehrer hat insbesondere auch deshalb negative Folgen für die Profession, weil die Ebene der Organisation, also der Kontext für berufliches Handeln, weitgehend ausgespart bleibt. Überkomplexe Aufgaben werden auf die Lehrerprofession übertragen und nicht auf eine arbeitsteilig strukturierte Organisation Schule, die in notwendigem Ausmaß auch anderes Personal für die erweiterten Aufgaben benötigt. Die mit der facettenreichen Aufgabenexpansion entstehenden Lasten werden weiterhin auf die Schultern der einzelnen Lehrer gelegt. Eine Schule als ein arbeitsteilig organisiertes System mit unterschiedlichen Professionen ist nicht in Sicht. Dort aber könnten Lehrer das tun, was man von ihnen realistisch erwarten kann: gut unterrichten.

Pointiert gesagt, will die Politik mit Standards, die keine sind, Reform betreiben. Aber selbst starken Standards könnte man deutliche Reformeffekte nur zutrauen, wenn ihre Einführung durch ein systematisches Maßnahmen-Management begleitet würde. Die Erziehungswissenschaftler, die die KMK-Standards der Lehrerbildung vorbereitet haben, sprechen z.B. dieses Hindernis an: Für die Implementation von zielsteuernden Standards müsse Voraussetzung sein, dass die Hochschulen sich überhaupt auf curriculare Verbindlichkeit einlassen. Und so wird als „Hauptproblem" ausgewiesen, dass die Lehrenden an den Hochschulen sich womöglich nicht „auf die neuen curricularen Standards und die Kompetenzorientierung des Studiums ernsthaft einlassen" (KMK 2004b: 9).

Dieses ist nur ein Hinweis auf das insgesamt fehlende Change-Management und eine mangelnde Koordination der Instrumente. Was ist davon zu halten, dass die zukünftigen Lehrer zwar die Ziele von Bildungstheorien kennen müssen, aber in den Lehrerbildungsstandards nichts davon zu finden ist, dass sie auch die Ziele der Bildung selbst kennen müssen? Wo ist der Reflex der Bildungsstandards in der Lehrerbildung?

Aber, um der Entwicklung auch Positives abzugewinnen: Endlich wird wieder die Inhaltsdebatte geführt, die Mitte der 80er Jahre abbrach, und endlich ist die Debatte um die für Lehrerarbeit notwendigen Kompetenzen wieder aufgenommen. Es ist wieder legitim, sich darüber zu streiten, was Kinder und Jugendliche in der Schule lernen sollen und wie pädagogische Professionalität definiert wird. Es wäre hilfreich, wenn beide Themen stärker als bisher empiriebasiert und weniger normativ geführt würden. Man könnte auf Basis einer intensiven empirischen Forschung herauszuarbeiten versuchen, was Schule vermitteln muss, damit junge Menschen an der komplexen Gesellschaft in bewusster Weise partizipieren können und sowohl ein Fundament als auch ein Motiv fürs Weiterlernen entwickeln. Weiß man überhaupt, ob „standardgebildete" Lehrer auch gute Lehrer sind? Empirisch basiert könnte man vielleicht zu einem Lehrerbild kommen, das sich pragmatisch und bescheiden an fachlichen, didaktischen und methodischen Kompetenzen orientiert und allenfalls noch Einstellungen nennt, die für eine kooperative und konstruktive Zusammenarbeit mit Schülern, Kollegen und Eltern nötig sind (vgl. Giesecke 2001: 221ff.). In diesem Sinn ein „guter Lehrer" zu werden, dürfte sich als schwierig genug erweisen.

Zum Schluss: Eine verantwortungsvolle Reformpolitik im Schulwesen muss es als zentrales Ziel betrachten, ihre eigene Arbeit zu evaluieren. Die Notwendigkeit evidenzbasierter Politikevaluation wird leider im politischen Milieu kaum wahrgenommen. An diese Bringschuld sollten diejenigen stärker erinnern, die glauben, im Sinne der Lehrer zu sprechen, und die für sie Partei ergreifen. Das Ausbleiben der Politikevaluation wird nicht nur die Entwicklung einer erfolgreichen Reform erschweren, es wird auch dem Status der Lehrerschaft schaden. Man benötigt nicht viel Phantasie, um – sowohl aus Sicht der Politik als auch aus Sicht der Öffentlichkeit – mit der Lehrerschaft den wahren Schuldigen für einen schlechten Tabellenplatz im nächsten internationalen Ranking auszumachen. Hohes öffentliches Ansehen allerdings ist wesentliches Merkmal eines „Professionals".

Literatur

American Federation of Teachers (AFT) (1996): Setting strong Standards. Washington D.C.

Banner, D.K./Gagné, T.E. (1995): Designing Effective Organizations. Thousand Oakes (Cal.) et al.

Böttcher, W. (2002): Kann eine ökonomische Schule auch eine pädagogische sein? Schulentwicklung zwischen Neuer Steuerung, Organisation, Leistungsevaluation und Bildung. Weinheim/München.

Böttcher, W. (2003): Starke Standards. Bessere Lernergebnisse und mehr Chancengleichheit. In: Lernende Schule, H. 24, 4-9.

Böttcher, W. (2005a): Outputsteuerung im Bildungswesen: Vorgaben und Ergebnissicherung. In: Brägger, G./Bucher, B./Landwehr, N. (Hrsg.): Schlüsselfragen zur externen Schulevaluation. Bern: 111-125.

Böttcher, W. (2005b): Pädagogik in Organisationen. Potenziale eines ökonomischen Programms der Bildungsreform. In: Göhlich, M./Hopf, C./Sausele, I. (Hrsg.): Pädagogische Organisationsforschung. Wiesbaden: 217-231.

Böttcher, W./Klemm, K. (2002): Kann man Schule verändern? Eine Skizze gegen den Voluntarismus in der Schulreform. In: Weegen, M. et. al. (Hrsg.): Bildungsforschung und Politikberatung. Weinheim/München: 167-184.

Böttcher, W./Terhart, E. (Hrsg.) (2004): Organisationstheorie in pädagogischen Feldern – Analyse und Gestaltung. Wiesbaden.

Brandt, H. (1994): Eine realistische Wende im Lehrerberuf? In: Verband Bildung und Erziehung (Hrsg.): Zwischen Deformation und Reform. Bonn: 52-55.

Brüsemeister, T. (2004): Schulische Inklusion und neue Governance. Münster.

Etzioni, A. (1964): Modern Organizations. Englewood Cliffs, N.J.

Gandal, M./Vranek, J. (2001): Standards: Here Today, Here Tomorrow. In: Educational Leadership, vol. 59, No. 1, (hier: www.ascd.org/readingroom/edlead/gandal.html).

Giesecke, H. (2001): Was Lehrer leisten. Porträt eines schwierigen Berufes. Weinheim und München.
Göhlich, M. (2001): System, Handeln, Lernen unterstützen. Eine Theorie der Praxis pädagogischer Institutionen. Weinheim.
Göhlich, M./Hopf, C./Sausele, I. (Hrsg.) (2005): Pädagogische Organisationsforschung. Wiesbaden.
Helsper, W./Busse, S./Hummrich, M./Kramer, R.-T. (Hrsg.) (2006): Pädagogische Profession in Organisationen. Wiesbaden.
Hoyle, E. (1995[2]): Teachers as Professionals. In: Anderson, L.W. (ed.): International Encyclopedia of Teaching and Teacher Education. Cambridge (UK): 11- 15.
Klieme, E. et. al. (2003): Zur Entwicklung nationaler Bildungsstandards. Eine Expertise. Frankfurt a.M.
Kurtz, T. (2000): Moderne Professionen und Gesellschaftliche Kommunikation. In: Soziale Systeme. Zeitschrift für soziologische Theorie 6, 169-194.
Kurtz, T. (2004): Organisation und Profession im Erziehungssystem. In: Böttcher, W./Terhart, E. (Hrsg.): Organisationstheorie. Beiträge zur Analyse und Gestaltung pädagogischer Felder. Wiesbaden: 43-53.
Luhmann, N. (2002): Das Erziehungssystem der Gesellschaft. Frankfurt a. M.
Mintzberg, H. (1992): Die Mintzberg-Struktur – Organisationen effektiver gestalten. Landsberg am Lech.
Morgan, G. (1997[2]): Images of Organization. Thousand Oaks, Cal.
Organization for Economic Co-operation and Development (OECD) (1989): Schools and Quality. Paris (deutsch: Frankfurt a.M. 1991).
Rosenbusch, H. S. (2005): Organisationspädagogik der Schule. Grundlagen pädagogischen Führungshandelns. Neuwied.
Sekretariat der Ständigen Konferenz der Kultusminister der Länder in der Bundesrepublik Deutschland (KMK) (2000): Gemeinsame Erklärung des Präsidenten der Kultusministerkonferenz und der Vorsitzenden der Bildungs- und Lehrergewerkschaften sowie ihrer Spitzenorganisationen. http://www.kmk.org/doc/publ/erklaerung.pdf [25.05.2006]
Sekretariat der Ständigen Konferenz der Kultusminister der Länder in der Bundesrepublik Deutschland (KMK) (2002): PISA 2000 – Zentrale Handlungsfelder. Zusammenfassende Darstellung der laufenden und geplanten Maßnahmen in den Ländern. http://www.kmk.org/schul/home1.htm [12.01.2006]
Sekretariat der Ständigen Konferenz der Kultusminister der Länder in der Bundesrepublik Deutschland (KMK) (2004a): Bildungsstandards der Kultusministerkonferenz. Erläuterungen zur Konzeption und Entwicklung. www.kmk.org/schul/Bildungsstandards/Argumentationspapier308KMK.pdf [25.04.2006]
Sekretariat der Ständigen Konferenz der Kultusminister der Länder in der Bundesrepublik Deutschland (KMK) (2004b): Standards für die Lehrerbildung: Bericht der Arbeitsgruppe. www.kmk.org/Lehrerbildung-Bericht_der_AG.pdf [24.04.2006]
Sekretariat der Ständigen Konferenz der Kultusminister der Länder in der Bundesrepublik Deutschland (KMK) (2005a): Beschlüsse der Kultusministerkonferenz. Bildungsstandards im Fach Deutsch für den Hauptschulabschluss, Beschluss vom 15.10.2004. Mün-

chen und Neuwied.
www.kmk.org/schul/Bildungsstandards/Hauptschule_Deutsch_BS_307KMK.pdf [24.04.2006]

Sekretariat der Ständigen Konferenz der Kultusminister der Länder in der Bundesrepublik Deutschland (KMK) (2005b): Standards für die Lehrerbildung: Bildungswissenschaften. (Beschluss der Kultusministerkonferenz vom 16.12.2004). Neuwied. http://www.kmk.org/doc/beschl/standards_lehrerbildung.pdf [24.04.2006]

Stichweh, R. (1997): Professions in Modern Society. In: International Review of Sociology 7, 95-102.

Tacke, V. (2004): Organisation im Kontext der Erziehung. In: Böttcher, W./Terhart, E. (Hrsg.): Organisationstheorie. Beiträge zur Analyse und Gestaltung pädagogischer Felder. Wiesbaden: 19-42.

Zey-Ferrell, M. (1979): Dimensions of Organizations. Santa Monica, Ca.

Schulentwicklung und Profession
Der Einfluss von Initiativen zur Modernisierung der Schule auf die Lehrerprofession

Martin Heinrich/Herbert Altrichter

Seit den 1990er Jahren erleben die Bildungssysteme in den deutschsprachigen Ländern eine intensive Diskussion und einige Veränderungen ihrer Organisations- und Steuerungsstrukturen. Für die Schulsysteme bedeutet diese ,schulische Modernisierung' „nach einer langen Phase der zwar durchaus kontroversen, aber doch auch kontinuierlichen Entwicklung und Expansion des Bildungswesens eine neue, ,unübersichtliche' Lage" (Brüsemeister/Eubel 2003: 15). Während zunächst die Entwicklung in Richtung einer Erhöhung der Gestaltungsspielräume für die Einzelschulen wies, haben in den letzten Jahren zunehmend zentral formulierte Anforderungen, wie z.B. Schulprogramme und Bildungsstandards, an Bedeutung für – auch einzelschulische – Entwicklungsaktivitäten gewonnen (vgl. Altrichter et al. 2005). Die Ausgangsthesen unseres Beitrags sind folgende:

1. Wir gehen davon aus, dass von solchen *Initiativen der „Schulentwicklung"* – damit meinen wir einzelschulische Entwicklungen, die eher ,schulautonom' entstanden sind, ebenso wie solche, die primär auf externe Anforderungen zurückgehen – ein Veränderungsdruck auf ein tradiertes Verständnis von Berufstätigkeit von Lehrern ausgeht und dass durch diese Initiativen gleichsam *alternative, „modernisierte Berufsverständnisse"* (wahrscheinlich in unterschiedlichen Fassungen) signalisiert werden.
2. Zusätzlich nehmen wir an, dass diese ,neuen Berufsverständnisse' nicht unbedingt explizit ausgehandelt werden, sondern – oft implizit – *durch die Handlungsarrangements von Schulentwicklungsinitiativen nahe gelegt* werden. Ihr Wirksamwerden im Forum der Einzelschule ist daher eher abhängig vom Verlauf der konkreten Schulentwicklungsprozesse vor Ort – und relativ unabhängig von dem schon seit mehreren Jahren geführten fachwissenschaftlichen Diskurs über die neue Rolle von Lehrern (vgl. Struck 1994; Bauer 1998; Gudjons et al. 2002) und ebenso von formellen Änderungen von Berufsauftrag und Dienstrecht (die in einigen deutschsprachigen Schulsystemen stattgefunden ha-

ben; vgl. HSchG 1999, §127b, Abs. 2; Beruflicher Auftrag 2004), gleichwohl letztere entsprechende Entwicklungen stützen können (vgl. Seel et al. 2006).

3. Schließlich meinen wir, dass Schulentwicklungsinitiativen Lehrer zunächst durchaus als aktive Gestalter der „neuen Schule“ ebenso wie eines „neuen Berufsverständnisses“ konzipierten, dass Lehrer aber mehr und mehr in die Rolle von „abhängigen Variablen“ von extern bestimmten Entwicklungen geraten. Damit aber wird die *Frage, welches „neue Berufsverständnis“ durch diese Schulentwicklungen angestrebt wird, systemweit virulent*, was sich bspw. im Ruf nach „Modernisierungspfaden“ für die Lehrerprofession ausdrückt (vgl. Brüsemeister 2004: 433-490).

Im Sinne einer mikropolitischen Analysestrategie verwenden wir „Konflikte“ in schulischen Transformationsprozessen als Indikatoren für „aktuelle umkämpfte Bereiche“ gesellschaftlicher und organisatorischer Strukturation (vgl. Ball 1990; Altrichter 2004). Die Analyse dieser Konflikte kann nicht auf eine Rekonstruktion der Innensicht von Lehrern über diese beruflichen Transformationen verzichten, sich aber auch nicht in ihr erschöpfen. Eine *strategische Analyse* („Rekonstruktion der gesellschaftlichen Wirklichkeit aus der Perspektive der handelnden Subjekte in hermeneutisch-interpretativer Einstellung“; vgl. Osterloh/Grand 1997: 357) und *strukturelle Analyse* („in erklärender Absicht aus der Beobachterperspektive“ vgl. ebd.) müssen in Beziehung gebracht werden, um der „Dualität von Struktur“ gerecht werden zu können (vgl. Giddens 1992: 342ff.).

In diesem Aufsatz wollen wir anhand zweier Beispiele zur Schulentwicklung Merkmale des traditionellen Berufsverständnisses herausarbeiten, die durch Initiativen der „Schulentwicklung“ unter Druck geraten, ebenso wie evt. Alternativen, die in diesen Initiativen „signalisiert“ werden. Der Bezug auf das Professionskonzept geschieht zunächst einmal, ohne sich auf die schwelenden Diskussionen über Semi- oder sonstige Professionalität im Lehrberuf einzulassen. Angesichts der Tatsache, dass die Aspiration der Berufsgruppe in Richtung „Anerkennung als Profession“ geht, erscheint es legitim, übliche definitorische Merkmale als Analyse- und Prüfkategorien für Wahrnehmungs- und Deutungsmuster zu verwenden, die in der Innensicht der Akteure enthalten sind, die im Alltagsbewusstsein der Berufstätigen und in den Innovationsvorschlägen, die die Einzelorganisationen beschäftigen, zu recht oder zu unrecht mit dem Professionskonzept assoziiert werden (vgl. Altrichter 2000). Gleichwohl erwarten wir, dass der Aufweis der „kritischen Punkte“ des Berufsverständnisses von Lehrern, die während „Schulentwicklung“ zutage treten, wertvolles inhaltliches Material für die Diskussion des „Professionsbegriffs in Transformation“ abwirft.

1 Schulentwicklung als Herausforderung an die Profession

Die Idee von der „Schule als pädagogischer Handlungseinheit" (vgl. Fend 1986) wurde in den 1990er Jahren vielerorts aufgegriffen. Die Einzelschule als Ort der Reformbemühungen rückte damit in den Fokus der Aufmerksamkeit. Eine Erhöhung von Gestaltungsspielräumen der Einzelschule sollte diese in die Lage versetzen, Entwicklungen angesichts spezifischer lokaler Ansprüche und Ressourcen zu planen und umzusetzen. Viele Wissenschaftler, Vertreter der Schuladministration, aber auch Schulleiter sowie Lehrer haben in Initiativen der Schulentwicklung – z.T. mit unterschiedlichen Argumenten – eine *Professionalisierungschance für den Lehrberuf* gesehen (vgl. Arnold et al. 2000: 14; Schaefers/Koch 2000: 602; Hohr et al. 2001). Obwohl diese Schulentwicklung in der Lehrerschaft nie unumstritten war, so mehren sich doch in letzter Zeit in den Zeugnissen von Schulentwicklungsberatern ebenso wie in neueren Studien über schulische Innovationen die Berichte über Klagen von Lehrern über die Belastungen, die durch Schulentwicklung in einem Szenario sich verschlechternder Arbeitsbedingungen entstünden, und über ihre Zweifel und Kritik an dem Sinn sowohl von lokal initiierten als auch staatlich propagierten Entwicklungsmaßnahmen (vgl. Söll 2002: 177). Solche Berichte sind als Hinweis auf einen steigenden „Widerstand" gegen Schulentwicklungszumutungen interpretiert worden.

Wer am propagierten Weg der „Schulentwicklung" festhält, wird dazu neigen, diesen „Widerstand" als Ausfluss des Konservatismus der Berufskultur (zumindest eines zu großen Teils) der Lehrerschaft zu interpretieren, als Weigerung, sich neuen Aufgaben zu stellen und sich neue Qualifikationen anzueignen, und damit auch als Hemmnis für deren weitere Professionalisierung. Der „Widerstand" kann aber auch als Versuch der Verteidigung von Arbeitsauffassungen, Arbeitsbedingungen und beruflichen Errungenschaften gegen (tatsächliche oder vermeintliche) Verschlechterungen, gegen eine drohende Deprofessionalisierung gedeutet werden. Diese Deutung erscheint nicht unplausibel, wenn man sich bewusst macht, dass Schul- und Unterrichtsentwicklung sich

- erstens als eine spezifische Konstellation von *Autonomie- und Kontrollaspekten* vis à vis Schulen und ihrem Personal darstellen lässt, und dass
- zweitens dieser übergreifende Zusammenhang von „Autonomie und Kontrolle" der „Neuen Steuerung" *nicht von Anfang an in dieser – nun offenbar als verbindlich gedachten – Zusammengehörigkeit kommuniziert* wurde (vgl. Altrichter/Heinrich 2006). Wir werden im Folgenden diesen Zusammenhang als Konzept einer *„kontrollierten Autonomie"* bezeichnen.

„Schulentwicklung“ rief zunächst bei vielen Lehrern positive Anmutungserlebnisse hervor. Diese erste Phase der ‚Schulmodernisierung‘ war ja unter dem Markenzeichen der *„Erhöhung einzelschulischer Gestaltungsspielräume“* angetreten (vgl. Altrichter et al. 2005) und wandte sich an ein aktives Segment der Lehrerschaft, die sie als Motoren der Entwicklung einer „neuen Schule“ sah – und auch benötigte. Ein „neues Berufsverständnis“, dessen Umrisse eher geahnt denn klar ausgesprochen wurden, würde sich im Laufe der Zeit – gleichsam als ungeplante, aber notwendige Begleiterscheinung – durch die Entwicklungsarbeit der Lehrer entfalten. Ebenfalls eine Perspektive die von „engagierten Lehrern“ durchaus goutiert wurde.

Allerdings finden wir auch schon anlässlich der ersten Schritte der „Schulautonomisierung“ Lehreraussagen, die diese – mehr oder minder differenziert – als ein weiteres Beispiel für ein Oktroy durch den Dienstgeber ansahen (vgl. Altrichter et al. 1994: 337). Nach und nach wurde jedoch vielen Beteiligten bewusst, dass es sich bei dieser Autonomie mehr um eine „Autonomie der Einzelschule“ denn um eine solche der Lehrperson handelte (vgl. Terhart 2001: 31f.). Da die „Einzelschule“ gleichzeitig deutlich „betrieblicher und organisierter“ als zuvor konzipiert wurde, konnte die erweiterte Schulautonomie mit Verlusten auf Seiten der traditionellen Autonomie individueller Lehrer verbunden sein (vgl. Heinrich 2006). Dennoch wurde diese Konsequenz nach unserer Wahrnehmung durchaus von vielen Lehrern, die sich bei Schulentwicklung beteiligten, akzeptiert.

Erst in der zweiten Hälfte der 90er Jahre wurden *Kontroll*aspekte der Neuerungen expliziter von Seiten der Schulverwaltungen kommuniziert: verpflichtende Schulprogrammarbeit (vgl. Gruschka et al. 2003; Holtappels 2004), interne Evaluationen, Qualitätsmanagement und Rechenschaftspflicht (vgl. Altrichter/Posch 1999) sollten den Gefahren einer unkontrollierten Autonomie entgegenwirken und die „Vielfalt orchestrieren“ (wie dies bei einer Tagung hochrangiger Bildungsverwalter Deutschlands, Österreichs und der Schweiz umschrieben wurde; vgl. EDK 2000).

In den letzten Jahren hat die Kontrollrhetorik weiter zugenommen und einen neuen Akzent bekommen: Gegenüber der Propagierung „interner Steuerungs- und Kontrollinstrumente“ nach dem Modell „rationaler Betriebsführung“ richtet sich die Aufmerksamkeit mehr und mehr auf „externe Steuerungs- und Kontrollinstrumente“, die offenbar auch dort wirken sollen, wo die interne Rationalität versagt (vgl. Altrichter/Heinrich 2006).

Diese neuen Konzepte einer stärker extern gesteuerten Schulentwicklungsarbeit (vgl. Gruschka et al. 2003) finden ihre Begründung nicht zuletzt im zunehmenden Zweifel, ob die Lehrerschaft eine führende Rolle bei der angestrebten Schulmodernisierung einzunehmen vermag. Sie bauen nicht mehr auf ‚autonom‘ (und unter Realbedingungen meist unter Lehrerdominanz) gewählte Inhalte und Wege der Qualitätsentwicklung, sondern geben durch Standards, Qualitätskonzepte und Berichtspflichten den Berufstätigen Arbeitsrichtungen vor. Zwei Entwicklungen geschehen also gleichzeitig: Erstens wird der Anspruch auf Berufserneuerung von der Gruppe der „Engagierten" auf die gesamte Lehrerschaft ausgedehnt, weil die neuen Steuerungsinstrumente „systemweit" funktionieren sollen, statt „1000 Blumen in verschiedenen Teilen des Feldes blühen" zu lassen. Zweitens wird Inhalt und Qualität der Berufserneuerung durch Vorgabe einzelschulisch abzuarbeitender Steuerungsinstrumente zunehmend extern – durch Administration und ihr zuarbeitende Experten – bestimmt.

Wenn es stimmt, dass der „Widerstand" von Lehrern gegen Schulentwicklung im Zuge der letzten Jahre gestiegen ist, dann sprechen wir wohl von der Zeit, in der sich die Kontrollseite der Schulmodernisierung akzentuiert hat. Wir sprechen aber auch – dies muss gesagt werden, um allzu bündige Interpretationen hintan zu halten – von einer Zeit, in der Lehrer in vielen deutschsprachigen Ländern auch in anderen Aspekten eine Verschlechterung ihrer Arbeitssituation erlebten (z.B. Erhöhung der Lehrverpflichtung bzw. Senkung der Schülerstundenanzahl, Einschränkung von Schulbudgets etc.).

Es gibt – wie wir auch im Folgenden zeigen wollen – Grund zur Vermutung, dass das Konzept der *„kontrollierten Autonomie"* Freiräume eröffnet, die die Professionellen zum Teil gerade aufgrund *ihrer eigenen* Professionsideale nicht ausnützen können und wollen. Damit geraten sie aber in Widerspruch zu den Effektivierungsprogrammen der aktuellen Systementwicklung, sodass sie in der Folge leicht als besitzstandswahrend-obstruktiv erscheinen. Zu beschreiben wäre daher, an welchen Stellen die traditionellen Berufsvorstellungen und die neuen Steuerungsabsichten aufeinander treffen und wie sie vor Ort zusammenwirken, sodass der wachsende „Widerstand" als Reflex eines spezifischen Professionsverständnisses der Akteure erklärbar wird.

2 Konflikte bei der Qualitätsentwicklung als Ort von Professionsbestimmungen

Bei der Analyse von Versuchen zur Einführung von Qualitätsmanagement in österreichischen berufsbildenden höheren Schulen (vgl. Altrichter/Posch 1999) fielen – offenbar wiederkehrende – Konflikte in der Anfangsphase der untersuchten Projekte auf. Diese Auseinandersetzungen speisten sich z.T. aus den *Vorbehalten, die gegen die Übertragung von Begriffen und Konzepten aus der Wirtschaft auf die Schule* vorgebracht wurden. Für zusätzliche Irritationen in diesem Zusammenhang sorgte an einigen Schulen das – als arrogant und die besonderen schulischen Bedingungen ignorierend beschriebene – *Auftreten externer Berater* sowie der *hohe Übersetzungsaufwand*, der für die Übertragung ihrer Konzepte auf den Schulbereich notwendig war (vgl. Messner 1999). Typisch für Qualitätsinitiativen war in den Augen vieler Lehrer der untersuchten Projekte auch, dass sie einen *zusätzlichen Arbeitsaufwand* mit sich brachten.

Ein bedeutsamer Grund für die Konflikte lag aber auch in *allgemeineren Vorbehalten gegenüber der Offenlegung von Unterricht* gegenüber Kollegen sowie anderen Bezugspersonen und in Verbindung damit das Gefühl, dass *vorgesetzte Instanzen in die autonome Arbeit von Lehrern eingreifen könnten.* Vielfach herrschten Reserven gegen die Qualitätsinitiative, weil befürchtet wurde, sensible Evaluationsinformationen könnten von Vorgesetzten zum Nachteil einzelner Lehrer verwendet werden. Initiativen der Qualitätsentwicklung wurden von vielen Lehrern als *indirekte Kontrolle* verstanden. Darauf schienen Lehrer, die im Ruf standen, „ohnehin gute Arbeit zu machen", oft besonders negativ zu reagieren. Sie erlebten Evaluation als eine misstrauische Beobachtung und implizite, gleichsam nachträgliche *Entwertung bisheriger Arbeit.* Sie mutmaßten, dass diejenigen, die „weniger gute Arbeit machten", sich weiterhin Entwicklungsbemühungen entziehen konnten, weil eben keine *direkte* Kontrolle stattfand:

> „Was bis jetzt war, das war nix – ich hab' das aber immerhin 15 Jahre [...] gemacht – und das soll nix gewesen sein. Also ein starkes Infragestellen auch auf mich bezogen, meiner Person, meiner Arbeit letztendlich, die ich ja nicht immer als leicht empfunden habe und zumindestens nicht so einfach aus dem Ärmel gebeutelt habe, sondern da waren Anstrengungen meinerseits, also massive [Anstrengungen] dahinter und das wär' auf einmal zu wenig. Dieses Gefühl ist stark aufgetreten." (zit. nach Altrichter 1999: 131).

Um eine Weiterarbeit nach diesen anfänglichen Konflikten zu ermöglichen, wurde in den fünf untersuchten Schulen mit vergleichbaren *Befriedungsstrategien* reagiert. In allen Projekten wurde das *Prinzip der Freiwilligkeit der Teilnahme von Lehrern* für die Weiterarbeit betont. Dadurch wurde das Gesamtprojekt gerettet, weil etwaiger „Widerstand" sich nicht organisieren musste. Das führte jedoch zu sehr unterschiedlichen Beteiligungsraten zwischen 20% und 80%. Um Befürchtungen von Lehrern zu bannen, übten vorgesetzte Instanzen (Schulaufsicht, oft auch Schulleitungen) – manchmal freiwillig, manchmal aufgezwungen – *Verzicht auf im Prinzip verfügbare Evaluationsinformationen.* Dadurch wurde die deutliche Trennung der Domänen „Verwaltung" und „Unterricht" in der Organisation bestätigt. Durch verschiedene Rahmenbedingungen (z.B. selbst gewählte, jährlich rotierende Gesprächspartner in der Qualitätsgruppe) wurde weiters sichergestellt, dass das Prinzip der Gleichheit der Lehrer nicht verletzt wurde. Die Irritation durch systemfremde externe Personen und/oder Konzepte wurde durch den *Rückzug der ursprünglichen Anbieter* und deren Vertretung durch z.T. deutlich jüngere, weniger profilierte und offenbar im Umgang mit der Organisation Schule geschmeidigeren Beratern entschärft (vgl. Messner 1999: 81).

In allen Projekten folgte der konfliktreichen Anfangsphase eine Entspannung, weil genügend Spielräume für Lehrer da waren und befürchtete Konsequenzen nicht eintraten. Diese Entspannungsphase warf jedoch – auch in den Schulen selbst – mindestens zwei Fragen auf: Erstens wurde die Qualitätsinitiative durch die genannten Befriedungsstrategien zwar akzeptabler gemacht, aber auch zu einem Projekt neben anderen (vgl. z.B. Hanzer 1999), und ihr *ursprünglicher Anspruch gefährdet*, damit ein Instrument für die Leitung und das Management der *gesamten* Schule an der Hand zu haben. Zweitens ergab sich mit der Erhöhung der Freiwilligkeit jeder einzelnen Lehrkraft die Gefahr eines *institutionellen So-Tuns-als-ob* – wahrscheinlich ohnehin ein bewährter Mechanismus, um die Zumutungen von Innovationen unter Realbedingungen erträglich zu machen (vgl. Holtappels 1999: 10). Die Planungs- und Papierlastigkeit der meisten Qualitätsmanagementsysteme scheint einer solchen Strategie entgegenzukommen. Auf einer oberflächlichen Ebene wird schriftlich Gemeinsamkeit vereinbart und auf der Ebene darunter herrscht große Liberalität bei der Umsetzung dieser Gemeinsamkeit:

> „Die Unsicherheitsfaktoren – was passiert mit dem Ganzen? – sind weggefallen. [...] Man hat ja schon gesehen, es hat keine größeren Nachteile, wenn man jetzt irgendwo was macht oder was nicht macht. [...] Es heißt: Es ändert sich eh nichts, also tun wir so weiter wie bisher. Nach außen können wir ja schön ‚coachen', aber im Endeffekt tun wir ja doch was anderes." (zit. nach Altrichter 1999: 159).

In unserer Interpretation werden durch Qualitätsinitiativen einige Elemente traditioneller Schulen bedroht, die wiederum mit einem traditionellen Professionsbegriff korrespondieren:

Einführung formeller und verbindlicher Kooperationsformen: Schulen sind lange Jahre gut als *zellulare* oder *segmentierte Organisationen* (vgl. Marx/Van Ojen 1993; Lortie 1975) gefahren. Solche mussten wenig Aufwand auf die interne Koordination ihrer Mitarbeiter legen und konnten die Steuerung der inhaltlichen Qualität der Arbeit organisationsexternen Instanzen, der Berufsvorbildung und Professionstraditionen, überlassen. Da in „zellularen Schulen" wenige Abstimmungsnotwendigkeiten existierten, konnte das – professionscharakteristische – Merkmal der „Handlungsautonomie" in vielen inhaltlichen Fragen recht weitgehend interpretiert werden. Unter den Bedingungen der *„kontrollierten Autonomie"* wird nun deutlich, dass dies für viele Lehrer eine individualistisch konzipierte Autonomievorstellung implizierte, auf der die Berufstätigen nicht nur gegenüber Laien, sondern auch gegenüber den eigenen Kollegen insistierten. Da bei den meisten Qualitätskonzepten neue Kooperationsstrukturen zwischen Lehrern eingeführt werden (wie z.B. Steuergruppen, Qualitätszirkel usw.), die in Formalität und Verbindlichkeit über die bis dahin üblichen, freiwillig gewählten Mini-Kooperationsnetze hinausgehen, kommt diese Form der Berufstätigkeit durch Neuerungen wie Qualitätsmanagement unter Veränderungsdruck.

Einschränkung der individuellen Handlungsautonomie der Lehrer: Nach Lortie (1975) liegt in einer individualistisch interpretierten Handlungsautonomie eine der zentralen Ingredienzien des traditionellen Berufsbewusstseins von Lehrern. Der Lehrberuf ist mit einer starken Ungewissheit über beruflichen Erfolg befrachtet. Eine Möglichkeit, mit dieser beruflichen Unsicherheit produktiv umzugehen, bestünde darin, sich mit Kollegen sowie mit den Klienten (Eltern, Schüler, Kommune) über berufliche Normen zu verständigen und Selbstevaluationen einzuholen. Historisch wurde jedoch eine andere Strategie dominant, die diese Unsicherheit berufskulturell bannen sollte, das sog. *Autonomie-Paritäts-Muster* (vgl. Lortie 1972), das durch zwei informelle Normen charakterisiert ist:

> „1. Kein Erwachsener soll in den Unterricht des Lehrers eingreifen [i.e. Autonomie; d. Verf.]. 2. Lehrer sollen als gleichberechtigt betrachtet und behandelt werden. [i.e. Parität; d. Verf.]." (Sertl et al. 2001: 66).

Unterschiedliche Qualifikationen und unterschiedlicher Einsatz können vielleicht auf informeller Ebene thematisiert werden, dürfen aber auf der formellen Ebene keine Rolle spielen. Der totale (d.h. die gesamte Organisation umfassende) Anspruch der Qualitätsarbeit bedroht eine individuell-autonome Berufsauffassung von Lehrern. Viele Einzelaktivitäten, wie z.B. Feedback einzuholen und in einem kollegialen Kreis offen zu legen, können als Eingriffe in die Tätigkeit von Lehrern verstanden werden. Tatsächlich wird damit auch das zweite von Lorties Merkmalen, die Parität, bedroht: Mit den durch die Schulprogrammarbeit explizierten Zielangaben und den kenntlich werdenden Unterrichtsprinzipien könnte informell, aber auch offiziell zwischen Kollegen differenziert werden. Das *müsste* sogar geschehen, wollte man die Informationen – wie ursprünglich angezielt – tatsächlich zur beständigen Fortschreibung und Umsetzung der Schulentwicklungsinitiativen nutzen. Die darin enthaltene Vorstellung einer Steuerung der Organisation qua institutionellem Schulentwicklungsprozess (vgl. Dalin et al. 1996) oder Schulprogrammarbeit (vgl. Holtappels 2004) wird noch deutlicher in den Qualitätsprogrammen, in denen das Hauptaugenmerk auf solchen Rückmeldungskreisläufen liegt.

Zugewinn von Einflussmöglichkeiten der „schulischen Verwaltung" auf die „Unterrichts-Ebene": In zellularen Organisationen herrschte eine relativ strikte Trennung zwischen dem Bereich „Unterricht" (der den einzelnen Lehrern mehr oder minder autonom überlassen wurde) und dem Bereich „Verwaltung" (der über wenige eigene Strukturen und relativ wenig Einfluss auf den „Unterricht" verfügte; vgl. Marx/Van Ojen 1993). Dies bedeutete eine organisatorische Absicherung der Lehrerautonomie. „Gute Schulleitungen" sollten sich um die – bei den Berufsmitgliedern ungeliebte – Verwaltung kümmern und durch ihre „Außenpolitik“ den Lehrern eine ungestörte Arbeit ermöglichen. Die gängigen Qualitätsmanagementsysteme gehen nun von Konzepten geleiteter Organisationen aus und negieren die eingeführte Segmentierung zwischen „Unterricht“ und „Verwaltung“. Durch Evaluation werden Informationen erhoben, die von der Leitung für Steuerungsentscheidungen genutzt werden könnten.

In einem Qualitätsentwicklungsprojekt *stoßen damit zwei Kulturen aufeinander*: Die eine ist eine individuelle Lehrerkultur, die bekannt und daher einschätzbar ist. Die andere ist das Versprechen einer Kultur der Koordination und Zusammenarbeit in der Organisation, deren verschiedene Spielarten – von einer verbetrieblichten bis zu einer schulpartnerschaftlich-kooperativen Version – meist weniger bekannt und daher in ihren Konsequenzen nicht einschätzbar sind. Die eingespielten Muster, mit der Unsicherheit im Lehrberuf umzugehen, werden durch Qualitätsinitiativen radikal in Frage gestellt – noch dazu oft durch externe Anbieter und systemfremde Konzepte, die in Auftreten und Sprache eine *mangelnde Anerkennung der Lehrerautonomie und -professionalität* signalisieren.

3 Konfligierende Elemente einer neuen Professionsbestimmung bei der Bildung von Schulnetzwerken

1996 wurde das Schwerpunktprogramm „Ökologisierung von Schulen – Bildung für Nachhaltigkeit ÖKOLOG“ im Auftrag des österreichischen Bildungsministeriums (BMBWK) ins Leben gerufen. In Fragen einer „Bildung für Nachhaltige Entwicklung“ engagierte Schulen (vgl. Heinrich 2005a) konnten ab dem Schuljahr 1998/99 dem Programm beitreten und auf Unterstützung bei ihren Schulentwicklungsprozessen hoffen: „Um den ÖKOLOG-Schulen kontinuierlich regionale AnsprechpartnerInnen, attraktive Fortbildungsangebote, sichtbare Anerkennung von Leistungen sowie eine ‚Heimat‘ anbieten zu können, wurde das ÖKOLOG-Netzwerkkonzept entwickelt.“ (Pfaffenwimmer 2005: 7) Die Netzwerkbildung verlief in den einzelnen Bundesländern unterschiedlich. Gleich bleibend war jedoch die Vorgabe des initiierenden Ministeriums, engagierte Pädagogen als „Koordinatoren“ einzusetzen, die die Prozesse vor Ort organisieren und ein ÖKOLOG-Regionalteam (ca. 5-9 Personen) aufbauen sollten, das mit verschiedensten Institutionen der Region kooperieren sollte. Zudem sollte mit den zuständigen Stellen der Schulaufsicht, dem Landesschulrat (LSR als Kultusbehörde im Bundesland) sowie den Fortbildungseinrichtungen in den Bundesländern (den Pädagogischen Instituten oder PIs) Kontakt aufgenommen werden, um diese in die Regionalteams und damit in das Netzwerk einzubinden.

In einer Sammlung von Berichten aller ÖKOLOG-Koordinatoren in den neun Bundesländern – aus der im Folgenden zitiert wird (vgl. Heinrich/Mayr 2005) – sind die Erfahrungen mit den neuen Anforderungen durch die Netzwerkstruktur dokumentiert und die sich dabei ergebenden Herausforderungen an das Professionsbewusstsein erkennbar:

„Öffnung von Schule" als Ort der Konfrontation mit dem schlechten Image der Lehrerprofession: Mit der Verpflichtung zu einer stärkeren Verankerung der Schulentwicklungsaktivitäten in der Region gewinnt der schon lange zu hörende Ruf nach einer „Öffnung der Schulen" für die Einzelschulen und ihre Lehrkräfte neue Bedeutung. Eine Schattenseite dieser Öffnung ist die Konfrontation mit ihrem (von Lehrern als schlecht empfundenen) Image als auch mit der scheinbaren „Bedeutungslosigkeit" der Profession und der Bildungsverwaltung in der Wahrnehmung der politischen Öffentlichkeit der Region. Seine Versuche mit der Landesregierung zu kooperieren beschreibt ein Lehrer wie folgt: „Eine Ursache, warum es zu keiner Zusammenarbeit gekommen ist, liegt sicherlich auch im Leichtgewicht des ÖKOLOG-Teams: ein nachgeordneter Beamter des LSR, ein ständig wechselnder Gesprächspartner im PI und ein ‚gewöhnlicher' AHS-Lehrer[1] haben keine ‚Machtposition', um als gleichberechtigter Partner angesehen zu werden. Dieses politische ‚Gefälle' war bei vielen Gesprächen zu spüren. So ist wertvolle Zeit im vergeblichen Versuchen verloren gegangen." (Schindler 2005: 15)

Schulentwicklungsarbeit als Konfrontation der einzelnen Lehrkräfte mit den administrativen Hierarchien und deren zum Teil unproduktiven Arbeitsformen: Das ÖKOLOG-Netzwerk stellt institutionell eine neue, querliegende Organisationsform innerhalb des Mehrebenensystems des Bildungswesens dar. Daher sind weitreichende Aushandlungsprozesse notwendig, um die neue Position als Koordinationsinstanz zu etablieren. Mehrfach wird die Koordinationsarbeit als Erfahrung geschildert, in der die im Schulalltag eher im Hintergrund wirksamen bzw. in der alltäglichen Arbeitsroutine in den Hintergrund gerückten Hierarchien ins Bewusstsein geraten, sodass durch die Schulentwicklungsarbeit die auch sonst zwar vorhandene, aber weniger virulente Hierarchiefrage in neuer Form bedeutsam wird: „Die größten Schwierigkeiten bereitete mir die Arbeit auf den unterschiedlichen strukturellen und hierarchischen Ebenen. Sie hat mich Zeit, Nerven und Substanz gekostet." (Botzanowski 2005: 22) Die Schilderung des Erstkontaktes mit einem PI dokumentiert demgegenüber, dass nicht nur Hierarchien wirksam werden, sondern schulentwicklerisch bemühte Lehrer auch gegen die „Verdampfung des Innovationspotenzials" kämpfen müssen, wenn sie den vom Bundesministerium geforderten Auftrag der Netzwerkbildung nachkommen wollen: „Der Erstkontakt war nicht sehr erfreulich, weil – wieder einmal durch die ‚top down' Situation – Informationen über die Ö-

1 Dies entspricht einem Gymnasiallehrer in Deutschland.

KOLOGisierung von Schulen zwar im PI angelangt waren, aber niemand wusste, was damit nun eigentlich geschehen sollte." (Botzanowski 2005: 17) Die Arbeit im Netzwerk führt zu einer sensibilisierten Wahrnehmung für die hinderlichen institutionellen Rahmenbedingungen, die der neuen professionellen Herausforderung „Lehrkraft als Schulentwicklungskoordinatorin" entgegenstehen: „Im Burgenland haben wir mit der ARGE-ÖKOLOG eine für alle Bundesländer vorbildliche Struktur. Sie zeigt, wie ein Netzwerk entstehen und funktionieren kann, ohne besondere große Unterstützung durch offizielle Institutionen. Wenn engagierte Lehrer selbstständig agieren dürfen und dabei nicht behindert werden, dann wird so manches leistbar." (Seregely 2005: 12)

Die Herausforderungen an die Profession als Ambivalenz zwischen Konkurrenz- und Kooperationsorientierung: Andere Erfahrungsberichte verweisen auf ein Schnittstellenproblem zwischen dem Netzwerk und den Einzelschulen: „So großartig die Vernetzung vieler Beteiligter gelang, so schleppend konnten Schulen von der Idee überzeugt werden, dem Netzwerk beizutreten und ihre Umwelt- und Schulentwicklungsaktivitäten innerhalb von ÖKOLOG durchzuführen." (Guggenberger-Hirschmann/Lackner-Ibesich 2005: 50) So ist etwa im Bericht aus dem Burgenland zu lesen: „Das Argument ‚Wir machen das ohnehin' lässt sich bei vielen Schulleitern allerdings nur schwer entkräften. Es hängt unmittelbar mit dem Führungsstil und der Einstellung zu neuen Lehr- und Lernformen zusammen. Zum Teil ist es auch ein Vorwand, um unangenehmen Diskussionen im Kollegium aus dem Weg zu gehen." (Seregely 2005: 12). Im Bericht aus Niederösterreich ist als typische Reaktion von Kollegen gegenüber ÖKOLOG-Lehrer die ähnlich lautende Aussage „Wir machen das ohnehin!" (Botzanowski 2005: 23) dokumentiert. Dieses Argument wird in beiden Fällen von den Autoren mit dem Hinweis auf die positiven Effekte beantwortet, die Schulprofilierung für eine Schule vis à vis anderen standortnahen Schulen haben könnte: „Wenn Schulen sich an ÖKOLOG beteiligen, so liegt das oft daran, dass sie mit neuen Aktivitäten an die Öffentlichkeit gehen können. In Zeiten abnehmender Schülerzahlen ist dies eine gute Möglichkeit für positive Schlagzeilen." (Seregely 2005: 12). Diese Formen der Schulprofilierung können indessen unerwünschte Nebeneffekte des Wettbewerbs provozieren (vgl. Johanns/Horak 2001; Altrichter/Heinrich 2005). Der Hinweis auf die unerwünschten Folgen einer solchen Konkurrenz gewinnt insbesondere dann an Bedeutung, wenn man in Rechnung stellt, dass der von der Bundesinitiative ausgehende ÖKOLOG-Gedanke stark auf der Netzwerkidee aufbaut. Solange die „ÖKOLOGisierung von Schulen" noch nicht flächendeckend umgesetzt ist, mag die Idee der Abhebung von anderen Schulen durch Profilierung Motivation bieten. Verbreitert sich das Netzwerk aber und wird schließlich ‚flächendeckende' ÖKOLOGisierung angestrebt, wird Konkurrenz kontraproduktiv. Im Bericht aus Niederösterreich wird dementsprechend gefolgert: „Es ist schwer, dieses Argument [‚Wir machen das ohnehin!'; d.V.] zu entkräften.

Entgegenhalten kann man immer, dass Schulen, die das ‚ohnehin' machen, doch auch den anderen zeigen könnten, WAS sie machen und WIE GUT sie sind. Diese Schulen können gebeten werden, ins Netzwerk zu kommen und als Beispielschulen sich zu präsentieren – und das sollten dann Schulen sein, die sich mit allen möglichen Richtungen der Umweltbildung auseinandersetzen können, ohne sich gegenseitig zu konkurrieren." (Botzanowski 2005: 23) Den nicht-intendierten Effekten der Schulprofilierung im schulischen Umfeld und zwischen den Schulen korrespondieren auch unerwünschte innerschulische Konkurrenzeffekte: „Noch wird Profilbildung anderer Schulen [...] oft als Konkurrenzierung betrachtet und daher abgelehnt, ebenso wird die persönliche öffentliche Profilierung eines Lehrers/einer Lehrerin oft noch als Unkollegialität gegenüber der Kollegenschaft angesehen." (Oss 2005: 45) Das in der Einzelschule wirksame traditionelle Autonomie-Paritäts-Muster (vgl. Lortie 1975; Altrichter/Eder 2004) reproduziert sich somit auf der zwischenschulischen Ebene in ähnlicher Weise wie auf der innerschulischen: Die Einzelschule soll als autonome und gleichberechtigte fortexistieren können, ohne dass andere Schulen durch ihre Aktivitäten darauf Einfluss nehmen sollen.

Innerschulische Legitimationsschwierigkeiten schulentwicklerisch engagierter Lehrer: Indem das ÖKOLOG-Konzept von der Programmatik her in den Gesamtkontext der Reformbemühungen zur Schulmodernisierung der letzten Jahre eingebettet ist, erzeugt diese Kontextualisierung nicht nur erwünschte Synergien, sondern die einzelnen Lehrkräfte geraten in eine Zwitterstellung gegenüber den Kollegen. Bei Skeptikern der Reformbemühungen können die engagierten Lehrkräfte damit leicht als „Vasallen" der „offiziellen Schulpolitik" wahrgenommen werden, was ihre innerschulische Position schwächt: „Speziell ÖKOLOG wird noch nicht als Angebot, sondern oft als Hintertür zur Durchführung eines verordneten Schulentwicklungsprozesses angesehen." (Oss 2005: 46)

4 Ausblick

Zu Beginn wurde die Vermutung geäußert, dass das Konzept der „*kontrollierten Autonomie*" potentiell Freiräume eröffnet, gegenwärtig die Professionellen diese jedoch oft gerade aufgrund *eigener* Professionsideale nicht ausnützten. Bezogen auf die eben diskutierten Studien lässt sich nun feststellen:

- Unsere Analyse der „umkämpften Bereiche" des Berufsverständnisses lässt sich folgendermaßen zusammenfassen: Aktuelle Schulentwicklungen gehen in die Richtung einer *Verbetrieblichung der Einzelschule;* die ‚neue Schule' ist – jedenfalls nach den idealen Vorstellungen ihrer Apologeten – durch ein starkes ‚Management' geleitet, dem Bindungs- und Steuerungsinstrumente wie Schulprogramme und Qualitätsevaluationen zur Verfügung stehen. Eine solche Schule braucht mehr Koordination zwischen den Lehrkräften und mehr Verbindlichkeit der Abmachungen und Programme der Schule und fordert sie auch von ihrem Personal. Damit kommt ein zentrales Element des traditionellen Berufsverständnisses von Lehrern unter Veränderungsdruck, das *Autonomie-Paritäts-Muster*. Zur Diskussion stünde damit, welchen Raum welche Autonomie von Lehrern in einer organisational modernisierten Schule hätte: Würden bspw. in Zukunft kontinuierlich im Zuge von institutionellen Schulentwicklungsprozessen Programmentscheidungen herbeigeführt und Verfahren der internen Unterrichtsevaluation entwickelt, dann stünden zwar die pädagogischen Freiräume in ihrer ursprünglichen Form zur Disposition, gleichzeitig könnten sie aber in einem neuen Professionsverständnis aufgehoben sein: der Lehrkraft als mündigen, selbst bestimmten, aber kooperationsbedürftigen Teil einer autonomen Einzelschule.

- Die Abwehr gegen Veränderungszumutungen mag auch durch den solchen Veränderungsprojekten inhärenten *Widerspruch zwischen der gleichzeitigen Voraussetzung* (Lehrer als professionelle Träger der Veränderung) *und Negierung der Existenz professioneller Selbstkonzepte* (Lehrer als Hemmnisse für die Veränderung) zutage getreten sein. In den neueren Schulentwicklungsinitiativen werden an manchen Stellen bessere strukturelle Rahmenbedingungen für eine veränderte Berufstätigkeit geschaffen (als Beispiel das neue Dienstrecht in Österreichs Pflichtschulen; vgl. Seel et al. 2006), typischerweise aber mehr, massivere und zunehmend extern kontrollierte Stimuli des „Entwicklungswillens" der Lehrkräfte eingebaut, die jedenfalls diese Widersprüchlichkeit verstärken. Die „Akzeptanzprobleme" sind aber kritisch für die angestrebten Innovationen, weil deren Umsetzung – wie auch in anderen komplexen Berufen – eine gewisse Mitarbeit des schulischen Personals, ihre Loyalität zur und ihr Verständnis der Innovation benötigt und eben nicht allein durch externe Hebel zu erreichen ist. Schulentwicklungsbemühungen führen zudem vielfach zu einer erhöhten Sensibilität gegenüber administrativen Hierarchien, indem diese durch die Entwicklungsarbeit neu ins Bewusstsein gehoben werden.
- Im Verlauf der genannten Innovationen ist vielerorts eine Differenz zwischen einem verstärkten Kontrollanspruch auf der Modellebene und der faktischen Rücknahme bzw. Aufweichung dieses Anspruchs in der Realisierung zu verzeichnen. Dies könnte – verknüpft mit dem bekannten Obstruktionsvorwurf gegenüber den Lehrern – als ein Scheitern der Steuerungsbemühungen via Kontrolle interpretiert werden. Denkbar ist aber auch, dass dieses „Scheitern" nur vorläufig und die Implementationsstrategie – bewusst oder unbewusst – längerfristig angelegt ist. In dieser würden die Modernisierungsinitiativen Interpretationsmuster und „strukturelles Material" in das System einbringen, die

längerfristig für den „Gebrauch" zur Verfügung stehen und später – in einem „fruchtbaren Moment" – aufgegriffen werden können. Die aktuelle Rücknahme der ursprünglichen Ansprüche wäre dann als ein Interimsstadium zu interpretieren, als eine Latenzphase, in der Deutungsmuster „wirken", ohne dienstrechtlich durchgesetzt zu werden: Sie „wirken" alleine dadurch, dass sich viele davor „fürchten" – und den Umgang mit diesen Deutungskonzepten des Berufes in ihren defensiven Diskurs aufnehmen, sie dadurch aber auch zu immer alltäglicheren Elementen des innerberuflichen und öffentlichen Diskurses über diesen Beruf machen, was sich in einer längerfristigen Änderung des Professionsverständnisses der Akteure niederschlagen könnte. Paradox bestünde dann die nachhaltige Implementation von Kontrollaspekten als Medium der Rückgewinnung von Steuerung in deren vorübergehender Aufweichung.

Schulentwicklung verändert den Lehrberuf. Dies ist keine nicht-antizipierte Nebenwirkung der Schulmodernisierung, sondern war ein fixer Topos der gesamten Schulentwicklungsbewegung bis hin zu „Neuen Steuerungsmodellen", die immer davon ausgingen, dass in modernisierten Schulen ein (partiell) verändertes Bild und eine (partiell) veränderte Praxis des Lehrerberufs herrschen würden. Offenbar ist es aber bisher nicht gelungen, realistische, mit Schul- und Systementwicklungsinitiativen harmonisierte und für Lehrer einigermaßen akzeptable Pfade für die Transformation von Berufsbewusstsein und -qualifikation anzubieten (vgl. Brüsemeister 2004). Zudem werden bei Schulentwicklungsbemühungen oftmals widersprüchliche Anforderungen an ein neues Lehrerbild deutlich, wenn bspw. Kooperations- und Konkurrenzorientierung gleichzeitig gefordert werden.

Abzuwarten bleibt, ob die angedeuteten Implementationsstrategien ihr Ziel erreichen können, indem sukzessive das neue Professionsverständnis zum Allgemeinplatz wird, oder ob sie durch die Aufweichung der Verbindlichkeiten à la longue zum Fortbestand des traditionellen Autonomie-Paritäts-Musters beitragen. Denkbar ist freilich auch eine dritte Möglichkeit: die Implementation produziert *transintentionale Nebeneffekte*, die ein von dem traditionellen wie auch dem als ‚neu' propagierten Professionsverständnis abweichendes neues Professionsbewusstsein schaffen. Der Marsch durch die Organisationen wird sicherlich nicht ohne Folgen für die – ursprünglichen, die propagierten wie auch die über die Schulmodernisierungsinitiativen vermittelten – Professionsideale bleiben.

Literatur

Altrichter, H. (1999): Porträt des Qualitätsentwicklungsprojekts an einer Handelsakademie und Handelsschule. In: Altrichter, H./Posch, P. (Hrsg.): Wege zur Schulqualität. Innsbruck: 130-167.
Altrichter, H. (2000): Schulentwicklung und Professionalität. In: Bastian, J./Helsper, W./Reh, S./Schelle, C. (Hrsg.): Professionalisierung im Lehrerberuf. Opladen: 145-163
Altrichter, H. (2004): Die mikropolitische Perspektive im Studium schulischer Organisationen. In: Böttcher, W./Terhart, E. (Hrsg.): Organisationstheorie in pädagogischen Feldern. Wiesbaden: 85-102.
Altrichter, H./Eder, F. (2004): Das „Autonomie-Paritätsmuster“ als Innovationsbarriere? In: Holtappels, H.-G. (Hrsg.): Schulprogramme – Instrumente der Schulentwicklung. Weinheim/München: 195-221.
Altrichter, H./Heinrich, M. (2005): Schulprofilierung und Transformation schulischer Governance. In: Büeler, X./Buholzer, A./Roos, M. (Hrsg.): Schulen mit Profil. Innsbruck: 125-140.
Altrichter, H./Heinrich, M. (2006): Evaluation als Steuerungsinstrument im Rahmen eines „neuen Steuerungsmodells“ im Schulwesen. In: Böttcher, W./Brohm, M./Holtappels, H.-G. (Hrsg.): Evaluation im Bildungswesen. Weinheim: 51-64.
Altrichter, H./Posch, P. (1999): Wege zur Schulqualität. Innsbruck.
Altrichter, H./Brüsemeister, T./Heinrich, M. (2005): Merkmale und Fragen einer Governance-Reform am Beispiel des österreichischen Schulwesens. Österreichische Zeitschrift für Soziologie, Jg. 30, H. 4, 6-28.
Altrichter, H./Radnitzky, E./Specht, W. (1994): Innenansichten guter Schulen. Wien.
Arnold, E./Bastian, J./Combe, A./Reh, S./Schelle, C. (2000): Schulentwicklung und Wandel der pädagogischen Arbeit. Hamburg.
Ball, S.J. (1990): The Micro-Politics of the School. London.
Bauer, K.-O. (1998): Neue Lehrer braucht die Schule. In: Risse, E. (Hrsg.): Schulprogramm. Entwicklung und Evaluation. Neuwied: 209-224.
Botzanowski, E. (2005): ÖKOLOG Niederösterreich 1997-2004. In: BMBWK (Hrsg.): Schwerpunktprogramm Ökologisierung von Schulen – Bildung für Nachhaltigkeit – ÖKOLOG. Wien: 17-25.
Brüsemeister, T. (2004): Schulische Inklusion und neue Governance. Münster.
Brüsemeister, T./Eubel, K.-D. (Hrsg.) (2003): Zur Modernisierung der Schule. Bielefeld.
Dalin, P./Rolff, H.-G./Buchen, H. (1996): Institutioneller Schulentwicklungsprozess. Bönen.
EDK (Schweizerische Konferenz der kantonalen Erziehungsdirektoren; Bundesministerium für Bildung, Wissenschaft und Kultur; Bund-Länder-Kommission für Bildungsplanung und Forschungsförderung; Hrsg.) (2000): Die Vielfalt orchestrieren. Innsbruck.
Fend, H. (1986): „Gute Schulen – schlechte Schulen“. Die einzelne Schule als pädagogische Handlungseinheit. In: Die Deutsche Schule, Jg. 78, H. 3, 275-293.
Giddens, A. (1992): Die Konstitution der Gesellschaft. Frankfurt a.M.
Gruschka, A./Heinrich, M./Köck, N./Martin, E./Pollmanns, M./Tiedtke, M. (2003): Innere Schulreform durch Kriseninduktion? Frankfurter Beiträge zur Erziehungswissenschaft. Frankfurt a.M.

Gudjons, H./Eikenbusch, G./Bauer, K.-O./Bröckelmann, W./Felten, M./Bussmann, M./Klemm, K. (2002): Wandel im Lehrerberuf. In: Pädagogik, Jg. 54, H. 11, 6-34.

Guggenberger-Hirschmann, B./Lackner-Ibesich, E. (2005): ÖKOLOG Wien 1995-2003. In: BMBWK (Hrsg.): Schwerpunktprogramm Ökologisierung von Schulen – Bildung für Nachhaltigkeit – ÖKOLOG. Wien: 48-52.

Hanzer, H. (1999): 2Q an einer Handelsakademie und Handelsschule. In: Altrichter, H./Posch, P. (Hrsg.): Wege zur Schulqualität. Innsbruck: 49-79.

Heinrich, M. (2005a): Bildung und Nachhaltige Entwicklung. Münster.

Heinrich, M. (2005b): Schulprogrammarbeit als „eigene Definition des Arbeitsplatzes"? In: Journal für Schulentwicklung, Jg. 9, H. 2, 37-45.

Heinrich, M. (2006): Von der Autonomie zur evaluationsbasierten Steuerung. Governanceanalysen zur Schulentwicklung am Beispiel empirischer Untersuchungen zur Schulprogrammarbeit. Habilitationsschrift, eingereicht an der Universität Linz im April 2006.

Heinrich, M./Mayr, P. (2005): ÖKOLOG – Analyse und Ausblick. In: BMBWK (Hrsg.): Schwerpunktprogramm Ökologisierung von Schulen – Bildung für Nachhaltigkeit – ÖKOLOG. Wien: 53-64.

HSchG (Hessisches Schulgesetz) (1999): Hessisches Schulgesetz vom 17. Juni 1992 (GVBl. I, S. 233), zuletzt geändert durch das Erste Gesetz zur Qualitätssicherung in hessischen Schulen vom 30. Juni 1999 (GVBl. I, S. 354).

Hohr, U./Vötter, M./Weissenegger, M. (2001): Studie zum Pilotprojekt „Autonomie der Schulen". In: Meraner, R./Zwerger Bonell, V. (Hrsg.): Innovationen in Schulen unterstützen. Bozen: 81-111.

Holtappels, H.-G. (1999): Pädagogische Konzepte und Schulprogramme als Instrumente der Schulentwicklung. In: Schulmanagement 30, 6-14.

Holtappels, H.-G. (2004): Schulprogramme – Instrumente der Schulentwicklung. Weinheim.

Johanns, D./Horak, R. (2001): Schulische Profilbildungs- und Selektionsprozesse. In: Jahrbuch für Pädagogik 2000: Gleichheit und Ungleichheit in der Pädagogik. Frankfurt a.M. u.a.: 191-206.

Kanton Luzern (Hrsg.) (2004): Beruflicher Auftrag: Orientierungshilfe „Beruflicher Auftrag und Arbeitszeit der Lehrpersonen. Luzern: (http://www.schulenmitprofil.ch/pages/unterlagen/doku/Baufttrag.pdf [01.12.05]

Lortie, D.C. (1972): Teamteaching. In: Dechert, H.-W. (Hrsg.): Teamteaching in der Schule. München: 37-76.

Lortie, D.C. (1975): Schoolteacher. Chicago.

Marx, E.C.H./van Ojen, Q.H.J.M. (1993): Dezentralisierung, Deregulierung und Autonomisierung im niederländischen Schulsystem. In: Posch, P./Altrichter, H. (Hrsg.): Schulautonomie in Österreich. Klagenfurt: 161-185.

Messner, E. (1999): Total Quality Management an einer Höheren Lehranstalt für wirtschaftliche Berufe. In: Altrichter, H./Posch, P. (Hrsg.): Wege zur Schulqualität. Innsbruck: 80-99.

Oss, W. (2005): ÖKOLOG Vorarlberg 1995-2003. In: BMBWK (Hrsg.): Schwerpunktprogramm Ökologisierung von Schulen – Bildung für Nachhaltigkeit – ÖKOLOG. Wien: 44-47.

Osterloh, M./Grand, S. (1997): Die Theorie der Strukturation als Metatheorie der Organisation? In: Ortmann, G./Sydow, J./Türk, K. (Hrsg.): Theorien der Organisation. Opladen: 355-359.

Pfaffenwimmer, G. (2005): Die Leistungen des österreichischen LehrerInnen-Teams. In: BMBWK (Hrsg.): Schwerpunktprogramm Ökologisierung von Schulen – Bildung für Nachhaltigkeit – ÖKOLOG. Wien: 7-8.

Rolff, H.-G. (1995): Steuerung, Entwicklung und Qualitätssicherung von Schulen durch Evaluation. In: Rolff, H.-G. (Hrsg.): Zukunftsfelder von Schulforschung. Weinheim: 375-392.

Schaefers, C./Koch, S. (2000): Neuere Veröffentlichungen zur Lehrerforschung. In: Zeitschrift für Pädagogik, Jg. 46, H. 4, 601-623.

Schindler, G. (2005): ÖKOLOG Kärnten 1995-2003. In: BMBWK (Hrsg.): Schwerpunktprogramm Ökologisierung von Schulen – Bildung für Nachhaltigkeit – ÖKOLOG. Wien: 14-16.

Seel, A./Altrichter, H./Mayr, J. (2006): Innovation durch ein neues Lehrerdienstrecht? Eine Evaluationsstudie zur Implementierung des LDG 2001. In: Heinrich, M./Greiner, U. (Hrsg.): Schauen, was 'rauskommt. Kompetenzförderung, Evaluation und Systemsteuerung im Bildungswesen. Wien/Münster: 95-111.

Seregely, H. (2005): ÖKOLOG Burgenland 1996-2003. In: BMBWK (Hrsg.): Schwerpunktprogramm Ökologisierung von Schulen – Bildung für Nachhaltigkeit – ÖKOLOG. Wien: 9-13.

Sertl, M./Khan-Svik, G./Garnitschnig, K. (2001): Teamarbeit und fächerübergreifender Unterricht. In: Olechowski, R./Hanisch, G./Weidinger, W. (Hrsg.): Das Modell „Mittelschule". Evaluationsstudie im Längsschnitt. Innsbruck: 56-83.

Söll, F. (2002): Was denken Lehrer/innen über Schulentwicklung? Weinheim.

Struck, P. (1994): Neue Lehrer braucht das Land. Darmstadt.

Terhart, E. (2001): Zwischen Aufsicht und Autonomie: geplanter und ungeplanter Wandel im Bildungsbereich. Essen.

V.

Zwischen organisatorischen Machbarkeitsvisionen und professionellen Ungewissheiten

Steigerungssemantiken im Organisationsentwicklungsdiskurs
Neo-institutionalistische Perspektiven auf Konsequenzen für Schule und Lehrerprofessionalität

Christine Schaefers

1 Einleitung

Schule sieht sich heute einem Modernisierungs-, Veränderungs- und Legitimationsdruck ausgesetzt, der tief greifende Reformen dieses Systems unausweichlich erscheinen lässt. Im Rahmen von Autonomisierungs-, Deregulierungs- und Dezentralisierungsprozessen eröffnen sich der Einzelschule international sowie – mit Verspätung – auch in Deutschland erweiterte Handlungsspielräume in finanzieller, personeller und vor allem in pädagogischer und organisatorischer Hinsicht. Diese gilt es in einer Weise zu gestalten, dass Schulen effektiver und effizienter werden, kurz: die Qualität ihrer Arbeit steigern können. Organisationsmodelle und -konzepte haben in einer Phase Hochkonjunktur, die durch Suchbewegungen seitens der Bildungspolitik, -administration sowie der schulischen Akteure ‚vor Ort' nach geeigneten Unterstützungs- und Orientierungssystemen gekennzeichnet ist. Organisationsentwicklung bietet sich mit seinem Versprechen der Selbstentwicklung von Mitgliedern und der Organisation als ein Königsweg an, der das deutsche Schulsystem aus seiner Dauerkrise führen kann.

Entsprechend begeistert und hoffnungsfreudig begrüßen nicht nur Bildungspolitik und Teile der Erziehungswissenschaft, sondern auch der Lehrerprofession die Möglichkeit, Schule systematisch zu einer ‚lernenden Organisation' umzugestalten, deren Lern- und Veränderungsprozesse von schulischen Akteuren getragen werden, die einerseits die Verantwortung für die Weiterentwicklung der Organisation und andererseits die Verantwortung für ihre eigene berufliche Weiterentwicklung übernehmen. Hier klingt bereits ein Zusammenhang zwischen Organisationsentwicklung und Professionalisierungschancen an, den Untersuchungen zum Lehrerhandeln in Schulentwicklungsprozessen hervorheben (Combe 1999; Arnold/Bastian/Combe u.a. 1999; Herzmann 2001). Ausgehend von Einzelfällen gelingt es, die Chancen eines Professionalisierungsschubes durch Schulentwicklung aufzuzeigen, so dass auf der Grundlage dieser Fallstudien mit einiger Berechtigung geschlussfolgert werden kann: „Langfristig gibt es im Lehrerberuf nur eine Entlastung durch Professionalisierung, der Weg zur Professionalisierung heißt Schulentwicklung." (Arnold u.a. 1999: 116-117) Die Erwartung und der Anspruch der Schulentwicklung, Qualitätsentwicklung und -sicherung sowie der Schulprogrammarbeit, die schulform- und länderübergreifend an die Einzelschulen herangetragen werden, konfrontieren demnach zwar das schulische Personal mit einer Fülle neuer Aufgabenbereiche, bergen aber andererseits das Versprechen einer langfristigen Entlastung durch Professionalisierung.

Allerdings zeigt die Analyse der erforderlichen Bedingungen für eine Professionalisierung des Lehrerhandelns in und durch Schulentwicklungsprozesse bereits deutlich, wie voraussetzungsreich ein solcher Prozess ist (vgl. Herzmann 2001). Altrichter (2000) sowie Bastian und Helsper (2000) verweisen darauf, dass die durch die Erweiterung der Autonomie der Einzelschule eröffneten Professionalisierungspotentiale durch die weitgehend unveränderten Rahmenbedingungen der Lehrerarbeit bedroht sind.

Aufgrund der bisherigen Überlegungen und Untersuchungsergebnisse bleiben also eine Reihe von Fragen offen: Können Verfahren der Organisationsentwicklung ihre Versprechungen im Schulsystem tatsächlich auf breiter Front einlösen? Gelingt es, Einzelschulen zu effektiven, effizienten, lernenden Organisationen umzugestalten, deren Mitglieder durch die Anwendung dieser Verfahren zugleich professioneller werden? Welche Konsequenzen haben also die neuen Anforderungen, Erwartungen oder auch Zumutungen für die Organisation Schule einerseits und die Lehrerprofession andererseits?

Eine organisationstheoretische Perspektive erscheint im Zusammenhang mit diesen Fragestellungen lohnend: ich wähle den soziologischen neo-institutionalistischen Ansatz, den ich aus im Folgenden zu nennenden Gründen für eine sehr interessante und viel versprechende Analyse- und Forschungsperspektive auf schulische Organisationen und die ihnen verordnete Entwicklung halte. Nach einem Überblick über zentrale theoretische Argumentationen, Fragestellungen und Erkenntnisse des soziologischen Neo-Institutionalismus (2.) werde ich diese theoretischen Überlegungen in einem zweiten Schritt auf einen konkreten Fall anwenden: das Schulprogramm als zentrales Instrument der Schulentwicklung. Schulprogrammarbeit wird den Schulen mittlerweile in vielen Bundesländern in einer mehr oder weniger verbindlichen Form abverlangt (vgl. Diegelmann/Parzelle 1998; 1999). Die Konzeption eines Schulprogramms berücksichtigt mit den aus den ministeriellen Handreichungen und der Ratgeberliteratur hervorgehenden Teilaufgaben der Ist-Analyse, Ziel-, Aufgaben- und Maßnahmenbestimmung, dem Aspekt der sozialen Organisation der Schulprogrammarbeit sowie der Evaluation (vgl. Gruschka/Heinrich/Köck u.a. 2003) alle Phasen der Verfahren der Organisationsentwicklung (vgl. Dalin 1986; Dalin/Rolff 1990). Auf der Grundlage der Darstellung aktueller empirischer

Daten zur Umsetzung der Schulprogrammarbeit auf der Ebene der Einzelschule (3.) sowie ihrer Analyse und Interpretation aus Sicht des soziologischen Neo-Institutionalismus lassen sich erste Erkenntnisse über Konsequenzen für Schule und Lehrerprofession formulieren (4.).

2 Der soziologische Neo-Institutionalismus – ein Überblick

Neo-Institutionalisten sind generell skeptisch, was den geplanten und intendierten Erfolg von Reformmaßnahmen anlangt. Gerade der immer wieder und in allen Bereichen der Gesellschaft zu beobachtende ‚Siegeszug' bestimmter Ideen, Reformkonzepte und -modelle weckt das Analyse- und Forschungsinteresse der Vertreter dieses Ansatzes, das sich durch eine distanzierte und kritische Perspektive auf deren Rationalitätsversprechungen auszeichnet. Geht man mit Meyer und Rowan (1977/1991) davon aus, dass die formalen Organisationsstrukturen weniger das Ergebnis des Bemühens um eine rationale und effiziente Problem- und Aufgabenbearbeitung sind, als vielmehr aus der Übernahme institutionalisierter Regeln und Anforderungen der gesellschaftlichen Umwelten resultieren, rückt die Bedeutung von Mythen und Symbolen bei der Betrachtung von Organisationsstrukturen ins Blickfeld. Die in den gesellschaftlichen Umwelten aktuellen Vorstellungen und Erwartungen hinsichtlich einer modernen wie innovativen, einer effektiven wie effizienten Organisation (Neo-Institutionalisten sprechen von ‚Rationalitätsmythen') werden adoptiert, um sowohl organisationsintern als natürlich auch -extern zu signalisieren, dass man auf der Höhe der Zeit ist – unabhängig davon, ob die neuen Organisationselemente und -strukturen tatsächlich ihre Effektivitäts- und Effizienzversprechungen einlösen können! Die Formalstruktur einer Organisation wird damit entscheidend aus dem Bemühen um Legitimation und Stabilität gestaltet.

Wie wirkt sich aber diese Übernahme von ‚Rationalitätsmythen' in die formale Struktur einer Organisation auf ihre Aktivitätsstruktur aus? Die Antwort auf diese Frage ist abhängig davon, ob man in Anschluss an Meyer und Rowan (1977/1991) von einer Entkopplung bzw. lediglich losen Kopplung dieser Ebenen ausgeht oder mit DiMaggio und Powell (1983/1991) vermutet, dass Veränderungen der Formalstruktur eben doch nicht ohne Auswirkungen auf die Ebene der Aktivitätsstruktur einer Organisation bleiben können – wenn auch diese Auswirkungen vielleicht nicht den intendierten Effekten der Reformbemühungen entsprechen.

Die These der Entkopplung von Formal- und Aktivitätsstruktur wird durch Untersuchungen von Reformen der öffentlichen Verwaltung gestützt. Brunsson und Olsen (1993) können zeigen, dass auf der ‚action'-Ebene traditionelle Verhaltens-, Deutungsmuster und Routinen unverändert ihre Gültigkeit behalten, während die Organisationsmitglieder auf der ‚talk'-Ebene deutlich Kenntnis und Übernahmebereitschaft der aktuellen Vorstellungen von einer rational gestalteten Organisation signalisieren. Kurz: man beherrscht den ‚talk' der gerade angesagten Reformkonzepte und -modelle, präsentiert sich als innovative und moderne, weil veränderungsbereite und lernwillige Organisation, indem man die Formalstruktur der Organisation entsprechend gestaltet. Die Aktivitätsstruktur bleibt jedoch im Wesentlichen davon unberührt. Dies kann einerseits den Interessen der Organisationsmitglieder entsprechen. Andererseits verweisen jedoch Neo-Institutionalisten auf die Heterogenität und vor allem Widersprüchlichkeit von Umweltvorgaben, die eine *aktive* Verarbeitung zwingend erforderlich erscheinen lassen (vgl. Hasse/Krücken 2005) und somit Möglichkeiten und Freiräume eröffnen, institutionalisierten Erwartungen distanziert zu begegnen bzw. diesen nur symbolisch zu entsprechen. Zucker betont darüber hinaus die „Bedeutung von ‚taken-for-granted'-Annahmen und aktiven Aneignungsformen für die Wahrnehmung und Interpretation institutioneller Faktoren" (Hasse/Krücken 2005: 102). Damit wirken nicht nur einerseits uneindeutige, heterogene sowie ambivalente Vorgaben einer direkten und bruchlosen Übersetzung von Strukturelementen der Formalstruktur in die Aktivitätsstruktur entgegen, sondern andererseits auch organisationsintern etablierte Handlungs- und Deutungsmuster (vgl. Zucker 1988).

Diese theoretischen Überlegungen lassen sich an einem Beispiel illustrieren: So weist Krücken (2004) mit der Analyse der gegenwärtigen Reformbemühungen im Hochschulbereich im Rahmen der Etablierung von B.A./M.A.-Studiengängen aus neo-institutionalistischer Perspektive „in aller Deutlichkeit darauf hin, dass neue Strukturen im pädagogischen Feld ‚Hochschulen' [...] nicht unmittelbar in organisationalen Wandel umgesetzt werden" (Krücken 2004: 297). Auf der Ebene der Aktivitätsstruktur „findet erheblich mehr ‚business as usual' statt, als die Beobachtung von Veränderungen auf der formalstrukturellen Ebene erwarten ließe" (ebd.: 298).

Damit ist die eingangs dieses Abschnittes erwähnte Skepsis der Neo-Institutionalisten hinsichtlich des Erfolgspotentials eines geplanten und intendierten Wandels von Organisationen und damit eben auch gegenüber dem ‚Umbau' der Einzelschule durch Organisationsentwicklungskonzepte zur ‚lernenden Organisation' begründet.

Gerade der ‚Siegeszug' (Institutionalisierungsprozess) des Leitbildes der ‚lernenden Organisation', der sich ja nicht nur im Rahmen von Schulentwicklungsbemühungen nachweisen lässt, stellt einen interessanten, weil ertragreichen Analyse- und Forschungsfall aus neo-institutionalistischer Sicht dar (vgl. Vollmer 1996). Die hier beobachtbaren Diffusionsprozesse innerhalb eines organisationalen Feldes sowie auch ‚grenzübergreifend' zwischen verschiedenen organisationalen Feldern führen zu Strukturangleichungen, die DiMaggio und Powell (1983/1991) mit ihrem Konzept der institutionellen Isomorphie erfassen. Sie unterscheiden Zwang, normativen Druck und mimetische Prozesse als konkrete Mechanismen zur Herstellung von Isomorphie. Insbesondere der Staat übt durch rechtliche Vorgaben und Regelungen ‚Zwang' auf die formalen Organisationsstrukturen aus – was im Fall Schule den Ruf nach mehr Autonomie und Freiheit von staatlichen Regelungen begründet. Normativer Druck entsteht vor allem durch Professionen, die „ihren Angehörigen einen Orientierungsrahmen [liefern], der normative Bindungen entfaltet und zur Bevorzugung spezifischer, fall- und organisationsübergreifender Problemlösungsmuster führt" (Hasse/Krücken 2005: 26). In der bereits zitierten Analyse der Reformen der deutschen Hochschullandschaft plädiert Krücken (2004) im übrigen für eine Erweiterung dieser auf Professionen konzentrierten Sichtweise von DiMaggio und Powell (1983/1991), so dass es generell „nicht-staatliche externe Instanzen" (Krücken 2004: 288) wie eben auch Organisations- und Unternehmensberatungen sowie im Fall der Hochschulen Akkreditierungsagenturen sind, die normativen Druck auf Organisationen ausüben. Mimetische Prozesse lassen sich vor allem unter Unsicherheitsbedingungen beobachten: Organisationen orientieren sich an als erfolgreich eingestuften Organisationen innerhalb ihres organisationalen Feldes und imitieren und adoptieren deren Modelle und Konzepte. Die Imitation von Problemlösungsansätzen insbesondere der Trendsetter verspricht wiederum Legitimation. Unabhängig von den tatsächlichen Auswirkungen auf Effektivität und Effizienz der Aufgabenbearbeitung signalisiert die Übernahme von gesellschaftlich legitimierten und anerkannten Innovationskonzepten die Reformfähigkeit und -willigkeit der Organisation. Auf diese Weise lässt sich in allen gesellschaftlichen Bereichen immer wieder die rasche Diffusion von gerade angesagten, weil als innovativ und rational geltenden Konzepten und Verfahren beobachten.[1] Unbeeindruckt von fehlenden empirischen Nachweisen bzw. negativen Rückmeldungen zu den tatsächlichen Auswirkungen auf die Arbeitsprozesse der Organisation werden Innovationskonzepte aus Legitimationsgründen übernommen. Die Reaktion der Bildungspolitik auf die deutschen PISA-Ergebnisse ist ein Paradebeispiel für mimetische Prozesse innerhalb eines organisationalen Feldes. Die am häufigsten gestellte Frage lautete doch: Was machen die Finnen anders bzw. besser als wir?

Ich möchte zusammenfassend noch einmal drei wichtige Elemente des soziologischen Neo-Institutionalismus hervorheben, die für die Analyse der empirischen Daten zur Schulprogrammarbeit zentrale Bedeutung haben:

- Mit der Betonung der Legitimations- und Stabilisierungsfunktion durch die Übernahme von in gesellschaftlichen Umwelten verankerten ‚Rationalitätsmythen' in die formale Struktur einer Organisation sowie der Annahme der lediglich losen Kopplung zwischen ihrer Formal- und Aktivitätsstruktur erscheint

1 Vgl. z.B. zu Qualitätsmanagementkonzepten Walgenbach/Beck (2000).

aus neo-institutionalistischer Sicht die Realisierung der erhofften und intendierten Effekte von Reformbemühungen fraglich.

- Neo-institutionalistische Analysen richten ihren Fokus auf die Entstehung und Diffusion von legitimen Deutungsmustern sowie auf die an diesen Diffusionsprozessen beteiligten Instanzen und Agenten. Die rasche Verbreitung bestimmter Innovationsideen und Konzepte muss kein Ausweis ihres Erfolges hinsichtlich der Steigerung der Effektivität und Effizienz der organisationalen Prozesse sein. Ihre Diffusion wird durch staatlichen Zwang, normativen Druck oder Mimese erzeugt, wobei immer wieder entscheidend ist, dass diese Reformmodelle gesellschaftlich als rational und legitim bewertet werden.
- Der Neo-Institutionalismus sensibilisiert schließlich dafür, dass statt der gewünschten und angestrebten Zielsetzungen von Reformbemühungen nichtintendierte und zum Teil gegenläufige Effekte auftreten können (vgl. Krücken 2004).

3 Wie erfolgreich ist Schulprogrammarbeit? – Empirische Befunde zu einem neuen Schulentwicklungsinstrument

Schulprogrammarbeit ist international wie national ein anerkanntes und propagiertes Instrument der Schulentwicklung unter der Bedingung einer erweiterten Selbstständigkeit der Einzelschule. Ein Schulprogramm benennt idealerweise ausgehend von einer Analyse der Stärken und Schwächen einer Schule Zielsetzungen für die einzelschulische Weiterentwicklung sowie darauf ausgerichtete Maßnahmen und Evaluationskonzepte. Der Anspruch ist hoch: soll sich doch die Einzelschule über ihr Schulprogramm als „lernende und selbstreflexive Organisation aus[weisen], die durch hohe Problemlösefähigkeit, flexible Organisation und differenzierte Gestaltungskompetenz gekennzeichnet ist, überdies aber Ziele, Strukturen, Ansätze und Wirkungen immer wieder auf Entwicklungserfordernisse überprüft“ (Holtappels 1998: 45). Hier wird konkret deutlich, mit welcher Vielfalt an neuen Aufgaben und Herausforderungen bzw. Zumutungen sich die Organisationsmitglieder im Rahmen von Schulentwicklung durch Schulprogrammarbeit konfrontiert sehen. Schulprogrammarbeit kann aber auch mit ihren Anforderungen an eine intensivere Lehrerkooperation und kollegiale Reflexion der Schul- und Unterrichtsbedingungen, ihrer Ziele und Veränderungsmöglichkeiten, Strukturen und Arbeitsbedingungen schaffen, die Professionalisierungsprozesse ermöglichen. Herzmanns (2001) Fallstudie über veränderte Handlungsanforderungen an Lehrer in Schulentwicklungsprozessen und ihr Professionalisierungspotential verweist nachdrücklich auf die zentrale Bedeutung der Kooperations- und Reflexionskompetenz von Lehrern sowohl für das

Gelingen des Schulentwicklungsprozesses als auch der eigenen beruflichen Weiterentwicklung.

Als Instrument kann Schulprogrammarbeit gleichzeitig der Entwicklung und dem ,Umbau' der sozialen Organisation Schule sowie der Stärkung der Professionalität ihrer Mitglieder dienen, wenn es gelingt,

- an den Veränderungsinteressen von Lehrern anzuknüpfen, so dass sie einen je eigenen Sinn mit den Reformen verbinden,
- Strukturen zu schaffen, im Rahmen derer kollegiales Feedback reflexive Selbstvergewisserungen über die eigene Arbeit ermöglichen und kollegialer Zusammenhalt die Anforderungen ,machbar' erscheinen lässt,
- eine einzelschulische Unterrichts- und Lernkultur zu schaffen, die Verbindlichkeit für alle Beteiligten entfaltet,
- bei allen Beteiligten die Bedeutung und Notwendigkeit der Evaluation schulischer Prozesse und Ergebnisse zu verankern, so dass „Formen der professionsinternen Binnenkontrolle und Qualitätssicherung" (Arnold u.a. 1999: 118) entwickelt werden.[2]

Entscheidend für die Realisierung dieser Zielsetzung scheint allerdings darüber hinaus zu sein, dass die Innovationsbemühungen im Rahmen von Schulprogrammarbeit auch und vor allem auf das Kerngeschäft der schulischen Arbeit gerichtet sind. Dann kann es im Rahmen von Schulprogrammarbeit „durch das Aussetzen von Handlungsroutinen [...] zu produktiven Irritationen und bewussten Veränderungen im Lehrerhandeln und im Umgang mit Kernproblemen der pädagogischen Arbeit kommen" (Herzmann 2001: 45).

Es ist allerdings eine empirisch zu beantwortende Frage, ob das Schulentwicklungsinstrument ,Schulprogramm' die mit ihm verbundenen Erwartungen, Ansprüche und Möglichkeiten einlösen kann. Bislang ist der Forschungsstand zu Umsetzung und Auswirkungen des Schulprogramms defizitär.[3] Dominant ist die Flut an verfügbarer Informations- und Ratgeberliteratur sowie Einzelfallbeschreibungen.

Die im Folgenden präsentierten Daten sind im Rahmen des Forschungsprojektes „Die Mitwirkung von Schule bei der Einstellung von Lehrerinnen und Lehrern: Erfahrungen und Wirkungen" in den Jahren 2002 und 2003 erhoben worden (vgl.

2 Arnold u.a. (1999) gehen davon aus, dass dieser Bereich der Binnenkontrolle der einzelschulischen Qualität von zentraler Bedeutung für die künftige Professionalisierung des Lehrerberufs ist. Herzmann (2001) macht in ihrer Analyse der Implementation der Profiloberstufe an der Max-Brauer-Gesamtschule in Hamburg Profilteams von Lehrern als geeignete Arbeitszusammenhänge für eine interne Qualitätskontrolle aus, die „gleichermaßen Bedingung und Ergebnis der Professionalisierungsprozesse von Lehrern" (ebd.: 150) ist.

3 Vgl. jeweils den Überblick zum Forschungsstand bei Holtappels (2002) und Gruschka u.a. (2003).

Hercher/Schaefers/Treptow/Terhart 2004; Schaefers 2004). Seit 1997 wird in Nordrhein-Westfalen das traditionelle Lehrereinstellungsverfahren über Liste (bei dem die Bewerber um eine Lehrerstelle der jeweiligen Schule durch die Bezirksregierungen zugewiesen wurden) abgelöst von einem Ausschreibungsverfahren, bei dem die Einzelschulen ein deutlich erweitertes Mitspracherecht bei der Lehrerrekrutierung erhalten. Jetzt lädt eine schulische Auswahlkommission Bewerber zu einem Vorstellungsgespräch ein und entscheidet sich für einen geeigneten Kandidaten. Die Zielsetzung des Ausschreibungsverfahrens berücksichtigt eine zentrale Argumentation im Rahmen der Schulautonomie-Debatte: „Wenn von Schulen die Entwicklung eines eigenen Profils und die Fixierung einer Entwicklungsperspektive durch ein Schulprogramm gefordert wird [...], so hat die Umsetzung dieser Vorgabe notwendig Konsequenzen auch für den personellen Bereich: die Schulen benötigen Lehrer und Lehrerinnen, die willens und auch bereit sind, im Sinne der Profilbildung und der programmatischen Ausrichtung an der Weiterentwicklung der jeweiligen Schule mitzuarbeiten." (Füssel 1997: 23) Das in Nordrhein-Westfalen praktizierte Ausschreibungsverfahren soll den Schulen eine Form der Personalrekrutierung ermöglichen, bei der eine möglichst optimale ‚Passung' zwischen Stellenbewerber und Schule bzw. ihrem jeweiligen Schulprofil und Schulprogramm und der individuellen, über die Unterrichtsbefähigung hinausreichenden Qualifikation des Bewerbers erzielt wird. Dies wird als wichtige Voraussetzung für künftige Personal- und Organisationsentwicklung eingeschätzt (vgl. Bellenberg/Böttcher/Klemm 2001). Aufgrund dieses engen Zusammenhanges zwischen Personalautonomie und pädagogischer Autonomie (Schulprogrammarbeit) wurden von Hercher u.a. (2004) einerseits Daten zur Umsetzung und Bewertung des neuen Lehrerrekrutierungsverfahrens und andererseits zum Schulprogramm erhoben.

Um es vorwegzunehmen: Die Forschungsdaten zum nordrhein-westfälischen Lehrereinstellungsverfahren belegen, dass die bildungspolitische Zielsetzung des Ausschreibungsverfahrens scheitert. Das Schulprogramm spielt bei der Ausschreibung der Stelle, im Auswahlverfahren selbst sowie für die Bewertung des neuen Kollegen nach einjähriger Tätigkeit nur eine marginale Rolle. Eine Verzahnung von pädagogischer und personeller Autonomie wird im Vollzug des Ausschreibungsverfahrens nicht realisiert.

Dieser Befund ist zunächst angesichts der folgenden Daten[4] unverständlich: Sowohl Schulleiter als auch Lehrer messen dem Schulprogramm durchaus eine hohe

4 Die folgenden Ausführungen und Tabellen entstammen dem Abschlussbericht des Projektes „Die Mitwirkung von Schulen bei der Einstellung von Lehrerinnen und Lehrern: Erfahrungen und Wirkungen" (Hercher/Schaefers/Treptow/Terhart 2004, S.59-65). Ich habe zwar die entsprechenden Abschnitte zur Schulprogrammarbeit verfasst, möchte mich aber bei meinen Kolleginnnen Jutta Hercher und Eva Treptow für ihre wertvolle Mitarbeit bei der Datenerhebung und -auswertung bedanken.

Bedeutung zu. Insgesamt über 90% der Befragten stufen das Schulprogramm als wichtig bis sehr wichtig ein.[5] Dabei ist den schulischen Akteuren bewusst, welche Funktionen ein Schulprogramm im Sinne der bildungspolitischen Intention für eine Einzelschule haben kann. Die große Mehrheit aller Befragten ist überzeugt, dass ein Schulprogramm eine Orientierungs-, Informations- und Richtlinienfunktion haben sollte. Das Schulprogramm wird als Instrument der Zielklärung sowie als Planungsinstrument verstanden, das als Grundlage der Schulentwicklung und ebenso als Maßstab interner Evaluation dient. Schulleiter und Lehrer sehen in der Mehrheit im Schulprogramm einen verbindlichen normativen Rahmen für ihre alltägliche schulische Arbeit. Das Schulprogramm kann also in den Augen der Befragten durchaus den in dieses Instrument der Qualitätsentwicklung gesetzten bildungspolitischen Hoffnungen und Erwartungen gerecht werden.

Skepsis – vor allem seitens der Lehrerschaft – betrifft allerdings die kommunikationsfördernde Funktion der Schulprogrammarbeit. Gegenüber 26,1% der befragten Schulleiter stimmten nur 16,2% der befragten Lehrer der Aussage „Ein Schulprogramm hat eine kommunikationsfördernde Funktion für das Lehrerkollegium“ in vollem Umfang zu. Weitere 31,4% bejahten diese Aussage zumindest weitgehend, während sich immerhin 22,7% der Mitglieder der Auswahlkommission eher ablehnend äußerten. Man möchte auch das Schulprogramm weniger als Instrument der Selbstorganisation, der internen Kontrolle (dies lehnen 36,1% der Lehrer und 30,4% der Schulleiter weitgehend bis vollständig ab) oder der externen Evaluation (hier äußert sich mit 31,3% gegenüber 22,1% ein höherer Anteil der Schulleiter ablehnend) verstanden wissen.

Insgesamt jedoch zeigen die hohen Zustimmungswerte der Befragten in Bezug auf die potentiellen Funktionen und Aufgaben eines Schulprogramms, dass dieses Instrument in der Schule weniger auf Ablehnung stößt, als bei der skizzierten Ausgangssituation und den Rahmenbedingungen (Anordnung ‚von oben', Vorlageverpflichtung bei der Schulaufsicht, vorgegebener Zeitrahmen für die Fertigstellung des Schulprogramms) zu erwarten gewesen wäre. Nicht nur die Schulleiter, sondern auch die befragten Lehrer wissen, was ein Schulprogramm für eine Einzelschule sein kann und sollte. Dabei ist allerdings zu berücksichtigen, dass die befragten Mitglieder der Auswahlkommissionen mehrheitlich zu den Lehrern gehören, die weitgehend oder zumindest teilweise aktiv in die Schulprogrammarbeit eingebunden sind.

Die bislang präsentierten Daten spiegeln jedoch nur die Auffassung der Befragten in Bezug auf die *allgemeinen* Funktionen eines Schulprogramms wieder. Wie schätzen Schulleiter und Lehrer ihr eigenes Schulprogramm ein?

---

5 Vgl. zu diesen und den folgenden Daten Hercher u.a. 2004

In Übereinstimmung mit den genannten potentiellen Funktionen und Aufgaben eines Schulprogramms sehen über 90% der befragten Schulleiter und Lehrer das Schulprogramm ihrer Schule als Leitbild und als Ausdruck der pädagogischen Grundorientierung ihrer Schule an.[6] Fast 90% der Befragten stufen ihr Schulprogramm als Dokumentation ein. Auch die folgenden Angaben zu den jeweils schulspezifischen Schulprogrammen decken sich mit den empirischen Daten zu den allgemeinen Funktionen eines Schulprogramms: Die Mehrheit der Schulleiter (69,4%) und Lehrer (67,9%) geben an, ihr Schulprogramm enthalte Schulentwicklungsmaßnahmen. Demnach sei es Planungsgrundlage für die nächsten Jahre (Schulleiter: 73,1%; Lehrer: 60%).

Auf der Grundlage der bisher vorgestellten Daten scheint das Schulprogramm weitgehend im Sinne der bildungspolitischen Intention in den Schulen ‚angekommen' und bearbeitet worden zu sein. Zweifel an der konkreten Umsetzungsbereitschaft der Schulprogramminhalte liefern jedoch folgende Items:

Tabelle 1: Zur Umsetzung des Schulprogramms
Ergebnisse der Befragung 2002 (Angaben in %)

Unser Schulprogramm	Schulleiter		Mitglieder der Auswahlkommission	
	ja	nein	Ja	nein
ist Ausdruck konkreter Zielsetzungen	80,3	19,7	79,5	20,5
enthält einen Zeitplan/Zeitrahmen	34,9	65,1	31,9	68,1
nennt Implementationsverantwortliche	46,7	53,3	46,9	53,1

Immerhin 20% der Befragten stufen ihr Schulprogramm nicht als Ausdruck konkreter Zielsetzungen ein. 65,1% der Schulleiter und 68,1% der Lehrer geben an, dass ihr Schulprogramm für die Umsetzung des Maßnahmenkatalogs keinen Zeitplan oder zumindest einen zeitlichen Rahmen vorgibt. Über 50% der Schulprogramme nennen aus der Sicht der Schulleiter und Lehrer keine Verantwortlichen für die Implementation der vorgesehenen Maßnahmen. Diese Daten können Hinweis sein, dass das Schulprogramm zwar als Konzeption an allen Schulen vorliegt, seine Umsetzung aber unzureichend betrieben wird. Wenn das Schulprogramm jedoch in

6 Die meisten Schulen hatten vor dem Erlass zwar noch kein Schulprogramm, geben aber an, bereits eine gemeinsame pädagogische Grundorientierung besessen zu haben.

erster Linie Bestandsaufnahme sowie Absichtserklärung bleibt, kann es in der Folge nur wenig Relevanz für personelle Entscheidungen der Einzelschule und damit auch für die Professionalisierung entfalten.

Die häufig fehlenden Angaben zur Zeitplanung und zu Implementationsverantwortlichen lassen bereits eine mangelnde ‚Durchschlagskraft' des Schulprogramms auf die alltägliche schulische Arbeit vermuten. Weiter untermauert wird diese Annahme durch folgende Daten:

Tabelle 2: Wirkungen der Schulprogrammarbeit auf den Unterricht
Ergebnisse der Befragung 2002 (Angaben in %)

Unser Schulprogramm		Schulleiter	Mitglieder der Auswahlkommission
verändert Unterrichtsinhalte			
vollständige Zustimmung	1	2,7	3,0
	2	18,4	14,4
	3	34,7	29,4
	4	25,1	25,8
vollständige Ablehnung	5	19,1	27,4
verändert Unterrichtsmethoden			
vollständige Zustimmung	1	4,2	3,4
	2	24,7	21,8
	3	33,2	27,9
	4	20,0	23,5
vollständige Ablehnung	5	16,6	23,5
verändert Unterrichtsziele			
vollständige Zustimmung	1	2,3	2,0
	2	20,4	16,4
	3	33,7	30,5
	4	23,2	23,8
vollständige Ablehnung	5	20,4	27,2

Ein beachtenswerter Anteil der Befragten sieht nur wenig oder keine Veränderung der Unterrichtsziele, -inhalte oder -methoden in Folge der Schulprogrammarbeit. Auffällig ist vor allem, dass hier die Skepsis der befragten Lehrer noch ausgeprägter ist als die der Schulleiter.

Die Mitglieder der Auswahlkommission stufen auch das Schulprogramm zu einem deutlich geringeren Anteil als Grundlage der Gestaltung von Schulleben oder

Unterricht ein.[7] 26,9% der Lehrer sprechen ihrem Schulprogramm nur teilweise einen verbindlichen Orientierungscharakter zu, 15,6% lehnen dies sogar weitgehend bis vollständig ab! Ein sehr stark oder weitgehend verändertes Selbst- und Tätigkeitsverständnis folgt dann auch nur für 34,9% der befragten Lehrer aus ihrer aktiven Beteiligung an der Schulprogrammarbeit.

Tabelle 3: Wirkungen der Schulprogrammarbeit auf Klima, Kooperation und Kommunikation
Ergebnisse der Befragung 2002 (Angaben in %)

Unser Schulprogramm		Schulleiter	Mitglieder der Auswahlkommission
verbessert das Schulklima			
vollständige Zustimmung	1	13,6	2,0
	2	32,0	14,4
	3	34,8	36,2
	4	13,9	24,2
vollständige Ablehnung	5	5,6	23,2
verbessert das Kooperationsklima			
vollständige Zustimmung	1	10,2	7,4
	2	39,9	21,1
	3	33,7	37,2
	4	10,5	18,1
vollständige Ablehnung	5	5,7	16,1
verbessert die kollegiale Kommunikation			
vollständige Zustimmung	1	5,0	3,7
	2	38,9	18,2
	3	31,2	32,7
	4	16,5	23,9
vollständige Ablehnung	5	8,5	21,5

7 84,9% der Schulleiter sehen das Schulprogramm als Grundlage für die Gestaltung des Schullebens, aber nur 60,7% der befragten Mitglieder der Auswahlkommission. Vorsichtiger wird die Bedeutung des Schulprogramms für die Gestaltung des Unterrichts bewertet: 60,9% der befragten Schulleiter und 46,8% der befragten Mitglieder der Auswahlkommission stimmen der Aussage „Unser Schulprogramm gibt Grundlagen für die Unterrichtsgestaltung" weitgehend bis vollständig zu.

Wie die Daten der Tabelle 3 belegen, wird die Hoffnung auf ein verbessertes Kooperationsklima sowie eine verbesserte kollegiale Kommunikation durch ein Schulprogramm wiederum vor allem durch die Angaben der befragten Lehrer erschüttert, deren Urteil deutlich weniger positiv ausfällt als das der befragten Schulleiter. Die Differenzen im Antwortverhalten der Gruppe der Schulleiter und der Gruppe der Mitglieder der Auswahlkommission sind auffällig gerade bei den Items, die als Hinweis für eine Relevanz des Schulprogramms für die alltäglichen pädagogischen Aufgaben bzw. den Kern der schulischen Arbeit – Unterricht – gelten können. Aufgrund unserer Daten, die jedoch dringend einer ergänzenden Absicherung durch qualitative Forschung bedürfen, lässt sich begründet vermuten, dass das Schulprogramm an vielen Schulen nur eine *unzureichende* Bedeutung für den schulischen Alltag und das tägliche Unterrichtsgeschehen hat. Die Befragungsergebnisse zu den Schwerpunkten des Schulprogramms zeigen, dass diese nur selten unmittelbar den Unterricht betreffen – wie etwa eine Weiterentwicklung der Unterrichtsdifferenzierung (Schulleiter: 26,1%; Lehrer: 23,9%) oder eine veränderte Unterrichtsorganisation (Schulleiter: 21,4%; Lehrer: 23,6%). Auch diese Daten stützen die Vermutung, dass das Schulprogramm nur relativ wenig Relevanz für den Unterricht als Kern des schulischen Geschehens hat.

Die von Gruschka u.a. (2003) durchgeführte qualitative Untersuchung zum Verhältnis von Intention und Wirkung der Schulprogrammarbeit liefert ergänzende Einsichten. Im Folgenden sollen kurz die für meinen Diskussionszusammenhang wichtigsten Befunde festgehalten werden:

- Ob in Hamburg, Hessen oder Rheinland-Pfalz – Schulprogrammarbeit unterscheidet sich nur hinsichtlich des Grades an Verbindlichkeit, nicht hinsichtlich des inhaltlichen oder verfahrensmäßigen Modells.[8]
- Schulen beweisen ‚Eigensinn' in der Aufgabenbearbeitung, sie bewältigen die Anforderungen der Schulprogrammarbeit mit viel Rückgriff auf schulische Routinen und setzen sich nur in geringem Maße der Krise einer Neubestimmung aus.
- Bei der Rekonstruktion des empirischen Materials zeigen sich Widersprüchlichkeiten der Schulprogrammarbeit und Tabus, die die Möglichkeiten der Schule, die ihnen abverlangten Aufgabenstellungen zu bewältigen, bestimmen und begrenzen. Daher lässt sich der „tief eingesenkte Habitus des Schulehaltens und -veränderns [...] nicht so ohne weiteres mit der neuen Methode aufbrechen" (Gruschka u.a. 2003: 170).

8 Dieser Befund lässt sich auch auf Nordrhein-Westfalen beziehen.

4 Diskussion: Eine Analyse aus neo-institutionalistischer Perspektive

Wie lassen sich nun diese Befunde aus organisationssoziologischer Sicht, insbesondere aus neo-institutionalistischer Perspektive interpretieren? Welche Schlussfolgerungen ergeben sich auf der Grundlage dieser Analyse für die Beurteilung der Konsequenzen für die Organisation Schule einerseits sowie für die Lehrerprofession andererseits?

Die allgemeine positive Einstellung der schulischen Akteure zum Thema Schulprogramm, die sich auch durch die Ergebnisse anderer empirischer Untersuchungen belegen lässt (vgl. Kanders/Rolff 1996; Ditton/Edelhäußer/Merz 2001; Kanders 2002), könnte als Nachweis für einen breiten Erfolg dieses Schulentwicklungsinstrumentes sowie einen voranschreitenden Entwicklungsprozess der Einzelschulen hin zu ‚lernenden Organisationen' gewertet werden. Aus neo-institutionalistischer Sicht drängt sich allerdings die kritische Rückfrage auf, ob mit den Veränderungen auf der Ebene der Formalstruktur (alle nordrhein-westfälischen Schulen haben jetzt ein Schulprogramm, das sie der Schulaufsicht und der Öffentlichkeit vorlegen können) auch ein organisationaler Wandel auf der Ebene der Aktivitätsstruktur einhergeht. Oder ist es nicht vielmehr so, dass die Organisationsmitglieder deutlich signalisieren, dass sie die Erwartungen und Vorgaben ihrer gesellschaftlichen Umwelten verstanden und adoptiert haben: Auf der ‚talk'-Ebene beherrscht man das aktuelle Reformvokabular, präsentiert sich mit Hilfe des vorhandenen Schulprogrammtextes als reformbereit und -fähig und sichert sich so die nötige Legitimation. Auf der ‚action'-Ebene hingegen dominieren unverändert ‚business-as-usual' und damit die (vermeintlich) langbewährten, unhinterfragten schulischen Routinen. Die empirischen Befunde zum neuen Lehrereinstellungsverfahren in Nordrhein-Westfalen (vgl. Hercher u.a. 2004) belegen eine mangelnde Durchschlagskraft der Schulprogrammarbeit auf den schulischen Alltag, eher geringe Veränderungen des schulischen Kerngeschäfts sowie des Selbst- und Tätigkeitsverständnisses der schulischen Akteure und unterstützen so die neo-institutionalistische Annahme der mangelnden Kopplung zwischen Formalstruktur einerseits und Aktivitätsstruktur andererseits. Sie können damit als Hinweis gelten, dass der ‚talk' von Organisationsmitgliedern nicht unbedingt Rückschlüsse auf ihre Aktionen zulässt. Aus neo-institutionalistischer Sicht ist eben zu erwarten, dass die Schulen *aktiv* mit den institutionellen Vorgaben umgehen, die sie zwar aus Legitimationsgründen in die Formalstruktur übernehmen, deren ‚Durchschlagskraft' auf die Aktivitätsstruktur aber davon abhängt, wie widersprüchlich und heterogen diese Vorgaben sind und inwieweit sie mit organisationsintern etablierten Deutungs-, Problemlösungs- und Handlungsmustern vereinbar sind. Insbesondere Gruschka u.a. (2003) arbeiten die Widersprüchlichkeit der Arbeitsaufgabe ‚Schulprogramm' heraus und identifizieren schulische Tabus, die einer bruchlosen Übersetzung der Vorgaben in die Aktivitätsstruktur der Organisation Schule entgegenwirken.

Damit wird deutlich, dass der Reformerfolg nicht unbedingt am Unwillen bzw. der Abwehr der schulischen Akteure gegenüber den neuen, zusätzlichen Aufgaben und Anforderungen scheitert – aber aus anderen Gründen. Die neo-institutionalistische Analyse der Befunde weist deutlich darauf hin, dass nicht zu erwarten ist, dass sich die intendierten Effekte des Reforminstrumentes ‚Schulprogrammarbeit' auf breiter Front und systematisch realisieren lassen. Die Organisation Schule wird sich nicht allein aufgrund der ihr angetragenen und aufgetragenen Schulprogrammarbeit in gewünschter Weise zu einer effektiven, effizienten, lernenden Organisation weiterentwickeln.

Damit ist auch fraglich, ob sich der erhoffte Professionalisierungsschub durch die Teilnahme der schulischen Akteure an der Entwicklung ihrer Schule einstellen wird. Die von Hercher u.a. (2004) vorgelegten empirischen Befunde geben eher Anlass zur Skepsis: Vor allem die befragten Lehrer sehen weitgehend kein verbessertes Kooperations- und Kommunikationsklima in Folge der Schulprogrammarbeit. Insbesondere die intensivierte kollegiale Kommunikation ist jedoch aus professionstheoretischer Sicht eine wichtige Bedingung für die individuelle wie kollektive Weiterentwicklung. Ein weiterer Befund spricht gegen die Professionalisierung der Lehrerschaft durch das Schulentwicklungsinstrument ‚Schulprogrammarbeit': So scheint es ebenfalls nicht zu gelingen, Selbst- und Fremdevaluation als zentrales Instrument der Qualitätssicherung und -steigerung im Rahmen der Schulprogrammarbeit zu institutionalisieren.[9] Damit fehlt aber der systematische Anstoß für reflexive Prozesse, die einen entscheidenden Beitrag zur Professionalisierung der Lehrerschaft leisten könnten.

Warum aber findet das Reformmodell ‚Schulprogramm' so viele Befürworter auf der Ebene der Bildungspolitik, der Administration, unter Erziehungswissenschaftlern und Teilen der Lehrerprofession? Warum findet diese Befürwortung in vielen deutschen Bundesländern ihren Niederschlag in nahezu identischen inhaltlichen und verfahrensmäßigen Vorgaben? Warum fehlt eine systematische länderübergreifende Forschung zu den Auswirkungen dieser Reformbemühungen bzw. werden vorhandene negative empirisch fundierte Rückmeldungen zu den „Erfolgen" der Schulprogrammarbeit kaum wahrgenommen?

Eine Stärke des neo-institutionalistischen Ansatzes liegt ja gerade darin, die Entstehung und Durchsetzung als legitim anerkannter Modelle und Konzepte und die an ihrer erfolgreichen Verbreitung beteiligten Diffusionsinstanzen und -agenten zu untersuchen. Gegenwärtig sehen sich Organisationen in allen gesellschaftlichen Bereichen der Erwartung ausgesetzt, sich als innovativ und reformfreu-

9 Dies belegen auch die Ergebnisse von Gruschka u.a. (2003) sowie von Kanders (2002).

dig zu erweisen. Das pädagogische Feld „Schule“ sieht sich derzeit einem besonders hohen Legitimationsdruck ausgesetzt. Aus neo-institutionalistischer Sicht erscheint die rasche und unreflektierte Übernahme von Erfolg verheißenden Ideen und Konzepten rational. Diese Modelle und Moden diffundieren rasch aufgrund der Legitimationsgewinne, die sie versprechen, und nicht aufgrund des empirischen Nachweises von Rationalitäts- und Effizienzgewinnen. Konzepte der Organisationsentwicklung gelten gegenwärtig als rationale, legitime und breit anerkannte Möglichkeit, organisationalen Wandel zu gestalten. Staatliche Vorgaben und Anordnungen in Form von Gesetzesänderungen, Erlassen oder Reformprojekten spielen im Rahmen der erfolgreichen Institutionalisierung des Schulprogramms als Schulentwicklungsinstrument eine zentrale Rolle. Diffusions- und Strukturangleichungsprozesse sind klar erkennbar Folge des staatlicherseits ausgeübten Zwanges (vgl. DiMaggio/Powell 1983/1991). Greift man auf das erweiterte Verständnis Krückens (2004) zurück, der generell nicht-staatliche Instanzen als ‚Urheber' normativen Drucks auf formale Organisationsstrukturen nennt, fällt die bedeutende Rolle von Organisationsentwicklern und Schulentwicklungsberatern für die Verbreitung der Innovationsmaßnahme ‚Schulprogramm' auf. Des Weiteren lassen sich als erfolgreich wahrgenommene Organisationen wie die Helene-Lange-Schule in Wiesbaden oder die Max-Brauer-Gesamtschule in Hamburg ausmachen, die als Trendsetter im organisationalen Feld Imitationsprozesse auslösen.

Tacke (2004) verweist darüber hinaus darauf, dass die Attraktivität der reformpolitischen Leitvorstellung von (teilautonomen) Einzelschulen als ‚lernenden Organisationen' für Teile der Erziehungswissenschaften sowie der Lehrerprofession daraus resultiert, dass die Lernsemantik als eine Analogie aus dem Erziehungssystem stammt. Das *Managementkonzept* des ‚Organisationslernen' erscheint aufgrund der spezifischen Semantik als vertrautes und an organisationsinterne Routinen anschlussfähiges Konzept.

Was leistet also die Perspektive des Neo-Institutionalismus?:

1. begründet der soziologische Neo-Institutionalismus Skepsis hinsichtlich der Realisierungschancen der mit dem Reformmodell ‚Schulprogramm' intendierten Effekte.
2. kann dieser Theorieansatz eine Erklärung bereitstellen, warum ein bestimmtes Reformmodell so erfolgreich diffundiert wie in diesem Fall das Instrument ‚Schulprogramm' mit seiner Zielsetzung des Umbaus der Einzelschule zur ‚lernenden Organisation'.
3. sensibilisiert der Neo-Institutionalismus „für die nicht-intendierten, kontraintuitiven und zum Teil paradoxen Effekte externer Steuerungsleistungen“ (Krücken 2004: 296).

Tacke (2004) warnt vor den Folgen einer unreflektierten Übernahme der Vorstellung und Erwartung einer ,lernenden Organisation Schule' für die Lehrerprofession. Statt der erhofften Professionalisierung könnte einerseits die ,verordnete' Bearbeitung zusätzlicher, professionsfremder Aufgaben der Organisationsentwicklung deprofessionalisierende Wirkung haben. Andererseits steht im Mittelpunkt der Lehrerfortbildung zur Schulentwicklung die Vermittlung von Organisations- und Managementwissen. Wenn in der Folge „Unterricht diesen manageriellen Techniken des Organisationslernens" (Tacke 2004: 38-39) unterworfen wird und sogar Schülern diese Techniken vermittelt werden, wird übersehen, dass aus dem Management stammende Konzepte bestenfalls Probleme der Organisation lösen können, nicht aber professionelle Probleme auf der Unterrichtsebene.

Schließlich bleibt die Veränderung des ,talks' der Organisationsmitglieder nicht ohne Auswirkungen, denn die Übernahme des gängigen Reformvokabulars bestimmt, in welcher Weise künftig über Probleme, ihre Deutungen und möglichen Lösungen im Kollegium, auf Lehrerkonferenzen etc. legitimiert gesprochen werden kann. Abweichungen und Abweichler laufen schnell Gefahr, als konservativ und reformfeindlich eingestuft zu werden. Gelten aber nur bestimmte Problemlösungsmuster und Reformkonzepte sowie das dazugehörige Vokabular als rational und legitim, hat dies Auswirkungen sowohl auf die Profession wie auf die Organisation: die Sicht auf Probleme, den Handlungsbedarf und die Handlungsmöglichkeiten werden beschränkt, so dass von der Lehrerprofession eigenständig zu erarbeitende Problemlösungsansätze, die der ,Eigenlogik' der Organisation eher Rechnung tragen, be- oder gar verhindert werden.

Kann sich also Schulprogrammarbeit als Königsweg einerseits zur systematischen Entwicklung der sozialen Organisation Schule hin zu mehr Qualität und andererseits zur Professionalisierung der Lehrerschaft erweisen? Aus Sicht des soziologischen Neo-Institutionalismus kann diese Frage – theoretisch begründet und empirisch fundiert – nur verneint werden.

Literatur

Altrichter, H. (2000): Schulentwicklung und Professionalität. Bildungspolitische Entwicklungen und neue Anforderungen an Lehrerinnen. In: Bastian, J./Helsper, W./Reh, S./Schelle, C. (Hrsg.): Professionalisierung im Lehrerberuf. Von der Kritik der Lehrerrolle zur pädagogischen Professionalität. Opladen: 145-163.

Arnold, E./Bastian, J./Combe, A./Leue-Schack, K./Reh, S./Schelle, C. (1999): Schulentwicklung und Wandel der pädagogischen Arbeit. Arbeitssituation, Belastung und Professionalisierung von Lehrerinnen und Lehrern in Schulentwicklungsprozessen. In: Carle, U./Buchen, S. (Hrsg.): Jahrbuch für Schulforschung. Band 2. Weinheim/München: 97-123.

Bastian, J./Helsper, W. (2000): Professionalisierung im Lehrerberuf – Bilanzierung und Perspektiven. In: Bastian, J./Helsper, W./Reh, S./Schelle, C. (Hrsg.): Professionalisierung im Lehrerberuf. Von der Kritik der Lehrerrolle zur pädagogischen Professionalität. Opladen: 167-192.

Bellenberg, G./Böttcher, W./Klemm, K. (2001): Stärkung der Einzelschule. Neue Ansätze der Ressourcen Geld, Zeit und Personal. Neuwied.

Brunsson, N./Olsen, J.P. (1993): The Reforming Organization. Chichester u.a.

Combe, A. (1999): Belastung, Entlastung und Professionalisierung in Schulentwicklungsprozessen. In: Combe, A./Helsper, W./Stelmaszyk, B. (Hrsg.): Forum qualitative Schulforschung 1. Weinheim: 111-139.

Dalin, P. (1986): Organisationsentwicklung als Beitrag zur Schulentwicklung. Innovationsstrategien für die Schule. Paderborn.

Dalin, P./Rolff, H.-G. (1990): Institutionelles Schulentwicklungsprogramm. Eine neue Perspektive für Schulleiter, Kollegium und Schulaufsicht. Soest.

Diegelmann, E./Porzelle, K. (1998): Schulprogramm und Evaluation. In: Pädagogik, Jg. 50, H. 2, 36-40.

Diegelmann, E./Porzelle, K. (1999): Schulprogramm und Evaluation. Aktivitäten, Materialien und Programme der Bundesländer – eine Aktualisierung. In: Pädagogik, Jg. 51, H. 11, 32-36.

DiMaggio, P.J./Powell, W.W. (1983/1991): The Iron Cage Revisited: Institutional Isomorphism and Collective Rationality. In: Powell, W.W./DiMaggio, P.J. (Eds.): The New Institutionalism in Organizational Analysis. Chicago, 63-82.

Ditton, H./Edelhäußer, T./Merz, D. (2001): Erweiterte Selbstverantwortung im Urteil von Lehrkräften und Schulleitungen. Eine Untersuchung zum ‚Schulprofil' an bayerischen Schulen. In: Die Deutsche Schule, Jg. 93, H. 2, 210-222.

Füssel, H.-P. (1997): Von den Schwierigkeiten im Umgang mit der „Schulautonomie" – ein Versuch, sich einem komplizierten Gegenstand zu nähern. In: Döbert, H./Geißler, G. (Hrsg.): Schulautonomie in Europa. Baden-Baden: 11-25.

Goebel, H.-H./Schenk, F.W. (1997): Lehrereinstellungsverfahren in Nordrhein-Westfalen. Schulscharfes Ausschreibungsverfahren. In: Schulverwaltung NRW, Jg. 12, 323-326.

Gruschka, A./Heinrich, M./Köck, N. u.a. (2003): Innere Schulreform durch Kriseninduktion? Fallrekonstruktionen und Strukturanalysen zu den Wirkungen administeriell verordneter Schulprogrammarbeit. Frankfurter Beiträge zur Erziehungswissenschaft. Forschungsberichte Nr. 4. Frankfurt a.M.

Hasse, R./Krücken, G. (2005): Neo-Institutionalismus. 2. vollst. überarb. Auflage. Bielefeld.

Hercher, J./Schaefers, C./Treptow, E./Terhart, E. (2004): Die Mitwirkung von Schulen bei der Einstellung von Lehrerinnen und Lehrern: Erfahrungen und Wirkungen. Bericht an das Ministerium für Wissenschaft und Forschung des Landes NRW. Münster.

Herzmann, P. (2001): Professionalisierung und Schulentwicklung. Eine Fallstudie über veränderte Handlungsanforderungen und deren kooperative Bearbeitung. Opladen.

Holtappels, H.-G. (1998): Gestaltungsautonomie und Schulprogramm. Perspektiven für die Schulentwicklung. In: Risse, E. (Hrsg.): Schulprogramm. Entwicklung und Evaluation. Neuwied: 27-53.

Holtappels, H.-G. (2002): Schulprogramm als Schulentwicklungsinstrument? Einführung in die Beitragsgruppe Schulprogramme. In: Jahrbuch für Schulentwicklung. Band 12: 199-208.

Kanders, M. (2002): Was nützt Schulprogrammarbeit den Schulen? Ergebnisse einer schriftlichen Befragung von Lehrerinnen und Lehrern. In: Ministerium für Schule, Wissenschaft und Forschung/Landesinstitut für Schule und Weiterbildung (Hrsg.): Schulprogrammarbeit in NRW. Ergebnisse der wissenschaftlichen Evaluationsstudie. Bönen: 55-122.

Kanders, M./Rolff, H.-G. (1996): Lehrer und Schulentwicklung. Ergebnisse einer bundesweit repräsentativen Lehrerbefragung. In: Zeitschrift für Sozialisationsforschung und Erziehungssoziologie, Jg. 16, H. 4, 410-428.

Krücken, G. (2004): Hochschulen im Wettbewerb – eine organisationstheoretische Perspektive. In: Böttcher, W./Terhart, E. (Hrsg.): Organisationstheorie in pädagogischen Feldern. Wiesbaden: 286-301.

Meyer, J.W./Rowan, B. (1977/1991): Institutionalized Organizations: Formal Structure as Myth and Ceremony. In: Powell, W.W./DiMaggio, P.J. (Eds.): The New Institutionalism in Organizational Analysis. Chicago: 41-62.

Tacke, V. (2004): Organisation im Kontext der Erziehung. Zur soziologischen Zugriffsweise auf Organisationen am Beispiel der Schule als „lernender Organisation“. In: Böttcher, W./Terhart, E. (Hrsg.): Organisationstheorie in pädagogischen Feldern. Wiesbaden: 19-42.

Vollmer, H. (1996): Die Institutionalisierung lernender Organisationen – Vom Neo-Institutionalismus zur wissenssoziologischen Aufarbeitung der Organisationsforschung. In: Soziale Welt 47, 315-343.

Walgenbach, P./Beck, N. (2000): Von statistischer Qualitätskontrolle über Qualitätssicherung hin zum Total Quality Management – Die Institutionalisierung eines neuen Managementkonzepts. In: Soziale Welt 51, 325-354.

Zucker, L.G. (1988): Where do Institutional Patterns came from? Organizations as Actors in Social Systems. In: Zucker, L.G. (Hrsg.): Institutional Patterns and Organizations. Culture and Environment. Cambridge: 23-49.

Über Unsicherheiten und schwankende Böden Erfahrungen von Berufsanfängern mit der Organisation Schule

Angelika Paseka

1 Einleitung und Fragestellung

Der Berufseinstieg bedeutet für fertig ausgebildete Lehrer einen Einschnitt in die eigene Biografie, einen Neustart, obwohl doch einiges Wissen vorhanden ist und viele Erfahrungen in und mit diesem System Schule bereits gemacht werden konnten. Neu ist, dass nun ein Positionswechsel endgültig vollzogen ist: Berufsanfänger stehen mit Dienstantritt sofort auf der „anderen“ Seite. Sie sind legitimiert durch ihren Dienstvertrag Repräsentanten dieses Systems Schule, seiner Normen und Regeln, sind Teil des „Apparates“.

An der Schule beginnt daher, nachdem die erste Hürde – eine Anstellung im Schuldienst zu bekommen – geschafft ist, ein für die Betroffenen in vielerlei Hinsicht spannendes Jahr, in dem die eigenen Motivationen und subjektiven Vorstellungen vom Beruf, die sich vor bzw. in der Ausbildung und den dortigen Praktika entwickelt haben, mit den Realitäten an den Schulen vor Ort konfrontiert werden. Frei nach Berger/Luckmann (1992) heißt das: Die Berufseinsteiger treten als Individuen in die Organisation Schule ein, zu einem anerkannten *Mitglied* müssen sie erst werden. Damit dies gelingt, müssen sie Sicherheit gewinnen, d.h. die Unsicherheiten in ihrem pädagogischen Handeln ebenso bewältigen wie Tritt fassen auf den schwankenden Brettern, aus denen die *Organisation* Schule gezimmert ist. Diese ist kein „festes, monolithisches Gebilde“, in dem es klare und stabile Ordnungsstrukturen und konkret definierte Ziele gibt, sondern ein System, das sich permanent in Bewegung befindet und in dem Abstimmungsprozesse tagtäglich ausgehandelt werden müssen (vgl. Altrichter/Salzgeber 1996).

Es beginnt der Prozess der beruflichen Sozialisation im engeren Sinn, d.h. die Sozialisation *durch* den Beruf (vgl. Heinz 1995). Die Berufseinsteiger müssen nicht nur herausfinden, was *für sie* „guter“ Unterricht bedeutet und wie sie diesen realisieren, sondern auch was am jeweiligen *Schulstandort* darunter verstanden wird, d.h.

sie müssen sich den dortigen Erwartungen stellen, Widersprüche zwischen den eigenen Vorstellungen, Bedürfnissen und Kräften, den Umweltgegebenheiten und -anforderungen auflösen bzw. lernen damit umzugehen.

Mittelpunkt dieses Aufsatzes sind die Unsicherheiten beim Berufseinstieg und die Versuche Halt zu finden. Ziel ist es zu rekonstruieren, wie Schule und ihre spezifische Organisationskultur[1] *aus dem Blickwinkel von Berufsanfänger* wahrgenommen werden und welche Abgrenzungs-, Einordnungs- und Anpassungsprozesse auf der subjektiven Ebene vor dem Hintergrund dieses vorgefundenen konkreten Arbeitsfeldes Schule stattfinden (vgl. Kelchtermans/Ballet 2002). Aus diesen Gedankensträngen resultieren zwei Schwerpunkte der Analyse: das System Schule und die darin agierenden Subjekte. Im Hinblick auf die besondere Situation von Berufsanfängern ergeben sich daraus folgende Fragen. (1) Wie werden die sozialen Strukturen und kulturellen (Sub-)Welten mit ihren je eigenen Gesetzmäßigkeiten wahrgenommen? (2) Welche Strategien entwickeln sie dabei, um die vorgefundenen personellen, strukturellen sowie materiellen Bedingungen zu verarbeiten, um Sicherheit zu gewinnen und diese Erfahrungen für den Aufbau einer eigenen beruflichen Identität zu nutzen?

2 Daten und Methode

Organisationskulturen und Verarbeitungsprozesse lassen sich – im Sinne der bisherigen Ausführungen – nicht direkt beobachten. Um sie zu rekonstruieren eignen sich u.a. Interviews (vgl. Froschauer 1997). Die Daten für die folgenden Ausführungen entstammen einem mehrjährigen Forschungsprojekt, in dessen Rahmen 16 Absolventen der Pädagogischen Akademie[2] des Bundes in Wien zu zwei Zeitpunkten interviewt wurden: einmal am Ende ihrer Ausbildung (1998), das andere Mal am Ende ihres ersten Dienstjahres (1999). Die Auswahl dieser Personen erfolgte nach dem Prinzip des „theoretical sampling“, d.h. es wurden Personen mit unterschiedli-

1 Ich verwende hier den aus der Organisationssoziologie stammenden Begriff „Organisationskultur“. Der von Feiman-Nemser/Floden (1991) verwendete Terminus Berufskultur meint die in der Schule geltenden Interaktionsnormen, Möglichkeiten der Gratifikation einschließlich des implizit und explizit vorhandenen „Lehrerwissens“. Der Begriff „Organisationskultur“ weist jedoch m.E. deutlicher darauf hin, dass die genannten Aspekte je nach Schulstandort unterschiedlich ausgeprägt sein können. Für die weiteren Ausführungen wird daher ausschließlich dieser Begriff verwendet. Der von Helsper u.a. (2001) geprägte Begriff „Schulkultur“ umfasst mehr Dimensionen als im vorliegenden Forschungsprojekt aufgrund des Forschungsdesigns erfasst werden konnten.

2 An den Pädagogischen Akademien werden in Österreich Pflichtschullehrer ausgebildet, d.h. nach drei Jahren Ausbildung erhalten die Absolventen ein Diplomprüfungszeugnis, gelten sofort als vollwertige Lehrer und können an Volks-, Haupt- oder Sonderschulen bzw. Polytechnischen Schulen eingesetzt werden.

chen Charakteristika einbezogen (Geschlecht, Alter, frühere Ausbildungen bzw. Berufe, Ausbildungsschwerpunkt, Familienstand) um für die weitere Analyse kontrastierende Vergleichsfälle zur Verfügung zu haben (vgl. Glaser/Strauss 1998; Strauss 1994). In der ausgewählten Gruppe befinden sich neun Frauen und sieben Männer.

Die Interviews dauerten 75 bis 120 Minuten, wurden auf Tonband aufgezeichnet, transkribiert und mit Hilfe von MAXqda kodiert. Die Auswertung erfolgte in einem ersten Schritt deskriptiv, d.h. die in den Interviews formulierten Ereignisse und Eindrücke wurden entsprechend der Kodes geordnet und beschreibend dargestellt. In einem zweiten Schritt wurde der Einzelfall als Fall genommen, d.h. entlang der gewählten Gesprächsausschnitte (in diesem konkreten Fall: jene Abschnitte, in denen die Berufsanfänger ihre Situation, ihre Erlebnisse im ersten Dienstjahr und deren subjektive Interpretationen beschreiben) dargestellt. Durch eine komparative fallübergreifende Analyse konnte auf sich darin ausdrückende Gesetzmäßigkeiten geschlossen werden (vgl. Bohnsack 1993; Lamnek 1989; Paseka 2005). In einem dritten Schritt, auf der Suche nach verborgenen Spuren von Organisationskulturen und Beziehungsmustern an Schulen, wurden die entsprechenden Textpassagen „quasi-nomothetisch" (Flick 1991: 163; vgl. Soeffner 1989; Froschauer 1997) untersucht, d.h. es wurde nach latenten, fast unsichtbaren Regeln und Strukturen gesucht, nach Indizien für das „geheime Leben von Organisationen" (Altrichter/Salzgeber 1998), die diese jenseits der formellen, zweckrational festgelegten Weisungsstruktur und offiziellen Darstellungen prägen. Ebenso wurde vorgegangen, um die Strategien der Berufsanfänger im Umgang mit den vorgefundenen Regeln und Strukturen zu rekonstruieren. Speziell wurde dabei nach solchen Aussagen in den Textpassagen Ausschau gehalten, aus denen sich Sinnkonstruktionen im Hinblick auf die Entwicklung einer beruflichen Identität nachzeichnen lassen.

3 Der Blick auf das System Schule

3.1 Die erste Hürde: eine Anstellung finden, oder: Wie werden Lehrer für Schulen rekrutiert?

Im ersten Jahr nach der Diplomprüfung arbeiteten alle 16 Personen als Lehrer, wobei zwei außerhalb des öffentlichen Schulwesens einen Arbeitsplatz gefunden haben. In einem einzigen Fall entsprach der Rekrutierungsvorgang den Ansprüchen an eine effiziente und erfolgreiche Personalgewinnung (vgl. Treptow/Rothland 2005), ausgerichtet auf den Bedarf des Schulstandortes (z.B. betreffend Fächerwahl, fachliche und pädagogische Kompetenz).[3] Alle anderen Absolventen wurden im Laufe des Herbstes zentral eingestellt und den Schulen zugewiesen, dabei dominierten Zufälle und Willkürlichkeiten. Die lange Ungewissheit machte einigen sehr zu schaffen, weil sie für ihren Unterhalt alleine aufkommen mussten und daher dringend eine Anstellung benötigten. So wird auch die folgende Reaktion auf einen positiven Anruf verständlich: „Ich hab gar nicht gefragt, wo und was und wie. Ich habe gesagt: Ja, danke" (Hauptschullehrerin).

Die zugewiesenen Arbeitsplätze waren sehr unterschiedlich: Während die ausgebildeten Volksschullehrer entweder als Teamlehrer oder in der Supplierreserve[4] eingesetzt wurden, bekam der Großteil der ausgebildeten Hauptschullehrer sofort die alleinige Verantwortung für eine gesamte Schulklasse übertragen bzw. wurde für Unterrichtsfächer eingesetzt, für die kein formeller Qualifikationsnachweis vorlag. Mit anderen Worten: Flexibilität war gefragt – weil spontan und unvorbereitet unterrichtet, immer wieder zwischen Schule, Schulstufen, Klassen gewechselt, Spezialaufgaben (z.B. die Betreuung von Kindern mit sonderpädagogischem Förderbedarf) übernommen oder Inhalte unterrichtet werden mussten, für die sie fachlich nicht ausgebildet waren. Eine Anstellung war zwar sicher, doch inkludierte diese Unsicherheiten und Ungewissheiten auf vielen Ebenen.

3.2 Schule als Kampf- und Kraftfeld

Der Lehrberuf ist nicht nur ein inhaltlich vielfältiger Beruf, sondern auch ein „Interaktionsberuf, für dessen Ausübung stets die Imponderabilien, die Gestaltungschancen und -zwänge sowie die Emotionalität und Konfliktträchtigkeit aller zwischenmenschlichen Beziehungen konstitutiv sind" (Ulich 1996: 109). Schule als Beziehungsfeld wird durch vier Personengruppen aufgespannt: den Schülern, Kollegen, Eltern und Vorgesetzten.[5]

---

3 Eine Absolventin bewarb sich an einer Bilingualen Hauptschule, gelangte aufgrund ihrer Fächerkombination in die engere Wahl und musste vor einer Kommission eine „Vorführstunde" absolvieren, bevor sie eine positive Zusage erhielt.

4 In der Supplierreserve befinden sich jene Lehrer, die zunächst einmal einem Inspektionsbezirk zugeteilt und dann bei Bedarf an jene Schulstandorte gesendet werden, an denen Lehrer – meist vorübergehend – ausgefallen sind (aufgrund von Krankheit, Schwangerschaft, Pflegeurlaub, Fortbildung u.ä.).

5 Rein quantitativ gab es die meisten Aussagen über Kinder und Jugendliche (109 Codings), knapp gefolgt von jenen über das Kollegium (106 Codings). Eltern und Vorgesetzte werden deutlich seltener erwähnt (34 bzw. 23 Codings). Zu einem völlig anderen Ergebnis gelangte Ulich (1996), der in seiner Untersuchung 20 Lehrpersonen interviewte: Die meisten Aussagen wurden dort über die Vorgesetzten gemacht, während die Schüler am seltensten thematisiert wurden.

Die *Schüler* als unmittelbare Bezugsgruppe von Lehrpersonen stellen im Hinblick auf deren berufliche Zufriedenheit und das berufliche Selbstverständnis eine entscheidende Referenzgruppe dar (vgl. Nias 1989). In den Interviews dominieren Aussagen über Kinder, die durch Verhaltensstörungen, Disziplin- und Leistungsprobleme auffallen (vgl. Ulich 1996), wobei v.a. nicht-angepasste Verhaltensweisen als störend empfunden werden. Probleme aufgrund von Lernschwierigkeiten werden von den Junglehrern offensichtlich als leichter bewältigbar wahrgenommen. Trotz manchen schwierigen Situationen mit Kindern werden sie in ihrer Gesamtheit als Quelle der Freude erlebt, der Umgang mit ihnen gibt Kraft: „Ich weiß, mir reicht's oft, wenn ich die Kinder anschau', einfach das G'sicht seh, so ein erleichtertes und ein Aha-Erlebnis und das freut mich total" (Begleitlehrer an einer Volksschule).

An ihren ersten Arbeitsplätzen werden die Junglehrer mit „alteingesessenen" *Kollegen* konfrontiert, die über Jahre hindurch im alltäglichen Mit- und Nebeneinander spezifische Normen und Rituale entwickelt haben. Insgesamt reicht die Einschätzung von „ein wunderbares Lehrerteam" bis hin zu „ich versuche mit allen gut auszukommen". Der Kategorie „Alter" kommt dabei eine wichtige Rolle in mehrfacher Hinsicht zu (Helsper u.a. 2001): zum einen im Sinne der unterschiedlichen Generationslagen, weil die in den einzelnen Alterskohorten gemachten Erfahrungen in Kindheit, Jugend und jungem Erwachsenenalter stark divergieren und sich als generationsspezifische Haltungen im beruflichen Habitus niederschlagen; dazu kommen zum anderen im berufsbiografischen Sinn vielfältige individuelle Lebens- und Berufserfahrungen, die sich in unterschiedlichen persönlichen Einstellungen zum Beruf oder zu Schülern und Eltern manifestieren.

In den Interviews wird dezidiert von „alten" bzw. „jungen" Kollegien gesprochen und diese Kategorisierung im Sinne einer Polarisierung von „negativ" bzw. „positiv" verwendet. „Alt" steht synonym für traditionell, unflexibel, in eingefahrenen Bahnen lebend, privat gebunden, „jung" hingegen für dynamisch, ungebunden, unkompliziert, offen. Damit wird eine Typisierung eingeführt, vor deren Hintergrund ein bestimmtes Verhalten der jeweiligen Gruppenmitglieder interpretiert aber auch erwartet wird (vgl. Froschauer 1997). So werden bei der Wahl eines Teampartners Gleichaltrige bevorzugt und dabei unterstellt, dass diese ähnliche Vorstellungen und Ideen über Unterricht oder den Umgang mit Kindern haben. Typisierungen führen zu Vorurteilen („Junglehrer sind schlampig!"), die sich von konkreten Personen abstrahieren, zu Trennlinien und Cliquenbildung im Lehrkörper führen und sich in „Hackordnungen", Eifersüchteleien und Tratsch ausdrücken. Meist basieren solche Vorgänge auf ungelösten Problemen der Vergangenheit (vgl. Nias 1989; Johnson 1990).

In der Wahrnehmung der Junglehrer bewegen sich die *Eltern* „zwischen der Szylla der Interesselosigkeit, des Unverständnisses und der Charybdis eines übergroßen Engagements, das schnell zur Einmischung wird" (Ulich 1996: 131). In den

Interviews werden die Eltern als „engagiert“ und fordernd, desinteressiert und wenig unterstützend oder überfordert beschrieben, allerdings nicht als Bezugspunkt für die Arbeit als Lehrer wahrgenommen.

Die *Vorgesetzten* nehmen aus der Sicht der Junglehrer eine ambivalente Position ein. Als Personen werden sie zwar v.a. mit positiven Adjektiven beschrieben, in ihrer Leitungsfunktion jedoch primär als Verwaltungsorgane wahrgenommen. Es wird erwartet, dass sie für Schüler und den gesamten Lehrkörper „Autorität“ sein sollten, gleichsam die strenge Person im Hintergrund, falls eine Reglementierung notwendig ist. Positiv fallen die Schulleiter dann auf, wenn sie Freiräume zulassen („Es kann jeder eigentlich so arbeiten, wie er das möchte.“), oder anders gesagt: sich wenig in die alltägliche Arbeit der Lehrer einmischen. Tun sie dies zu viel, werden sie als Kontrollinstanz im negativen Sinn erlebt (vgl. Ulich 1996). Für die Berufsanfänger ist es zwar wichtig, mit den Direktoren persönlich gut auszukommen, denn für ihre weitere Berufslaufbahn, konkret für die Weiterverwendung im kommenden Schuljahr, nehmen sie eine Schlüsselposition ein, doch Impulse für eine professionelle (Weiter-)Entwicklung der Junglehrer scheinen von ihnen nicht auszugehen (vgl. Lortie 2002; Rustemeyer 1998).

Die Novizen stehen aber nicht isolierten Gruppen gegenüber, sondern arbeiten in einem von diesen aufgespannten Beziehungs*feld*, in dem *mikropolitische Kräfte* wirken. Es finden Aushandlungen und Auseinandersetzungen um die Ausgestaltung von symbolischen Ordnungen, die Durchsetzung von Interessen und bestimmten Sichtweisen über Schule und Unterricht statt (vgl. Altrichter/Salzgeber 1996; Helsper u.a. 2001). Nach Bourdieu ist Schule damit Kraft- und Kampffeld, auf dem „um Wahrung oder Veränderung der Kräfteverhältnisse gerungen wird“ (Bourdieu 1985, zit.n. Fröhlich 1994: 41). In diesem sozialen Raum müssen sich die Akteure positionieren. Dabei prägen sie über ihr Handeln die geltenden Regeln und Kräfteverhältnisse und werden gleichzeitig durch diese „mit-produziert“.

Schule ist in mehrfacher Hinsicht *Kraftquelle für die Berufsanfänger*: Während aber Eltern ebenso wie Vorgesetzte nur marginal als solche erlebt werden, gibt v.a. die Arbeit mit den Kindern Kraft, weil dort am direktesten positives Feedback erfahren wird. Gleiches gilt aber auch für eine als geglückt erlebte Zusammenarbeit mit Kollegen (vgl. Johnson 1990), und zwar unter folgenden Bedingungen: Akzeptanz als Mensch und als vollwertiges Mitglied des Lehrkörpers, auch wenn sie bloß vorübergehend an diesem Schulstandort tätig sind; Unterstützung und Hilfestellung bei der Materialbeschaffung („He, brauchst du ...?“) und disziplinären Problemen; offenes Aufeinander-Zugehen, sodass man frei über Fehler und Schwächen reden oder um Hilfe bitten kann; Teambesprechungen, in denen konstruktiv an einem Thema gearbeitet wird, oder wenn es nach dem Unterricht einfach noch die Gelegenheit gibt, sich gemütlich zusammen zu setzen. An manchen Standorten werden regelmäßige informelle Treffen außerhalb der Unterrichtszeit organisiert. Dabei wird zwar kaum über Fachliches gesprochen (vgl. Nias 1989; Johnson 1990), doch solche Zusammenkünfte schaffen eine gelöste Atmosphäre, helfen bei emotionalen Problemen und beim Aufbau von gemeinsamen Orientierungsschemata für den Berufsalltag.

Schule wird jedoch auch durch *Kämpfe und Konkurrenz* geprägt: Gekämpft wird um die Anerkennung durch die Schüler. Junglehrer müssen sich als „Autorität" erst etablieren und treffen dabei auf „geheime pädagogische Orientierungen", die es zu beachten gilt, da sonst mit Widerständen durch die Kinder und Jugendlichen zu rechnen ist: „Na, das Problem ist, dass ich manchmal sehr gerne offen mit ihnen arbeiten würde oder ihnen einfach auch die Arbeit freistellen würde, die sie sich aussuchen. Des funktioniert aber überhaupt nicht, weil die Kinder das net gewohnt waren" (Begleitlehrerin in einer Hauptschule). Lehrpersonen arbeiten nicht mit Individuen, sondern mit Gruppen von Kindern und Jugendlichen, die im Klassenverband eigene Strukturen und ein eigenes Normensystem entwickeln. Es gilt daher eine solche „Ökologie des Klassenzimmers" (Feiman-Nemser/Floden 1991: 64) zu durchschauen und damit umgehen zu lernen.

Die zweite „Kampffront" sind die Kollegen, allerdings nicht für alle. Während ein Teil „freudig und sehr offen" empfangen wurde und ihnen durch das Angebot des Du-Worts vermittelt wurde, dass sie nun dazugehören, machen andere die Erfahrung, dass ihre Anwesenheit sehr skeptisch zur Kenntnis genommen wird. Eine junge Hauptschullehrerin fasste die Botschaft so zusammen: „Ja schön für di, dass'd da bist, aber es ist uns wurscht im Prinzip, komm uns halt net in die Quere." Als „Neue" müssen sie lernen, welche Routinen, Erwartungshaltungen und Seilschaften existieren. Es gilt diese ungeschriebenen Gesetze lesen zu lernen, weil Regelverletzungen „Sanktionen" nach sich ziehen können („micro-political literacy", Kelchtermans/Ballet 2002). Doch das Kollegium ist in den seltensten Fällen eine homogen agierende Gruppe. Subgruppen mit je unterschiedlichen Erwartungshaltungen erweisen sich oftmals als Fallstricke und erschweren einen offenen Erfahrungsaustausch. So hatte in einem Fall das Mitfahren im Auto einer Kollegin zur Folge, dass die Junglehrerin automatisch zu einer „Gruppe" gezählt wurde, verbunden mit der Erwartung, dass sie die dort geltenden Meinungen teilt. Eine Verweigerung dieser Vereinnahmung führte zur Distanzierung und zu Problemen bei der Teambildung für das nächste Schuljahr.

In manchen Kollegien scheint es auch „Initiationsriten" („occupational rite de passage", Nias 1989: 16; vgl. Combe/Buchen 1996) für Neuankömmlinge zu geben.

> „Ich hab ein Kind in den ersten drei Wochen erlebt, das wirklich ausgerastet ist, also da sind die Tische geflogen, die Bänke und das is, das is wirklich so was von schnell gegangen, weil ich auch unvorbereitet war darauf. [...] Und das Interessante is auch, dass

die Lehrerkollegen, ah einen Junglehrer nicht darauf vorbereiten. [...] Sie wollen wissen, wie kann der Junglehrer damit umgehen“ (Sonderschullehrer).

Der betroffene Berufsanfänger wurde auf eine solche Situation bewusst nicht vorbereitet, denn nur wenn er sie alleine meisterte, hätte er „bestanden“ und würde in die Gruppe der „Alteingesessenen“ aufgenommen. Klar geworden ist ihm das erst, als so ein „Abtasten“ einem Zivildiener passierte: „Ja da hab ich dann gesehen, wie die gesamte Kollegenschaft eine neue Person analysiert, also hab ich dann auch Rückschlüsse ziehen können, wie man mich analysiert hat“. Er selbst hatte seine „Feuerprobe“ bestanden, er ist nun im Kollegium integriert. Das ist ihm am veränderten Umgang mit ihm bewusst geworden: „So im Laufe der Zeit, wenn sie merken, dass ich ganz okay bin, ja dann werden sie offener und reden eben über Dinge, über die sie mit jemandem nie reden würden, wenn der negativ angeschrieben wäre.“ Wollen die Junglehrer bestehen, müssen sie solche mikropolitischen Strukturen und Prozesse durchschauen, müssen sie die Spielregeln als Ausdruck der Organisationskultur einer Schule „lesen“ lernen, um eine Chance zu haben mitzuspielen.

3.3 Strukturelle und symbolische Ordnungen

Organisationskulturen von Schulen sind nur zu einem kleinen Teil sichtbar und offen zugänglich (z.B. in Schulprofilen, Hausordnungen, Leitbildern). Der größere Teil erschließt sich über die Analyse von Alltagspraxen und die in ihnen eingegossen Symboliken und Strukturen. Anhand dreier Beispiele soll solchen latenten Ordnungsmustern nachgespürt werden.

- Zur *Rekrutierung* von qualifiziertem Personal: Mit der Verleihung des Diplomzeugnisses ist das dreijährige Studium an der Pädagogischen Akademie beendet. Dieses Blatt Papier berechtigt zur Bewerbung beim jeweiligen Landesschulrat und dokumentiert Zusatzqualifikationen, die – im Sinne eines entsprechenden Personalmanagements – als Entscheidungsgrundlage für eine zielgenaue Zuweisung dienen könnten. Die Erlebnisse bei der Rekrutierung weisen deutlich darauf hin, dass dies in keinster Weise geschieht. Der Wert der Ausbildung wird durch die oben beschriebene Vorgangsweise nicht nur negiert, sondern teilweise sogar ad absurdum geführt. Es wird erwartet, dass Berufsanfänger schlichtweg einfach alles können und vom ersten Tag an die volle Verantwortung für die ihnen zugewiesenen Schüler übernehmen. Während es in anderen (Groß-)Betrieben durchaus üblich ist, Neuankömmlinge mit dem Unternehmen, seiner Philosophie, den Erwartungen hinsichtlich des Umgangs mit Klienten und Kollegen vertraut zu machen und ihnen Gelegenheit zu geben, sich auch inhaltlich einzuarbeiten, fühlt sich im Schulbetrieb dafür niemand verantwortlich. Angebote zur Eingliederung werden eher informell vermittelt, z.B. indem Unterrichtsmaterialien zur Verfügung gestellt oder praktische Tipps bei disziplinären Problemen gegeben werden. Ein institutionalisierter und bewusster Übergang ins Berufsleben („mediated entry", Lortie 2002: 59) findet somit nicht statt.

- *Zieldiversität*: Schulen sind als hierarchische Organisation zwar von einer Fülle an Regelungen gekennzeichnet, gegossen in Gesetze und Verordnungen (Schulgesetze, Dienstrechtsgesetze, Lehrplan), doch diese definieren bloß den Rahmen, eine Umsetzung in konkrete Arbeitsaufträge lässt sich daraus nicht ableiten. Auch von den Vorgesetzten kommen keine – über die gesetzlichen Schriften hinausgehende – klaren Arbeitsanweisungen (vgl. Feiman-Nemser/Floden 1991; Lortie 2002). Daraus ergibt sich „ein nach oben offener pädagogischer Arbeitsauftrag" (Schönwälder 1998: 41), der die moralische Aufforderung zur Überlastung gleichsam inkludiert. Allerdings gibt es auch keine explizit formulierte Grenze nach „unten". Damit sind weder ein Minimum noch ein Maximum an zu leistender Arbeit definiert. Entscheidungen werden so auf die individuelle Ebene verlagert bzw. sie ergeben sich als Resultat von mehr oder weniger diffusen Aushandlungsprozessen im Kollegium (vgl. Altrichter/Salzgeber 1996).
- *Zellulare Organisation* und *Nicht-Einmischungsnorm*: Ein weiteres Kennzeichen von Schulen ist deren „zellulare Struktur" (Feiman-Nemser/Floden 1991: 64), d.h. die Lehrpersonen arbeiten den größten Teil des Tages alleine in ihren Klassenzimmern. Vor allen jene Berufsanfänger, die an Haupt- und Sonderschulen sowie Polytechnischen Schulen ihren Arbeitsplatz gefunden haben, sind dort als Einzelkämpfer tätig. Die räumlich isolierten Klassenzimmer und die geschlossene Klassentür symbolisieren diesen Sachverhalt. Das Lehrerzimmer ist vielfach nur eine Anhäufung von Tischen, fungiert als Garderobe und/oder ist der Standort für den Kopierer, kaum jedoch ein Ort für Kommunikation.

Ein solches räumliche Arrangement fördert eine „Hände-weg-Norm" (ebd.: 49) auf mehreren Ebenen: Zum einen wird dadurch ausgedrückt, dass eine Einmischung in das pädagogische Handeln im Klassenzimmer nicht erwünscht ist, zum anderen, dass gegenseitige Hilfe über das Plaudern nach Unterrichtsschluss nicht hinausgehen soll, und zum dritten, dass es zu lernen gilt alleine zurecht zu kommen. Der Vorteil einer solchen Nicht-Einmischungsnorm ist die hohe Autonomie, die damit verbunden ist: als Lehrperson ist man dann eben nur sich selbst verantwortlich, solange man nicht die diffusen Regeln für das Verhalten im öffentlich-sichtbaren

Raum, d.h. auf Gängen, im Lehrerzimmer oder bei Schulveranstaltungen, grob verletzt.

Ausdruck dieser „Hände-weg-Norm“ ist die mangelnde Offenheit, die vielfach in den Interviews von den Neuankömmlingen beklagt wird: „Ich hab vor zwa, drei Wochen schon gezweifelt, aber mittlerweile merke ich, dass es bei Kollegen genauso Schwierigkeiten gibt, also jeder gibt natürlich nur seine Schokoladenseite preis. Also am Anfang, ich hab eine Kollegin, da hab ich immer den Eindruck gehabt, die ist so super. [...] Dann bin ich draufgekommen, dass die eigentlich nur blufft, und es bluffen halt sehr viele“ (Hauptschullehrerin). In der Schule gibt es offensichtlich zwei Welten: zum einen die Welt des Klassenzimmers, über die niemand zu wissen braucht, zum anderen die Welt des Konferenzzimmers, in der von den Akteuren eine Scheinwirklichkeit erzeugt wird, um zu demonstrieren: Ich brauche niemanden, lasst mich in Ruhe. Durch ein solches Verhalten wird die Nicht-Einmischungsnorm (re)konstruiert, kann aber – ohne Bloßstellung des/r anderen – nicht de-konstruiert werden. Offenheit würde bedeuten, sich anderen preiszugeben und sich damit verletzbar, angreifbar zu machen („vulnerability“, Kelchtermans/Ballet 2002: 8). In einem wenig offenen Klima sind Verschwiegenheit und „Bluffen“ damit auch ein Schutz. Dazu eine junge Hauptschullehrerin, die z.T. große fachliche Unsicherheiten hat, weil sie Fächer unterrichten muss, für die ihr eine Spezialausbildung fehlt: „Des würde ich net so an die große Glocke hängen, dass ich total inkompetent bin, weil für manche Kollegen ist man sowieso schon der Wappler, also muss ich mir net das Wapplerimage noch verdienen auch.“

4 Der Blick auf die Berufsanfänger: die Subjektperspektive

Nach Hurrelmann (1993) sind Berufsanfänger nicht nur Opfer der institutionellen Vorgaben, sondern Akteure im Arbeitsfeld Schule, die mit ihrem Handeln auch eigene Interessen verfolgen und eigene Wertvorstellungen verwirklichen wollen. Im Sinn einer „produktiven Realitätsverarbeitung“ (ebd.) werden subjektive Muster an der vorgefundenen Wirklichkeit ab- und aufgearbeitet, d.h. verstärkt, kritisch reflektiert, modifiziert, aufgegeben, neu entwickelt. Dabei nützen sie Handlungs- und Gestaltungsspielräume, die ihnen auch als zuletzt Eingetretene in der „politischen Arena“ Schule (Altrichter/Salzgeber 1996: 130) zur Verfügung stehen. Wie gehen Neuankömmlinge nun mit den vorgefundenen unsicheren institutionellen Rahmenbedingungen um, wie verarbeiten sie diese, welche Ressourcen empfinden sie als hilfreich?

Bedingt durch den Rekrutierungsvorgang und die bereits damals nicht so gute Lage auf dem Arbeitsmarkt waren die meisten überhaupt froh, einen Job bekommen zu haben und hofften ihn auch behalten zu können (vgl. Kelchtermans/Ballet 2002).

Als an Dienstjahren jüngste Mitglieder eines Kollegiums erhalten sie oft „Restposten“: Sie werden in Fächern und Klassen eingesetzt, die niemand haben will, die übrig geblieben sind, oder sie werden als „Supplierreserve“ mit vielfältigen und unvorbereitet zu erledigenden Arbeitsaufgaben bedacht. Dennoch gelingt es einigen, sich eine gute Verhandlungsposition zu verschaffen, sich Macht anzueignen (vgl. Ofner 1998), indem sie die Strukturen und Spielmechanismen durchschauen und diese für sich gewinnbringend nutzen (vgl. Altrichter/Salzgeber 1998): indem sie Zusatzausbildungen absolvieren oder sich für die angebotenen Fächer tatsächlich interessieren, freiwillig Seminare besuchen und sich damit einen Qualifikationsvorteil verschaffen, indem sie sich auf die Erwartungen der klassenführenden Lehrpersonen zunächst einlassen, Vertrauen und Akzeptanz aufbauen und dadurch zusätzliche Handlungsfreiheiten gewinnen.

Eine andere Strategie ist die Reduktion der subjektiven Kosten zur Bewältigung von schwierigen Situationen (vgl. Ofner 1998). Die Lage wird versucht positiv zu betrachten, sei es, dass sich die materielle Situation entspannt hat („wieder Geld am Konto“), sei es, dass positive Erlebnisse in den Vordergrund gerückt werden: „Und ich hab natürlich schon sehr oft Rückschläge erlebt und Stunden erlebt, die einfach völlig danebengegangen sind, und die waren immer, die haben immer stärker nachgewirkt als die positiven. Ich hab jetzt diesbezüglich schon meine Meinung geändert und lass positive Stunden, gut verlaufende Stunden viel positiver wirken“ (Hauptschullehrerin).

Aber auch Uminterpretationen helfen: Belastende und kränkende Realitäten werden so gedeutet, dass ein wohlwollendes Verhalten gegenüber den Schülern dennoch möglich bleibt. „Es hat mich net wirklich getroffen, also ich denk mir immer, die haben eh genug Probleme. Die san einfach unreif, was kratzt es mich. Also es kratzt mich net wirklich“ (Hauptschullehrerin). Dadurch gelingt es, sich auch weiterhin ohne Ressentiments den Kindern zu nähern und mit ihnen zu arbeiten. Weiters werden durch Reduktion der eigenen Ansprüche die persönlichen Kosten gesenkt: die Vorbereitungszeit wird minimiert, Tests werden weniger anspruchsvoll gestaltet, die Produktion von zusätzlichen Arbeitsmaterialien wird eingeschränkt.

Suchen müssen die Berufseinsteiger aber nicht nur ihren Platz an der Schule, sondern auch nach dem „geheimen Lehrplan“ für sie als Lehrer: Was ist an dieser Schule erlaubt, erwünscht, verboten? Solche Suchprozesse bewegen sich zwischen Anpassung und Widerstand, zwischen dem, was den Berufsanfängern wichtig ist, und dem, was von ihnen erwartet wird. Im folgenden Interviewausschnitt beschreibt ein junger Hauptschullehrer seinen Umgang mit den Schülern.

> „Und dieses maximal Drittel, das da drinnen sitzt und stört, das muss *man* dann irgendwie niederhalten. Und da hab' *ich* eben versucht im Lauf der Zeit die Grenzen immer, immer deutlicher zu zeichnen, damit das klar ist und zum Großteil ist das ge-

> lungen. Hat auch Bereiche gegeben, wo's immer ein Kampf war, zum Beispiel das Essen während der Stunde oder das Aufstehen zu Beginn. [...] Aber darauf hab' *ich* nie verzichtet, weil *ich* mir gedacht habe, *wehret den Anfängen*, und wenn sie heute sitzen bleiben, haben sie morgen die Füße auf dem Tisch und übermorgen kommen sie eine Viertelstunde zu spät und – das ist bis heute eine Spannung und da muss *man* immer dahinter sein" (Hauptschullehrer, Hervorhebungen A.P.).

Diese Textpassage ist gerahmt durch zwei Aussagen („man muss"), die zu Leitlinien für die eigenen Handlungspraxis geworden sind und das eigene Verhalten legitimieren. „Wehret den Anfängen!" ist ein sog. „Gnom", d.h. ein lehrhafter Sinn- und Denkspruch, eine verallgemeinernde Aussage, die als Produkt vergangener Erfahrungen ein Deutungsmuster der sozialen Realität darstellt (vgl. Steinhardt 1991), leicht zu merken ist und Affirmationscharakter hat. Der Junglehrer ist in einer Schule gelandet, in der auf Ordnung großer Wert gelegt wird, und er erkennt zwei Regeln, die es einzuhalten gilt: 1. Lehrer müssen in der Lage sein, Unterrichtsstörungen zu minimieren und diejenigen, die dafür verantwortlich sind, „niederzuhalten". 2. Lehrer dürfen sich keine Blößen geben, sie müssen „immer dahinter sein". Um solche „ungeschriebenen" Gesetze einzuhalten, sind sogar bestimmte Mittel der Machtdemonstration gerechtfertigt (z.B. Kinder stehen lassen, Zusatzaufgaben geben, schreien).

Diese Regeln sind – im Kontext der Schule – sozial anerkannt und haben sich als „Überlebensregeln" als praktikabel erwiesen. Mit Hilfe der Terminologie von George Herbert Mead (1934) lässt sich hier die Entwicklung einer beruflichen Identität nachzeichnen.

- „The ‚*me'* is the organized set of attitudes of others which one himself assumes. The attitudes of the others constitute the organized ‚me' and then one reacts towards that as an ‚I'."
- „The ‚*I'* is his action over against that social situation within his own conduct. [...] The ‚I' gives the sense of freedom, of initiative."
- „The two are separated in the process but they belong together in the sense of being parts of a whole. [...] Taken together they constitute a personality as it appears in social experience. The *self* is essentially a social process going on with these two distinguishable phases. If it did not have these two phases there could no be conscious responsibility, and there would be nothing novel in experience."

Das „me" repräsentiert die in der Organisation Schule geltenden Normen, wie sie vom Berufsanfänger im Umgang mit den Kollegen sowie mit den Schülern erlebt werden. Das „I" meint seine bewusste Wahrnehmung dieser Spielregeln. Sie sind ihm im Laufe der Arbeit immer klarer geworden, er konnte sie daher nicht mehr ignorieren und integrierte sie daher geschickt in das eigene Verhaltensrepertoire. Die fremden Ansichten wurden zu eigenen und damit zum Referenzpunkt für die Bewertung des subjektiven Handelns. Dies geschah in kleinen Schritten, meist unspektakulär, sodass eine Balance zwischen den ursprünglichen, eigenen Visionen und den Notwendigkeiten vor Ort gewahrt bleibt. Der Aufbau von Kompetenzen zur Bewältigung der äußeren Realität vollzieht sich dabei über eigenaktive Erkundungs- und Erschließungsprozesse, in deren Verlauf tastend und sondierend Erfahrungen mit der äußeren Realität gesammelt und konstruktiv verarbeitet werden. So werden Kategorisierungs- und Problemlösungsmuster entwickelt (vgl. Hurrelmann 1993).

Neuankömmlinge leisten aber auch Widerstand. Eine Hauptschullehrerin wehrt sich gegen manche Einstellungen von Kollegen: „Und ich nehm das schon ernst, ich nehm auch meinen Unterricht ernst und vor allem in der Schule ist es so, da wird teilweise fast gar nix unterrichtet gscheit. [...] Ich bin aber konsequent [...] und da stoß ich natürlich an wo es geht.“ Sie legitimiert dieses Abweichen von der schulischen Norm mit ihrer Verantwortung gegenüber den Kindern. Ihrer Meinung nach haben die Kinder ein Anrecht, dass sie etwas Sinnvolles machen, „Dinge, die sie für's Leben brauchen“. Die Referenzgruppe für ihr Handeln sind damit nicht die Kollegen, sondern die Kinder und ihre eigenen Ansprüche („I“).

Widerstand zu leisten ist allerdings nur dann möglich, wenn eine Absicherung da ist: Gerade für Junglehrer ist es daher wichtig, Kollegen im Lehrkörper zu finden, mit denen sie sich gut verstehen, weil sie ähnliche Ansichten vertreten, mit denen sie offen reden und Erfolge aber auch Misserfolge teilen können. Die Nicht-Einmischungsnorm wird damit außer Kraft gesetzt. Einzelne Kollegen stellen somit eine sehr wichtige Ressource für die Junglehrer dar (vgl. Huberman/Marti 1993; Dick 1999). Sie können eine Quelle für Wohlbefinden sein und emotionale wie professionelle Stütze im Falle von beruflichen Problemen, wenn folgende Charakteristika zutreffen: „personal accessibility, plenty of opportunity for discussion, laughter, praise, and recognition“ (Nias 1989: 153). Der Austausch findet meist informell statt: beim Plaudern vor und nach Unterrichtsschluss, beim Kaffeetrinken, in manchen Schulen treffen sich kleinere Gruppen mehr oder weniger regelmäßig in der Freizeit, mitunter können sich daraus sogar Freundschaften entwickeln.

5 Fazit

Der Satz eines jungen Volksschullehrers: „Wie ich fertig war, hab' ich mir gedacht, ich bin jemand!“ kennzeichnet zusammenfassend die Situation der Berufsanfängern. Sie dachten mit der fertigen Ausbildung haben sie die große Hürde für die Ausübung des Lehrberufs geschafft und können nun das Gelernte anwenden, doch beim

Eintritt in das Arbeitsfeld Schule gilt es weiter zu lernen. Die Lernprozesse dort sind jedoch weniger geradlinig und klar wie an der Ausbildungsinstitution – ganz im Gegenteil! Unsicherheiten gehören zum Berufsalltag – auf der inhaltlichen, strukturellen sowie personalen Ebene. Das macht den Junglehrern zu schaffen, weil sie Entscheidungen treffen müssen ohne – vorläufig – viel Erfahrung zu haben.

In den Interviewprotokollen treten im wesentlichen drei Bezugspunkte für das Umgehen mit solchen Unklarheiten auf: zum einen die eigene Person mit den bis dahin entwickelten Visionen und Vorstellungen sowie den im Rahmen der Ausbildung oder im Alltag gemachten Erfahrungen, zum anderen die Kollegen, die als positive wie negative Rollenmodelle fungieren, aber auch informell Hilfestellung anbieten, zum dritten die Schüler, die durch ihr Verhalten sehr direkt Feedback geben. Kollegen und Schüler haben bereits eine mehrjährige Sozialisation im System Schule hinter sich und dabei die jeweilig gültigen Normen inkorporiert. Damit reproduzieren sie in ihrem Tun vorhandene Strukturen und geben diese im Rahmen der Einführung von Novizen direkt und indirekt über Rituale und Regeln, die in der eigenen Unterrichtspraxis gelebt werden, weiter. Eine solche „Zurichtung“ der „Neuen“ erfolgt meist subtil und unspektakulär, erweist sich aber dennoch als effizient.

Dieser Prozess ist jedoch nicht als einseitiger Vorgang zu verstehen, wie dies in den früheren Untersuchungen zur beruflichen (Anfangs-)Sozialisation geschehen ist. Dort war noch von „Anpassung“ bzw. „Umsozialisierung“ der Berufsneulinge die Rede (vgl. Terhart 2001). Um das dialektische Verhältnis zwischen den an der Schule vorgefundenen Strukturen und den individuellen Handlungsmöglichkeiten theoretisch zu fassen, soll die „Theorie der Strukturierung“ von Giddens (1997) aufgegriffen werden.

Nach Giddens wird das Verhältnis von Handlung und Struktur oft einseitig betrachtet. Strukturen werden entweder als „Quelle von Einschränkungen der freien Spontaneität des unabhängig davon konstituierten Subjektes“ (ebd.: 68) betrachtet oder es wird in den voluntaristischen Ansätzen der subjektive Wille überbetont. Diesen beiden Standpunkten setzt er sein Theorem von der *Dualität der Struktur* entgegen: Strukturen haben einen doppelten Charakter als Ermöglichung und Restriktion von Handeln, als Medium und Resultat der Praxis, Freiheiten sind ihnen ebenso inhärent wie Zwänge. Das Individuum ist nicht Opfer von Strukturen, sondern es ist in der Lage auch „anders zu handeln“, das bedeutet „fähig zu sein, in die Welt einzugreifen bzw. einen solchen Eingriff zu unterlassen mit der Folge, einen spezifischen Prozess oder Zustand zu beeinflussen“ (ebd.: 65f.).

Auf der Suche nach einer eigenen beruflichen Identität nehmen die Befragten die Spannung zwischen diesen Bezugspunkten durchaus wahr. Sie wurden mit strukturellen Rahmenbedingungen konfrontiert, die sie „rekursiv“ (ebd.: 52) aufgreifen mussten, weil ihnen nur diese zur Verfügung standen. Dabei reproduzierten sie diese zumindest teilweise und sicherten so deren Fortbestehen. Vorgefundene Modelle und Haltungen wurden von den Akteuren zunächst vordergründig übernommen und – sofern sie sich als brauchbar erwiesen – habitualisiert (vgl. Berger/Luckmann 1992) und schließlich als eigene Vorstellungen von Lehrer-Sein verinnerlicht. Sie manifestieren sich in Routinen und dem souveränen Umgehen mit den beruflichen Anforderungen.

Das geschah jedoch nicht friktionsfrei, weil die vorgefundenen Strukturen nicht immer kompatibel mit den ursprünglichen eigenen Vorstellungen und Erwartungen waren. Das hat Verunsicherungen ausgelöst, war oft schmerzlich, hat aber die Akteure gezwungen, sich daran abzuarbeiten. Zwänge mussten erkannt, Freiheiten entdeckt und Stellung bezogen werden, um sich als Lehrperson und Kollege bzw. Kollegin zu positionieren. Das berufliche Verständnis am Ende des ersten Dienstjahres divergiert daher z.T. deutlich von jenem, das am Ende der Ausbildung aus den Interviews zu erkennen war. Das lässt sich an den Brüchen und Inkongruenzen zwischen den Aussagen zu den zwei Interviewzeitpunkten erkennen. Die Einstellungen zur Arbeit und den Arbeitsinhalten, die Ansprüche an einen „guten Unterricht“ und die Leistungsanforderungen haben sich verändert.

Das Finden einer eigenen beruflichen Identität wird allerdings noch dadurch erschwert, dass es an Schulen vielfältige und z.T. divergierende Normen (nach Mead: „me“s) gibt, die real erfahren oder von den Neuankömmlingen antizipiert werden müssen. Auf der Basis eines inneren Dialogs durch Reflexion des „I“ und der „me“s kann – wenn eine Synthetisierung gelingt – eine berufliche Ich-Identität („self“) entstehen. Das „self“ ist zwar eine einheitliche, doch „auf die Verständigung mit stufenweise immer mehr Partnern hin offene und flexible Selbstbewertung und Handlungsorientierung“ (Joas 2000: 117). Auf Basis einer solchen Konzeption des „self“ muss berufliche Identität als Entwicklungsresultat begriffen werden, das niemals abgeschlossen ist. Es ist in der Lage, immer wieder andere Perspektiven einzunehmen, Grenzen des Denkens und Handelns auszuloten und in ihrer Wirkung zu rekonstruieren, in der Situation und unter Bezugnahme auf potentielle Andere kritisch zu reflektieren, zu überschreiten und neue Ziele festzulegen.

Als Kraftquellen in diesem Prozess der beruflichen Identitätsfindung stehen den Novizen die positiven Erfahrungen mit Kindern sowie die erlebte Wertschätzung durch (manche) Kollegen zur Verfügung. Bei der Verarbeitung sind die Junglehrer jedoch auf *sich selbst* zurückgeworfen, müssen sich vielfach auf ihr Gefühl, ihre Intuition verlassen – eine begleitete Reflexion und Supervision hat keine der befragten Personen erfahren. Nicht oder nur marginal zur Verfügung steht die Schulleitung. Dabei zeigen Untersuchungen (vgl. Dick 1999), dass gerade den Vorgesetzten eine wichtige Funktion zukommen könnte: eine entlastende für die Berufsanfänger, eine stabilisierende im Sinne des Organisationsmanagements. Denn so kann die Organisation nur *hoffen*, dass die latent vorhandenen, systemstabilisierenden Strukturen als „geheimer Lehrplan" weiter gegeben werden, anstatt sie offen zu legen und die Neuankömmlinge bewusst in das berufliche Arbeitsfeld einzugliedern.

Auf individueller Ebene bedeutet eine solche fehlende Berufseinführung Autonomie und Freiheit, allerdings um den Preis von individuell zu bewältigenden Belastungen, die auch für das System zu Reibungsverlusten führen können. In der Diskussion um Professionalisierung, Qualitätsmanagement und optimale Nutzung von Humanressourcen wurde dies offensichtlich erkannt. Es scheint daher kein Zufall, dass die Schulleitung und ihr Beratungsauftrag in der Phase des Berufseinstiegs zum Thema geworden sind (vgl. Pädagogik 2/2002; Kneuper 2003) und Mentoring-Projekte konkret erprobt und evaluiert werden (vgl. Schratz 2002). Solche Ansätze können helfen, die subjektiven Kosten der Individuen bei der Bewältigung von beruflichen Unsicherheiten zu senken, indem das ihnen inhärente Bedrohungspotential transparent gemacht wird als Voraussetzung für einen konstruktiven Umgang damit. Positive Entwicklungsperspektiven und Professionalität auf individueller Ebene wären damit ebenso möglich wie auf der organisationalen Ebene.

Literatur

Altrichter, H./Salzgeber, S. (1996): Zur Mikropolitik schulischer Innovation. In: Altrichter, H./Posch, P. (Hrsg.): Mikropolitik der Schulentwicklung. Innsbruck: 96-169

Altrichter, H./Salzgeber, S. (1998): Das geheime Leben von Organisationen. Mikropolitik und Schulentwicklung. In: Schulheft 90, 93-123.

Bastian, J./Helsper, W. (2000): Professionalisierung im Lehrberuf. Bilanzierung und Perspektiven. In: Bastian, J. u.a. (Hrsg.): Professionalisierung im Lehrerberuf. Opladen: 167-192.

Berger, P.L./Luckmann, T. (1992, orig. 1966): Die gesellschaftliche Konstruktion der Wirklichkeit. Eine Theorie der Wissenssoziologie. Frankfurt a.M.

Bohnsack, R. (1993): Rekonstruktive Sozialforschung. Einführung in Methodologie und Praxis qualitativer Forschung. 2. Auflage. Opladen.

Combe, A./Buchen, S. (1996): Belastung von Lehrerinnen und Lehrern. Fallstudien zur Bedeutung alltäglicher Handlungsabläufe an unterschiedlichen Schulformen. Weinheim/München.

Dick, R. van (1999): Stress und Arbeitszufriedenheit im Lehrerberuf. Marburg.

Feiman-Nemser, S./Floden, R.E. (1991, orig. 1986): Die Berufskulturen von Lehrern. In: Terhart, E. (Hrsg.): Unterrichten als Beruf. Neuere amerikanische und englische Arbeiten zur Berufskultur von Lehrern und Lehrerinnen. Köln/Wien: 41-84.

Flick, U. (1991): Stationen des qualitativen Forschungsprozesses. In: Flick, U. u.a. (Hrsg.): Handbuch der qualitativen Sozialforschung. München: 148-173.

Fröhlich, G. (1994): Kapital, Habitus, Feld, Symbol. Grundbegriffe der Kulturtheorie bei Pierre Bourdieu. In: Mörth, I./Fröhlich, G. (Hrsg.): Das symbolische Kapital der Le-

bensstile: zur Kultursoziologie der Moderne nach Pierre Bourdieu. Frankfurt a.M./New York: 31-54.
Froschauer, U. (1997): Organisationskultur als soziale Konstruktion. In: ÖZS 2, 107-124.
Giddens, A. (1997, orig. 1984): Die Konstitution der Gesellschaft, 3. Auflage. Frankfurt a.M.
Glaser, B.G./Strauss, A.L. (1998, orig. 1967): Grounded Theory. Strategien qualitativer Forschung. Bern u.a.
Heinz, W.R. (1995): Arbeit, Beruf und Lebenslauf. Eine Einführung in die berufliche Sozialisation. Weinheim/München.
Helsper, W./Böhme, J./Kramer, R.-T./Lingkost, A. (2001): Schulkultur und Schulmythos. Rekonstruktionen zur Schulkultur I. Opladen.
Huberman, M.A./Marti, J. (1993, orig. 1989): Beginning Teaching. In: Huberman, M.A. (Hrsg.): The lives of teachers. London: 194-213.
Hurrelmann, K. (1993): Einführung in die Sozialisationstheorie, 4. Auflage. Weinheim/Basel
Joas, H. (2000, orig. 1979): Praktische Intersubjektivität. Die Entwicklung des Werkes von George Herbert Mead. Frankfurt a.M.
Johnson, S.M. (1990): Teachers at Work. Achieving Success in Our Schools. New York.
Kelchtermans, G./Ballet, K. (2002): The micropolitics of teacher induction. A narrative-biographical study on teacher socialisation. In: Teaching and Teacher Education, vol. 18, 105-120.
Kneuper, D. (2003): Professionalisierung von Lehrerinnen und Lehrern durch Beurteilung und Beratung. In: Pädagogik 2, 53-56.
Lamnek, S. (1989): Qualitative Sozialforschung. Band 2: Methoden und Techniken. München.
Lortie, D.C. (2002, orig. 1975): Schoolteacher. London/Chicago.
Mead, G.H. (1934): Mind, Self and Society. Chicago. http://spartan.ac.brocku.ca/~lward/Mead/pubs2/mindself/Mead_1934_22.html [05.03.2004]
Nias, J. (1989): Primary Teachers Talking. A study of teaching as work. London/New York
Ofner, F. (1998): Macht im Bildungssystem. In: Schulheft 90, 67-79.
Paseka, A. (2005): Rekonstruieren – verstehen – interpretieren – verdichten. In: Kowarsch; A./Pollheimer, K.M. (Hrsg.): Professionalisierung in pädagogischen Berufen. Purkersdorf: 223-230.
Rustemeyer, R. (1998): Lehrberuf und Aufstiegsorientierung. Eine empirische Untersuchung mit Schulleiter/innen, Lehrer/innen und Lehramtsstudierenden. Münster u.a.
Schönwälder, H.-G. (1998): Probleme der Arbeitsbelastung im Lehrerberuf. In: Journal für Schulentwicklung 2, 34-44.
Schratz, M. (2002): Ausstieg oder Einstieg? Die Berufseingangsphase als Inszenierung professioneller Erschütterung. In: Pädagogik 2, 30-33.
Soeffner, H.-G. (1989): Auslegung des Alltags – Der Alltag der Auslegung. Zur wissenssoziologischen Konzeption einer sozialwissenschaftlichen Hermeneutik. Frankfurt a.M.
Steinhardt, G. (1991): Zwischen Freiraum und Begrenzung: Bewältigungsstrategien ungelernter Arbeiterinnen. In: Lechner, F. u.a. (Hg.): Vergessene Frauen-Arbeitsbereiche. Giessen: 201-216.
Strauss, A.L. (1994): Grundlagen qualitativer Sozialforschung. München.

Terhart, E. (2001): Lehrerberuf und Lehrerbildung. Forschungsbefunde, Problemanalysen, Reformkonzepte. Weinheim/Basel.

Terhart, E./Czerwenka, K./Ehrich, K./Jordan, F./Schmidt, H.J. (1994): Berufsbiographien von Lehrern und Lehrerinnen. Frankfurt a.M. u.a.

Treptow, E./Rothland, M. (2005): „Jeder Schule ihre Lehrer“? Empirische Befunde zum Auswahlverfahren bei der Besetzung von Lehrerstellen in Nordrhein-Westfalen. In: Zeitschrift für Erziehungswissenschaft 2, 305-320.

Ulich, K. (1996): Beruf: Lehrer/in. Arbeitsbelastungen, Beziehungskonflikte, Zufriedenheit. Weinheim/Basel.

Schulentwicklung als Machbarkeitsvision
Eine Re-Vision im Horizont professioneller Ungewissheit

Michael Göhlich

Der Beitrag nimmt seinen Ausgang von dem *ambipotenten* Verhältnis zwischen Organisation und Profession und der Notwendigkeit der Entwicklung einer *professionellen Organisation*. Nach dem Zwischenschritt einer Skizze der ideengeschichtlichen Tradition pädagogischer Allmachtsphantasien, als deren Weiterführung die heute auf die Vervollkommnung einzelner Schulen gerichteten Machbarkeitsvisionen gelesen werden können, setzt sich der Beitrag insbesondere mit dem die 1990er Jahre beherrschenden Modell des Institutionellen Schulentwicklungs-Prozesses auseinander, deutet es als Machbarkeitsvision und setzt ihm eine schulkulturelle Orientierung als schulentwicklungstheoretische Alternative entgegen, welche der professionellen Ungewissheit mehr Raum gibt und die zentrale Kraft der Schulentwicklung in der *mimetischen Variation schulpraktischer Muster* erkennt.

1 Zum Verhältnis von Organisation und Profession

Im unter der Herausgeberschaft von Wolfgang Böttcher und Ewald Terhart erschienenen zweiten Band der Reihe „Organisation und Pädagogik“ umreißt Thomas Kurtz (2004) das Verhältnis von Profession und Organisation im Erziehungssystem aus systemtheoretischer Sicht. Eine wichtige Frage aus dieser Sicht ist die nach der Rationalität beider Formen gesellschaftlicher Praxis. Während Parsons die Auffassung vertritt, dass Rationalität in beiden Formen notwendig ist, da man sich in Organisation und Profession entsprechend deren Mitgliedsbedingungen verhält, Organisation und Profession also die Angleichung der Rationalitätsniveaus von Individuum und Gesellschaft befördern, bezweifelt Luhmann Rationalität als wesentliches Kennzeichen von Organisation und Profession. Stattdessen bestimmt er Organisation und Profession als „Formen der Respezifikation gesellschaftlicher Funktionsbezüge in Leistungsbeziehungen“ (Kurtz 2004: 43). An der Frage nach der Rationalität von Organisation kommen wir auch bei der Erörterung von Schulentwicklungsansätzen nicht vorbei. Allerdings tut sich bei näherer Betrachtung die Frage auf, von welcher Art Rationalität die Rede ist, etwa, um nur zwei divergierende Auffassungen zu nennen, von Zweckrationalität im Sinne Webers (vgl. Göhlich 2001: 121ff.) oder von praktischer Vernunft im Sinne Bourdieus (vgl. ebd.: 151ff.)?

Leichter fassbar ist der Begriff der Reflexivität, mit dem Sabine Reh eine mögliche Gestaltung des Verhältnisses zwischen Profession und Organisation postuliert (Reh 2004). Sie greift auf die gängige Steigerungsformel „Professionalität durch Reflexivität" zurück, wendet sich jedoch gegen Reflexivität als Bekenntnisstruktur und spricht sich stattdessen, ohne dies allerdings in dem genannten Aufsatz näher auszuführen, für Reflexivität als organisatorische Struktur aus.

Ich komme auf dieses Argument zurück, beginne jedoch außerhalb der Ebene der Lösungssuche mit einer eigenen Skizze des Verhältnisses zwischen Organisation und Profession, um darauf aufbauend Schulentwicklungsansätze erörtern zu können.

Das Verhältnis von Organisation und Profession erscheint mir ambig, oder besser gesagt, wenn es den Ausdruck geben würde, *„ambipotent"*. Einerseits dient die Organisation mit ihren Grenzen, Strukturen und Regeln der Profession als Form ihrer Unsicherheitsbewältigung, andererseits generiert sie selbst gerade aufgrund ihrer festen Grenzen, Strukturen und Regeln in einem sich wandelnden Kontext Unsicherheit und wird deshalb ihrerseits zu einer Aufgabe der (pädagogischen) Profession. Die Entwicklung einer *„professionellen Organisation"* wird damit notwendig und erscheint so als möglich.

Dies gilt für pädagogische Organisationen wie etwa Schulen entschiedener als für Organisationen anderer Professionen wie etwa Kliniken, da der pädagogische Fokus Lernen bzw. Lernunterstützung – im Unterschied zum medizinischen der Heilung – vom Individuum auf die Organisation verschoben werden kann. Eine Schule kann in ihrem Lernen unterstützt werden, wohingegen keine Klinik geheilt werden kann. Hingegen kann auch eine Klinik in ihrem organisationalen Lernen unterstützt werden. Auch für Organisationen gilt also, was Lüders, Kade und Hornstein die „Entgrenzung des Pädagogischen" genannt haben (Lüders u.a. 1995). In diesem Sinne habe ich bereits an anderer Stelle darauf hingewiesen, daß jede Organisation eine pädagogische Dimension enthält und ihre Praxis teil- bzw. zeitweise als pädagogische verstanden werden kann (vgl. Göhlich 2001: 219).

In der Professions- und Professionalisierungsdebatte ist diese Sicht vergleichsweise neu. Noch in dem von Arno Combe und Werner Helsper herausgegebenen, anregungsreichen Sammelband über Pädagogische Professionalität wird die Organisation etwa von Fritz Schütze begrifflich eng mit Zwang gekoppelt und dem professionellen Handeln als Einschränkung gegenübergestellt (vgl. Schütze 1996). Auch die Herausgeber selbst postulierten damals noch ein striktes Gegenüber von einerseits Institution bzw. Organisation, ihrem bürokratischen Handlungsrahmen und ihren Routineprogrammen und andererseits pädagogischem Handeln und seiner konstitutiven Offenheit (vgl. Combe/Helsper 1996). Der Einladungstext zu der Tagung, auf die der vorliegende Band zurückgeht, machte deutlich, dass sich der Professionalisierungsdiskurs in den letzten Jahren in dieser Frage bewegt hat. Wenn nun die Organisation der Profession nicht mehr nur gegenübersteht, sondern Entwicklungen hin zu einer *„professionellen Organisation"* möglich erscheinen und in den Blick genommen werden sollen, muss – da sich die Professionalisierungstheorie damit bisher nicht befasst hat – auf Arbeiten aus dem Organisationsentwicklungsdiskurs, hier genauer: aus dem Schulentwicklungsdiskurs zurückgegriffen werden, der seinerseits, was unsere Disziplin angeht, nur einen speziellen Bereich jenes organisationspädagogischen Diskurses ausmacht, der als genereller erst im Entstehen begriffen ist (vgl. Göhlich 2005a).

Umgekehrt enthält eine konstruktive Hinwendung der Professionstheorie zur Organisation jedoch auch für deren Theorie Anregungen, stellen sich damit doch Fragen nach dem Klienten organisationspädagogischen Handelns und nach der spezifischen Ausbildung und Qualifikation für organisationspädagogisches Handeln, und verstärkt sich doch damit die Fokussierung der besonderen Wissensbasis, nicht zuletzt das Wissen um die begrenzte Wissensgrundlage organisationaler Praxis.

Damit erlischt die Möglichkeit der polaren Kombination, Machbarkeit der Organisation und Ungewissheit der Profession zuzuschreiben. Beide befinden sich in der Spannung von Machbarkeit und Ungewissheit. In einzelnen Ansätzen zur Schulentwicklung scheint diese Spannung auf, der Main-stream-Diskurs um Schulentwicklung (nicht nur auf akademischer Ebene, sondern erst recht auf der Ebene der Lehrerfortbildung) neigt allerdings der Idee der Machbarkeit zu.

Auch wenn keine ausgearbeitete Theorie der Schulentwicklung vorliegt, lassen sich drei Richtungen grob unterscheiden: die dem Organisationsentwicklungs(OE-)-ansatz verpflichtete Richtung, für den die Arbeiten des Dortmunder Instituts für Schulentwicklungsforschung, zuvorderst das Modell des Institutionellen Schulentwicklungs-Prozesses stehen (vgl. Dalin/Rolff/Buchen 1995), der mikropolitische Ansatz (v.a. Altrichter/Posch 1996) und Schulkultur-Ansätze (u.a. Terhart 1994; Fend 1996; Göhlich 1997; 2005b; Helsper u.a. 2001; Schönig 2002). Da ich im Weiteren nur auf die OE- und auf die Schulkultur-Richtung näher eingehe, scheint mir zumindest eine kurze Stellungnahme zum mikropolitischen Ansatz angebracht.

Die Stärken des mikropolitischen Verständnisses von Schulentwicklung liegen im Verständnis von Macht als akkumulierter Handlungsfähigkeit und der damit verbundenen Fokussierung konkreter Handlungen einzelner Akteure, die der Gefahr einer formalisierten Festsetzung des Blicks (z.B. auf Strukturen der Organisation) entgegenarbeitet. Problematisch erscheint in erster Linie, was Herbert Altrichter und seine Mitautoren selbst bemängeln, aber mit ihren Modifizierungen nicht lösen, dass nämlich die strikte Konfliktorientierung des mikropolitischen Ansatzes Schwierigkeiten bereitet, die Stabilität einer bestimmten Einzelschule oder gar deren konsensuale Entwicklung zu erklären. Zwar bemühen sie sich um einen dritten Weg zwischen dem herkömmlichen, den Konsensbegriff in Macht auflösenden Mikropolitik-Ansatz und dem von Macht getrennten Konsensbegriff Habermas', indem sie einen schwachen Konsensbegriff postulieren, in welchem die Beziehung zwischen Macht und Konsens nicht im voraus entschieden ist, sondern im empirischen Fall jeweils erst bestimmt wird. Wie dies allerdings geschieht, bleibt undeutlich. Die hier erkennbare Grenze des Ansatzes hängt mit einem Aspekt zusammen, dem im weiteren Verlauf meines Beitrags mehr Aufmerksamkeit zukommen wird, nämlich mit der Verhaftung des Schulentwicklungsdiskurses in der intentionalitäts- und zweckrationalitätslastigen Tradition der Handlungstheorie und, damit verbunden, in der Vernachlässigung habitueller Muster der Beteiligten und nicht-intentionaler Eigendynamiken des sozialen Systems. Damit bin ich im Zentrum der Frage angekommen, ob es sich bei Konzepten der Schulentwicklung um Machbarkeitsvisionen in neuem Gewand handelt.

2 Schulentwicklung in der Tradition pädagogischer Allmachtsphantasien

Die Frage „Alte Machbarkeitsvisionen in neuem Gewand?“ stammt, dies sei zur Klärung des Rahmens des vorliegenden Textes gesagt, von Werner Helsper, der sie mir mit der Einladung zur Tagung als Vortragsthema vorschlug und den (damaligen) Untertitel „Eine Re-Vision der Schulorganisationsentwicklung und -steuerung im Horizont professioneller Ungewissheit“ gleich mitschickte. So begann ich die Arbeit an dem Beitrag als Leser eines Auftrags. Abgesehen davon, dass ich in meiner Arbeit von einer Schule als Organisation und damit von Schulentwicklung als (zu spezifizierende) Organisationsentwicklung ausgehe, mit dem Begriff „Schulorganisationsentwicklung“ dementsprechend wenig anfangen konnte und mir zudem der Anspruch einer Revision *der* Schulorganisationsentwicklung und damit des entsprechenden Diskurses in seiner Gesamtheit in einem Tagungsbeitrag nicht einlösbar zu sein schien, war ich nicht sicher, an welchen zeitlichen Horizont der Fragesteller bei der Verwendung der Worte „alt“ und „neu“ gedacht hatte. Man könnte ja beispielsweise die Makro-Schul(wesen)entwicklungsansätze der 70er Jahre mit den Mikro-(Einzel)Schulentwicklungsansätzen der 90er Jahre vergleichen. Eher vermutete ich allerdings, dass unter alten Machbarkeitsphantasien die aufs Individuum gerichteten Vervollkommnungsphantasien der Pädagogik gemeint waren, und in der Frage die Hypothese zum Ausdruck kommt, dass diese ehemals aufs Individuum gerichtete Phantasie im Schulentwicklungsdiskurs auf die Organisation Schule gerichtet wird. Da der gesamte Diskurs zu umfangreich und heterogen ist, nahm ich zudem an, dass exemplarisch ein aufgrund seiner Verbreitung und zeitweise diskursiven Hegemonie besonders wichtiger Ansatz revidiert werden sollte. Im Vorfeld der Tagung erfolgende Rückfragen beim Fragesteller ergaben, dass ich die Frage respektive den Auftrag zumindest richtig verstanden habe. Für die Ausführung der Antwort übernehme ich selbstverständlich die alleinige Verantwortung.

Betrachten wir also die Vision der Machbarkeit als historisch mitgeführten Bestandteil pädagogischer Profession. Die auf das Individuum gerichtete Vervollkommnungsidee pädagogischer Entwürfe wurde spätestens seit der Rede vom „Tod des Menschen" im bildungstheoretischen und pädagogisch-anthropologischen Diskurs reichlich problematisiert (vgl. Kamper/Wulf 1994). Eng mit der Vervollkommnungsidee verbunden ist die Vision der Machbarkeit. Einer ihrer Aspekte wird in der seit Luhmanns und Schorrs Reflexionen über das Erziehungssystem gewachsenen Rede von der – der Pädagogik fehlenden – Technologie thematisiert (vgl. die als „Fragen an die Pädagogik" herausgegebenen Sammelbände, z.B. Luhmann/Schorr 1982). Andere, wie etwa die Omnipotenzphantasie des Pädagogen als Machers, stehen seltener zur Debatte.

Dabei ist diese Phantasie wesentlicher Bestandteil kanonisierter Entwürfe, auf denen unsere Disziplin – und mit ihr bestimmte Aspekte sowohl der Profession (Lehrer) als auch der Organisation (Schule) – ideengeschichtlich aufbaut. Bei aller Unterschiedlichkeit gründen die Entwürfe von Comenius, Pestalozzi und Rousseau auf der Idee pädagogischer Allmacht. Ob aus comenianischer Zentralperspektive allen alles gelehrt werden soll, ob mittels pestalozzischer Zentrierung der Pädagoge allen alles sein will oder ob in rousseauschem Totalismus die ganze Umgebung als vom Pädagogen beherrscht gedacht wird, die Idee pädagogischer Allmacht scheint immer wieder neu zu triumphieren (vgl. Göhlich 1993). Lediglich die Ebene, auf der die Macht als wirksam angenommen wird, ändert sich.

Diese Tradition der pädagogischen Profession ist bei einer Revision der Schulentwicklungsmodelle zu beachten. Insbesondere vom gerade in seiner Indirektheit totalitären, nichtsdestotrotz oder gerade deshalb von der Reformpädagogik des 20. Jahrhunderts aufgegriffenen Wirksamkeits-Modell Rousseaus aus drängt sich die Idee auf, die Gestaltung der Schule als die eigentliche pädagogische Praxis zu verstehen und von hier aus pädagogische Machbarkeit sichern zu wollen. So scheint es mir kein Zufall zu sein, dass das Bemühen um Schulentwicklung und unterrichtliche Öffnung Ende des 20. Jahrhunderts Hand in Hand gehen. Nachdem die in den 1960er und 1970er Jahren formulierten Hoffnungen enger didaktischer Wirkungszusammenhänge zerronnen sind, hat sich die Vision der Machbarkeit auf die Gestaltung der pädagogischen Umgebung (vgl. Göhlich 1993) und damit letztlich auch auf die Entwicklung der Einzelschule verlagert. Da sich die Vervollkommnung des Individuums dem pädagogischen Zugriff zu entziehen scheint, wird die Vervollkommnung der Schule als pädagogischer Organisation angestrebt.

Betrachten wir die drei zuvor genannten Schulentwicklungsmodelle, so zeigt sich dieser Drang zur Vervollkommnung der Schule und die ihm zugrunde liegende Idee der Machbarkeit insbesondere in der erstgenannten Richtung.

3 Das ISP-Modell als Machbarkeitsvision

Das Modell des Institutionellen Schulentwicklungs-Prozesses (ISP) von Dalin, Rolff und Buchen war die 1990er Jahre hindurch nicht nur in der akademischen Debatte, sondern auch in der Lehrerfortbildung zweifellos das einflussreichste Modell von Schulentwicklung und wirkt heute noch beispielsweise in der Etablierung schulischer Steuergruppen und in der Schulprogramm-Entwicklung fort. Es wendet die Theorie der Organisationsentwicklung (OE) auf Schule an, modifiziert sie in spezifischer Weise und hat so der Schulentwicklungsdebatte im deutschsprachigen Raum eine theoretische Grundlage gegeben.

Seine Grenze liegt im Umgang mit der pädagogischen Phantasie der Machbarkeit. Ich werde zu zeigen versuchen, inwiefern und wie der Ansatz Machbarkeitsphantasien transportiert und generiert.

Als Beleg lässt sich zuvorderst das Phasenschema heranziehen. Die diskursive Bedeutung eines solchen Schemas ist immens, nicht nur weil es sich wie jede übersichtliche Graphik bestens zur medialen Präsentation (etwa beim Einstieg als Moderator in einen Schulentwicklungsprozess) eignet, sondern weil es dabei das Bild einer eindeutigen Abfolge, das Bild eines linearen Prozesses entwirft. Den Autoren ist dies durchaus bewusst, schreiben sie doch selbst, die Abbildung stelle ein Phasenschema dar, das „eine Linearität suggeriert, die in der Praxis nicht vorkommt" (Dalin u.a. 1995: 44). Nichtsdestotrotz setzen sie das Phasenschema ein, ja, sie beginnen damit, gründen die Vorstellung ihres Schulentwicklungsansatzes darauf und begründen dies damit, dass es „eine gewisse Orientierung" vermittle und eine „gute Grundlage für die Gliederung" ihres Buches sei. Erst mehr als 200 Seiten später, gegen Ende des Buches, bieten die Autoren eine, um in ihren eigenen Worten zu sprechen, „weniger lineare" (Dalin u.a. 1995: 266), nämlich kreisförmige graphische Darstellung des ISP, ohne diese dann allerdings in ihrer schulentwicklungstheoretischen Bedeutung eingehend zu entfalten. Bestimmt wird die literarische Darstellung des ISP also über weite Strecken von der linearen Graphik.

Dies gilt noch entschiedener für die Präsentation des ISP im Rahmen von Fortbildungen oder eines Einstiegs in die Moderation einer Schulentwicklung. So fordern die Autoren, in der Erstbegegnung der Schulentwicklungsmoderatoren mit dem Kollegium müsse der Institutionelle Schulentwicklungs-Prozess „in prägnanter Form" (ebd.: 58) vorgestellt werden. Im angeführten Fall einer Düsseldorfer Berufsschule ist zu erkennen, dass diese „prägnante Vorstellung" in erster Linie mittels des

Phasenschemas erfolgte. So lautet der zweite Tagesordnungspunkt für die Vorstellung des ISP im Kollegium „Erläuterungen zum Schulentwicklungsprojekt" und darin nach Klärung der Beraterrolle ausdrücklich: „Wie verläuft die Arbeit (Phasen) in einem Schulentwicklungsprozeß?" Mittels der Präsentation des Phasenschema, der Anzeige eines bestimmten Nacheinanders von Phasen wird die Idee linearer Machbarkeit transportiert.

Als zweiter Aspekt neben der Linearität des Phasenschemas ist die Ziel- und Planungslastigkeit des ISP-Ansatzes zu nennen. Die meisten Phasen des Modells dienen dem Aufbau von Steuerung[1], davon wiederum ein Großteil der Zielklärung und Planung der Schulentwicklung. Zugespitzt formuliert Hans-Günter Rolff dies in seinem Aufsatzband „Wandel durch Selbstorganisation" in der Regel: „Organisationsentwicklung ist Programmplanung." (Rolff 1993: 160). Das Vertrauen der ISP-Autoren auf die Planbarkeit des Schulentwicklungsprozesses ist immens.

Der ISP-Ansatz steht hier offenbar in der Tradition zweckrationaler Handlungstheorie. Grundlegende Annahme ist, dass Handeln einem Ziel bzw. Zweck folgt, der zuvor rational bestimmt werden kann. Neuere Handlungstheorien wie Joas' Theorie kreativen Handelns, Bourdieus Theorie praktischer Vernunft oder Gebauer/Wulf's Theorie mimetischen Handelns stellen jedoch genau diese Annahme in Frage (vgl. Göhlich 2001: 147ff.). Auch bedeutende organisationstheoretische Stimmen sprechen dagegen. So weist Karl Weick bereits 1976 darauf hin, „that intentions often follow rather than precede actions (...) Unfortunately, organizations continue to think that planning is a good thing, they spend much time on planning, and actions are assessed in terms of their fit for with plans" (Weick 1976: 4).

Dalin, Rolff und Buchen kennen die Überlegungen Weicks, sein Modell der Schule als loosely coupled system wird von ihnen erwähnt. Dass sie sich dennoch für die Linearität und dabei für die Betonung der Zielsetzung und Planung entscheiden, ist vermutlich in einem dritten Aspekt begründet, nämlich in der Bedürfnisorientierung des ISP-Modells.

1 Dies setzt schon mit dem Versuch ein, die Frage nach dem Klienten der Schulentwicklungsmoderatoren mit dem Konzept der Steuergruppe zu beantworten. Auch wenn die Autoren Ed Scheins Unterscheidung von viererlei Kliententypen aufgreifen, reduzieren sie diese Varianz im Phasenschema auf die Steuergruppe. Im Text wird diese Entscheidung in bezeichnender Weise uneindeutig: „Primärer Klient, mit dem die Schulentwicklungsmoderatoren vor allem arbeiten, ist außer der Schulleitung die Steuergruppe." (Dalin u.a. 1995: 68) In der Einzeldarstellung der Phasen kippt die Aufmerksamkeit der Autoren dann von der Steuergruppe auf die Schulleitung. So enthält das in jeder Phasendarstellung wiederzufindende Unterkapitel „Rollen im Entwicklungsprozeß" in der Regel keinen Unterabschnitt zur Steuergruppe, hingegen einen zur Schulleitung. Die Diskrepanz zwischen Fokussierung der Steuergruppe als Klient im Phasenschema und der Schulleitung als Klient im ausführlichen Text könnte auf eine unzureichende Explikation der Machtfrage im ISP hindeuten.

Dieser Aspekt scheint das eigentliche Herz des ISP-Ansatzes zu sein. Das ISP-Modell versteht sich als Ansatz, der Bedürfnisse befriedigen hilft. Hier wird sozialreformerische Motivik in eine Vision organisationaler Technologie überführt. Es sind letztlich fünf Annahmen, die dem ISP-Modell zugrunde liegen: 1. dass Schulentwicklung in Bedürfnisbefriedigung gründet, 2. dass die Bedürfnisse (mittels eines skalierten Fragebogens) verbalisiert und gemessen werden können, 3. dass die Bedürfnisse rational-planerisch in Handlungsziele überführt werden können, 4. dass Handlungsziele das Handeln leiten und 5. dass dieses Handeln dann die Schule entwickelt.

Diese Annahmen erscheinen nicht nur, wie bereits angemerkt, im Sinne neuerer Handlungs- und Organisationstheorie fragwürdig.[2] Auch ohne die alte Debatte um „falsche Bedürfnisse" (Marcuse 1977: 25) wiederzubeleben, wäre zu fragen, welche Kriterien bei der Prioritätensetzung unter ggf. genannten Bedürfnissen verwendet werden. Das Kriterium der größten Ist-Soll-Differenz, wie es die ISP-Autoren vorschlagen, ist ein bloß technologisches, geht der Frage des normativen Rahmens wie auch der des kulturgemeinschaftlichen Sinns aus dem Weg. Und gründet Schulentwicklung überhaupt in Bedürfnisbefriedigung oder gründet sie nicht eher in der (vielschichtig und so nicht deutlich motivierten, nur partiell bewussten, mimetischen) Variation tradierter Muster schulischer bzw. schulpädagogischer Praxis?

4 Schulentwicklung als mimetische Variation schulpraktischer Muster

Ich folge letzterer Vermutung und möchte deshalb, als schulentwicklungstheoretische Alternative, den schulkulturellen Ansatz vorstellen, der sich für mich im Verlauf der forschenden Begleitung der Berliner Europaschulen (Göhlich 1998; 2003) und der Untersuchungen im Rahmen des seit 1999 an einer Berliner Schule laufenden Ritualforschungsprojekts (Wulf u.a. 2001; 2004) als sinnvoll herausgestellt hat und dem ich auch in dem Versuch, neuere System- und Handlungstheorie in einer kulturorientierten Theorie der Praxis pädagogischer Institutionen zusammenzuführen, gefolgt bin (Göhlich 2001). In diesem Sinne spreche ich von Schulentwicklung als einem *mustermimetischen Prozess*.

2 Nur angedeutet werden kann hier, dass auch von anderer, selbst instrumentalistisch orientierter Seite Kritik geübt wird. Diesen Kritikern geht der Machbarkeitsdrang des ISP-Modells nicht weit genug. Dessen Technologie genügt ihnen nicht, Techniken werden gewünscht. Diesem Begehren kommt Klipperts EVA-Modell entgegen, das in den letzten Jahren die Schulentwicklungslandschaft auf fortbildnerischer Ebene bestimmt, im akademischen Diskurs, der (nicht zuletzt schulkulturorientiert) das rationale Machbarkeitsmodell stärker als in den 1990er Jahren in Zweifel zieht, allerdings kaum Resonanz findet. Als historische Leistung des ISP-Modell zu würdigen ist dementsprechend, dass es für eine gewisse Zeit eine Brücke zwischen wissenschaftlichem und Fortbildungs-Diskurs geschaffen hat.

Aus dieser Sicht wird Schulkultur als Spiel fein gestalteter Wiederholungen sichtbar, wobei deren feine Gestaltung ein kreatives Potential birgt, das einerseits dem einzelnen schulischen Akteur die Mitwirkung an der schulischen Wirklichkeit und andererseits der einzelnen Schule institutionelles Lernen, d.h. spezifischen Wandel ermöglicht.

Der Fokus liegt damit – und hier tut sich eine Differenz zum Ansatz der Hallenser Gruppe um Werner Helsper auf, zu dem ansonsten eine Reihe Gemeinsamkeiten bestehen – nicht auf dem Mythos der betreffenden Schule, sondern auf der performativen, nicht zuletzt körperlich interaktiven Praxis. Forschungsmethodisch stützt sich eine so orientierte Schulkulturforschung auf ethnographische Verfahren, die der Leiblichkeit des Geschehens Raum geben, insbesondere also auf videogestützte Beobachtungen und deren Interpretation mittels der Kategorien des Performativen (Wulf/Göhlich/Zirfas 2001).

Die aus mikropolitischer Perspektive wichtige Frage der Macht entfällt aus solch kulturorientierter Sicht keineswegs, sie wird nur anders betrachtet. Handeln, genauer: ein (ggf. selbst-)kommunikativ als Handeln definiertes Geschehen, bewegt stets den Sinn vorgängiger Praxis. In dieser Bewegung wird Macht erzeugt, sei es bestätigend oder widerständig. Diese Macht ist allerdings weniger dem Akteur als dem Handeln selbst zuzuschreiben. Die Fokussierung des Performativen bringt diese Wirkmächtigkeit des Handelns zum Vorschein. Das Handeln ist umso mächtiger, je mehr es Handlungsregelung ist.

Was auf der Ebene systemischen Prozessierens kommunikativer Sinn ist, ist als Handeln an Körper und Psyche der Akteure angeschlossen. Systemische Muster werden in Habitus individueller und kollektiver Akteure überführt und dabei mimetisch variiert. Dies gilt es bei der Untersuchung von Schulkultur in den Blick zu bekommen. So kann etwa eine Schulfeier als großes Muster gelesen werden, das sich aus vielen kleinen Mustern zusammensetzt, welche sich aus dem systemischen Prozessieren alltäglicher Schulpraxis speisen, davon abheben und zugleich wiederum mimetische Vorlagen im Sinne eines „rituellen Wissens“ (Jennings 1998) bilden, die ihrerseits das weitere Handeln schulischer Akteure und das Prozessieren alltäglicher Schul-, d.h. nicht zuletzt Unterrichtspraxis speisen können.

So setzt sich beispielsweise die Abschiedsfeier einer Schule (Göhlich 2004) aus verschiedenen Bausteinen zusammen, von denen die Ansprache der Schulleiterin an die abgehenden Schüler, der Verleih von Urkunden für langjährige Mitarbeit in AGs u.a. sowie (teils wechselseitige) Danksagungen die Besonderheit im Vergleich zu anderen schulischen Feiern ausmachen. Die Urkunde erscheint dabei als Sakramentalie, in deren Übergabe Leistung und Mitarbeit geheiligt werden.

Ein kulturorientiertes Verständnis von Schule bietet offensichtlich Erklärungsmöglichkeiten der Kontinuität und Stabilität einzelschulischer Praxis. Ob es auch für ein Verständnis der Entwicklung dieser Praxis, also für Schul*entwicklung* taugt, kann nur mittels entsprechend orientierter Längsschnittuntersuchungen geklärt werden. Abschließend gehe ich deshalb exemplarisch auf die mehrjährige Untersuchung einer Berliner Grundschule im genannten Ritualprojekt, hier speziell auf zwei der mit einjährigem Abstand durchgeführten Schuljahresende- und 6.Klässler-Abschiedsfeiern ein (ausführlich: Göhlich 2004).

Die Abschiedsfeier 1999, bei der alle Lehrer und Schüler sowie einzelne Andere (zumeist Eltern) anwesend sind, wird von der Schulleiterin beherrscht. Sie eröffnet und schließt die Feier offiziell, dankt externen Helfern, verleiht Preise an Schüler und verabschiedet die Sechstklässler. Wie bereits angemerkt, ist Handlungsregelung ein besonders mächtiges Handeln. Der Zugriff auf Handlungsregelungsressourcen impliziert Macht. Dazu gehört, dass die Schulleiterin es ist, die den ruheheischenden Gong in der Hand hält und ggf. schlägt, dass sie es ist, die das Mikrofon in der Hand hat, an die jeweiligen Aufführenden übergibt und von ihnen zurückfordert. Sie ist es, die das Programm steuert, z.B. über das angekündigte Programm hinausgehende Inszenierungen Einzelner oder einer bestimmten Gruppe auf der Bühne zulässt und beendet. Die Inszenierungen der Schüler in dieser Abschiedsfeier spiegeln die Macht der Schulleiterin wider. So heißt es in einem von einer Schulabgängerin vorgetragenen Gedicht: „Doch über allem, das weiß hier jeder ganz genau, stand immer eine einzige Frau. Frau Carstens (Name geändert, M.G.), die Seele von allem hier, stand beschützend vor uns wie ein Stier." Auch wenn hier die Form der Machtausübung als Garant für persönlichen Schutz gewürdigt wird, steht die erkennbar hierarchische Praxis im Gegensatz zum partizipativen Anspruch der Schule.

Dies gilt umso mehr, als andere auf der Bühne dieser Abschiedsfeier schulöffentlich gemachte Äußerungen, wie etwa die eines für seine Klasse sprechenden Schulabgängers, der die Schulleiterin schlicht als „die wichtigste Person der Schule" bezeichnet, noch unverblümter auf die Hierarchie hinweisen.

Am meisten gefährdet wird der Anspruch einer partizipativen Schulgemeinschaft jedoch durch den in der Feier performierten Habitus der Schulleiterin. Er trägt wesentlich zum „Gepräge" der Schule bei, ähnlich der Prägung des Musters einer Unterrichtsgemeinschaft durch den performierten Habitus eines Lehrers (vgl. Bauer u.a. 1996: 113f.; Göhlich 2001: 208ff.). Zwar spielen die kleinen, alltäglichen Rituale und rituellen Sequenzen über das Jahr hinweg sicherlich eine auch die Schulgemeinschaft prägende Rolle. Aber eine Schulfeier wie z.B. die hier untersuchte Abschiedsfeier bietet die Möglichkeit, in verhältnismäßig kurzer Zeit allen an der Schule Beteiligten die hier gezeigte oder aber eine andere Variante von Schulleitung vorzuführen und so ein letztlich im Sinne rituellen Wissens auch in den Alltag der Schule hineinwirkendes Zeichen zu setzen.

Für die Frage, wie Schulkultur mit Schulentwicklung zusammenhängt, ist nun interessant, dass im untersuchten Fall die schulischen Akteure, und zwar offenbar sowohl Lehrer als auch zumindest einzelne Schüler und last not least die Schulleiterin, die kulturelle Diskrepanz zwischen demokratisch-partizipativem Anspruch und hierarchischer Praxis bemerken und gegen sie angehen. Die so zu konstatierende Schulentwicklung findet jedoch nicht als auf quantitativer Datenbasis in Phasen geplante statt, sondern erwächst aus dem schulalltäglichen Wechselspiel aus Mimesis und Reflexivität der an Schule Beteiligten. Dieses Wechselspiel zu stärken, es organisational zu verankern, erscheint sinnvoll und erforderlich. Eine solche Forderung kann an den bereits erwähnten Vorschlag Rehs, Reflexivität als organisationale Struktur zu etablieren, (ihn modifizierend) anschließen.

Aber fahren wir in der Skizze des Falles fort, um die Tragfähigkeit unseres Ansatzes auf das Verständnis von Schul*entwicklung* zu verdeutlichen. Ein Jahr später, in der Abschiedsfeier 2000, ist insbesondere hinsichtlich des modus operandi der die Feier steuernden Elemente des Makrorituals ein Wandel zu erkennen. Die Schulleiterin bleibt nun weitgehend im Hintergrund, redet deutlich weniger als ein Jahr zuvor (nämlich nur einmal eine als eine Aufführung unter anderen erscheinende fünfminütige Dankes- und Abschiedsrede), hat das Mikrofon nur bei dieser einen Ansprache in der Hand, überlässt das Gongen einer Lehrerin, die Eröffnung der Feier einer anderen Lehrerin und den Schluss der Feier gar Schülern. Zudem beginnt sie ihre einzige Rede mit zumindest indirekter Selbstkritik: „Auf dem Programm steht: Abschiedsworte Frau Carstens (Name geändert, M.G.). Und die Lehrer haben zu mir gesagt: Reden Sie nicht so viel! Und vor allen Dingen Am (türkischer Jungenname geändert, M.G.), wo ist er (Schüler streckt seine Hand hoch): Weinen Sie nicht so laut! Wir müssen ja nun wirklich Abschied nehmen!..."

Offenbar war der bei der letzten Feier performierte Habitus der Schulleiterin vor der diesjährigen Schuljahresende-/Abschiedsfeier sowohl von Lehrer- als auch von Schülerseite in Frage gestellt worden. Interessant ist, dass die Schulleiterin diese Kritik nun dem aus allen Akteuren der Schule bestehenden Publikum mitteilt. Die Mitteilung erfüllt dreierlei Funktion: sie rahmt die nun gezeigte Zurückhaltung der Schulleiterin als bewusstes Handeln; sie zeigt die Schulleiterin als lernfähig; und sie kündet davon, dass Kritik in dieser Schule von unten nach oben möglich ist und akzeptiert wird. Auch hier gilt jedoch, dass es weniger, zumindest nicht allein die Rede der Schulleiterin ist, was zum schulkulturellen Wandel beiträgt, als vielmehr ihr während der Feier performierter Habitus.

Aber nicht nur die Performance der Schulleiterin hat sich geändert, die Feier wirkt insgesamt partizipativer, kooperativer und authentischer als im Vorjahr. Zeigten sich die Lehrer da vorwiegend als Einsatzleiter der Schüleraufführungen, so übernehmen sie nun eine eigene Darbietung, kommen allesamt auf die Bühne, tanzen dort vor den Augen der Schüler, sich an den Händen haltend, einen Rundtanz und zeigen sich so selbst als Gemeinschaft. Auch in den von einer Gruppe von Schülern selbst verfassten, auf jeden Abgänger individuell bezogenen und dem jeweiligen Individuum in direkter Gegenüberstellung vorgetragenen Gedichten erhält die Schulkultur insofern eine neue Qualität, als die zuvor von den Lehrern aufgeführte Gemeinschaft eines Kollegiums nun durch die Aufführung einer Gemeinschaft von Individuen ergänzt wird.

Hier hat offensichtlich Schulentwicklung stattgefunden. Auch ist diese Entwicklung kein gänzlich latenter, keinem der Beteiligten bewusster Wandel, sondern von reflexivem Diskurs beeinflusst. Allerdings ist sie nicht einfach praktische Folge einer in Zielsetzung und Plan gegossenen Reflexion. Die zentrale Leistung der Reflexion liegt zudem nicht in der Erkenntnis und Rationalisierung von Bedürfnissen, sondern in der Erkenntnis praktischer Muster. *Zentrale Kraft der Schulentwicklung ist* nicht ein geplantes Ziel und dessen Umsetzung, sondern *das mimetische Spiel fein gestalteter Wiederholungen schulpraktischer Muster*. Dieses Spiel birgt ein kreatives Potential, das einerseits dem einzelnen schulischen Akteur die Mitwirkung an der schulischen Wirklichkeit und andererseits der einzelnen Schule organisationales Lernen ermöglicht.

Literatur

Altrichter, H./Posch, P. (Hrsg.) (1996): Mikropolitik der Schulentwicklung. Förderliche und hemmende Bedingungen für Innovationen in der Schule. Innsbruck.

Bauer, K.O./Kopka, A./Brindt, S. (1996): Pädagogische Professionalität und Lehrerarbeit. Weinheim.

Böttcher, W./Terhart, E. (Hrsg.) (2004): Organisationstheorie in pädagogischen Feldern. Wiesbaden.

Combe, A./Helsper, W. (1996): Einleitung: Pädagogische Professionalität. Historische Hypotheken und aktuelle Entwicklungstendenzen. In: Combe, A./Helsper, W. (Hrsg.): Pädagogische Professionalität. Untersuchungen zum Typus pädagogischen Handelns. Frankfurt a.M.: 9-48.

Dalin, P./Rolff, H.-G./Buchen, H. (1995): Institutioneller Schulentwicklungs-Prozess. Ein Handbuch. 2. Aufl. Bönen.

Fend, H. (1996): Schulkultur und Schulqualität. In: Leschinsky, H. (Hrsg.): Die Institutionalisierung von Lehren und Lernen. Weinheim: 85-97.

Göhlich, M. (1993): Die pädagogische Umgebung. Eine Geschichte des Schulraums seit dem Mittelalter. Weinheim.

Göhlich, M. (1997): Schule als schismogene Kulturgemeinschaft. In: ZSE Zeitschrift für Sozialisationsforschung und Erziehungssoziologie 4, 356-367.

Göhlich, M. (Hrsg.) (1998): Europaschule – Das Berliner Modell. Beiträge zu Zweisprachigem Unterricht, Europäischer Dimension, Interkultureller Pädagogik und Schulentwicklung. Neuwied.

Göhlich, M. (2001): System, Handeln, Lernen unterstützen. Eine Theorie der Praxis pädagogischer Institutionen. Weinheim.

Göhlich, M. (2003): Über die Nation hinaus. Supranationalität und Schulentwicklung am Beispiel Europaschule. In: Beillerot, J./Wulf, C. (Hrsg.): Erziehungswissenschaftliche Zeitdiagnosen. Münster: 279-291.

Göhlich, M. (2004): Gemeinschaft durch Scheidung. Zur Inszenierung von Schulgemeinschaft in Abschiedsfeiern. In: Wulf, Ch. u.a.: Bildung im Ritual. Wiesbaden: 141-172.

Göhlich, M. (2005a): Pädagogische Organisationsforschung. Eine Einführung. In: Göhlich, M./Hopf, C./Sausele, I. (Hrsg.): Pädagogische Organisationsforschung. Wiesbaden: 9-24.

Göhlich, M. (2005b): Schulkultur. In: Apel, H.J./Sacher, W. (Hrsg.): Studienbuch Schulpädagogik. 2. Aufl. Bad Heilbrunn: 99-115.

Helsper, W./Böhme, J./Kramer, R.-T./Lingkost, A. (2001): Schulkultur und Schulmythos. Rekonstruktionen zur Schulkultur I. Opladen.

Jennings, T. (1998): Rituelles Wissen. In: Belliger, A./Krieger, D. (Hrsg.): Ritualtheorien. Opladen: 157-172.

Kamper, D./Wulf, C. (Hrsg.) (1994): Anthropologie nach dem Tode des Menschen. Vervollkommnung und Unverbesserlichkeit. Frankfurt a.M.

Kurtz, T. (2004): Organisation und Profession im Erziehungssystem. In: Böttcher, W./Terhart, E. (Hrsg.): Organisationstheorie in pädagogischen Feldern. Wiesbaden: 43-53.

Lüders, C./Kade, J./Hornstein, W. (1995): Entgrenzung des Pädagogischen. In: Krüger, H.-H./Helsper, W. (Hrsg.): Einführung in Grundbegriffe und Grundfragen der Erziehungswissenschaft. Opladen: 207-215.

Luhmann, N./Schorr, K.E. (Hrsg.) (1982): Zwischen Technologie und Selbstreferenz. Fragen an die Pädagogik. Frankfurt a.M.

Marcuse, H. (1977): Der eindimensionale Mensch. 9. Aufl., Neuwied.

Reh, S. (2004): Abschied von der Profession, von Professionalität oder vom Professionellen? Theorien und Forschungen zur Lehrerprofessionalität. In: Zeitschrift für Pädagogik, Jg. 50, H. 3, 358-372.

Rolff, H.-G. (1993): Wandel durch Selbstorganisation. Weinheim.

Schönig, W. (2002): Organisationskultur der Schule als Schlüsselkonzept der Schulentwicklung. In: Zeitschrift für Pädagogik, Jg. 48, H. 6, 815-834.

Schütze, F. (1996): Organisationszwänge und hoheitsstaatliche Rahmenbedingungen im Sozialwesen. Ihre Auswirkungen auf die Paradoxien des professionellen Handelns. In: Combe, A./Helsper, W. (Hrsg.): Pädagogische Professionalität. Frankfurt a.M.: 183-275

Terhart, E. (1994): SchulKultur. In: Zeitschrift für Pädagogik 5, 685-699.

Weick, K.E. (1976): Educational organizations as loosely coupled systems. In: Administrative Science Quarterly 21, 1-19.

Wulf, C./Göhlich, M./Zirfas, J. (Hrsg.) (2001): Grundlagen des Performativen. Eine Einführung in die Zusammenhänge von Sprache, Macht und Handeln. Weinheim.

Wulf, C./Althans, B./Audehm, K./Bausch, C./Göhlich, M./Sting, S./Tervooren, A./Wagner-Willi, M./Zirfas, J. (2001): Das Soziale als Ritual. Opladen 2001.

Wulf, C./Althans, B./Audehm, K./Bausch, C./Jörissen, B./Göhlich, M./Mattig, R./Tervooren, A./Wagner-Willi, M./Zirfas, J. (2004): Bildung im Ritual. Wiesbaden.

Verzeichnis der Autoren

Altrichter, Herbert, Prof. Dr., geb. 1954, Professor für Pädagogik und Pädagogische Psychologie an der Johannes Kepler Universität Linz
Arbeitsschwerpunkte: Organisationsentwicklung und Systemsteuerung im Bildungswesen, Qualitative Forschungsmethoden
herbert.altrichter@jku.at

Böttcher, Wolfgang, Prof. Dr. rer. pol. habil., geb. 1953, Professor für Erziehungswissenschaft mit den Schwerpunkten Qualitätsentwicklung und Evaluation an der Westfälischen Wilhelms-Universität Münster
Arbeitsschwerpunkte: Bildungsmarketing und -management, Bildungssoziologie, Mikroökonomie des Bildungswesens, empirische Wirkungsforschung
wolfgang.boettcher@uni-muenster.de

Brosziewski, Achim, Prof. Dr., Professor für Soziologie an der PH Thurgau (CH)
Arbeitschwerpunkte: Bildung und Medien, Kommunikation im Medium der Digitalität, Unternehmerisches Handeln
achim.brosziewski@phtg.ch

Busse, Susann, Dipl. Päd., geb. 1971, wissenschaftliche Mitarbeiterin am Zentrum für Schul- und Bildungsforschung (ZSB) in Halle-Wittenberg
Arbeitschwerpunkte: Qualitative Bildungsforschung, pädagogische Generationsbeziehungen, Familie und Schule
susann.busse@zsb.uni-halle.de

Göhlich, Michael, Prof. Dr., geb. 1954, Professor am Institut für Pädagogik an der Universität Erlangen
Arbeitsschwerpunkte: Allgemeine Pädagogik, Organisationspädagogik
michael.goehlich@web.de

Heinrich, Martin, PD Dr. phil. habil., geb. 1971, Vertretungsprofessur Bildungsorganisation und Bildungsmanagement an der Bergischen Universität Wuppertal
Arbeitsschwerpunkte: empirische Bildungsforschung, Schulentwicklungsforschung, Steuerung und Governance im Bildungswesen
mheinrich@uni-wuppertal.de

Helsper, Werner, Prof. Dr., geb. 1953, Professor für Schulforschung und Allgemeine Didaktik an der Martin-Luther-Universität Halle-Wittenberg
Arbeitsschwerpunkte: Schul- und Jugendforschung, Professionstheorie, hermeneutisch-rekonstruktive Methoden
werner.helsper@paedagogik.uni-halle.de

Hummrich, Merle, Dr. phil, geb. 1970, wissenschaftliche Mitarbeiterin am Institut für Schulpädagogik und Grundschuldidaktik der Martin-Luther-Universität Halle-Wittenberg
Arbeitsschwerpunkte: Migrationsforschung, soziale Ungleichheit, pädagogische Generationsbeziehungen, qualitative Forschungsmethoden
merle.hummrich@paedagogik.uni-halle.de

Kramer, Rolf-Torsten, Dr., geb. 1969, wissenschaftlicher Assistent für Lehrer- und Schulentwicklungsforschung am Zentrum für Schul- und Bildungsforschung (ZSB) der Martin-Luther-Universität Halle-Wittenberg
Arbeitsschwerpunkte: Schulkultur und „schulbiographisches Passungsverhältnis", pädagogische Generationsbeziehungen, Schulkarriere und schulische Selektion
rolf.kramer@zsb.uni-halle.de

Kuper, Harm, Prof. Dr., geb. 1966, Professor für Weiterbildung und Bildungsmanagement an der Freien Universität Berlin
Arbeitsschwerpunkte: Pädagogische Organisationen, Pädagogische Institutionen, Evaluationsforschung
kuper@zedat.fu-berlin.de

Oevermann, Ulrich, Prof. Dr., geb. 1940, Professor für Soziologie und Sozialpsychologie am Institut III des Fachbereichs Gesellschaftswissenschaften (03) der Johann Wolfgang Goethe-Universität Frankfurt am Main,
Arbeitsschwerpunkte: Methodologie der Objektiven Hermeneutik, Struktur und Prozeß familialer Sozialisation, Professionalisierungstheorie, Religions-, Kultur- Kunst- und Sprachsoziologie
oevermann@soz.uni-frankfurt.de

Paseka, Angelika, Maga. Drin., geb. 1957, Humanwissenschafterin an der Pädagogischen Akademie der Pädagogischen Hochschule Wien, Lehrbeauftragte an den Universitäten Linz und Wien
Arbeitsschwerpunkte: Geschlechterforschung und Gender Mainstreaming, Professionsforschung, Evaluationsforschung
angelika.paseka@phvienna.at

Pfadenhauer, Michaela, Dr., geb. 1968, wissenschaftliche Mitarbeiterin am Lehrstuhl für Allgemeine Soziologie der Universität Dortmund
Arbeitschwerpunkte: Professionalität, Kompetenzforschung, Prozesse der Event-Organisation
pfadenhauer@professionssoziologie.de

Reh, Sabine, Prof. Dr., geb.1958, Professorin für Allgemeine und Historische Erziehungswissenschaft an der TU Berlin
Arbeitsschwerpunkte: Schulentwicklungsforschung, Sozialgeschichte pädagogischer Institutionen und Berufe, Professionstheorie, Methodologie rekonstruktiver Sozialforschung
sabine.reh@tu-berlin.de

Schaefers, Christine, Dipl.-Soz. Wiss., geb. 1972, Lehrbeauftragte am Institut für Pädagogik der Ruhr-Universität Bochum
Arbeitsschwerpunkte: Organisationstheorien, Autonomie von Schule, Qualität von Schule
kuehn-schaefers@t-online.de

Vanderstraeten, Raf, Prof. Dr., geb. 1966, Professor für Soziologie an der Universität Antwerpen (Belgien), Departement Sociologie
Arbeitsschwerpunkte: soziologische Theorie, Erziehungssoziologie, Wissenssoziologie
raf.vanderstraeten@ua.ac.be

Wenzel, Hartmut, Prof. Dr., geb. 1945, Professor für Schulpädagogik und Allgemeine Didaktik am Institut für Schulpädagogik und Grundschuldidaktik der Martin-Luther- Universität Halle-Wittenberg
Arbeitsschwerpunkte: Unterrichts- und Schulentwicklungsforschung, Lehreraus- und – fortbildung
hartmut.wenzel@paedagogik.uni-halle.de

Zymek, Bernd, Prof. Dr. geb. 1944, Professor für Allgemeine und Historische Erziehungswissenschaft an der Westfälischen Wilhelms-Universität Münster
Arbeitsschwerpunkte: Empirische Forschungen zur historischen und aktuellen Schulentwicklung, Vergleichende Erziehungswissenschaft
zymek@uni-muenster.de

4638327R00166

Printed in Germany
by Amazon Distribution
GmbH, Leipzig